NOTES ITALIENNES D'HISTOIRE DE FRANCE
XXXV

DOCUMENTS RELATIFS AU RÈGNE
DE LOUIS XII
ET A SA POLITIQUE EN ITALIE

PUBLIÉS PAR

Léon G. PÉLISSIER
Doyen de la Faculté des Lettres de l'Université de Montpellier.

MONTPELLIER
IMPRIMERIE GÉNÉRALE DU MIDI

1912

NOTES ITALIENNES D'HISTOIRE DE FRANCE

XXXV

DU MÊME AUTEUR OU ÉDITEUR

Le Registre de l'île d'Elbe. Lettres et ordres inédits de Napoléon Ier. Un vol in-12. Paris, Fontemoing.

Documents pour l'histoire de la domination française dans le Milanais. Un vol. in-8°. Toulouse, Privat.

Louis XII et Ludovic Sforza. Recherches dans les archives italiennes. Deux vol. in-8°. Fontemoing, Bibliothèque des Ecoles françaises d'Athènes et de Rome.

Les amis d'Holstenius. Un vol. in-8°. Rome, Spithöver.

Lettres du baron G. Peyrusse. Un vol. in-12. Paris, Didier.

Documents annotés. Un vol. in-8°. Paris, Welter, et Montpellier, Hamelin.

Pons (de l'Hérault), Souvenirs et anecdotes de l'île d'Elbe. Un vol. in-8°. Paris, Plon.

Pons (de l'Hérault), Mémoire aux puissances alliées. Un vol. in-8°. Paris, Alphonse Picard.

Le Portefeuille de la Comtesse d'Albany. Un vol. in-8°. Fontemoing.

Lettres inédites de la comtesse d'Albany à ses amis de Sienne. Première série (1797-1802). Deuxième série (1802-1809). Troisième série (1807-1820). Deux vol. in-8° parus. Paris, Fontemoing; Toulouse, Privat.

Notes italiennes d'histoire de France. (Fasc. I-XXXVI, XLI-XLV parus.) En cours de publication.

Collection de textes inédits tirés de l'Inguimbertine. En cours de publication. Fasc. I à X parus.

Quinze paquets de lettres politiques, érudites ou familières. (En cours de publication.)

L'hermite des Pyrénées. Souvenirs du conventionnel Picqué. (En préparation.)

Lettres de Formalioni sur la Convention. (En préparation.)

Les papiers du médecin Michel Provençal. Un vol. in-8°. Besançon, Jacques.

NOTES ITALIENNES D'HISTOIRE DE FRANCE
XXXV

DOCUMENTS RELATIFS AU RÈGNE
DE LOUIS XII
ET A SA POLITIQUE EN ITALIE

PUBLIÉS PAR

Léon G. PÉLISSIER

Doyen de la Faculté des Lettres de l'Université de Montpellier.

MONTPELLIER
IMPRIMERIE GÉNÉRALE DU MIDI

1912

A MON AMI VITTORIO CIAN
Professeur à l'Université de Pavie

Cordial hommage d'estime et de sympathie.

AVERTISSEMENT

Les documents réunis dans ce volume sont tous relatifs à l'histoire du règne de Louis XII en Italie. Le traité de Gohory peut être considéré comme une pièce justificative de mon étude sur *Louis XII et Ludovic Sforza* ; bien qu'il ne raconte point de faits nouveaux et ne puisse passer pour une source, il présente des idées souvent originales et intéressantes, et il est digne d'être publié intégralement. Les pièces qui suivent ont été expliquées et commentées dans mes conférences sur l'histoire administrative de la Lombardie française ou sur l'histoire des relations diplomatiques de Louis XII et de Maximilien. On les retrouvera souvent citées dans des mémoires sur ces deux questions qui paraîtront ultérieurement. Je persiste à croire qu'il faut chercher dans la guerre de Bourgogne et les rapports financiers du duc de Milan et du roi des Romains une des raisons, et peut-être la principale, de la guerre du Milanais : ces documents sont un commencement de preuve de cette opinion. A la fin j'ai réuni des notes et des textes épars sur la domination et l'action françaises dans la péninsule pendant ces quatorze ans où l'Italie a été pour ainsi dire une province française : j'espérais que ce pourraient être des amorces d'un beau livre sur Louis XII. J'en suis venu à croire maintenant qu'ils resteront comme les tristes témoins d'un projet irréalisé. Puissent-ils du moins servir à d'autres !

JAC. GOHORII PARIS. DE REBUS GESTIS FRANCORUM LIBER XIII. — LODOICUS XII REX LVI [1].

Ad D. Chroph. Thuanum equitem Regii concilii senatorem P. Præs. Senatus Paris.

[Fol. 2]   PRÆFATIO

Antequam Lodoici XII praestantissimi principis res gestas ordiar, operæ pretium videtur de scriptoribus earum deque ipso genere scribendi pauca præfari; non quo per insolentiam industriam meam extollam, aliorumque deprimam : verum ne quis forte vel iis contra Francorum gloriam temere fidem astringat suam, vel in styli ratione, spetie aliqua recti decorique fallatur. Hoc porro mihi per te liceat, Thuane optime, quamvis quotidianis tuis sermonibus de iis scilicet omnibus qui operam suam scribendo Reipublicae conferant, dicere (qua es animi integritate ac modestia) sententiam quisque suam placide ut expromat, alienam ne vituperet neve reprehendat. At dabis hanc veniam, si veritatem, cui munus historiæ potissimum nos addicit, tueri aliter quam falsa refellendo nequeamus, ut libere de iis, qui in eadem nobiscum versantur materia, loquamur, nec seriem post hac perpetuæ narrationis crebra eorum confutatione interrumpamus, quin potius eorum testimonia semel elevemus [2]. Probarent fortasse nonnulli in hisce proemiis Sallustianum morem de animi et corporis virtutibus copiose diserteque ut ille profecto disserendi, nisi præter cultissimam in universo opere sobrietatem, in his nimium per philosophorum campos spaciaretur, eosdemque communes in eorum officinis locos ubique retractaret. Aliter [3] Livio visum est de re utique proposita agendi, paucis tantum hujusmodi sententiis velut quibusdam luminibus in oratione inspersis :

[1] Les notes latines reproduisent les manchettes du manuscrit original.
[2] Sallustius. — [3] Livius.

tale enim videtur tanquam citharædi proemium afflctum aliquod, nec membrum cum omni corpore cohærens. Laudant alii in hisce principiis [1] historiam, ex pervulgatis Ciceronis verbis, testem temporum, lucem veritatis, vitam memoriæ, magistram vitæ, nuntiam vetustatis : a quibus ego proludiis ut communibus et secundum rhetoras viciosis vehementer abhorreo [Fol. 2 v°]. De genere autem dicendi constat historicum ab oratorio differre, ut sit hoc, ex Antonii oratoris opinione, fusum atque tractum et cum levitate aequabili profluens, itaque suis etiam certis numeris astrictum ; quorum tamen loco [2] P. Jovius passim forensibus sit usus : Arn. Ferronus nullus usquam agnoverit, sane in eloquendi ratione non usquequaque aspernandus. Ceterum, quando in eum incidimus, dicemus præter temporum seriem ubique interturbatam, libro de hoc rege primo apophtegmatum acervum unum in locum congessisse, tanquam artis ridiculorum exempla traderet, quæ suis quæque locis ubi prolata fuerant, opportunius multo collocasset. In descriptionibus præliorum clare perspicias hominem togatum nulli unquam bello, nulli aciei et pugnæ interfuisse. Verum eodem libro de institutione principis, de moribus aulicorum separatim, philosophorum more tamquam prolixe, haud quaquam disceptare, at hæc certe in causa prudenter breviterque intexere debuisse. Secundi porro libri meliorem partem in concione ab Ægidio quodam Augustiniani ordinis in concilio Lateranensi habita consumpsit, præsertim quum hoc concilium a Julio pontifice maximo, impurissimo quidem illo ac teterrimo, inque Franciæ exitium cogeretur. Priscis autem dicendi magistris secus visum est, ut iis de rebus historici simpliciter et splendide loquerentur, sine ulla serie disputationum et sine jejuna concertatione verborum. De Paulo autem Jovio [3], cujus Alciatus scribendi genus commendat solidum planeque robustum, non sine erudito lepore, quem alii castrasse suas historias criminantur, ut vitas per se graciles alieno adipe suffarciret, ex quibus Eulogiorum volumen conflavit, in quibus linguam suam ostendit [Fol. 3] venalem, ubicumque emptorem invenit, pro spe quemque sua prædicando, vitiaque in vicinas virtutes trahendo, vituperando autem atrociter An-

---

[1] Cicero. — [2] Arn. Ferronus. — [3] P. Jovius.

nam Monmorantium magistrum equitum a quo nihil emendicatæ stipis accepisset ; quas tamen contumelias precibus agnatorum typographi Franci expunxerunt. Addit ille etiam decorum in eo desiderari, ut quum Marcovium quemdam gregarium militem concionantem inducit ad legiones consternatas ad seditionemque spectantes, cum omnibus orationis ornamentis, ut nequaquam ab aratro agri Volaterrani ad signa vocatus, verum ex Isocratis ludo vel Tullii ad suggestum raptus esse videatur. At non est dissimulandum Italum hunc adeo infensum Francico nomini fuisse ut primae decadis postremos sex libros clade urbis Romæ periisse finxerit, quo victorias Francorum silentio praeteriret. Est quoque ejus id memorabile, duos similes eosdem libros, uno tempore Carolo. V. imperatori atque Francisco I Franciæ regis consecrasse quo una fidelis duos parietes dealbaret, utrumque uno munere, argento emungeret; sed errore scribæ fasciculis librorum perperam inscriptis, ad alterum alterius munera allata, unde sordida fraus frustra ei fuerit [1]. Guicciardus quoque Florentinus qui Parmam adversus Francos aliaque Latii oppida, iis a Julio pontifice hoste capitali praefectus, armis defendit, saepenumero parum illis aequum se præstat ; in consiliis autem principum ducumque explicandis et causis eventuum seu casus seu temeritatis aut prudentiae, tam multa variaque comminiscitur ut plerumque parum sibi ipse constet, scribatque valde inter se pugnantia. Enimvero scriptores prisci apud Gallos annales solum breves condiderant, nec exornatores rerum, sed tantum modo narratores fuerant. Gaguinus [2] licet non distinxerit historiam varietate locorum nec verborum collocatione, illud tamen opus, [Fol. 3 v°] ut tempora ferebant, sicut potuit, dolavit vicitque superiores. At rex Franciscus I, doctrinarum parens, cogitans res gestas regum eodem quo ipsos tumulo sepeliri, nisi scriptoris eloquentis manu ab injuria oblivionis et interitu vindicentur, gloriam autem rerum perinde apud posteros valituram ac earum praeco ingenio valuerit: Francos aut Romanis pares armis vel superiores fuisse, Urbe post profligatum a Gallis ad Alliam exercitum semel capta, Capitolio obsesso auroque redempto, semper eis formidabiles, Graecis

---

[1] Fr. Guicciardus. — [2] R. Gaguinus.

quoque, quibuscum victores Gallogræci nomen miscuerunt, ut cum Hispanis Celtiberi, extitisse Francos tamen, scriptorum penuria, illis celebritate famæ inferiores videri ; quippe qui magis ad res strenue gerendas quam ad mandandas literis manus semper admoverant; itaque P. Aemilio Veronensi [1], docto quidem viro, et in quo non artem, sed venerem, ut in Protogenis tabulis Apelles, tantum desideres, hoc rex munus scribendi de rebus gestis Francorum demandavit. Qua quidem in re, dum honori regni sui consulere conatur, dedecus asciscit, propterea quod exteri hominis operam implorans, suorum ipsemet inscitiam tacite confitetur. Præclarius enim multo fuerat a Gallo cantore Gallicas res cani, quoque ab exteris gentibus percipiantur romana quidem tuba, spiritu vero gallico personari; ubi ea vis animi adhibeatur ut res ipsæ geri, non narrari tantummodo videantur. Igitur, quo eam laudem jampridem gentium illarum propriam, nostra jam sibi communem faciat, elaborandum mihi censui, postquam multos annos nunc apud Belgas, nunc in Britannia majore, postremo Romæ cum legatis Regum gessi negotia(quamvis ingratorum) ut otio meo non inutili de patria bene mereri studerem. Tibi vero uni, maxime Thuane, cui, si sapientibus priscis credimus mortalium mentes alias ferreas, alias æreas, plumbeas, argenteas, aureas esse, cui, inquam, vere mens inest aurea ; nempe qui reipublicæ regendæ natus sis, cui administrandæ a tot regibus adhiberis : uni ego merito hoc opus de regni Franciæ statu et rebus Francorum domi forisque gestis lubens dono, do, dicoque. Vale.

[Fol. 4]   EPITOME

Lodoicus XII, rex LVI, regnat ann. XVII. Is Aureliarum Valesiorumque dux agnationis gradu IIII, Carolo VIII transversa serie conjunctus, inungitur Rhemis VI Cal. Jun. an. MCCCCXCVIII. Primum judicialitium constituit. Concilio ambulatorio senatorum XVII tres novos patres conscribit. Conventum Neustriæ trimestrem in curiam perpetuam redegit. Privilegia Academiæ Parisiensis ad certum modum revocat, quam ob id tumultuan-

---

[1] P. Æmilius.

tem compescit. Annuente pontifice maximo Alexandro VI Joannam uxorem Caroli sororem repudiat et viduam illius ducit Annam Britanniæ ducem. L. Sfortiam tyrannum Mediolano expellit ; ei Jacobum Trivulcium præficit. Venetis fœderatis Cremonam relinquit. Genuæ receptæ Ph. Ravestanum prætorem dat. Nascitur ei Claudia filia. Pontis Parisiensis ruina, qui pro lignario lapideus extruitur. Pestis Lutetiæ. Annus Romæ secularis celebratur. Mediolanum a Sfortia Germanorum auxilio recuperatum : verum is paulo post captus a Francis, et Ascanius purpuratus frater in Franciam adducitur, qui liberos illius in Germaniam deducendos curaverat. Rex arbiter de insignibus gentilitiis inter Geldrie et Iuliaci principes (**Fol. (4 v°)**. Bello turcico Venetis classem auxiliarem mittit. Philippus archidux Austriæ in Hispaniam proficiscens Lutetiæ magnifice excipitur. Bellum Pisanum, rege Florentinis auxilia suppeditante. Indiciæ cum Maximiliano rege Romanorum. Bellum Neapolitanum Aubignii ductu. Federicus rex captivus cum uxore in Franciam ductus humaniter honorificeque habetur. Filius, contra deditionis leges, in Hispaniam a Consalvo mittitur. Bellum iterum contra Turcas præfecto classis Ph. Ravestano. Franci Venetorum culpa ad Mitylenem vincuntur, et, magna clade accepta, domum revertunt. Arbitrium Alexandri pontificis maximi inter reges Hispanie et Lusitaniæ quo dividit inter eos orbis novi regiones. Georgius Ambasius Rothomagi archipresul purpuratus Mediolani prorex, Franciæ propontifex. Bellum inter Francos cum Hispanis ob finium Calabrie ac Apuliæ controversiam eis ex fœdere relictarum. Singulare certamen xi Francorum cum totidem Hispanis Italisque. Pax simulata a Ferdinando Hispanie rege per archiducem generum suum per Franciam in Belgicum redeuntem. Borgiæ Alexandri pontificis filii res ope Francorum in Flaminia Aemiliaque gestæ ; quarum dux declaratur. Neapolitano regno Franci, pace [**Fol. 5**] violata Hispanorum perfidia, interfecto in acie prorege Armaniaco, Nemuri duce, Aubignio aliisque proceribus captis, expelluntur. Alexander pontifex veneno, quod convivis paraverat, moritur. Julii pontificis maximi electio, fraudato Georgio Ambasio purpurato.

[Fol. 7] Crescit cum materia mihi industria studiumque operis, prodituro jam memoriæ res a Lodoico XII rege praeclare gestas, tam validis viro corporis viribus quam maturi ingenii sapientia praestanti, secundum velut posita tantum a Carolo regnandi pace belloque rudimenta, dum, fortuna magis sua quam virtute raptis victoriis, in ipso juventutis flore immatura morte præreptus est. Postquam igitur Carolus sui apud Francos desiderium reliquit, extemplo Lodoicus, Aureliarum Valesiorumque dux, in justis illi Lutetiæ Parisiorum ritu regio faciendis, ut magna funeris pompa, magna omnium ordinum frequentia efferetur, mox in reliquis regiis muneribus obeundis regnare se (nullo adversante)[1] ostendit. Lege enim salica ad illum ut masculum sanguinis gradu propinquiorem procul dubio regnum redibat; ex Valesia enim gente ortus erat, serie licet transversa: nempe patre Carolo Aureliarum duce (matre Maria Clivensi), filio Ludovici, Caroli V minoris natu filii. Miror hanc legem Ferronum nuncupasse Gallicam (nimia passim affectatione prisci Gallorum nominis) quum a Francis hoc nomen cum populo subacto delentibus, quos (Ammiano Marcello auctore) consuetudo Salios appellabat, originem traxerit. Meminit enim et Livius Salyum gentis, sub Massiliensium quorumdam novas sedes in Italia quærentium adventu. Nec probaverim in eodem scriptore huic regi inscriptam Franciscoque successori Valesii appellationem, puellisque regiis, quam etsi gentis [Fol. 7 v°] propriam scire nos decet, nominare amplius haud licet, extincta minori nuncupatione, dumad regium fastigium extolluntur accessione majoris; quo tamen errore scatent versus nostrorum poetarum et Lycophronica anagrammata. Lodoicus itaque exequiis Carolo peractis, Remos e vestigio petiit[2] anno MCCCCICVIII VI cal. Jun., ubi solemniter mungeretur sacrareturque; sic enim sacrosancta est majestas regum Francicorum et inviolata, religione, quam in rem prisci imperatores Romani sibi tribunitiam potestatem ascribebant; cui qui nocuisset, lege caput ejus Jovi sacrum esset. Ad consuetas inaugurationis regiæ cerimonias interfuere qui præter VI pontifices, aliorum VI antiquorum Franciæ parium compariumve personas sustinerent, Joannes Alenconius, ducis

---

[1] Lex Salica. — [2] Regis sacratio et coronatio.

Sequanorum, Petrus Borbonius, ducis Neustriæ, Renatus Lotharingus, ducis Aquitaniæ, Philippus Ravestanus, comitis Belgici Flandriæve, Gilbertus Clivensis, comitis Campaniæ. Rhemis ad Dionisii fanum commigravit, Cal. Julii proximis, ubi, regia pro more corona capiti imposita, postridie ejus diei Lutetiam triumphali ritu, incredibili omnis ordinis, aetatis, sexus applausu ingressus est. Magnam enim omnes merito spem ex illius virtutibus concipiebant, eo imperante Franciæ statum florentissimum futurum [1]. [Trecentena millia librarum quæ Francia omnis, tam in justorum funebrium quam in pompæ sacrationis Rhemensis Lutetiamque ingressus impensam, constribuere solebat, ipse recusavit.] [2] Et initio summæ mansuetudinis et clementiæ, quam in C. Julio Cæsare mirifice commendabat, testimonia luculenta præbuit : quam quidem aiunt Francisco postea genero, ex Ciceronis verbis, sua lingua frequenter inculcasse [**Fol. 8**] : « Nihil habere nec fortunam regiam majus quam ut possit, nec naturam melius quam ut velit servare quamplurimos. » Quum enim, sub primordia principatus Caroli VIII, ipse agnatione proximus, publico tamen Francie ordinum conventu per Annæ sororis regiæ factionem procuratione regni exclusus, [aliter licet Cl. Seysselus prodiderit][3], insidiis etiam appetitus, post expositas in senatu Parisiensi querelas suas per Mercerium Aureliani juris præfectum quas ad regem deferrent : ab eoque nullo, nisi minarum in se, responso accepto, magna nobilium hominum turba comitante Aurelias se contulisset, ut se, si qua posset, adversus mulieris superbæ ac præferocis impotentiam suo in oppido tutaretur, Aureliani mœnibus illum excluserant. Quocirca, illi ad eum jam regem supplices veniam facti precatum exigua spe [4] venere ; quæ eos valde fefellit, respondente Lodoico bono ut animo essent : parum enim decorum fore Franciæ regi injurias illatas duci Aureliarum ulcisci. Equidem legi in actis curiæ Mercerium tunc præfatum Lodoicum reipublicæ causa, non sua conqueri, cujus maxime omnium intersit eam recte ac sapienter administrari : de muliebri conqueri dominatu, quo legi Salicæ fraus quædam ad tempus fieret, tantumque abesse ab æmulatione ut, si parum gratus regi foret illius conspectus,

---

[1] Clementia Ludovici. — [2-3] Additions marginales. — [4] Apophtegma.

modo abesset Anna a regia decem millibus passuum, se ad xl millia libenter abscessuram. Præsidem primum Vaquerium Sequanum ex senatorum sententia [**Fol. 8 v°**] respondisse: ad senatum judiciorum forensium jus, non actionum regiarum, pertinere ; regem tamen de suis expostulationibus certiorem facturos, monere interim ne temere delatoribus fidem adhiberet, neve quicquam rerum novarum moliretur. Ad ea responsum regis nomine, ne quid ex iis quæ ea in re ipse statueret, senatus commoveretur, juris tantum dicundi ferendæque sententiæ officio fungeretur. Quum autem commentarii familiæ Caroli decessoris ei legerentur, duorum nominibus, cum quibus privatus simultates olim gesserat, crucis notam adjecit ; qua de re moniti conturbatique vehementer, quoniam verebantus se non crucem sibi paratam (ut Ferronus perperam somniat, de inaudito apud Francos supplicio) saltem se munere solito expungi, in domum uterque suam refugit : unde eis rex humanissime revocatis ait, se eo crucis divinæ signo ad inimicitiarum oblivionem induci. Simultatis causam licet suspicari (nisi hæc cum aliis duobus intervenerit) quod, Carolo regnante, cum forte Lugduni cum puellis in ætatis ludicro deprehensum antequam noscerent, multis verborum contumeliis vextassent : quibus dixisse itidem ferunt sese tum personam ducis Aureliarum exuisse, nihil ista jam regi curæ esse. Reliquarum quoque virtutum tam civilium quam militarium ampla documenta in omni vitæ cursu præbuit; quippe qui ex antiquis principibus sibi in illis, Ulpii Trajani Cæsaris, in his, Philippi Macedonum regis [**Fol. 8 bis**] exemplum proposuerat imitandum.

Rex, quemadmodum bonus paterfamilias, mercatum[1] peregre profecturus, res ante domesticas sedulo componit ordinatque, sic, priusquam ad externa bella animum appelleret, de bene prudenterque constituendo reipublicæ Franciæ statu cogitavit. Primum omnium primores regiæ humanissime affatus consilia sibi capescendi egregie regni retulit : neminem se eorum qui Carolo militassent exauctoraturum ; magistratus aulicos eosdem quo ille loco, stipendiis et mercedibus habiturum : judicia se eorum peritis permittere velle ; militiæ porro

---

[1] Regni ordinatio.

seipsum consulturum. Forensium controversiarum innumerabiles fraudes, anfractus gyrosque recidit ad brevitatemque redegit, ne solita diuturnitate civium patrimonia exhaurirentur. Judicum corruptelas severissimis edictis coercuit. Pragmaticos autem, quales Cicero[1] leguleios vocat cautos et acutos, præcones actionum, cantores formularum, aucupes syllabarum, variis cavillis impetebat, laudans medici cujusdam litigantis responsum, qui consulenti quidnam maxime oculis salutare esset, responderit pragmaticos patronosque quam rarissime videre. Ipse Lutetiæ frequenter liliato tribunali audiendis causis insidebat, oratorumque insignium eloquentia mirum in modum delectabatur : quos tamen per jocum dictitabat sutoris artificium imitari alutam dentibus producentis in dilatandis ore Cæsarum pro causa legibus prudentiumque responsis. Pollebat enim ingenii acumine, unde illi inerat junctus cum gravitate facetiarum haud scurrilis lepos. Itaque Lutetiæ obambulans de obviis magistris [**Fol. 8** *bis* v°] rationum suarum citatis mulis in palatium (ut fit) properantibus, ne, si stata hora non venerint, in tabulis obliterentur et diurna stipe fraudentur, non hi (ad proximos inquit) videntur ad nundinas proficisci ? Alludens ad lepide Stratoclis et Dioclis dictum qui sese ad messem auream (de foro judiciali intelligentis) invitabant. Quumque forte senatores in ludo bracci palmario offendisset, acriter increpuisse dicitur si posthac deprehendisset se in numerum stipatorum suorum ascripturum, indecorum senatoriæ gravitati ratus si occupati ludicris publicis viderentur, innuens secretioribus locis occlusisque posse modestius exerceri. Ac ne forte aulici ministri a consectandi obsequio litibus in foris ordinariis agitandis averterentur, et dum regni ipse provincias peragrat in promptu haberet, quorum consilio in emergentibus negociis uteretur, prodit Ferronus illum decuriam concilii ambulatorii instituisse, ubi eorum caussae disceptarentur : in quod concilium, ut senator Burdigalensis communi senatuum statariorum odio præceps percontumeliose invehitur : at constat ex regiis monimentis hujusce concilii (quod *magnum* vocitant) auctorem primum Carolum VIII regem extitisse. [Ludovicum deinde

---

[1] Cicero I. Orat. 55.

XII senatoribus XVII tres adsumpsisse [1].] Certum est illum Georgii][2] Ambasii Rothomagi archipræsulis suasu conventum Neustriæ trimestrem, (scacarium vocabant), in curiam perpetuam redegisse. At de ærario ante omnia sollicitus, quo et Caroli æs [Fol. 9] alienum dissolveret, et quo nervos ad susceptum mente bellum compararet; ne tamen populum ullo onere tributi novi aut extraordinarii affligeret, officia, quæcumque judicialia non essent, promercalia habuit. Academiarum quoque privilegia immodica, quibus vectigalia fraudabantur, et personæ, quibuscum literatis actio esset, a longinquis regionibus gravi molestia in jus vocabantur, leges promulgavit quibus ea prudentissimorum quorumque consilio aliqua tenus abrogabat atque antiquabat. Non enim quicquam unquam edicto sanxit quod non ante eruditissimi cujusque ex Franciæ omnis senatibus acciti judicio comprobarentur [3]. At Parisiensis academia constitutionum promulgationi intercessit quæ adversus eam ferebantur, resque parum a seditione abfuit, quibusdam famosos libellos in regem et jurispræfectum Franciæ proponentibus et publicarum concionum sermonibus, deinde earum silentio ad tumultum plebem commonentibus, divinarumque rerum peritis libertatem amisam deplorantibus, nisi Rex mature Lutetiam veniens gliscentem eum motum compressisset: equestri ordine (ut est parum æquus studiosis literarum) libenter arridente jucundissimumque ad spectaculum ringente. Præcipua tum regem angebat duplexque de matrimonio suo cura; nempe ut vetus primum cum Joanna Francica Ludovici XI filia, regio jussu, se invito contractum, dissolveretur, deinde novum cum Anna Britannica Caroli regis [Fol. 9 v°) vidua contraceretur. [honcupierat eas privatus adhuc nuptias, sed male institutum consilium exitum non repererat. Unde Maximiliani rivalis jocus: fatale esse ut quæ somnient Genabi duces, Franciæ reges adipiscantur.] [4]. Grave facinus ingratique animi videbatur repudiare cui uni vitam captivus ipse biennium in arce Biturigum odioque apud regem fratrem flagrans acceptam ferebat: repudiare, inquam, unius regis filiam, alterius re-

---

[1] Addition marginale. — [2] Surcharge. — [3] Seditio Academiae Parisiensis. — [4] Addition marginale.

gis sororem cui tantum deberet, quo tandem animo id proceres Francici acciperent; quo populus, uxori tam castæ piæque libellum remitti resque suas habere sibi juberi cui tot annis assuevisset. Hac re diu multumque in arcano amicorum intimorum concilio agitata, aliis repudium hoc suadentibus, disserentibus aliis Annam nisi duceret uxorem tribus eam liberis sublatis nulloque jam superstite, principatum Britanniæ secum ablaturam, Franciæque quietem, propter opportunitatem portuum maritimorum, in quos brevis esset ab ulteriore Britannia hostili trajectus convulsuram. Vicit eorum sententia qui matrimonium, metu regis crudelissimi præsertim in consanguineos, contractum improbabant, scilicet cum ea quæ tanta erat corporis ob gibbum deformitate ut nullam posset ex ea sobolem sperare : unde occulte illius sub id tempus apud actuarios attestationes, unde nocturni testes quotiescumque in ejus conclavi, jussu patris fratrisve regum cubuisset, adhibiti et persanctè ipse jurabat nunquam se eam uxoris loco habuisse. Quum autem Seissellus auctor sit minime spernendus, Ludovicum XI ei velut sterilem nuptui dedisse [**Fol. 10**] ut spiritus generosos altosque, quos in eo perspiciebat, infringeret Borbonique ducem altera data illi graviter ferenti prætulisse; proinde nec consensum mutuum, qui nuptias faceret, nec naturalem congressum intercessisse constabat. Id tamen vulgus maligne æstimabat, nec adduci poterant ut sibi unquam persuaderent in tantis optime conjugis erga Aurelium meritis, nullis lachrimis pro eo apud fratrem profusis animum ejus fuisse pellectum in amorem, nullis oscula osculis, amplexus amplexibus rependisse, tanto redemptionis officio vel potius pietate, metum, si quid ab initio adfuisset, expiatum esse debuisse. At inter alia reliquiæ veteris inter illum Annamque clandestini amoris, quo tempore ad Franciscum patrem profugus illius nuptias appetierat conciliati, per intervallum sopitæ facile reminiscebant. Quamobrem ad Romanum [1] pontificem itum est : qui spe ampliandi per regem Borgiæ filio imperii judices libenter ad caussæ cognitionem delegavit, Philippum Luxemburgum purpuratum, Ludovicum Albigiorum, Ferrandum Septiorum antistites, qui matrimonium

---

[1] Dissolutio matrimonii Joannae Francicae.

Joannæ nullum esse censuerunt novumque aliud contrahendi potestatem regi fecere. Rex Joannæ in paternæ successionis sortem, (quod apanagium Franci dicunt) Biturigum ducatum detulit, familiamque splendidam sumptibus perpetuis aluit. Apanagium P. Aemilius a Greco vocabulo ducit quasi quibus id attribuitur, sanctissima religione [**Fol. 10v°**] panagii jurisjurandi devincirentur. Aiunt eam qua erat integritate et pudicitia aequissimo animo judicium hoc tulisse ac plerumque dicere solitam sese gravi onere levatam sentire, humanasque dehinc cogitationes aversatam, ad divinas ad miraculum usque animum prorsus [1] transtulisse. Anna vero regina nova novis immensisque iterum plausibus excipitur salutaturque, fremente Britannorum nobilitate suum tandem principatum in Franciam devolvi. Rex sic ineunte principatu regni rebus constitutis, totus in expeditionem Mediolani animo opibusque incumbebat; quod quidem ad eum hereditario Valentinianiæ jure pertineret. Nam illius dot Joan. Galeatius Vicecomes pater, quum Ludovico Aureliarum duci Caroli VI Franciae regis fratri despondit, Astæ oppidum agrumque præter ingentem vim pecuniæ numeratæ attribuerat [2]: Quin etiam nominatim de jure Insubriæ caverat ut si liberi masculi sibi minime superessent, ei suisque heredibus relinquerentur : quem contractum pontifex maximus sua (per interregnum imperii) auctoritate confirmavit. Itaque Carolus Aurelianus ex utroque natus, Philippi Mariae Vicecomitis morte, sibi jure quidam vindicant adversus Franciscum Sfortiam prætextu matrimonii cum Blanca filia ducis notha ..... in possessionem Mediolani armis irruperat.: auxilium Carolus a Ludovico nec postea gener etiam hic noster impetrare unquam potudre, seu bella externa minus placebant ad [**Fol. 11**] provincias adeptu (ut aiebat) faciles, tutatu vero difficillimus, seu procerum Franciæ omnium amplitudinem suspectam habebat. Gillius causas addit amicitiæ regis a Francisco Sfortia magna pecunia comparatæ quam extorri apud Sequanum ducem egentique suppeditasset ; qua inductus postea fuerit, ad affinitatem per Galeacium Mariam Bonæ Allobrogi conjunctum procurandam, cujus soro-

---

[1] Nuptiæ Annae Britannicae. — [2] Controversia de jure ducatus Mediolanensis.

rem Carolotam ipse nuptiis secundis duxerat. Sfortia hic ex gregario milite progenitus, ordinum sub Galeacio ductor juri suo Maximiliani Cæsaris auctoritatem prætexuit : qui quidem nunquam imperatoria corona insignitus fuit, nec si fuisset hoc jus Aureliae genti quæsitum, alii per leges donare potuisset. Constabit autem rem subtilius scrutantibus, Desiderio Longobardorum duce a Carolo Magno debellato Francorum opibus Insubriam illius liberorunque beneficiariam fuisse et quamdiu imperium tenuerunt : postea sejuncto a Francica gente jus istud inconsulte assertum. At ubi primum aliqua tentandæ Insubriæ occasio Thirelio Astæ a Carolo VIII, ut supra narravimus, subsidii sui causa relicto sese obtulit, Novaria temere occupata argumento fuit quanta ejus cupiditate flagraret. Tum vero rex factus, uni huic nihilocio intentissimus tam juris sui persequendi quam studio vindictæ contumeliarum [Fol. 11 v°] a Sfortia privatim acceptarum cogitavit optimum fore quum foras profecturus esset nullum domi metum a finitimis principibus reliquum facere, ab iis securitatem hisce rationibus conciliavit. Maximilianus Cæsar præ ceteris formidandus videbatur, cujus auspiciis prima ab inauguratione sua aestate Germani in Sequanos Francorum (qui ducatus dicitur) excurrerant ductu Vergii cujusdam (ut Gillius refert) ex Sequanorum ulteriorum comitatu excurrerant : Quos contra ex turbidis rumoribus Joan. Fuxinus citato agmine missus eorum impetus facile propulsaverat. Magni negotii res erat Franco Maximilianum non modo ob memoriam injuriarum nuptialium admodum infensum, resque filio suas repetentem, verum etiam Sfortiæ arctissima affinitate conjunctum et grandi ære maturato obligatum, pacare ; post longas tamen ultro citroque legationes, præcipua Lodoici Borbonii Vindocinensis opera pax cum Philippo Austriæ archiduce inita est, ea lege ut comitatus Atrebatensis (quem Rex jure supremi dominatus per annos illius pupillares usufructus nomine possederat) beneficiarium se regi profiteretur ; de eaque re Vuido Rupefortio juris præfecto ac Luxemburgo Lignii comiti in regis verba juravit. Quam ob causam, Maximilianus pater complurium mensium pactus est inducias ; quibus mirari licet Cæsarem tanta ambitione occœcatum [Fol. 12] fuisse ut soceri in iis sui nihil minus sperantis obliviceretur. Ipse sub id tempus se bello adversus Helvetios pro Germanis Rheni accolis implicuit. Cum Ferdinando quoque Hispaniæ rege fœdus transigit, legibus parum compertis : ille, omnibus curis suis ab Italia revocatis, Calabriæ quæ tenebat loca, Federico neapolitano concedit. Præterea cum Henrico Britanniae rege pacem a decessore Carolo factam, licet ob pensiones annuas ingentium summarum ignominiosam, scilicet in sumptus earum copiarum quas in citeriorem Britanniam subsidio Anne duci adversus eum miserat. Fœderibus autem variis[1] cum Italiæ principibus sibi sternendam viam ad susceptum bellum ratus, quosdam sua sponte suorum commodorum gratia inclinantes facile induxit. Nam Alexander VI pontifex Borgiæ filii a sacræ purpuræ dignitate ad prophanam amplitudinem extollendi cupidissimus cui certe neque ingenium neque animus ad res arduas excelsasque deerant in nullius magis quam regis tanti opibus ad eum erigendum atque adminiculis suis fulciendum spes suas reponebat. Enim vero prius ad Federicum Neapolitanum Regem suas artes converterat si qua ad Carlotam filiam unicam, Borgiæ cum Tarenti principatu collocandam pellicere posset, sperans si pedem strenuusferoxque juvenis in eo provinciæ membro semel posuisset, [**Fol. 12 v°**] facile tandem socerum suum ætate jam confectum viribusque languidum, fretum ipsum factionum occultarum ope totius regni corpore expulsurum. Qua spe inde dejectus ad Francum sua consilia retulit, in cujus tum puella erat potestate, satis confisus repulsam se ab eo minime passurum qui non divinæ minus opis suæ in divortio Joannæ uxoris (quod tantopere affectare intelligebat) quam humanæ in Mediolanensi bello indigeret. Hujusmodi autem spe plenus Borgia, a qua regis sermones cum legatis pontificis non abhorrebant) ipse se in Senatu Romano sacra dignitate abdicavit, purpura toga sago pallioque mutato, iterque in Franciam cum magnifico cultu comitatuque adornavit, ubi a Rege comiter munificeque exceptus fuit : quippe cujus adventus ob liberationis diploma, ad novas nuptias cum regina vidua Anna celebrandas exspectabatur. Illum Rex ex Valentiæ Allobrogum urbis antistite, Valentiæ ducem cum X millibus nummis aureorum creavit, centum etiam cataphractis pari stipendio præposuit. Ipse Georgio

---

[1] Confederati ad expeditionem Mediolanensem.

Ambasio Rothomagi antistiti purpureum galerum detulit, sed diploma secum attulisse negavit, cujus desiderio credibile est promissam [1] Carolotam extorquere voluisse, nisi a Septensi clam regi dolo detecto, is concessum illud pro delato habens matrimonium libere contraxisset. Aiunt Borgiam ea re vehementer adversus Septensem accensum, eum paucis post diebus veneno sustulisse. Puella [Fol. 13] vero vel alterius amore, vel paterna auctoritate ducta, rege non invito nec adversante, ab his nuptiis obstinate abhorrebat, nisi ante Federici patris res componerentur; qui quidem Franco amplissimum tributum deferebat. Borgia hac exclusus, Carolotam aliam Fuxiam, quæ regiæ [2] stirpis erat, Alani Alebreti Aquitaniæ principis filiam, cui eximia inerat forma pari et morum probitate et suavitate condita; cujus pater nulli Galliæ regulorum amplitudine ditionis erat inferior. Ne quis Ferrono credat, Borgiæ affinitatem ex aulica nobilitate petenti, quamque vellet ducendi optione proposita Fuxiam primum elegisse. Certum erat Alebreto filiam extero homini et ascititia nobilitate prædito minime collocare : qui sibi Cæsaris nomen intolerabili superbia arrogabat, crebro jactitans vexillisque ascribens «*Aut Cæsar aut nihil*» misitque ad regem qui has nuptias enixe deprecaretur Calvimontium. Sed is a rege senatorio Burdigalæ magistratu ornatus, rediit ad Aquitanum exorator. Residebat fortasse adhuc in animo Lodoici memoria æmulationis rivalis Alebreti, eo tempore quo ambo in Armoricis Annæ virginis nuptiis inhiabant, ad quarum fiduciam ille a patre proceribusque Britanniæ chirographum acceperat : quinetiam fortasse quod in prælio ad fanum Albini dum Aurelius relicto equo ad Britannorum securitatem pedes pugnaret, illi turpi fuga eum deseruisset. Itaque Calvimontius Aquitano persuasit e re sua eas esse nuptias, quicquid [Fol. 13 v°] id esset molestiæ consequendum, hanc unam superesse rationem qua in gratiam novi regis rediret [3]. Summa autem auxiliorum fiducia regi in Venetis sita erat. Hi quum gratulatum novum regi imperium legatos misissent, illi post excusationes belli cum Carolo rege ab se gesti non offensionis animo sed totius Italiæ defensionis quam in cogitatione

---

[1] Carolota Federici filia. — [2] Carolota Alebreti filia. — [3] Veneti.

captare ac devorare ferebatur, amicitiam illius expetivere; vires opesque suas ei si qua usui forent deferentes, potissimum in suæ Insubriæ recuperatione quam inique possideri a Sfortia, injustius administrari cognoscebant. Missæ a Senatu (ut Bembus scribit) regi dono Aquilæ in Creta captæ sexaginta ex earum genere quibus in aucupio principes uti consueverant pellesque preciosiores, ducentæ canis inter nigrum colorem conspersæ. Que quidem munera illi fuerunt quàm gratissima. Ad hoc porro fœdus impellebat rempublicam odium erga Sfortiam implacabile maxime ob recentem inter eos de Pisarum per auxilii speciem usurpatione contentionem, quum ille spe dominatui suo adjungendi copiis suis opem obsessis contra Florentiæ oppugnationem tulisset. Venetisque pariter auxiliaribus in eamdem suspicionem occupandæ urbis venientibus, vires suas iste in contrariam partem turpi inconstantia transtulisset. Rex (ut ad Venetos revertamur) studio eorum collaudato, respondit sibi amicitiam eorum gratissimam futuram si Pisas, quas tum præsidio tenebant, sibi depositi nomine traderent : bello eas suo confecto in pristinum [**Fol. 14**] statum restituturum. Illi vero, re in senatu diu multumque diversis opinionibus agitata, responderunt fœdus quidem Insubriæ aggrediundæ communibus armis sibi placere : Pisarum rationes ad eam rem nihil pertinere : quibus Rex tandem incredibili Mediolani capescendi ardore assensit. Sic cum Francorum rege senatus venetus et Alexander pontifex ad diripiendum universæ prope Italiæ statum conjurarunt. Ut Franco Mediolanum non obscuro hereditatis jure cederet, Cremona Venetis cum omni adjacente agro qui citra flumen Abduam sit, optimo quidem illo totiusque Insubriæ opulentissimo, Lecum tantum municipium rex excepit; ab republica equites in id bellum septies mille milites sex mille obtinuit. Prodit Bembus eo momento quo fœdus istud Venetiis in foro recitabatur ventum subortum reipublicæ [1] vexillum templi turriculis parte illius abcissa implicuisse : quod civitas portenti loco habuerit eventusque rerum comprobavit. Ejus autem opera effectum erat ne Veneti nimium fines suæ ditionis in Italia quotidie propagantes, ea opportunissima Hetrusco in mari

[1] Omen.

urbe potirentur. Postquam enim Florentiæ adhæsit, Sfortia
Venetorum copias ab Apennnini cacumine arcuit : at Paulus
Vitellius a Florentia dux post illata Pisis Venetisque præsidiis
magna detrimenta, ad tutanda Casinatis saltus juga revocatus,
compluribus præliis Widum Feltrium [**Fol. 14 v°**] Pivianum
Astoremque Balernum, Venetos duces, singulari virtute profligaverat. Quo in bello clades utrinque illatas acceptasque
a scriptoribus Italicis prolixe memoratas libenter prætermitto.
Borgiæ qui, interfecto crudeliter majore natu fratre Candiano,
magnum imperium affectabat, Cisalpinæ Galliæ atque Umbriæ
regulorum oppida quærebantur: ascitusque in id fœdus Hispanus sibi pro Apuliæ regno caverat : et Florentia, ea conditione ut post recuperatam Franco Insubriam, ejus armis Pisas
subigeret; unde bellum ingens atroxque in Italia exortum
est. Sfortia, perspecto rerum suarum periculo, quod contra
se tot tantique principes conjurassent, controversiam de Mediolanensi imperio per conditiones annui tributi cum Franco
componere deprecarique injuriam a Venetis conatus, postquam
omnia frustra tentarentur Baiazetum Turcam adversus Venetos
excivit [1]. Interea rex vacuus reliquis curis omne studium operamque in Mediolanensem expeditionem convertit. Venetorum deinceps legatos omnibus consiliis adhibuit ;
ipseque legationem ad rempublicam misit. Eo sponte sua
Joan. Jacob. Trivultius ob privatum in Sfortiam odium acres
stimulos addebat; monebat ille Lodoicum hostem propter im-
manitatem tributorum et dominationis impotentiam suis invi-
sum esse, et pristinæ existimationis apud amicos sociosque
gravem jacturam [**Fol. 15**] fecisse, ita ut levissimo momento
ex Insubria propelli posset. Insubriam tractaturi dicemus obiter,
antiqui eam Gallorum juris esse : annis enim ducentis antequam Senones Brenno duce urbem Romam caperent, hæc
de primo Gallorum in Italiam transitu a Livio historico
Romano accepimus; Bellovesum Celtam ad regionem præ-
gravante turba exonerandam profectum ingentibus equitum peditumque copiis Alpes transcendisse, fusisque acie
Tuscis, haud procul Ticino flumine, quum, in quo consederant agrum Insubrium appellari audissent cognomen-

---

[1] Bellum mediolanense.

Insubribus pago Hæduorum, ex eo omen sequentes loci condidisse urbem [1] quam Mediolanum appellarunt. Eutropius et Ticinum, Boiis Cenomanisque adscribit. Hanc itaque provinciam Gallicam longo intervallo Carolus Magnus (ut docuimus), tyranno Desiderio dejecto, occupavit. Deinde multis post annis jure privatæ successonis ad Aureliorum regiam stirpem devenit. Jam Lodoicus huic repetendae intentus, equitum sex millia, peditum XXV millia conscripsit ; exercituique duces præfecit pari potestate, Stuardum Aubignium, Iac. Trivultium, Luxemburgum Ligni comitem. Hunc Trivultium Mediolanensem jampridem factione patria pulsum, ipse in Caroli castris militantem noverat et sibi quoque ad Novariam egregiam operam navavisse meminerat auctoremque tum secum fuisse in concilio adversus exteros duces, bello Sfortiam persequendi. Asta erat sedes belli, quam tres isti peritissimi rei militaris duces, superatis [fol. 15 v°] Alpibus petierunt. Ingressis Sfortiæ agrum, post complura municipia vi capta aut dedita, oppidulum Nonnum (in quo erant septingenti Sfortiæ milites) Francos exclusere. Aubignius murum tormentis quatiens omnibus simul emissis pilis ferreis. oppidanos confestim ad deditionem compulit. Milites in arcem recepti quum se ad propugnationem comparavissent, tantus fuit Francorum impetus tam subitus fervensque machinarum apparatus ut quinque horarum spatio arcem expugnaverint : ubi Sfortiani occidione occisi. Scriptores Franci, Gaguinus eumque secutus Ferronus Roquani (quæ arx est Nomi) oppidulum aliud ignoratione linguae arbitrati, utrumque direptum incensumque dixerunt, Nomum solo aequatum ; hoc successu ad celeritatem usi Franci duces paucis diebus castella viginti ceperunt, inter quæ Aratium et Annonium Iovius recenset Dertonamque oppidum in quo notatum est Octavianum Sanseverinatis fratrem nothum (qui principi Bonae et Galeatio puero duci fidem fregerat, eodem tunc die quo Sfortiæ Dertonæ portas aperuerat) Valentiæ Francis aperuisse. Inde Alexandriam itum est : eam Sfortia firmissimo presidio munierat, utpote in omni Francorum adventu primam belli molem sustinere solitam, eamque Galeatium Severinatem generum suum tueri jussit. Illum enim

---

[1] Mediolani origo.

legatum cum mille sexcentis equitibus gravis armaturæ, levis mille quingentis, decem millibus Italorum peditum cum Germanis quingentis [**Fol. 16**] in Transpadanam regionem miserat: monens ut duntaxat urbes tueretur, acie ne decertaret Calatinum fratrem ad tutandas Cremonæ fines Venetis opposuerat; castra Galeatius ad Alexandriam locavit. Franci, primam oppugnationem hortatu Luxemburgi tentantes, ab hostibus magna vi multaque strage repulsi sunt. Trivultii consilio res cautius (fama est cum Galeatio actum de urbe relinquenda literis falso subscriptis Sfortiæ nomine a germano Calatino qui se præferri minorem natu fratrem usuque armorum inferiorem, quibus postea ignaviæ crimen aut perfidiæ amoliebatur) : Is clam noctu cum paucis ex urbis muro dilapsus Mediolanum abiit ; quo facto magnam partem exercitus interclusam Pado Francis diripiendam præbuit. Sequenti die admota tormenta bellica magnam muri partem disjecerunt, tota nocte leves machinæ, somnum hostibus exemerunt nocturnam verentibus oppugnationem. Urbs a duce deserta sibi tamen non deerat, tandem a Francis undique prementibus, non sine ingenti eorum cæde expugnatur: saevitum in Sfortianos, a civibus temperatum, mœnia diruta. Placentini, missis ad Francos legatis, Alexandrinorum casum veriti, mox Ticinenses quo Calatinus a Cremona revocatus erat, qui clam ad Francum defecerat sese dediderunt. Rex, aestate media, præmissis ut docuimus in Italiam copiis quæ per Taurinos Allobrogum duce sibi iterum [**Fol. 16 v°**] conjuncto) transiverant, Lugdunum venerat. Senatus Venetus exercitu et ipse comparato Melchionem Tarvisium, M. Antonium Maurocenum legatos ei sublegerat, alteroque ex regiis legatis in Urbe manente, alteri una cum suis profecturo, ut rebus omnibus interesset, equum pro ejus dignitate ac tentorium ferreaque corporis tegumenta cum auri libris duabus donaverat. Tum Federicus rex Neapolis quingentos equites auxilio mittere, Prosperi Columnæ ductu, Sfortiæ decreverat, nisi abstinuissent. Illi porro simul atque belli initium a Francia factum accepere, Ollio flumine cum parte copiarum a Piviano duce transmisso plura uno die municipia per deditionem capiunt : reliqua deinde exercitus parte adjuncta parvo temporis spatio vicis castellisque quae cis Abduam sunt, compluribus in deditionem acceptis,

Caravagium, quod est ejus regionis caput, exercitum adducunt. Veneti ad oppidanos miserunt, si oppugnationem expectarent, se oppidum militi tradituros : ea nocte nullum est responsum datum : prima luce stationibus militum ad oppidi fossas dispositis, quum tormenta ad muros quatiendos admoverent, oppidani se dediderunt, arce excepta quam Sfortiani tenebant, eam fuisse causam excusantes quod deditionem distulissent, quam cum arce integram facere cupiebant. Venetis introductis, postridie arx a præfecto Sfortiæ deditur, militibus abeundi potestate ab oppidanis postulantibus impetrata ; hos Sonzinates insecuti. Sfortia eo tempore Mediolani quum [**Fol. 17**] esset, Francis hinc, Venetis inde urgentibus, rumore territus tot brevi amissarum urbium, nescius quam in partem se verteret, sibi conscius veneno sublatorum nepotum occupatique injuste dominatus, et populi ob tributorum magnitudinem adversum se graviter infensi, in rerum suarum desperationem procidebat, Spe auxilii a Maximiliano affine Germanorum bello intento, auxilii ab Hercule Ferrariensi genero deciderat : nec amplius post tantam moram copias Féderici expectabat : Florentiam ab eo Rex minis averterat obsignatisque tabulis obstrictam tenebat. Jam vero novus casus labantem impellit quum militibus Mediolani stipendium postulantibus, Sfortiaque Antonium Landrianum questorem suum eos rejiciente qui moram aliquam rei interponere volebat, Simon Horrigonus Insuber homo facinorosus illum trucidavit ; ab ea cæde conturbata Sfortiæ expediendæ pecuniæ facultate, civitatisque principibus veritis ne a militibus fortunæ suæ diriperentur qui simul novis rebus studebant, agrestesque in oppidum accersentibus queis se munirent, jam Sfortia animum prorsus despondit. Quocirca liberos cum Ascanio fratre purpurato et concubina (nam uxor mortem obierat) Federicoque Severinate item purpurato, Galeatii fratre, urbe eductos Comum misit. Comenses venientibus responderunt sese eos minime accepturos qui patriam ipsi fuga proderent : qua re Sfortia intellecta, Mediolani omnibus ad sustinendam obsidionem [**Fol. 17 v°**] idoneis rebus munitam Bernardino Curtio Ticinensi veteri suo alumno uni ex intimis amicis cui tum quoque praeerat, commendavit Ascanio fratri se offerenti tradere noluit. Est arx Mediolani[1] (quam

---

[1] Arcis mediolanensis.

ego regiæ Romam legationis comes in reditu vidi) omnium orbis terrarum arcium naturâ arteque longe firmissima. Ea sex turribus validissimis constat, quas fossa cingit latissima aquæ plena perennis, et intra ambitum molis murorum immanis arx inest minor, a Francisco Sfortia condita, nulla omnino vi expugnabilis: unde subterranei ad tertium usque lapidem meatus, per quos liber in campos egressus. Munierat utramque arcem bienni commeatu, præsidio militum ter mille, machinis ingentibus quatuor duorum minorum millibus. Ipse ergo, stipendio quingentis equitibus levis armaturæ dato, postridie cum Paulo plus ducentis, reliquis accepta stipe ab eo se subtrahentibus cum Galeatio genero discessit. Refert Guicciardinus nullam moram in rebus Mediolani componendis traxisse dum animos procerum sibi conciliare studet, oppidis quæ occupaverat Angleria, Arona, Borromeis restitutis, Isabellæ Arragoniæ, Ioan. Galeatii nuper ducis viduæ, datis Barrensi ducatu ac principatu Rosanensi dotis nomine in triginta mille aureorum aestimationem: quæ tamen filium parvulum illi in Germaniam abducendum tradere recusavit. Addit Calatinum post è Como Larium Lacum a Sfortia transmissum, ei turma equitum comitante occurrisse, et quo perfidiæ suæ causam [Fol. 18] prætexeret sese ut desertori patriæ solum cum familia vertenti nullo jam sacramento militiæ teneri suique juris esse: indeque cum sua turma pecunia Sfortiæ collecta ad Francum transiisse. Ille cum suis et reliqua gaza recte in Germaniam ad Maximilianum Cæsarem contendit. Gaza erat perexigua, duorum millium auri pondo, pro portione ejus quam ad opum suarum ostentationem paucis ante annis legatis principum ostentaverat, videlicet in numerata ærarii sui pecunia cum aureis argenteisque vasis præter gemmas ingenti pretii quindecim millium auri pondo: ne Ferrono credamus in magna viatici auri argentique copia. Cognito Sfortiæ [1] discessu, Mediolanum in Francorum venit potestatem. Miserunt cives oratores ad regios duces, qui cum exercitu ad sextam ab urbe lapidem aberant, ut in urbem jam suam venirent, conditionibus deditionis in regis adventum arbitriumque dilatis. Qui tam læto a suis nuntio accepto post supplicationes passim in Francia de-

---

[1] Mediolani deditio.

cretas Mediolanum maximis itineribus venit: ubi publico omnium plausu magnificentissime exceptus est. Sperabant Mediolanenses a rege nimia quidem tributorum mole onerati, omnem eorum immunitatem, quibus eos Rex ad mediocrem usque medium levavit, ne cupiditati intemperantis peravareque multitudinis satisfecit quum ex animo Sfortiæ vectigali mille sexcentorum octo millium sexcentarum octoginta sex librarum, sexcenta tantum et viginti duo millia cum quingentis libris exigeret. Restabat arx nulla quidem ope, nullis viribus expugnabilis: auro [**Fol. 18 v°**] expugnandam Trivulcius Insubriæ avaritiæ gnarus censuit, memorque Philippi apophtegmatis « nullam urbem inexpugnabilem esse in quam asinus auro onustus ingredi posset. » Vocatur ad colloquium Curtius; supellectilem arcis omnem paciscenti, dimidia pars promissa cum decem aureorum[1] nummûm millibus et perpetua centum cataphractorum præfectura; quem aiunt arcem ingressum circumspectando[2] ejus munitiones, exclamasse: « Vah, quot annos contra vim mortalium propugnaculum hoc defendendum susciperem! » In quo danda venia Gaguinio sacrato viro qui regem adductum scribit, ut cum præfecto arcis tam iniquis conditionibus parsceretur ne diuturna obsidione labefactanda arx impendiosa restitutione indigeret. Calatini atque Curtii exempla documento sunt quantopere excæcat fatum humana ingenia ne vim suam ingruentem refringere valeant Franci, quibus fides imprimis colitur sanctaque est a Curtii occursu et consuetudine tanquam feræ execrabilis propter istud perfidiæ facinus abhorrebant; qui non multo post velut flagello ultricium sceleris furiarum cæsus, doloreque confectus interiit. Rex deinde consilio Widi Rupifortii, Georgii Ambasii purpurati ac Jafredi Caroli quem præsidem senatus Mediolanensis fecit, Insubriæ totius res constituit[3]. Imprimis Iac. Trivultium Mediolanensem ob rem bene gestam, quo magis populare imperium esset, Mediolani ditioni præposuit, Vigevono in Ticinensi agro regiis aedibus præstanti atque ad venationes opportuno aliisque compluribus rebus [**Fol. 19**] donavit. And. Quintinum Scotum hominem bello egregium

---

[1] Arcis deditio. — [2] Il y a ici, à la fin d'une ligne, un espace en blanc.
[3] Ordinatio Reipublicæ Mediolanensis.

arci minori cum ducentis militibus Francis, Scotisque totidem, Carolum Stepeum majori arci cum quadringentis peditibus Francis et turma equitum expeditorum præfecit. Edicto sanxit ne quis eorum qui antea Sfortiæ partes secuti essent in jus vocaretur a militibusve lacesseretur. Si qui nobilibus orti familiis ob insolentem priorum temporum dominationem patrimonii jacturam fecissent, bona, si qua fisco addicta fuissent, restituit ; si fundis dejecti forent, novos fundos pecunia erogata ne veteres possessores irritaret comparavit. Magnam quoque in iis eruditorum hominum rationem habuit : professores humanarum litterarum aucto priore salario edicto restituit. Iasonem Maynum fundi haud ignobilis donatione, Philippum Decium, Franciscum Curtium honorarii magnitudine ad intermissam legum interpretationem revocavit : militem gregarium quem Cl. Seyssellus, qui postea Massiliæ pontifex, Franci Philelphi familia ortum dicebat, quum literis imbutum crederet annuo stipendio juvare voluit : eo militiam præferente, veste, equis et armis instructum in gradum honestum adscivit. Denique emissarios habebat qui ex Insubrica nobilitate viros aut doctrinæ studiis, aut militari peritia insignes conquirerent , quos amplissimis stipendiis ornabat, egentes secreta benignitate fovebat. Ipse nobilissimum quemque mensæ suæ adhibuit, invitatusque a primoribus civitatis libenter conviviis interfuit : ita factum ut ejus rcipublicæ rationes, quæ imperantium avaritia [Fol. 19 v°] sordibusque velut exaruerant, industria illus revirescerent. Ad nuntium tantæ tam celerisque partæ regi victoriæ omnes Italiæ præter Federicum principes gratulatum venere : unumquemque pro meritis perhonorifice tractavit, Venetorum legatos apud se habuit, Mantuanum regulum (marchionem vocant) in clientelam suam recepit, centum cataphractis præfecit, torque clocleato cum honorario amplissimo insignivit ; Ferrariensis ob Genuæ arcem Sfortiæ traditam ægre in gratiam rediit ; cum Florentia post varias altercationes fœdus ictum de certo militum numero utrinque in utriusque rebus certo tempore suppeditando. Rex, accitis legatis qui Mediolani erant omnibus, velle se Federico bellum inferre pronuntiavit, ut regnum Neapolitanum quod paulo ante Caroli fuisset, suam in potestatem redigeret. Cui Hispaniæ legatus : Ego vero (inquit) bellum tibi a regibus meis si id aggredi statueris, denuntio. Non enim sunt passuri ut propinquum suum regno quisquam ejiciat.» — « De eo, respondit rex, videbo. » Mediolani deditionem reliqua Insubriæ oppida quæ supererant continuo insecuta erant[1]. Genuaque mox Bapt. Fregosi opera deditionem fecit ; cui Philippus Ravestanus, regi materna cognatione conjunctus, proponitur, qui tamen res Fregosi consilio administraret, arci quæ urbi imminet....[2] maris præfectus, Savonæ, Yvo Alegrius oppidis maritimis. Hetruriam versus præsidia Francorum et Helvetiorum imposuit. Rex. VII. cal. sept. Mediolano excessit, Genuamque profectus est, unde populus cum infulis obviam effusus faustaque acclamans omnia summo apparatu eum excepit. Brixius Iustianianus orationem pro civibus habuit ante regem stratis, cui mox dextera data jussit omnes consurgere. Stipabant Regem, Borgia, Regulus Monferrati, L. Galassius, Trivultius pluresque alii proceres et Julianus duoque alii cum Ambasio purpurati. Inspectis munitionum operibus, audiendis civium postulatis vacavit: præcipua fuerunt ut mercaturam eis in finibus Hispanorum licet bellum in initium exercere licetre, neve magstratus qui annui esse solebant, perpetui fierent : quod a rege se valde popularem gerente impetraverunt. Narrant, quum ibi rex de more solenniter strumas solo contactu curavisset, Genuenses ad tantum miraculum obstupuisse ; eum vero quod sciret publice edictum a magistratu ut postero die ei comitando præsto essent, diluculo abeuntem admissis cellerime equis consecutos in reditu senatus consulto sanxisse ut is dies ingressus regii pro festo annuatim celebraretur. Venetis autem Cremonee eodem fere tempore appropinquantibus, quum civitas legatos obviam misisset tempus ad deditionem postulantes, eo impetrato missisque [fol. 20] propriis hominibus ad Trivultium docuit, Venetis solum jus pignoris in eam esse, facile quicquid id esset æris alieni dissolvi posse : sed postquam intellexit eam cum agro circa Abduam Venetis ex fœdere[3] cedere, legatos cum ducibus accersitos in oppidum sub tentoriolo sacro introduxerunt, tributorum moderationem impetraverunt. Erat in oppido arx perquam munita

---

[1] Genue deditio.— [2] Ici un blanc dans le manuscrit. Le nom à suppléer est Malatus de Gravilla (l'amiral Malet de Graville).— [3] Cremone deditio.

difficilisque, si qua alia, captu ; eam Pet. Antonius Battallia Sfortiæ custodiebat ; illo muneribus facile corrupto Veneti arce potiti sunt. Ita ei cui fides nunquam sancta fuisset, iratis diis vindicibusque nemo fidem, quam minimo negocio poterant, pauculos modo dies servavit. Sfortia in Rhetos profectus ut exercitum ad Francos expellendos cogeret, Helvetiis Lepontiisque tentatis nihil efficere quod ex usu esset, potuit.

[1] Rebus sic tanta prudentia et æquitate constitutis, rex Lugdunum mese decembri rediit, ubi nova lætitia profusus est ob uxoris partum, quæ Claudiam (erit ea postea regina Francorum) pepererat. Haud dormitabat tanta in opportunitate Alexandri pontificis ambitio, quo promissa regis urgente, Borgiæ qui una secum ex Francia venerat, tercentum cataphractos duce Ivone Alegrio propriis sumptibus et quatuor Helvetiorum millia pontificiis, ductu prætoris Divionensis contra Aemiliæ Flaminiæque quæ juris [2] Romani erant, possessores concessit Borgia sua cum manu regiaque Imolam cepit sub finem anni MCCCCXCIX ; [Fol. 20, v°] Forum Cornelii ac Forum Livii oppida, castris ad muros positis tormentisque admotis, acri oppugnatione ad deditionem compulit. Arces vero eorum oppidorum quod erant munitissimæ altera complures dies obsessa conditionibus ac ceptis Borgiæ anno exeunte deditur. Forolivii arcem in qua erat Caterina Sfortia diu ac magnis oppugnatam viribus (ipsa virtutis specimen virilis in muliebri corpore edente) muro tandem tormentis dejecto, militibus non sine cæde sua irrumpentibus, cum Caterina ipsa cepit, quæ quidem Romam captiva deducta est et in Adriani mole custodita, donec ab Yvone Alegrio fortitudinis admiratione liberata est. Veneti, ut suos, quos in fidem recepissent, tuerentur, tria militum, duo equitum millia Liviano duce Ravennam miserunt, quos in oppida distribueret : simul legati duo reipublicæ Franciscus Capellus Ariminum, Christophorus Maurus Faventiam profecti qui eis oppidis præessent : Borgia quum vellet, arce Forolivii capta, Pisaurum patribus permittentibus exercitum adducere, propter novos Mediolani motus, destitit.

Interea rex in Franciam reversus, litem non mediocrem arbiter inter Carolum Geldriæ et Gulielmum [3] Juliaci principes

---

[1] Claudiæ Franciæ ortus. — [2] Borgiæ expeditio. — [3] Regis arbitrium inter Geldriæ et Juliaci principes.

composuit, ob antiqui hujus insignis a Geldrensi usurpata pro Juliaco pronunciavit ; ita tamen, ut is oppidum Arcleusa nomine Geldrensi ablatum restitueret. Uterque regis arbitrio paruit: Juliacoque quatuor aureorum nummorm millia numeu rata decretaque annua in posterum pensio. Sunt qui scribant (**Fol. 21**) eos sub hoc prætextu evocatos (cujus rei suspicionem nimia regis liberalitas facit) ut Helvetios et nonnullos Germaniæ principes cum Maximiliano Cæsare committerent, ut eo bello implicatus Sfortiæ auxilium non ferret ; et quem quidem pecunia in id bellum a Rege suppeditata, non latuit. Juliacus a rege discedens Lutetiam profectus est, ubi, quum honoris causa in senatum regium ingressus consedisset, Io. Conardus præses primarius, sententiam in Iac. Pediferreum, præfectum mercatorum, et decuriones pronuntiavit [1], qua multabantur ob pontis parisiensis ruinam Sequanæ impositi, quæ eorum culpa negligentiaque paulo ante acciderat, anno postquam conditus fuerat XCII. Longitudo pontis LXX passuum et ped. IIII, latitudo XVIII passuum erat ; annuas octingentas libras pendebat. Miserabile fuit spectaculum, inquilinorum partim cum supellectile migrantium, partim cunas infantesque ferentium aut tignorum mole oppressorum aut undis restagnantibus submersorum : majorque multo strages extitisset ni fabris lignarii monitus sub ipsam casus horam intervenisset; quo diligentissimus quisque servatus est. Rex tum Mediolani agens de eo certior [2] factus Jucundum Veronensem peritissimum architectum misit, qui lapideum pro lignario magnifice extruxit. Is doctrinae suæ monumentum in Cæsaris commentariis in pontis descriptione reliquit. Mira est hodie pontis species, ædibus LX utrinque pari forma in consignationum trium altitudinem opere lateripio ædificatis : ubi magna opificum atque venalium mercium copia et varietas , ut quum Henrico secundo regnante, ipse Christophori Thuani [**Fol. 21 v°**] loco magistratum illum præfecturæ [3] gerentis legatum regis Archierii [4] ad opera urbis visenda stipatum sagittariis publicis deducerem, templi quidem illi Divæ Virginis immanem materiæ molem artificiique præstantiam, arcis Luparæ pulchritudinem,

---

[1] Pontis Parisiensis ruina. — [2] Jucundus veronensis. — [3] Christophorus Thuanus præfectus mercatorum. — [4] Regis archierii legatus.

Bastilliæ munimentum valde laudaverit. At quum per pontem de quo agitur reducerem, indeque saxeam ejus structuram ostendissem, subrisit, quod se per continentem transiisse existimasset opusque illud præter cetera admiratus est. Eodem regii arbitrii tempore a Ladislao Pannoniæ rege legati Lutetiam venerunt Insubriæ victoriam gratulatum utque is amicorum sociorumque numero haberetur : eis quæ petebant concessa, occultioraque inita fœdera quibus Maximiliano negotium facesseret. Ad tam grave pontis incommodum, aliud pestis [1] nihilo levius accessit, nisi superi diuturnam esse passi non fuissent, minaciorque quam perniciosior exstitit. Aer per omnem Galliam continuis imbribus maduerat, quo nec uvæ nec reliqui arborum fructus maturescere potuerant, unde elanguescebant mortalium corpora nec alimentum salubre capiebant. Quam tamen pestilentiam scribit Livius priscis Gallis in capta Roma accidisse ut æstu et angore vexati vulgatis sicut in pecora morbis morerentur. Nempe aere ab incendiis ædium torrido et vaporis pleno cineremque non pulverem modo, quum quid venti motum esset ferente, quorum intolerantissima gens sit humori ac frigori assueta. Quin vero similius est eo tempore [**Fol. 22**] ob pigritiam cadavera Romanorum sepeliendi in loco jacente inter tumulos ex fœtore concluso hanc luem coortam. Et si non negaverim quibus ante annis siccitate in Italia laboratum sit, adeo ut non cœlestes modo aquæ deessent, sed terra quoque ingenito humore egens, vix ad ..... [2] sufficeret amnes, defectum alibi aquarum circa exustos fontes rivosque stragem siti morientium pecorum dedisse, scabie alia absumpta, hominumque contactu corpora tabo affecta fuisse.

Enim vero ut ad externa bella unde digressi sumus revertamur [3], Sfortia (ut supra memoravimus) quum ingruentibus Francorum armis, auxilia omnia christiana sibi deesse perspiceret, ob violatam omnibus fidem qua societas omnis hominum continetur, omnesque spes suas in se unum esse redactas, ad Turcica se subsidia contulerat, quo tantam procellam per fas et nefas a se depelleret. Baiazetem Ottomanum Thracium imperatorem sollicitaverat ut in Italiam arma eodem anno

---

[1] Pestis. — [2] Ici un blanc dans le manuscrit. *Suppléez* perennes.
[3] Bellum navale Turcium.

transferret. Veneti contra ingentem classem præfecto Grimano Iovio in mari Turcarum classi opponunt. Petierat a rege Franciæ Rhodiorum magistratus jam a primo Baiazetis apparatu classem qua se tueri posset propterea quod ei venturum multorum vocibus ac nuntiis afferebatur. Rex publicam reipublicæ christianæ causam suis privatis rationibus anteponens non dubitavit in id bellum classem navium duarum et viginti Rhodum e Provincia mittere, quæ postea Venetis postulantibus [**Fol. 22** v°] (quod Rhodii extra periculum forent) volens se conjunxit. Quibus rex omnes suas opes seque ipsum in id bellum obtulisset, Grimanus male explicata classe et tetrarchis suis nequaquam præsenti animo pugnam ineuntibus, quum certa victoria penè esset in manibus, contra Francorum et Albani armerii atque Andreæ Lauredani Venetorum consilium animumque (qui uni omnium impigre pugnaverunt) ad Proti insulam inter Sporadas, turpem in fugam conjicitur, duobus illis miserabili incendio absumptis; quum in ingentem navem Barachi Smirnæi prædonis ipsi cum duabus utrinque celocibus invecti, post injectos harpagones ferreos, barbari desperata salute, ultro ignes injecissent, quibus victi victoresque concremati sunt. Omnibus autem præliis ante commissis semper Veneti Francique superiores extiterant, adeo ut quum forte duæ onerariæ naves Francorum una, Venetorum altera tardius reliquis a conflictu ad suos redirent et a Danthe Thraciæ classis præfecto, Francica triremibus ac biremibus triginta, Veneta viginti aliis oppugnarentur, ita ut præter pilas tormentorum utriusque mali, antennæ, plutei, lateraque ipsa navium sagittarum vi histricis instar constipatarum, fixa essent, complures hostium naves depresserint, reliquæ magno accepto detrimento, eas reliquerunt. Franci perspecta Grimani [**Fol. 23**] ignavia abierunt. Ipse ad Sphragiæ insulæ portum se contulit, Danthes in Naupacteum sinum abscessit, Naupactumque, ab eo mari, a Baiazete terra obsessum, auxilio a Venetis desperato, deditionem fecit. Grimanus a republica ob rem male gestam revocatus, causam ex vinculis duxit, damnatusque est et in Ossaram insulam perpetuo relegatus. Præfectis maris a republica sublectis Thoma Zeno Marchione et Zancanio Carnos profectus in arce munitissima apud Sontium flumen multos dies Francorum auxilia expectans se continebat: quum id perspiciens, dux Turcarum exitu aestatis duo millia equitum prædatum (duodecim P. Jovius scribit) ductu Scanderbassæ Illirici præfecti mittit qui ad urbis usque æstuaria pervenerunt, Tarvisiis atque Patavinis nihil tale verentibus incredibilem terrorem incusserunt, quumque innumerorum mortalium prædam abigerent, et in reditu Tilla flumen auctum undis reperirent, captivis gravioris aetatis ad duo millia in ripa trucidatis, reliquos secum traduxerunt, postquam se Sfortiæ seram opem attulisse didicere, nec eos tumultus oriri ab iis qui Sfortianis partibus faverent, perspexere, quemadmodum ipse receperat. Sfortia vero qui ad Maximilianum Cæsarem spe auxilii impetrandi confugerat (quum rursus fortunam [**Fol. 23 v°**] experiri decrevisset si forte se verteret eumque tandem adjuvaret) nullo impetrato ob ingenii illius varietatem opumque tenuitatem, sibi tamen non defuit, in Rhetis copias comparavit[1]. Hæ fuerunt VIII millium conscriptorum Maximiliani opera non pecunia, cujus egentissimum semper fuit. Et post quintum exilii mensem, anno insequente inito Ascanii factione oneratus quæ Francis infensa erat novisque rebus studebat in fines Insubriæ se contulit. Ibi Italicus miles imperiis ejus assuetus ultro nomina dedit ; ex quibus millia adscripsit. Sub ejus adventum Trivultius et Aubignius regias copias quæ cum Borgia aberant revocaverunt : quo factum est ut ille Pisauri oppugnationem in aliud tempus omitteret. Respublica Venetorum decrevit ut equites militesque sui omnes in Cremonensem agrum e vestigio contenderent, Helvetiorum tria millia celeriter accerserentur. Interea Sfortia anno christianismi. MD. Como per suos nulla vi confestim recepto (Franci enim ab oppidanis simul atque hostibus sibi metuentes inde discesserant), Ascanium fratrem cum parte copiarum Mediolanum præmisit, literis suorum certior factus Trivultii imperia Mediolanensibus displicere, Francos etiam rapinis patratisque aliquot facinoribus, maxime, liberiore cum mulieribus familiaritate eorum [**Fol. 24**] alienasse animos : sive ingeniorum morumque dissimilitudo sive ipse victoriæ genius, et si ea ad justos rediit, impotentes tamen ferocesque reddit. Trivultius seditioni gliscenti occurrens coeuntes aliquot turmatim per

---

[1] Bellum mediolanense secundum.

vicos, immisso milite, obtruncat, vocatam plebem pro concione mitissima oratione continere in officio conatur. Sed factione hostium obstrepente, adventante Sfortia recensere cœpit milites : vix quatuor reperit hominum millia ob eorum absentiam qui Borgiæ ex pacto militabant ad tempus. Munit igitur arcem : mox Novariam pergit quam ad impetus Sfortiæ sustinendos idoneam intelligit [1] : ibi milites Francos ex Flaminia conventuros novosque conscriptos iri. Irrigatur autem Novaria fluviolis duobus, Terduplo ab ortu, Aconia ab occasu ; agro adjacenti summæ Alpes imminent, arx est firmissima. Trivultius ibi collocat milites, aggeres munit, commeatus in urbem inferendos curat. Ascanio interea cives, armis captis, ejecto Trivultio cum Francis portas aperuerunt : Sfortia ipse biduo post cum reliquo exercitu adveniens in Urbem receptus est. Sfortia Mediolani paucos commoratus dies, dum humili subdolaque oratione pecuniam arrogaret, Ticinum proficiscitur : quumque nullo in loco armatus quisquam obsisteret, et [**Fol. 24** v°] Parmam Veganumque accessissent, Novariam aggreditur et quoniam minus instructus erat apparatu tormentorum muralium, crebro militum impetu premere oppidum insistit. Tum sexcenti equites Sequani a Maximiliano venerunt, quibus ad summovendos hostes usus est, varia tamen fortuna. Trivultius demum diffidere oppidanis cœpit, præsidiaque inde abduxit. Sfortia Novariam dedentem se recipit. Tum Mantuanus turmam equitum gravis armaturæ per fratrem summisit, Mirandulæ, Carpii, Corregii, Reguli concurrerunt. Dum hæc aguntur, Aubignius ad se Trivultio conjungendum properat, direpta prius Dertona quæ armis, nec magna de causa, sumptis rebellaverat. A Venetis auxilia ex fœdere proposcit. Illi exercitu ad ripas Abduæ confestim ducto Laudem Pompeii, quam jam Sfortiani occupaturi erant, præsidio propere misso regi retinuere : Placentiam quoque nutantem confirmavere. At quum se neque Aubignio neque Trivultio interclusis itineribus adjungere possent, agro Mediolanensi populato, discesserunt. Interea Trivultius regem per pegasarium cursorem monuerat de Sfortiæ reditu novoque rerum Insubriæ statu : a quo mox Luxemburgus, quem secum in

[1] Novaria.

Franciam reduxerat, cum equitibus missus, si [**Fol 25**] Bembo
potius credimus quam Ferrono, Aquitanorum expeditam manum scribenti, coacta etiam raptim Helvetiorum manus : quibus freti, Francorum duces haud Novaria procul castra posuerunt, opportuno loco ad commeatus ab hoste avertendos. Duo
erant Aubignius et Trivultius pari in exercitu potestate :
unde parum abfuit quin rem Francicam jam ibi satis afflictam, mutuis inter se dissidiis pessumdarent. Aubignius enim
Mediolanum quoquo pacto eundum contendebat, Trivultius
donec miles reficeretur, circa Novariam manendum : si quos
Aubignius captivos liberaret, Trivultius in servitutem revocare conabatur : alter alterum obliquis dicteriis pungere, alter
alterius consilia factaque elevare. Rex itaque de ea ducum discordia per Luxemburgum edoctus, abrogato utrique imperio,
summæ rerum Trimollium præfecit, adjectis in supplementum
novis militibus. Is primum cum cataphractis DC in Italiam
properat ; initio mensis aprilis mille quingenti, Helvetiorum
peditum dena millia, Francorum sena convenere. Trimollius
ubi primum regia castra adiit, semotis arbitris cum utroque
congressus, facile effecit ut ambo in gratiam redirent [1] : « Quo
enim tandem, inquit, iræ contentionesque vestræ erumpent ?
Quis Sfortiæ triumphus major optatiorque posset contingere ?
Jam vos ille fugatus nuper a vobis cum Helvetiis [**Fol. 25** v°]
Italisque suis, fretus vestris dissensionibus, Mediolano, Ticino,
Novariaque expulit : nisi resipiscatis, reliqua Insubria confestim ejiciet. Vera pro gratis loqui me pro officio decet, qualemcumque erga me animum habituri sitis, hoc plurium dissidentium imperium, bello perniciosum esse ab antiquis Romanis sæpe animadversum est, et tendendo ad sua quemque
consilia, quum aliud alii videretur, aperuisse ad occasionem
locum hosti incertam aciem, signum aliis dari, receptui aliis
cani jubentibus, opportune invadendi. Imò verè saluberrimum
in administratione magnarum rerum esse ut summa imperii
cedente altero penes unum sit et prælatum illum facilitati
summittentis se comiter respondere communicando consilia
laudesque et æquando imparem sibi. Nolite igitur, o socii,
committere ut qui rebus uterque strenue gestis tanta vobis

---

[1] Trimollii oratio.

decora belli peperistis, iis hanc velut ignominiæ maculam aspergatis. » His Trimollii dictis Aubignius Trivoltio reconciliatus: reconciliatos ipse, dicta factis exsequens, eo loco habuit ut neuter imperium sibi oblatum diminutumve sentiret; adeo in omnium semper rerum societatem eos adscivit.

Sfortia, quum audiret Trimollum Mediolanum proficisci, Novariam sibi eundum existimavit. Suadet Aubignius eo quoque ducendum exercitum; sublato enim Sfortia facile postea Francum [**Fol. 26**] Mediolano potiturum. Placuit id Trimollio. Itaque, præmissis tantum qui itinera circa Mediolanum infestarent velitibus, robur exercitus contra Sfortiam vertit. Erant in Sfortiæ castris inter Helvetios plerique, qui Carolo regi in expeditione Neapolitana et Novariensi militaverant: hi tardius sibi stipendia persolvi querebantur, duoque eorum duces Rodulphus Salix, cui Longo cognomen fuit, et Gaspar Silenus, Helvetius, specie populandi, castris egredientes, cum Trimolio ingenti pecuniæ summa de Sfortia deserendo convenerunt. Qua in re nonnulli scriptores vehementer ei avaritiam criminantur, qua dilatis eo tempore stipendiis quo maxime repræsentari oportuerat, in tantas angustias inciderit. Restabat arx Novariensis acri munita Francorum præsidio, cui præerat Car. Lovenius: ejus recuperandae occasionem captans, Sfortia ad oppugnationem ex Alexandriæ finibus properabat. Trimollius omnibus copiis insequitur; raptim utrinque instructa acie concurritur. Italici et Germanici pedites alacriter prœlium inibant, haud segniter proruentibus Francis[1], quum Joan. Fuxius et Lod. Borbonius cum lectissimis equitum turmis a latere incurrentes hostium aciem perruperunt, facileque tum Sfortianos ancipiti terrore perculsos dissipassent, ni Italicus equitatus subsidio advolasset: sed is [**Fol. 26 v°**] immissa mox recenti Francorum equitum turma, ducibus Emundo Prio ac Lod. Gravillo, protritus est. Ventum erat ad Helvetios qui, incertum Francico auro corrupti an quod suis viribus diffiderent, detrectarunt certamen. Sic Sfortia fusus fugatusque in Novariam oppidum compulsus est. Hic historici Francorum commemorant eo tempore regem suum certo fœderum capita cum Helvetiorum pagis convenisse ne arma contra

---

[1] Prælium Francorum cum Sfortia.

se ferrent, edictoque publico eos id sanxisse, quod ducibus
illis Franci demonstraverint. Eam ob rem pactos cum Trimollio esse ut ipsis incolumibus cum omnibus impedimentis
persoluto vel certe promisso quod a Sfortia differebatur stipendio abire liceret. Hos ubi Sfortia cognovit miscere sermones
cum consanguineis suis qui Franco merebant, eos per Stam-
pam et Cribellum, quibus plurimum confidebat, magnis polli-
citationibus deterrere ab instituto nequicquam conatur. Non
abjecerat ante spem ille quod ab Ascanio fratre novas Mediolani copias .cccc. equitum et .m. peditum octo exspectabat:
sed quum simul didicit Lod. Valdreium qui Sequanos equites
galeatos adduxerat sollicitatum ad defectionem, tum se fugæ
dare decrevit, hac reperta via ut, cum Helvetiis instructo agmine exeuntibus, ipse inter phalangis ordines Helvetico habitu
equoque strigoso prodiret; sic latere posse ratus et incolumis
ad suos redire. At [**Fol. 27**] prodeuntibus Helvetiis Trimollius
exercitum in armis esse, Francos dextra laevaque adstare
jubet, eos hastis obversis velut sub jugum missurus: incertum
an proditus ab illis an explorato diligenter uniuscujusque vultu
cognitus[1] Sfortia prehendi jubetur, prehensusque in arcem
Novariensem perduci. (Minus verisimile est Franciscani, quod
Ferronus scribit, veste indutum Novaria exiisse eoque cultu
captivum Lugdunum venisse, Bembo patricio Veneto, Jovio,
Guicciardino Italicarum rerum peritis nobiscum sentientibus.
Capti simul Galeatius Severinas, Fracassa, Antonius Maria
fratres.) Eo die Trimollius cum Sfortia locutus bono eum animo
esse jussit: ex regis mansuetudine multis perspecta certam
se ei salutis fiduciam spondere, invitatumque ad cœnam cum
Aubignio humanissime solatus est, maximumque ei honorem
habuit qui in tali fortuna haberi posset. Adhibere enim noluit
Trivultium quocum illi capitales inimicitias intercedere intelligebat, rogaveratque Trimollium ne in ejus conspectum
veniret. Id audiens, ille prodit ad salutandum hostem his verbis: « Sfortia, jam vides quas a te accepi injurias, haud minore mensura repensas. » Nec plura locutus se proripuit,
magis offensum his verbis relinquens quam si contumeliosis
vocibus lacessisset. Lugdunum postea deductus meridie in-

---

[1] Sfortia captus.

gressus spectaculum lætissimum confluenti undique populo præbuit. In Regis conspectum, quod magnopere optabat, admissus non fuit. De captivi statu variæ sunt [**Fol. 27 v°**] opiniones scriptorum, aliis Lochiensi turri inclusum decenni spatio consenuisse, nullo liberali more habitum, prodentibus aliis in cubiculum subterraneum conjectum, concameratum illud ferreisque compagibus ferreoque ostio firmatum; quibusdam, post aliquot annos scoti equitis custodiæ liberaliori commissum fuisse. Addit P. Jovius, Francis invidiam quærens, erepto etiam omni scribendi et quæ cuperet legendi solatio, ferrata in cavea omnium miserrimum mori coegisse. Hic porro est exitus miserabilis clarissimi principis, opulentissima Italiæ parte potiti adeoque potentis ut ejus arbitrio res Italicæ starent: cui neque ingenium neque prudentia defuerit in principatu administrando, neque ingenium et astutia ad varios eventus rerum conjectura præcipiendos atque depellendos, neque magnitudo animi ad res arduas capescendas: arrogantia quidem adfuit, malis artibus suorumque nepotum nece occupavit tyrannidem: crudelitas atque impietas adfuit qua, anno seculari ad expiandam christianam indicto a pontifice, Romam euntes Francos, non negligentes (ut testis est Livius) religionis, hospitibus aureo nummo in singula Francorum capita promisso, occidi curasset. Fides una potissimum defuit quam, ut novi commodi spes affulserat, non obscure Regi Carolo, Venetis, Pontifici Maximo aliisque violavit, expertus tandem [**Fol. 28**] ea ipsa societatem hominum contineri. Denique licet hic deflere vicissitudinem fortunæ res humanas diverso motu miscentis, eamque in tam illustri Sfortiæ exemplo intueri, cujus consilia cuncta jampridem infesto prorsus elusit. Juvat principem contemplari ingenio, eloquentia, variisque a natura rerum gerendarum adjumentis ornatum, cujus ambitu vix Italiæ omnis terminis continebatur, paucorum pedum cavea ferrea feræ instar conclusum. Sfortiæ capti nuntio, pars Insubriæ omnis quæ defecerat perterrita, ad regem statim rediit. Ascanius, cum primoribus civitatis plerisque qui Sfortianis partibus favebant, Mediolanum Padum versus aufugit. At interceptus ab Soncino Benzonio Venetorum equitum turmæ præfecto in Cremonæ finibus, cui Conradus Laudus affinitate ac veteri necessitudini conjunctus, mutato cum fortuna animo, prodidit, unaque Hermetem Sfortiam, Joan. Galeatii ducis nuper fato functi fratrem, qui quidem apud eum, ut se recrearent ex itineris labore, diverterant. Venetiis ductus in comitii turricula publice asservatus est, donec paulo post regi deposcenti ad Insubriæ securitatem cum custodia in Franciam tranmissus : deductus vero noctu ad Regem (ut Ferronus scribit), multis cum facibus, proruentibus ad spectaculum aulicis, honorifice quidem regem, sed non humiliter, abjecteve, [**Fol. 28** v°] ut captivus adoravit, nec ullo fletu gemituve conditionem suam deploravit : cum de ea postea disserens cum Luxemburgo purpurato et Octaviano Sangelasio Ingolismi pontifice, bene secum actum aiebat : jocabaturque Venetos de se optime meritos, qui eum his quibus irretitus erat laqueis exuissent ac vi abductum explicassent quum periculum esset ne in majores plagas incideret, quibus confici eum concidique necesse esset: suspicans vel ad Alexandrum pontificem maximum, vel ad Maximilianum Cæsarem, vel ad Federicum Neapolis regem confugienti duriorem sortem futuram : consilia etiam fugæ ad Baiazetem Turcam, ni intercepti fuissent, agitaverat. Nec eum sua fefellit opinio ; nam propter sacrum ordinem diu carceri eum Bituricensis turris non tenuit, in qua Rex ipse a quo captivus tenebatur biennio detentus fuerat, precibus presertim Ambasii sui ordinis præsulis, paucis post mensibus, fidei suæ relictus vagarique tota Francia permissus est : sed paucos post annos ei beneficium malo reponet, ut suo loco demonstrabimus.

Mediolanensi [1] igitur ditione in Francorum potestatem iterum redacta, Georgius hic Ambasius purpuratus eo a rege prorex mittitur : revocantur inde in Franciam quatuor illi egregii duces Trimollius, Luxemburgus, Aubignius, Trivultius: ubi ob [**Fol. 29**] strenue navatam eo bello operam magnifice excipiuntur. Mediolanenses mœsti obviam Ambasio Versellas usque proficiscuntur, regiam clementiam implorantes quam mulcta trium millium auri pondo impetraverunt, cujus summæ postea majorem partem Rex eis remisit. Ceteris quoque oppidis pro ratione opum mulcta indicitur. Hoc tempore acci-

[1] Georgius Ambasius Mediolani prorex.

dit ut Helvetii ab exercitu regio in patriam redeuntes Bellinzonæ oppidum suis pagis propinquum occuparent : quod quidem rex exigua pecunia redimere poterat, nisi intempestius parcimonia, ut Guicciardinus ait, magnarum rerum occasiones amitteret, immemor comici illius « pecuniam negligere consuesse in loco, maximum interdum lucrum est. » Bellinzona hæc porta fuisset ingredi cupienti in Helvetiorum regionem, vel claustra autem contra eorum in Insubriam irreptiones [1]. Jovius unus cum Seyssello adversus eorum calumniam defendit qui pecuniæ nimis parcum et tenacem usque ad illiberalitatis notam arguerunt : « Ignari (inquunt) quanta sibi suisque detrimenta intulerint principes, qui profuse donando per otia pacis vanis sumptibus paratos ad bellicas necessitates thesauros exhauserint. » Nec dubium est illum militibus præcipue stata die semper stipendia persolvisse : sed fama est in illis præstantissimis ducibus Insubria reversis docuisse ad rem se attentiorem quam tantum principem [**Fol. 29 v°**] deceret ; satisque constat ab Anna regina hos insignes milites gloria viros immensis muneribus donatos : virili prudentia matrona, viri errata, rege non inscio, hac in parte, sarciente. Ego regem arbitror in eam partem errasse maluisse, ne suum populum externorum bellorum impendiis gravibus tributis onerare cogeretur [2]. Qua ratione patris patriæ cognomen externa commendatione meruit, unde exemplar successoribus suis proponitur. Commemorat tamen Ferronus Parisienses ausos esse, regia quidem confisos lenitate, illum palam per mimos personatum, ægrum, pallidum, cupite obvoluto, soleatum, publicis ludis aurum poculentum sitientem exhibere. Et tantum (inquit) abfuit ut hoc Lodoicus vindicandum curaret, recitatis ut ludis et riserit et libertatem populi collaudarit. Ut autem ad proregem Ambasium redeamus, fuit is vir prudens et modestus, severissimusque in vindicandis militum rapinis. Unde factum est ut, eo gubernante, pacata omnia longo temporum intervallo fuerint ; una tantum labes nomini tanti viri inspersa, jam ætate provecti, ob amorem Mediolanensis puellæ, propter quam personatus oblitusque decoris media urbe obambularet, nec nisi crebris Georgii Durantii monitis abje-

---

[1] Parcimonia regis. — [2] Lodoicus XII pater patriæ.

cerit. Majores motus post hanc amentiam amor hic insanus a Borgia excitabit : quin, cum libidinis [**Fol. 30**] furor in Armeniaci quoque pectus Neapoli irrepsisset [1], ubi rex deperire illum efflictim puellam venustissimam audiebat, qua potiri non poterat, scite dixisse aiunt regem : « Gravem tyrannum voluptatem, quæ ea demum concupiscat, quorum sit opera augustior ». Mulierum ista mentio trahit nos ad nuptias Annæ Fuxiæ obiter memorandas ex nobilissima Candalorum Aquitanorum familia, quas circa id tempus Anna [2] regina ob regiam propinquitatem cum Vladislao Pannoniæ (quæ Hungaria hodie) rege procuravit. Veneti, quibuscum fœdus illi erat, venientem in urbem suam splendido utriusque regiæ comitatu magnifice exceperunt; ex quo die fines eorum ingressa fuerat sumptus ei publice largiterque factus : in urbe omnia benevolentiæ ac liberalitatis officia in eam profuse collata; ut quum exacto mense discederet, principi dixerit « jam tum quum apud illum fuit se reginam sibi ipsi visam », deinde in Pannonia regnans benignam se amicamque reipublicæ semper ostenderit. Fœdus autem erat hujusmodi cum republica a Pannonio percussum, cui Alexander auctoritatem suam adhibuit, ut Vladislaus bellum omnibus copiis regi Thracio inferret, Veneti mille auri libras quotannis tribus pensionibus, quoad bellum esset confectum, Alexander quadringentas annuas in triennium Vladislao conferrent. Ab eo postea adversus Turcas res fuit feliciter gesta. [**Fol. 30 v°**] At Lodoicus Insubria Liguriaque potitus continuo, ut est humanus animus insatiabilis, ad Neapolim, quæ a Carolo defecerat, recuperandam animum adjecit : eademque æstate eo copias sub legatis misisset nisi Germanicorum motuum timor audaciam repressisset. Nam Maximilianus infelici Sfortiæ affinis casu perculsus metuensque ne, si Francorum arma latius se in Italia proferrent, rex ipse, pontificis maximi amicitia fretus, imperii universi orbis Christiani coronam ad gentem suam, unde longo intervallo emigrarat, reduceret, suoque capiti quam ipse neglexerat, rex modo Romanorum appellatus, imponendam curaret, idcirco Septemvirorum Augustalium aliorumque Germaniæ principum

---

[1] Apophtegma. — [2] Annæ Fuxiæ matrimonium cum rege Hungariæ.

conventum habuit, ad ambitionem Franci retinendam qui jura imperii occupabat. Francus hac de caussa Neapolitanæ expeditionis cogitationes in aliud tempus distulit, copiasque suas in Florentiæ ex fœdere postulantis usum convertit : a qua meminerat se nuper in Mediolanensi bello pecuniis adjutum. Omitto hic varias procerum altercationes, Pisis privati spe commodi faventium, Jac. Trivultii Lodoicique Flisci; tacitum addam Pisas earumque socios centum nummorum aureorum millia Regi repræsentare voluisse, annua insuper quinquaginta millia, si ejus ope Liburni portus munimento totoque agro Pisano potirentur ; qua summa ingenti facile contempta (ne calumniatoribus semper inimicis immoderatam auri cupidinem [**Fol. 31**] assentiamur) Pisarum legatos ad proregem Ambasium remisit, apud quem plus regiæ fidei quam utilitatis ratio valuit. Sic Florentiam missi cataphracti sexcenti regio stipendio, illius autem Helvetiorum quinque millia, duce Divioni præfecto, et aliquot Aquitanorum cohortes cum tormentorum apparatu [1]. Decreveram initio libri hujus ab hujus belli inter duas Hetruriæ nobilissimas civitates descriptione abstinere, eamque suis scriptoribus relinquere, nisi secunda hæc expeditio in Francorum armis tota consisteret. Quæ cursim tractata a nobis documento erit contra eos qui regiam fidem dictis perstringunt, Lodoicum fidem suam variæ horum populorum fidei velut Lesbiam normam necessario accommodasse. Florentia itaque hisce Francorum copiis Bellomontium imperatorem poposcit, majore recentis ejus meriti in Liburni restitutione ratione habita, quam auctoritatis reique militaris peritiæ, quæ in Alegrio quam Rex destinaverat, vehementer enitebant. Franci, jussu (ut arbitror) proregis, Florentiam proficiscentes, in transitu a regulis qui Sfortiæ opem tulerant pecuniæ mulctas extorquere conantur, menstruumque stipendium ea in re consumunt quod calendis maii proximis deberetur: unde in suspicionem Florentiæ falso veniebant, moræ hujus Pisis ad se muniendum comparatæ. Pro Carpio, Mirandula, Corregio, dux Ferrariæ viginti millia nummorum aureorum spopondit. Mantuanus veniam [**Fol. 31 v°**] pecuniæ supplex petiit in sui oppidi munitione impensæ; Bentevolus Bono-

[1] Bellum Pisanum.

niensis quadringentas auri libras repromisit, rex Bononiam, excepto pontificio jure, suo patrocinio complectitur. A Lucensibus Petrasancta, depositi nomine, regi usque ad controversiæ judicium extorquetur. Pisæ his novis Francorum auxiliis conterritæ benevolentiam eorum captare, artibusque suis demulcere; publicas tabulas deditionis, velut ad libertatis suæ auctores, iidem conservatores ut sint, mittunt non modo ad Bellomontium in castra, verum etiam Genuam ad Ravestinum. Hic in regis clientelam recipit; ille fecialem mittit, urbem sibi tradi petitum. Ei responsum « id quidem velle se, ea conditione ne Florentiæ dominatui subdantur. Bellomontius inter portas Plagarum et Calasanam castra posuit: vi tormentorum valde magnam murorum partem disjecit; Franci per ruinas saxorum alacriter contendunt, sed pene aggerem latissimam fossam ab interiore area reperiunt, cujus spectatores magis quam oppugnatores, Pisanis sese strenuo defendentibus, resiliunt. Inde Francorum ardor plurimum deferbuit: ita ut pactis velut tacitis commeare ultro citroque et familiariter colloqui obsessores cum obsessis incipiunt, ob crebro jactatam deditionis voluntatem, eo adnitentibus mirifice Francisco Trivultii fratre et Galeatio Palavicino, qui cum sua cohorte in castris erat. Ex hac Italorum [**Fol. 32**] erga illos propensione aiunt Tarlatino cuidam per conniventiam iter relictum a maritimo latere cum auxiliaribus copiis a Vitellotio missis ingrediendi. Inde Francorum pedites re desperata sensim absque commeatu dilapsos Helvetiis paulo post subsequentibus, nec eos ducis ignavi imperio potuisse retineri, unis equitum gravis armaturæ turmis aliquot adhuc dies ad Pisas hærentibus. Post eorum discessum, Librafacta a Pisanis expugnata aliaque dehinc oppida. Qua re cognita, rex vehementi ira exarsit, ægerrime ferens socios a suis desertos aut proditos, eamque ignominiam Francico nomini inustam culpæque in Florentinos partem rejiciens qui Bellomontium sibi Alegriæ loco optavissent. Corentum, cubicularium suum, Florentiam misit, qui sui verbis polliceretur, ineunte vere, hanc jacturam cumulate sartum iri. Sed ad hoc ingens malum majus multo, seditio intestina, accessit.

Interea res Borgiæ (quarum Ferronus initium attigit, finem prætermisit) prospere cedebant, regis ope subnixi: quamvis Alexandro magnis de causis tacite infensi, tam ob auxilium in

Mediolano recuperando minus præstitum, quam ob longam in expeditione Aemiliæ Flaminiæque tractam moram, sed fortasse propter metum Germanici motus, maximeque ob Ambasii amicitiam, legationem Franciæ [Fol. 32 v°] ambientis, novum munus et mirum in modum quæstuosum ad octodecim menses concessum, rex cataphractos tercentum cum duobus peditum millibus Alegrio duce misit, qui se copiis suis septingentorum equitum gravis armaturæ et sexies mille peditum conjunxerant. Hoc exercitu Flaminiam ingressus, Borgia facile Pisaurum et Ariminum, fugientibus dominis, in suam potestatem redegit, Bergisellam oppidum cum tota prope valle, Dionisii Naldii proditione, occupavit. Ad Faventiæ mœnia, quæ sustinere obsidionem decrevit, castra inter Lamonam et Martianum amnes metatus, quinto die oppugnatione instituta, oppidanis fortiter resistentibus, destitit receptuique canere jussit. Faventini retinere urbem Astorri Manfredo adolescente studebant ; licetque exiguo numero militum exterorum freti, eruptionibus crebris, Borgiæ[1] exercitum vexabant. Sed gravius accessit incommodum a nivibus insolitoque frigoris eo mense novembri rigore, molestissimo certe sub dio militantibus. Itaque consensu ducum suorum (inter quos Paulus et Julius Ursini, Vitellotius, Paulus Ballio, erant inclyti illi Italiæ duces, fremens ira gemensque, cum copiis omnibus inde discessit, qui nec maria nec montes conatibus suis obstaturos sibi spopondisset : in annum tamen insequentem, qui MDI, extrema omnia minitatus ; in quam rem Alexander pater pecuniam sacram [Fol. 33] per fas nefasque undique corrogatam extortamque filio suppeditabat. Faventiam ergo repetens, tandem deditione certis legibus facta, recepit ; quas contra Astorium, cui pacta erat libertas prædiorumque possessio, secum sub honoris speciem abduxit formæ decore insignem ; quem fama est postea, libidine expleta, cum fratre notho strangulasse ; tum Romæ senatus consulto Borgia dux Æmiliæ Flaminiæque declaratur. Bononiam ab ejus manibus regis patrocinium tutatum est, certa tamen cum Bentivolo argenti militisque pactione. Juvabit utique tragœdiam hujus facinorossissimi hominis hic peragere, ne amplius nefaria ejus persona historæ

---

[1] Borgiæ res gestæ.

nostræ series fœdetur. Is postquam Guidonem Feltrium Metaurensium regione (Urbinum hodie vocant), Pandulphum Arimino expulit Astoremque sub fide deditum obtruncavit, postea manus Ursino sanguine cruentavit : primo Vitellotium ab insigni virtute invitum et Liberottum Firmanum, mox Venantium et Octavianum principis Camertini liberos [1], deinde Paulum Ursinum Latini purpurati filium et Franciscum Ursinum Gravinæ in Umbria regulum tetro supplicio sustulit : eodemque die ab Alexandro patre ex convento Bapt. Ursinus purpuratus, qui fœderis auctor fuerat, in mole Adriani cantharidum veneno sublatus est, itemque Michael Venetus, ejusdem ordinis, opinione divitiarum [Fol. 33 v°] quæ eum fefellit. Paulo post, expeditioni Francorum ad Neapolim recuperandam interfuit multaque eorum beneficio accepit. Guidone Feltrio, quem alii Guidum Ubaldum appellant, expulso, Metaurenses sui, præsidiariis Borgiæ interfectis, ab ejus se jugo subtraxerant. Illum Bembus ante narrat ad regem profectum suppetias postulantem, ubi nihil in eo probitati et innocentiæ contra perfidiam et crudelitatem esse præsidii cognovit, Venetias venisse, tamquam ignarus foret historicus fœderis a rege cum Alexandro percussi. At Italicæ nobilitatis stirpes excindenti affectantique pessimis artibus regnum Italiæ, fortuna non diu favit [2]: quum enim forte cœnaret in Vaticano cum patre pontifice, venenum Adriano alumno familiarique purpurato et convivis aliis senatoribus ditissimis, ut thesauris eorum potiretur, paratum, uterque epotavit, lagena fallente incautum Dei nutu pocillatorem. Sed, Alexandro veneni haustu absumpto, Borgia paterno funeri miseriæque suæ superfuit : (inclusum fuisse perhibent utero mulæ recente necatæ, alii salubribus pharmacis exhibitis servatum). Nam Julius post Pium III, qui paucissimis diebus sedit, Alexandri successor Borgiam exutum exercitu in arce detinuit, quoad missis tesseris [Fol. 34] arx Ostiensis redderetur. Fide demum a Consalvo [violata], quum Neapolim navigasset, ibique copias compararet et novas res moliturus videretur, captus est et in Hispaniam sub custodia transmissus. O justam inimicis seram licet vindictam! o spes vanas atque inanes, fragilem brevemque pontificum

---

[1] Borgiæ crudelitas. — [2] Borgiæ veneficum.

senum potentiam! Circa hoc tempus anno seculari Bajazetes Thracius tyrannus cum centum quinquaginta armatorum millibus ab isthmo Peloponesim [1] ingressus, Metonem ternis castris obsedit, cepitque miserabili casu, oppidanis ad quinque triremes Venetorum excipiendas stationem portæ deserentibus, qua Turcæ ingressi crudeliter in omnes sævierunt. Inde Coroneos metu territos et Pylum, Nestoris olim sedem, in deditionem accepit ; Crisseum quoque expugnavit ; quibus rebus confectis, quum Veneta classis certamen detrectasset, Bizantium victor rediit. At paulo post Pisaurius ejusdem classis præfectus, adjuncta (ut auctor est Bembus) Lusitana classe (ne hic, cum Jovio, Hispanum sub Consalvo credas, nam cum Emanuele Venetis fœdus erat), Cephaloniam Turcis ferme omnibus in vestigio stationis non tamen absque magna suorum strage cæsis, expugnarunt, deinde Mauri fanum ad Leucadem in Neritho insula ceperunt. Classis Francica [**Fol. 34 v°**], Ravestino præfecto, cum Venetis navigans, Mytilenem adorta, facile cœpit : arx Turcarum acri præsidio munita expugnari non potuit, sed ex trecentis Thracibus qui in obsessorum auxilium veniebant, Francis obnitentibus, viginti tantum eo penetraverunt. Inde Franci, Armoricis jactura duorum præfectorum a pugna deterritis, profecti Maleam (non ut Ferronus Melum) petiere, ubi post interceptas septem Thracias triremes, quæ remulco navem Cretensem trahebant, quibus cum Veneti non ausi erant congredi, coorta mox tempestate, ab iisdem deserti post varia pericula naufragiaque, ad Tarentum appulere. Pisaurus præfectos navium, quarum remiges timore perculsi inhibuerant, quoniam per formidinem hostium reipublicæ se turpiter a dimicatione continuissent, quos Franci, quorum minus intererat, singulari virtute aggressi depressissent, eos in quinquennium ab omni munere removit stipendiaque merita fisco addixit. In Melum insulam Veneti postea migraverunt.

Eodem fere tempore memorabilis res una extitit, toto Alexandri pontificatu : illius inter reges Hispaniæ ac Lusitaniæ arbitrium finium in regionibus nuper ab utroque repertis regundorum[2]. Is statuit ut, a septentrionibus ducta in australem polum

---

[1] Bellum Turcicum.
[2] Arbitrium Alexandri inter Hispaniæ et Lusitaniæ reges.

recta linea, quæ pars orbis in Oceano ad occidentem esset
Hispanis cederet, [**Fol. 35**] quæ ad Orientem Lusitanis. Pri‑
mus autem (ut paucis rem complectar, quantum operis sus‑
cepti ratio sinet, maximam atque pulcherrimam) [1], Columbus
Ligur, peracri vir ingenio, Ferdinandum regem ad peragran‑
das insulas orbis terrarum semotissimas induxerat, iis valde
auctum iri imperium confirmans. Disserebat sibi jam longis
peregrinationibus maritimis conspectum, fabulas esse quæ ab
antiquis traduntur, quinque cœli zonis globum terræ cingi
universum, quarum duæ extremæ terram subjectam frigore
incultam animantibus efficiant, media, aestu intolerabili; nul‑
lum enim esse tractum vitalis auræ expertem. Itaque, regis
jussu instructis navibus conscendit et ad Fortunatas Insulas
delatus, inde [2] XXXIII dies occidentem versus navigans in‑
sulas VI reperit quarum duas magnitudinis ingentis, ubi lus‑
ciniæ mense septembri canebant, ubi homines nudi, miti in‑
genio, canes muti, psitacci varii coloris, vellera sponte in mon‑
tibus nemoribusque nascentia, saxi præduri loco ferri usus,
auri tantum in auribus naribusque penduli. Primam Hispa‑
niolam nuncupavit, in qua, propter soli bonitatem, oppidum
condidit : ibi ab incolis intellexit se a Zemibus suis oraculo
accepisse paucis ante annis, sic deos appellantibus, fatalem
suæ regioni gentem vestibus indutam adventare. Ibi arbores
nullo tempore frondibus spoliari quibus abundent, nulla tamen
earum, præter palmam pinumque,[**Fol. 35** v°] nobis cognita :
se ex duobus specubus natos putant. Altera autem in insula,
Cuba nomine, insulares aetatem auream agere, nullum agri
modum nosse, nec leges nec judicia habere, in dies vivere.
Inde alias insulas lustravit, trucium incolarum canibalium hu‑
manis carnibus vescentium, fæminis abtinentium, ubi aer adeo
temperatus ut mense decembri aves aliæ nidos ponant, aliæ
educent pullos. Hispanis ultra tendentibus objecta est conti‑
nens meridiem versus, ubi fæminæ virum passæ, virgines
minime, muliebria tegunt, viri genitalia, cucurbita vel marina
concha : regem suum populi honoris causa sublimem humeris
gestant : in interiore regione gens capillo promisso, auro gem‑

---

[1] Columbus.
[2] Hispanorum in Oceano orbis novi victoriæ.

misque ornata, vino utitur ex fructibus quibusdam suavi. Herbarum se succo pullo ceruleoque infectam, in prœlio horribiliorem reddit; deinde gens inventa cadavera regum et procerum siccata asservans, eorumque pulvere cibos, honoris ergo, condiens. Postremo Hispanis ad meridiem iter flectentibus, vertex australis emicuit quatuor mirifice fulgentium stellarum serie, ubi semper impuberes proceri homines pugnacesque, ubi aliæ arbores materiam ferunt tingendis lanis idoneam, aliæ in siliquis lanam brevem ad farcienda strata commodam. Mulieribus adulescentibus parire indecorum ducunt, herbaque iis, se conceperint, abortum procurant; ubi flos exaruit, licet. Cum rege mortuo uxores amantissimæ sepeliuntur: [**Fol. 36**] circa paludes in arboribus habitant; aurum in fluviis legunt librali quinque pondere. In Cubana, Cumana, Tevaraque insulis gemmas urinatores expiscantur quæ matronarum Hispanarum mundum copiose auxerunt. Ceteræ gentes postea subactæ ab Hispanis vestium cultu, oppidorum nobilitate, hominum frequentia, bellandi studio, superioribus longe præstant; auro adeo abundant ut parietes templorum ædiumque regiarum eo incrustent, vasis aureis loco æneorum fictiliumque nostrorum passim utantur. His adjecerunt Messicum sibi vectigale, Temisianæ gentis oppidum egregium, cum magno terrarum spatio sub Cancro sito[1]. Quibus si quos ad australes terras Ernando Maglaiane duce Lusitani subegerunt, addiderimus, vix ullus antiquorum hominum labor eorum industriam æquaverit. Is enim, classe Hispanica, initio in Austrum flectens ultra mediam cœli conversionem, magna audacia inauditaque, si vixisset, felicitate ad poli australis altitudinem, nostro Arctici parem, provectus, freti Maglaianis a suo nomine nuncupati, augustiis CCC M. passuum in longitudinem emensis, iterum ad medium cœli spatium se convertit, deinde ad auroræ populos atque insulas Molucas odoratarum arborum plenas medium complexus globi spatium pervenit, ubi pugnans interiit. Comites universi orbis terrarum navigatione triennio confecta, uno quoque anno (ut Bembo historico videtur)[2] die uno longiore, in Hispaniam redierunt[3]. Hoc aliqui tribuunt Sebastiano Cano

[1] Maglaianes.
[2] Lusitanorum in orbe novo victoriæ.
[3] En surcharge.

incolæ Guetariæ provinciæ Guipuzcoa, navi vecto quæ ob celeberrimum cursum Victoria nuncupata est. At aliter quam Bembo geographis placet : si ea circuitio decennio absolvatur vel si mense etiam uno fieri possit, unum semper diem superfuturum ab occasu in ortum tendentibus, e contrario progredientibus unum defuturum. Alia ex parte Lusitanorum classis in austrum ab [**Fol. 36 v°**] Hesperidibus conversa Africæque promontorio quod Bonæ Spei appellant, trajecto, Œthiopiei Oceani se primum ostendentibus littoribus ad Cephalam[1], continentem Nigrorum terram appulit, auro ditissimam quod interiores eo important populi, ut rebus aliis permutent, ibique arcem condiderunt. Inde ad Mozambicem regionem delati, portu egregio et advenarum frequentia nobilem, propugnaculo extructo, ea potiti sunt : cujus incolæ labro inferiori perforato ossula aut gemmas, ornamenti gloria, appendunt. Quiloæ deinde regnum, expulso rege, occupaverunt: aliis post hos relictis populis, Mare Rubrum ingressi, complures nigrorum fortium bello civitates adeunt, qui puellis natis statim naturam consuunt, urinæ tantum exitu relicto, ut prima sit viri cura nuptis eas oras ferro interscindere : tanto in honore apud barbaros non ambigua uxorum ducendarum virginitas! Lusitanis postea transgredientibus, Zides se oppidum obtulit amplo cum portu, quo populi Indici suas merces convehebant unde Ægyptii Alexandriam, Alexandria Veneti suam in urbem quotanis incredibili auri proventu perferebant; quas Lusitani Olysipponem averterunt. Denique ad complures Arabici, Persici, Indicique Oceani insulas, atque ad innumeros continentis portus profecti, sylvis felicibus odorum omni genere, ebore, argento, auro gemmis beatis se [**Fol. 37**] intulerunt, et Colocucte oppido, prœliis secundis factis et munitionibus institutis, in potestatem redacto, eas regiones tenuerunt. Taprobaneque insula longissime per tergum relicta, sui regis signa, quo nemo unquam penetraverat, fortissime prosperrimeque detulerunt. runt. Veneti, sub hos quos conscribimus Italiæ motus, hisce de rebus Pascalici, apud Emanuelem Lusitaniæ regem legati, literios certiores facti, maximum animis dolorem conceperunt, quoniam ablatam sibi perspiciebant facultatem mercium exoti-

---

[1] Addition marginale.

carum ac peregrinarum ex Arabia Indiaque nostro orbi venditandarum, fructuque, quem perpetuum speraverant, amplissimo fraudabantur.

Anno porro Christianismi quingentesimo primo, Lodoicus, antequam se ad Neapolitanam expeditionem accingeret, cum rege Romanorum Maximiliano, Tridenti, per proregem Ambasium pacem facere conatus, inducias complurium mensium obtinuit, Archiducis filii opera, qui in Belgico [1] fraudari se mercaturæ cum Francis commercio belli tempore ægre ferebat : leges præcipuæ erant pacis ejusmodi, ut Maximilianus, diplomate Mediolanensis ditionis Lodoico qui dux declaretur, concesso, in suo ipsum Neapolis jure ne interpellaret ; ipse in diademate imperatorio ei, more institutoque majorum, a pontifice maximo Romæ imponendo, auctoritate opibusque suis præsto esset. De Claudia filia unica nuptui Carolo Philippi filio danda Insubriaque dotis nomine tradenda sermones fuisse quidam produnt ; verum is Fernandi Hispaniæ regis filiam uxorem duxit. Disceptatio inter eos capitum quorumdam [**Fol. 37** v°], quæ longa fore videbatur pacem tum distulit. At in ea compositione Maximiliani fides laboravit, nulla mentione Federici regis more suo facta, a quo quadraginta millia aureorum nummûm acceperat, et stipulatione pensionis XV millium annuæ, moturum se in Insubria bellum receperat, quo Francorum arma distineret. Lodoicus a Germaniæ motibus securitate domi parta, unde certam firmamque pacem per Archiducem brevi sperabat, jam Neapolim cogitat. Jus in ea Ferdinandus sibi asserebat, propter quod Caroli tempore de divisione illius inter eos consilia fuerant agitata : hæc adeo renovantur, ut Franco Neapolis, cum reliqua subjacente provincia, Hispano Apulia et Calabria cederet. Legati utriusque, qui Romæ erant cum pontifice, rem agerant quoniam bellum hoc principes sui suscepissent, studio in Thracium tyrannum inde transmittendo ut inter eos litem componeret, ne Francus amplius Siciliæ Rex, Neapolis vero Hierosolymarumque Rex appellarentur. Hanc appellationem Federicus II Romanorum imperator rexque Neapolis ab uxore, Joannis filia, et reges Cyprii ex Lusiniana familia

---

[1] Induciæ cum Maximiliano.

falso usurpaverant. Jus autem in Neapoli Ferdinandi paucis exsequamur : Alphonsus Aragoniæ rex Neapolim, non Aragonico, sed peculiari jure adeptus, Ferdinando spurio donaverat: apud Joannem legitimum [**Fol. 38**] filium Aragoniique regni heredem Joannisque filium Ferdinandum hunc, tacita hæc querela mente alta reposita manserat, cogitantes tamen regnum illud Aragonii regni armis opibusque partum fuisse. Ferdinandus Hispanico astu patientiaque animum suum hactenus texerat, nullis propinquitatis officiis cum Ferdinando Neapolitano liberisque successoribus prætermissis, quinctiam, nova affinitatis necessitudine adauctis, Joanna sorore Ferdinando collocata, filiaque filio ejus oblata. Quibus Hispanus artibus efficit quominus Neapolitano sua regni affectati cupiditas innotesceret : mandavitque suo apud pontificem oratori ut fœdus cum Franco percussum, quoad Romam ejus exercitus adveniret, occultum teneret [1]. Jam, hoc fœdere inito, ad bellum Neapolitanum rex accingitur, a se quidem susceptum ne quid juris sui per socordiam aut ignaviam dereliquisse videretur : memorabile quidem bellum in progressu duarum inter se bellicosissimarum gentium Franciæ ac Hispaniæ, sub ducibus quoque militiæ laude clarissimis contentione, quum initio Lodoicus et Ferdinandus utriusque reges in societatem belli simul ac victoriæ coiissent, nempe ut communibus armis Neapolim adversus Federicum Aragonium aggrederentur iisque partum regnum inter se partirentur. Ferdinandus hic [**Fol. 38 v°**] jura sanguinis violavit imperii gratia, dum finium propagandorum cupidini futilem causam prætexit, voluisse propinquum regem Neapolim suam Franco extero potius quam sibi stipendiariam facere : immemor tum superbæ a legato suo belli denuntiationis (quam supra commemoravimus) adversus Lodoicum, si quid contra gentilem suum Aragonium moliretur. Lodoicum igitur Armeniacum, ducem Nemorensem, rex Francus exercitui summa auctoritate præficit, adjutore addito Aubignio cum viginti millibus peditum (Ferrono auctore) et quadringentis equitibus more francico numeroque instructis (Alii mille equites, decies mille pedites numerant). Tum Italicæ

---

[1] Bellum Neapolitanum.

Francorum copiæ Borgiam deseruerunt ut se suis conjungerent. Armeniacus Mediolano per Hetruriam profectus, pacata ubique loca Borgiæ opera nactus, Columniis in transitu coercendis curam adhibuit qui Francis tam infidi fuerant, oppida eorum arcesque partim vi, partim deditione cepit, ac Borgiæ, ex fœdere, tradidit. Jordano quoque Ursino, qui, nulla deterritus fortunæ varietate, Francis fidem inviolatam servaverat, Taliequitium et Allam adempta illi factione partium, restituit, prædamque Columniis ereptam liberaliter ei contulit. Postea, in trajectu Lyris fluvii, obvius hostium exercitus nonnihil Francos turbavit: sed Aubignio vociferante et Francis equitibus jactantiam exprobrante [**Fol. 39**] « qua se paucis ante diebus solos profligaturos hostem prædicabant », accensi ira pudoreque turmatin irruperunt Aragoniosque nulla mora in fugam verterunt. Capua inde tentata est, cui præerat Fabritius Columna cum trecentis cataphractis equitibus aliquotque levibus et tribus millibus peditum : eo invito Neapolitani passim in Francorum castra commeabant : venit ipse in colloquium cum Aubignio. At quum Aubignius velut jam victor conditiones graviores ferret, Fabritius re adhuc integra ancipitem potius belli eventum expectare statueret, Borgia præsertim pacis consilia turbante, nihil actum est. Qui quidem cum stipatoribus suis solum et quibusdam nobilibus sui comitatus hominibus castra sequebatur. Postero die Franci machinis urbis mœnia quatiebant; cives Columnæ hortatu fortiter primos impetus sustinerant. Hanc Franci, indignatione flagrantes ob nuntios procerum Neapolitanorum Romam ad se missos a Columna interceptos occisosque, acrius oppugnare cœperunt ; adeo ut oppidani militesque suis jam viribus diffisi, qua iter patuit, saluti consuluerint; Fabritius ubi effusam suorum fugam videt, equo urbe evectus, a Francis insequentibus in castra reductus est. Capti quoque Ugo Cardonius et Renuccius Martianus ; Campani diripiuntur, Aragoni male mulctantur. Aiunt monstrum illud teterrimum, [**Fol 39 v°**] Borgiam, in turri qua puel'æ civitatis virginesque sacræ confúgerant singularum inspectorem curiosum fuisse, quæque forma præstantiores visae, eas in libidinis usum abduxisse[1]. Is antea, puel-

---

[1] Borgiæ libido.

Iam eximiæ pulchritudinis ex Elisabetæ Metaurensium ducis comitatu, quæ ad Carratum maritum reipublicæ militibus præfectum deducebatur, quum nec precibus nec pretio pellere potuisset, amoris furore ad vim conversus, in itinere interceptam rapuerat eaque per scelus potitus erat ; quam quidem, neque senatus Veneti neque legati regii repetentium monitis, ut redderet potuerat adduci. Lucretiam Borgiam sororem, ne quid intentum prætermitteret, Jovianus Pontanus carmine notat Alexandri filiam, sponsam, nurum fuisse. Actius quoque Syncerus, egregius poeta, a pontifice Borgiaque victos ait Nerones, Caligulas, Heliogabalos Lucretia autem ista, horum Italicorum motuum tempore, tribus maritis defuncta, novissimeque vidua filii Gismundi Bisceliorum principis, Alphonsi Neapolitani regis nothi (quem Borgia frater trucidaverat), jam Alphonso, ducis Ferrariæ Herculis Estensis (alii Atestini) filio natu maximo, desponsata fuit, millibus aureorum nummorum dotis nomine numeratis cum aliis muneribus amplissimis : turpe profecto indignumque tam illustri familia matrimonium, nisi fortasse [**Fol. 40**] tum Regis Franciæ auctoritas, tum formidabilis Borgiæ ambitio, quæ nullis terminis contineri videbatur, præmonere Ferrariensem debuerunt. Marcianum Saucium Vitellocius, quo fratris manibus parentaret, veneno vulneri indito tollendum curavit. Fabritium Icrdanes Ursinus Francis carissimus, sponsione more redemptionis intra tres menses persolvendæ, nequicquam contranitente Borgia liberavit. Neapolis deinceps recepta : Federicus copiis exutus consiliique inops relicto regno deditisque arcibus stipulatus [1] annuos sibi a rege proventus, certasque pensiones ; quarum rerum Aubignio se sponsorem adhibente, ipse, avecta ex pacto, præter tormenta a Carolo relicta, omni supellectile, cum Aubignii literis in Franciam VI triremibus trajecit. Interea Consalvus, tecto consilio simulataque amicitia, Brutiis et Apulis imminebat, a quo Federicus opem frustra imploraverat. Illum enim Federicus, quum renuntiatum sibi esset Francos tam terrestri itinere Aubignio duce quam maritimo præfecto Ravestino adventare, cujus classe Genuensi trium magnarum navium, sexdecim mediocrium cum aliis multis minoribus, alia

[1] Federici regis deditio.

classis Massilia solvebat sese propediem adjunctura ; Illum, inquam, Consalvum rex Neapolitanus, qui Hispanica arma amicitiæ specie contra se parata ignorabat, cum Ferdinandi classe simulatione auxilii ferendi Siciliæ littoribus hærentem, ut Caietam veniret, rogaverat : ne hic nos cum Guicciardo et rogasse et dolos propinqui illum non latuisse, pugnantia inter se, dicamus!
[**Fol. 40 v°**] Consalvus aliquot Calabriæ oppida prætextu securitatis copiarum suarum animo partem hanc suam sine vulnere occupandi obtinuerat. Cujus copiis ad suas coactis, quas septingintorum equitum gravis armaturæ, sexcent um levis, militum sex millium existimabat, speraverat se, collatis quidem signis, Francorum vires facile propulsaturum, de auxiliis Turcarum imperatoris propter moram desperantium. Ut autem fraudibus obviam iret, principes Bissiniani Meletique, colloquii arcani cum Calatiæ comite qui in Francorum castris erat, suspectos, in carcerem conjecerat : filium, ut si quid sinistri accideret in tuto esset, Tarentum miserat. Ipse cum exercitu, Neapoli Prospero Columnæ, Capua Fabricio commissa, Aversæ tanquam ad claustra regni tutanda nequicquam consederat. Nec jam, iis rebus animadversis, mirum esse cuiquam potest Federicum ad Francum regem, verum hostem, proficisci quam ad Hispanum consanguineum, a quo se ingratissime ac iniquissime proditum querebatur, confugere maluisse. Lodoicus non solum redditibus [2] annuis XXX millium aureorum nummorum locupletavit, quo sibi ornatissimum comitatum aleret, sed Andium ducatum, oppidis, villis hortisque amœnissimis circumsitum, dedit : ob quæ identidem feliciorem se regno adempto quam integro dictitabat. Neque enim ad tempus ea liberalitas fuit : expulsis etiam regno Neapolitano Francis, idem honos, eadem omnia ; [**Fol. 41**] quinetiam a rege consiliis intimis adhibitus est, regioque more velut regnaret cultus. Consalvus vero, nullo Marte, Bruttium et Ferdinandi regis sui ditionem ex composito redegit (ne Francis cum Ferrono uno id arrogemus) eosque eventu Alphonsum Federici filium adolescentem natu maximum Tarenti obsedit ; qui, quum certa libertatis conditione urbem inexpugnabilem reliquiisque paterni exercitus munitam dedidisset, contra jurisjurandi religionem

[2] Lodoici regis humanitas.

captus et in Hispaniam¹, ut unicus Neapolitani regni hæres custodiæ traderetur, transmissus; reliqui liberi in Ischiæ arces relicti sunt, quam in sex menses, Federicus sibi suisque exceperat, iique, cum miserabili totius Ferdinandi primi posteritate ibi collecta, luctuosissimum spectaculum calamitosæ regiæ præbebant. Præter enim Federicum regem ipsum clarissimo tunc regno spoliatum liberosque parvulos, de quarum sorte magis quam de sua sollicitus erat, aderat soror Beatrix, Matthiæ celleberrimi Pannoniæ regis, uxor, eoque vita functo, Uladislai Boemiæ regis, qui post regnum illud ejus ope occupatum voti compos miseram repudiaverat, Alexandrique pontificis permissu aliam duxerat; aderat Isabella, nuper Mediolani dux, eodem pene tempore marito, ducatu, unicoque filio orbata. Non omittam hoc loco exemplum singularis rarissimique hodie filii erga parentem amoris memoratu dignissimum, nempe unius e liberis Giberti Monpenserii [**Fol. 41 v°**], Caroli, ea in regione legati, qui, qum Puteolos sepulchri paterni visendi causa concessisset, præ mœrore animi, lacrymis ubertim effusis, supra sepulchrum ipsum exanimis cecidit².

Ut porro ad res Neapolitanas revertamus, post victoriam, prima cura fuit reipublicæ constituendæ quæ, ut in bellis fluxa, parum stabat. Itaque jussu regis probi quinque viri et jurisprudentia insignes in senatum allecti: in quibus Martinus Ritius, Matheus Afflictus et Petrus Coardus, qui postea præses Lutetiæ fuit. Accidit ut, quum forte in Leontis Thomacelli domo cænaret Aubignius, et inserta esset mentio de Joviani Pontani³ eruditione in utroque constricto numeris solutoque stylo admirabili, postero die Pontanum accersitum Aubignius amplis donaret muneribus, velletque hominem jam senem honorifica functione ornare, at is, vel rerum commutationem prospiciens vel otio consulens, eum causatus, recusarit. Iam vero Calabriam Apuliamque Hispani acceperant, quamvis regio omnis desiderio Francorum imperii (teste Guicciardino Italo) teneretur; Tarentum copiæ a Consalvo ductæ, quam Leonardus Rhodius eques, oppidi præfectus, et

---

¹ Hispani in Federici filium perfidia.
² Monpenserii inaudita pietas.
³ Iov. Pontanus.

Potentiæ comes, cui Calabriæ dux parvulus commissus fuerat, ignavissime dediderunt. Ferronus Aquitanos pedites a prorege Nemorensi eam in rem traditos scribit, quum ex pacto uterque regum suam quisque [**Fol. 42**] provinciæ partem suis viribus adoriretur. Calabriæ ducem jurejurando ad aras patrato Consalvus receperat, se liberum quocumque vellet ire permissurum, rexque pater consilium dederat extremum abeunti, quum fortunæ infestæ obsistere amplius non posset, ad se ut in Franciam veniret. Hunc Hispanus, nulla, ut constat, imbutus opinione divinitatis, religionisque contemptor, ad regem suum cum custodia misit. Hanc vir callidus et vafer subducebat rationem submovendi heredem regni Francum;' ob longum intervallum regionum, auxiliis nummisque ut artes deficientibus, et ob morum dissimilitudinem maximumque ob Italorum principum odium tam potentem vicinum exhorrentium, facile cum tempore illinc dejectum iri, dum sibi e Sicilia proxima cuncta rei gerendæ adjumenta opportune suppeditarentur. At quum omne jus imperiorum in armis statueret, occasionem modo controversiarum nanciscendam ratus de finibus ambigere occipit. Mattheus jurisconsultus scribit ex [1] Capitanate ac Basilicate locis primum dissentionem ortam, alii ex Rignani arce quam Pionettus quidam velut suam sua sponte invasit : alii ob oppidum Promontorii Gargani Dauniis attributum. Paulus Rosellus e Tripalda Hirpinorum oppidulo pacificæ legationis specie violatis induciis, ait ejectos a Consalvo Francos, inde exarsisse ira Armeniacum, ut erat injurie impatientissimus : Consalvus vero [**Fol. 42** v°] qui se videret Franco imparem viribus, venisse in colloquium cum Armeniaco ad Antonii Fanum[2]. Consalvum hunc Hispani Italicique scriptores miris in cœlum laudibus tollunt, Camillo, Scipioni, Julio Cæsari anteponunt : qui sane quibusdam imperatoriis virtutibus præditus fuit, laborum patientia, liberalitate in milites opportuna, severitate pariter ac indulgentia ad occasiones versatili, prudenti ingenio, casuum imminentium conjecturaque futurorum, nisi hæc naturæ ususque decora, simulatione perpetua,

---

[1] Controversia de finibus regni.
[2] Consalvi mores.

perfidia, deorum negligentia contemptuque maculasset. Is utique, dum dat exigitque ab Armeniaco jusjurandum ut communia essent oppida de quibus ambigebatur, in iisque attollerentur utriusque regis vexilla, securo interim Armeniaco totus ad belli cogitationes traductus est. Hinc serendo contentionum causas, ut literis Ferdinandi spe regnum omne, a portione ut contigit, devorantis jubebatur, Capitanatam et Basilicatam, Francis expulsis, occupavit. Quibus velut facibus injuriæ Armeniaco peracri generosoque viro admotis, certum est Francos Hispanos coercere. Nocti igitur palantes eos dispersosque, permultis vulneratis, plures captivos abducunt ; de exigenda tota Apulia Consalvo cogitant : idcirco lectis cum copiis Aubignius in Bruttios mittitur.

Guicciardinus dissidii hujus summam solus diserte exsequitur. Primum [**Fol. 43**] in divisione regni, qua Neapolis Francorum erat, cum Leboriis campis et Aprutio, Apulia autem et Calabria Hispanorum, termini provinciarum non fuerant dilucide designati, verum in obscuro relicti, ob priscorum nominum ab rege Alphonso Aragonio primo immutationem, vectigalium causa, factam. Is regnum omne in partes sex distribuerat : Leborium agrum, Principatum, Aprutium, Basilicatam, Calabriam, Apuliam ; Apuliam in tres, Hydruntinam, Barensem, Capitanatam ; qui Capitanatus Aprutio contiguus, ab Apulia Aufido amne, qui nunc Lofantus, sejungitur : Franci Capitanatum Aprutio attributum velle, ne pecuario vectigali immenso frumentoque fraudentur : Hispani Aprutium montibus definitum ultra in planitiem illam defendere non porrigi, consuetudinemque nominum præsentem spectari, non ab antiquitate repeti. Anno priore vectigalia hæc agri ambigui in æquas partes diviserant : insequente anno quantum quisque poterat arripuerat : unde novæ contentiones exarserant ; ex occultove Ferdinandi mandato, qui tum quidem imparatior erat, an ex Arminiaci viribus superioris insolentia, incertum est. Eam tamen tantum abfuit ut Rex admonitus reprimeret, ut Helvetiorum duo statim millia mari transmiserit, regulos Salernitanum Bisinianum in partes suas attrahi mandaverit, Lugdunum tandem ipse ad submittenda ex propinquiore loco subsidia venerit. Consalvus, dum Baroli se continet, [**Fol. 43 v°**] aiunt Hispani scriptores provocasse Armeniacum ad singulare certamen, Italici contra sæpe ab Armeniaco per præconem bellicum provocatum certamen semper detrectasse; causatum se non militis, sed imperatoris fungi officio. Deliberatum est in concilio de tota belli ratione : cui intererant Alegrius, Chabaneus Palicius, Darsius, Castellio, Formentius, Chandius, Monferatus, Aquinanus, Mondracus, Torsius ; aliis bellum protrahendum sentientibus, aliis Barolum expugnandum. Vicit sententia ut Armeniacus Barolum obsideret ne commeatus inferretur, reliqui duces darent operam occupandis passim oppidis iisque præsidio firmandis. Jam Aubign'ius, Consentia recepta, Bruttiorum oppida et propugnacula partim armis, partim voluntaria deditione, hosti extorserat. In Armeniacum crebræ eruptiones ab Hispanis fiebant quibus excurrere ad populationem agrorum prohibebatur. Convenit tandem inter Armeniacum et Consalvum ut capti in prœlio certa mercede utrinque redimerentur : ex qua comitate factum est ut se quandoque mutuis dicteriis, dum suam quisque gentem alteri præfert, lacesserent. Unde de certamine publico undecim Franci contra totidem Hispanos convenerunt, ambobus legum legatis suorum animos ea contentione acui consentientibus [1]. Locus, Trainum, extra utriusque ditionem, quod Venetorum ex fœdere, delectus ; Veneti quoque, consensu partium, victoriæ judices. De hoc certamine varia produnt scriptores, pro suæ quisque [Fol. 44] patriæ laude. Italos enim equites quinque lectos pugnaces manuque promptos Consalvus Hispanus suis septem admiscuerat. Quidam exterorum narrant eos bis congressos : priorisque certaminis contra Hispanos incertam fuisse victoriam, posterioris contra Italos ; superiores ullos extitisse. Stabant duæ utrinque turmæ, Francorum atque Hispanorum, in militum suorum spectaculum, ne qua vis frausve iis fieret. Illi sublimes in equis, cristis galearum conspicui, in medium inter duas acies procedunt. Constat enim equis sexque horis pugnatum, exteris scribentibus, inclinante victoria in Hispanos post septem equos Francorum confossos, eos tamen a reliquis quinque Baiardo, Torsio, Mondraco, Arturo, Oliverio, Cabanaco, elusis Hispanos, dum Franci equorum jacentium corporibus septi, a quorum olfactu necatorum Hispanorum

---

[1] Singulare certamen XI Francorum et XI Hispanorum.

equi abhorrebant sessoresque excutiebant, facile impetum
hostium sustinent. Veneti judicium victoriæ ampliarunt, incertam judicantes, quoniam præter legem dictam ultra stadii
fines impetu equorum ejecti fuissent. Symphorianus Campe-
gius primis duobus Francis decus illud tribuit, Hispanosque
publice pro victis habitos memorat. Paulo post accidit ut quum
Baiardus ille Terralius Allobrox, eques tantæ virtutis ac nominis ut de ejus vita exstet liber posteris, tumultuaria in pugna
vulneratum Alphonsum quemdam Hispanum, illustri ortum
familia, captum in castra abduxisset, neque aliter quam suos
commilitones apud se habuisset, vulneraque ejus sananda
curavisset, Alphonsus [**Fol. 44** v°] tamen suis ex pacto red-
ditus, ingrato animo Baiardi dignitati et existimationi illuderet,
quumque acuta febre laborare novisset, ad certamen singulare
provocaret; Baiardus paucos post dies paulum morbo recrea-
tus avide provocationem accepit [1]. Congrediuntur itaque,
Alphonso actore, contra leges armorum, defensorem, cujus
optio erat, equo assuetum, ad pugnam pedestrem, volentem
adigente; et primo ictu ab Hispano frustra cassidi impacto,
declinante Baiardo, ipse in collum hostis armati gladio adacto,
quum semel atque iterum lubricasset, tertio demum mucronem
jugulo, inferne vitata lorica, defigit trucidatque. Trucidati
corpus, nullis armis spoliatum, sepeliendum suis reliquit.
Vagabatur inde Francicus equitatus libere per Apuliæ campos,
ut Armeniacus præconis voce diserte pecuariis imperaret,
pecus deducerent in late patentes Cerignolæ campos, curaturum
se ne quid eis damni inferatur : idque palam edixerat conji-
ciens Consalvum locum fraudi inventurum ducturumque suos
quasi ad paratam prædam. Parte itaque alia equitatum duci a
Palicio, Torsio, Baiardoque jubet velut Canusium quod P.
Navarrus valido Hispanorum præsidio tenebat, oppugnaturis [2].
Consalvus, suis occulte prima vigilia emissis, eo turman mittit,
alios in ima valle collocat. Involant Hispani equites in pecora :
præda onusti inde se proripere parant : Franci, qui præsidio
pecuariis erant, impetu facto in fugam eos [**Fol. 45**] conjiciunt :
simularunt hi fugam eo effusius quo celerius in insidias allice-

---

[1] Baiardi cum Alphonso singulare certamen.
[2] Prælium tumultuarium.

rent, sic cedendo in vallem ubi sui latebant, pertraxerunt. Inde subito exorti Hispani viribus integris equisque, fessis Francis equitibus se circumfudere inter quos Chabaneus, Theodorus Bocalus et Gordus acriter dimicaverunt; interclusos complures aut interfecere aut cepere. Palicius, ex simulato Canusii itinere propere advolans, redeuntes Hispanos, et ex victoria, ut fit, sparsos ac incompositos, ita profligavit ut captivos liberaret prædaque abacta potiretur. Armeniacus ovantes Francos hilariter excipit [1]; ante omnes Palicium, Forsium, Baiardum donis ornat insignibus. De hoc Baiardo præclarum fuit Consalvi illustris imperatoris judicium, plures in Francia equos esse candidos, pullos, gilvos, glaucos, unicum vero Baiardum qui balium vel spadicem significat, apprime veterinariis commendatum, quo singularem illius præ ceteris virtutem innuebat. Armeniacus porro Consalvum se Baroli continentem, sæpe ferocibus verbis acieve decertare auderet, lacessebat. Illum aiunt respondisse se non ad hostis voluntatem, sed captata demum occasione rationeque ante inita bella capescere solitum. Auxilia autem Hispaniæ a Ferdinando et Germaniæ a Maximiliano præstolabatur. Lodoicus rex interim de hac post divisionem regni Neapolitani finum controversia ab Hispano suscitata, ab Aubignio [Fol. 45 v°] certior factus de auxiliis comparandis Armeniacoque mature submittendis cogitabat: eamque ob causam discedere domo et in Italiam rursus transgredi proponebat: quum inter moras eas, Philippus Austrius Hispanis rediens, regem Blesii, ut alii, Lugduni agentem, Ferdinandi soceri nomine salutatum venit, a quo pacis mandata se adferre dixit, quemadmodum ante adventum suum scripserat. Rex autem, in explorandis hostium consiliis callidus, per Dalburgium pontificem Wormatii tum admonebatur de Germanorum delectu in Apuliam mittendorum, quos Consalvus Helvetiis phalangibus opponeret. Clam quoque naves a Ferdinando parari cognoverat peditatu Hispanico instructos, quae Barolum mitterentur. Regi, igitur ea rerum notitia jam imbuto Archidux sequestrem se pacis profitebatur, quum per Belgas suos edoctus qui se in Francorum quorumdam familiaritatem insinuando omnes rumorum ventos colligebant:

[1] Laus Baiardi equitis.

Lodoicum occulta suorum regum consilia perspecta et cognita habere; idcirco vereri cœpit ne ut simulator versatus a rege retineretur. Cum Rege itaque collocutus obsecrat alienæ culpæ ne reus haberetur; se quidem ea mandata pacis quæ accepisset adferre; si quid clam moliantur ignorare. Lodoicus, qui metum etiam Philippi per suos exploraverat, eo nomine vacuo ac securo animo esse jubet: ne tamen [**Fol. 46**] ignarum fraudis, ne stipitem et caudicem, qui ei crederet, putaret, fabella hac metum ejus elusisse [1] Ferronus narrat: « Compilatum, ait, a furibus fanum diem dixit foribus, quæ » irrumpentibus aditum præbuissent nec pro fano satis fideliter » excubassent. Tum fores iniquum esse aiunt se in judicium » vocari quæ terebratæ et convulsæ vix tandem patuissent: » magis vero fanum ipsum accusandum quod fures ingressos » receperit, tulerit diripientes et præda onustos emiserit. » Valebat enim Lodoicus ingenii solertis in utroque facetiarum genere, tam perpetui sermonis quam dicti brevis, ut passim legenti occurret.

Rex Hispaniæ Laur. Suarem circiter cal. novembris clam per Franciam legatum Venetias miserat (ubi aliam legationem Francico bello obierat) questum de Lodoico rege tanquam fœderi cum Ferdinando inito non stetisset, Borgiæ faveret quo reipublicæ finibus immineat; classem ei suam in speciem subsidii modo, nullum in usum contra Thracas summisisse, utque sæpe re infecta recesserit; si fœdus inter se percutiant, id magno utrisque emolumento futurum. Patres, inquit Bembus, licet ex istis pleraque vera esse cognoscerent, permoti non sunt, ut quod fœdus ipsis cum Franco intercedebat, ulla ex parte violarent; tantum dicere sese Hispaniæ regis fidem atque virtutem et propensum in rempublicam animum plurimi sane facere semperque [**Fol. 46 v°**] facturos: cum Franciæ rege fœderis conditionibus se teneri: moleste ferre bellum inter ipsos exerceri potius quam vigere pacem; si quid possent ad reconciliandum inter eos gratiam, de eo si admoneantur, se non defuturos amicissimorumque hominum officio in utroque functuros. Ex quibus jam licebat alienam Venetorum a Francis voluntatem subodorari.

[1] Fabula Lodoici regis.

Interea Armeniacus, quoniam Consalvus pugnandi copiam non faciebat, ad Canusium oppugnandum pergit, agris quacumque indecebat populatis, oppidis compluribus arcibusque expugnatis [1]. Canusio præerat L. Navarrus, vir rei militaris peritissimus magnæque apud suos auctoritatis, cum lectis sexcentorum Navarrorum Hispanorumque cohortibus. Cui antea metuens ob simulatam Palicii profectionem quam veram crediderat, Paulum Collium cum ducentis militibus submiserat. Eo devehuntur sedulo machinæ bellicæ aliusque oppugnationis apparatus : quibus strata confestim parte murorum, urgente cum Aquitano peditatu Monferrato, Navarrus, Collius oppidanique jam trepidare : pro dirutis tamen muris alios primo die, item secundo, impigre reficere : in dies deinde pauciores, aliis pilis plumbeis necatis, aliis labore vigiliaque confectis, segnius vim arcere, dum Franci magno ex numero recentes, in defessorum locum succedunt. Quarto die, Collio ex urbe egresso pollicentique, si conditiones [**Fol. 47**] haud iniquæ offerentur, cessurum Canusio Navarrum, missus Monferratus monuit hominem ne vim ultimam experiri vellet : deditio facta his legibus, ut Navarrus signis militaribus explicatis tympanisque sonantibus incolumi cum exercitu egrederetur, vulnerati Francorum equis in castra deveherentur. In concilio castrensi [2] variatum est sententiis, Palicio suadente ne tam liberali conditione emitterentur, se die uno oppidum expugnaturum ; Alegrio contra sentiente dandum hoc Navarri virtuti, verito ne quid sibi de pristina gloria deperiret, potirenturque modo Canusio ; ille magnifice ut ad suos redeat, victum tamen oppidoque spoliatum rediturum, illiusque audaces spiritus compressos iri. Ita Franci Canusio potiuntur. Eo terrore perculsis hostibus, Monferratus Cerignolam recipit, Formantius Quadratam, Rubos Palicius, Alegrius Fogiam, Sipontum Baiardus, Altamuram Darsius, Fanum Georgii Columbanus, Giracium Galiotus Genolacus. Eodem tenore Franci Japygiam, Messapiam, Pleuceriam, Salernum, universam denique Apuliam, paucis exceptis locis, sui juris fecere. Aletium, Calatanam, Prudias, Oriam, Mottulas, cæsis qui in præsidio erant Hispanis et Italis, diripienda militi dedere. Castellanetum,

---

[1] P. Navarrus. — [2] Canusii deditio.

qum se cives Francicarum semper partium fuisse profiterentur, voluntaria deditione receptum ; Conversa itidem ; Ovetani vero quod Hispanicum præsidium expulsis Francis introduxerant a Luxemburgo expugnatos direptosque [**Fol. 47 v°**] prodiderunt. Sic Franci, a decimo tertio cal. quintilis, quo prima excursio ab eis ad Tripaldam cœpta est, nulli amplius regni parti, nulli oppido quo jure quaque injuria pepercerunt. Jam Hispani sola hæc oppida possidebant in Capitanatu, Manfredoniam, Santangelum ; in Apulia et Calabria, Barolum (aliis Barletam), Andriam, Gallipolim, Tarentum, Cosentiam, Hieracem, Semenariam paucaque maritima oppida. Consalvus viribus multo inferior erat, neque pecunia, neque commeatu ac pulvere tormentario abundabat: nitri tamen copiam Venetiis coemit. De quo conquerenti postea Regi senatus respondit, neminem in sua civitate ut libera negociatione ac commercio ullo prohiberi. (Addere eos oportuerat quantominus civem Gonsalvum : Civitatem enim illi cum jure comitiorum donaverant)[1].

Lodoicus hoc prospero successu elatus, quum Lugduni intellexisset a Carolo Chalmontio Ambasio, Insubriæ legato, Maximilianum Florentiam tentare, quocum pacem nullo-nullomodo adipisci poterat, quum paulo ante illa regis odium contraxisset ob denegatum Helvetiis sibi auxiliaribus stipendium pro reditu in patriam, quod eis ex ærario suo Rex numeravit, tunc in clientelam recipi iterum postulasset, hoc pacto recepit ut pristinis conventionibus antiquatis, Rex eam suo patrocinio complexus, per triennium suis sumptibus eam ditionem universam tueretur ; ipsi in id tempus æquis portionibus mille ducentas auri libras exsolvere Florentini, qui Regi persuasum esse intellexerant e re sua fore ut eorum respublica iterum P. Medicis [**Fol. 48**] auspicio regatur, libenter assenserunt. Excitatos mox a Borgia novis in Hetruria motibus, Chalmontio rex mandavit, illius inexplebilis cupiditatis pertæsus, ut confestim quadringentos equites cataphractos Florentiam subsidio mitteret, illique, ut a suis clientibus abstineret, nominatim per literas egit. Erat autem Lodoicus jam alienus ab Alexandro natione Hispano et animo, nisi G. Ambasius, ex quo

[1] Addition marginale.

totus pendebat et cujus ex ore regis ipsius sermo fluere dicebatur, in amicitia pontificis illum retinuisset, opinione confirmata copias quas lectissimas filius habebat in bellum Neapolitanum suppediturum. Sed Ambasius purpuratus prorogationem sibi legationis Franciæ a pontifce hisce rationibus impetrabat, et in futurum prospiciens specie defensionis pontificii juris sibi viam ad pontificatum maximum munire existimabat. Rex, ubi Astam pervenit, Italiæ principes omnes liberæque civitates, vel ipsi, vel per legatos, salutatum venere : inter quos dux Ferrariæ et Mantuæ regulus, hic tamem perexiguo apud regem gratiæ loco. Sub id tempus Maximilianus Tridentum equitum peditumque numerum præmiserat; Helvetiorum quoque pagi quatuor, sibi Bellizonæ jura cedi, Vallem Turrenam, Scafusiam aliaque immodica sibi tradi [**Fol. 48** v°] postulabant : id nisi Rex faxit, se cum Romanorum rege fœdus percussuros minantur. Borgia, tentato prius regis animo, per Trociesium cubicularium pontificis fidissimum, ad eum, quum Mediolani jam esset, venit, contra omnium votum exspectationemque honorifice perhumaniterque exceptus. Quumque in Hetruria, Senis sub quadraginta mille nummorum aureorum summa in clientelam acceptis, jam milite opus non esset, copiæ illæ in Insubriam revocatæ. Deferbuerunt illico Maximiliani motus, adeo ut regi una liberaque regni Neapolitani cura relicta videretur. Cui quidem prorex Nemurii dux, Armeniacus, majoribus animis quam consiliis insistebat, quum sicut supra demonstravimus copias quæ mille ducentorum equitum gravis armaturæ peditum Transalpinorum atque Italorum decem millium esse ferebantur, undique ad capienda oppida divisisse, tandem Barolum cum robore exercitus redierat. Aubignius illud omnibus viribus oppugnandum sentiebat, summo duce capto Consalvo, debellatum iri, aliis ob aquæ penuriam aliasque causas totum exercitum ibi hærere posse negantibus. Ea res et subsecuta, ut solet, felices eventus, tum ducum Francorum quam regis ipsius, negligentia maximum illis detrimentum attulit. Jam vero prorex Apuliam omnem præter Tarentum, Hydruntium, Gallipolim in potestatem suam redegerat. [**Fol. 48** bis] Eodem tempore Aubignius Calabriam cum altera copiarum parte ingessus Cosentiam ceperat. Quibus rebus a rege cognitis, fortunæ favor negligentiorem reddidit, ut curam necessarii apparatus ad id bellum remitteret, quo facile hostes regno ejecisset[1].

Ipse, tanquam præcepta jam opinione victoria, in Franciam reditum parat, secum, ut prædicaverat, Borgiam communis Italiæ tranquillitatis causa abducturus : in quem teterrimum latronem immanemque belluam, in infantes regiæ stirpis sævientem, tam propensus regis favor (cujus terrore cunctos Italiæ proceres perculserat) magnam illi apud omnes invidiam contraxerat. Apud Bononienses[2] quoniam quum antea eorum Bentivolique rex tutelam suscepisset adjecto tantum hoc capite, quod pontificio juri fraudi non esset, deque eo jure interpretatus tum fuisset quod ea die pontifex Bononia frueretur, postea aggrediente rursus Borgia Bentivoloque patrocinium regis implorante, responderat se privatim de capite illius fortunisque intellexisse : primo omnium cum pontifice fœdere cautum fuisse, ne in reliquis deinceps cum aliis fœderibus pontificis imperio derogaret quicquamve detraheret. Plumbini deinde regulo in clientelam recepto Venetisque, illo de Borgiæ incursione, his de Caracioli, ductoris sui peditatus, [Fol. 48 bis v°] uxore ab isto rapta expostulantibus, responderat « eorum quæ pontifex suive in illius ditione perpetrarent, cognitionem ad se non revocare. » Istum tamen execrabilem tyrannum Borgiam rerum Italicarum historici produnt, quum copias suas Regi in Neapolitanam expeditionem detulisset, solum cum suo comitatu interfuisse suosque duces specie exauctoramenti in Consalvi auxilium subsecutis eos militibus submisisse. Inter autem varias cædes insignium procerum ab eo scelestissime perpetratas, quas supra narravimus, quatuor etiam Varianos antiquissimæ stirpis Camertes necatos narrant, ut eorum opibus potiretur; quum die constituta Senogalliam venisset, Paulusque Ursinus, Gravinæ dux, Vitellotius et Liverottus Firmanus obviam progressi essent, colloquii specie in hospitium suum pertractos, prehendi jussit, duosque postremos strangulari pridie cal. januarii, quo anni MDII fine tragediæ hujus extremus actus concluderetur. Quorum alter Liverottus patruum suum primoresque Firmi ad convivium invitatos trucidave-

---

[1] Invidia regii nominis ob Borgiæ patrocinium.
[2] Bononia.

rat: alter Vitellotius fatalem suæ familiæ tribusque fratribus exitum violentum vitare non potuit. Viri quidem præditi magna rei militaris peritia atque existimatione, alius post alium ætatis ordine perierunt: Joannes tormento in [**Fol. 49**] Osimi castris, Camillus Francis militans saxo circa Circellam ictus, Paulus Florentiæ securi percussus. Enim vero pontifex nefarium facinus eludebat Hispanica argutia, excusans quoniam illi se singulos venturos ad eum promiserint simulque cuncti venissent, adeoque priores fregissent fidem, filio illis frangere licuisse. Annus agebatur christianismi MDIII, supra superiores annos ærumnarum calamitatumque plenissimus, quo Borgianis neque sua neque aliena satis erant; Vicovarium Jani Jordanis ceperat, unde regis mandato revocatus, ad Cere oppidum vetustissimum exercitum duxerat. Cere[1] in tumuli excelsi seu rupis potius fastigio situm est, naturali loci munitione celeberrimum, ut quo prisci Romani post Alliensem cladem a Gallis acceptam, flaminem Quirinalem ac virgines Vestæ cum sacris publicis velut in tutum ire jusserunt; Borgia tamen vi arteque vinearum ad deditionem compulerat[2]. Narrat Machiavellus Florentinus Borgiam, qui oppidis suis sordidissimos atque importunissimos homines in usum tamen suum proposuerat, qui velut pecus deglubebant non tondebant, quo querelis quotidianis oppidanorum satisfaceret, unum ex istis flagitii damnatum, noctu, medium eum, omni cultu discissum, a vertice ad virilia, in theatro, cathedræ insidentem, mane populo conspiciendum præbuisse, altera quidem manu virgam gestantem, strictam ensem altera, ut eo spectaculo doceret reum contra animi sui sententiam crudeliter usum potestate; quo multitudinis indignationem compescuit.

Res autem Francorum in regno Neapolitano in adversantis jam fortunæ varietatem incidebant, propterea quod, rege ob tam secundum rerum cursum in contemptum hostium adducto, nulla Nemurii duci subsidia, nulla supplementa mittebantur. Nec vero Lodovicus, quocumque polleret ingenio, acumine sibi ab Hispani versutia satis cavit: nullius enim gentis natura pluribus simulationum involucris [**Fol. 49 v°**] tegitur, nullius mentes

---

[1] Cere.
[2] Addition marginale.

pluribus quasi velis frontis, vultus, sermonis obtenduntur [1].
Is mandatis quibusdam pacis Austrio genero datis, illum dormire in utramque partem securum jussit, quo a Neapolis cogitatione avocaret: quibus etiam effectum est ut liber tutusque Philippo per Franciam transitus concederetur, eunti primum in Hispaniam ad hereditatem regni velut filiæ natu maximæ viro plebiscito confirmandam, deinde redeunti in Belgiæ suæ principatum : adeo ut obsides eo ante ingressum ei in Franciam a rege in hosticum mitterentur, ille in fines adveniens eos obsides liberaret, sicque tanquam inter amicos pacis beneficio reconciliatos mutuis officiis certaretur eaque pax demum affinitatis vinculo per Caroli Belgiæ principis et Claudiæ Francia matrimonium formaretur, quibus regnum inter reges duos controversum tradebatur. Hoc fœdus, Blesiis ad aram Augustini templi solemni ritu percussum, publiceque per præcones promulgatum Philippus mira calliditate Consalvo significavit, utque præter ea quæ eo tempore possidebat, ab aliis abstineret, donec a Ferdinando ipso mandata adferrentur. Ipse nova felicitate fretus mandatum se regis sui desiderare repondit : Arminiacus se morem gesturum pollicebatur. Ille vero Baroli munitione confisus pugnam semper detrectaverat. Quum autem animadvertisset jam [**Fol. 50**] Francos non simulate ut antea Canusium condere præmissumque peditatum et tormenta ænea currulia, Mendocium, ex nobili Hispaniæ familia virum, qui cum flore equitatus abeuntium extremum agmen carperet, emisit. Equitatum Francorum pars, Alegrio duotore, in Hispanos insequenter versa : nec velocitas eis concursandi sua adversus Francos stabili pugnæ assuetos proderat : ita compluribus vulneratis, nonnullis necatis, Hispani pedem referre, vigere Franci instareque fugientibus. At quum Fabritius Columna cum turma equitum recenti superveniret, neque Arminiacus, copiis Canusium versus jam profectis, suppetias ferre posset, multis vulneratis, despondere animos Franci ac sese inde proripere : captivi aliquot abducti inter quos Carolus Motta, vir pugnax, quem aliqui sua procacitate verborum causam superiori certamini .XIII. Italorum (quos magnifice enumerant) contra totidem

[1] Pax Hispani simulata.

Francos dedisse produnt. Enim vero duo illa Germanorum millia a Romanorum rege suppeditata Tergesti conscenderant, perque Adriaticum sinum delata, non obscuro Venetorum permissu, Barolum pervenerant. Rex interim vana istius pacis dulcedine delinitus, incerta pro certis habens, creduleque iis, Gallorum more, assentiens, Genua solvere paratos ad id bellum [Fol. 50 v°] .ccc. cataphractos, ter .M. pedites, Persino duce, suis nuntiis remoratus fuerat. Prorex Insubriæ Chaumontius omnes suas vires adversus quatuor Helvetiorum pagos converterat (quos a Maximiliano incitatos verisimile est) postulantes sibi Bellizonæ possessionem sanciri, quos tandem, partim vi, partim prudentia sua compescuit. Sub id tempus, Ugo Cardonius Messana in Rhegium Calabriæ descenderat cum .DCCC. Hispanis peditibus quos Roma Borgiæ perfide tunc conniventis stipendia meritos accerserat et cum equitibus .c. et Siculis Calabrisque militibus DCCC. Rhegium paulo ante Hispani ceperant, dum Aubignius in alia Calabriæ parte, quam prope totam obtinebat, versatur. Ugo quum Sencenarium pervenisset Terinam versus (Terranovam aliis) duxit, quo Didacum Ramirum obsidione Franc. Haricurtii liberaret; Mileti comes Sanseverinus cum Salernitani et Bissiniani copiis obviam Cardonio profectus, fluvio transmisso in ulteriore ripa aggere munito loci iniquitate superatus est; Terina ab Ugone direpta, ne iterum Francis prædæ foret; Aubignius ductor prudentissimus, accepto Terinæ nuntio, minime dubitans Cardonium longius progressurum, disquirere cœpit quo pacto ejus ferociam contunderet. Sed interim Haricurtius (aliis Ambricurius) cum [Fol. 51] XXX equitibus cataphractis et Mileti comes cum. M. peditibus Losarnum (abest id a Callimera. V. M. passuum) contenderunt : in quo oppido septa quædam dumtaxat portarum loco erant. Ecce Emanuel (aliis Manuellus) Benavida ex Hispania Messanam Siciliae, Messana Rhegium quoque cum. CC. equitibus gravis armaturæ, totidem levibus, et duobus peditum millibus appellit; Rhegio Losarnum pergit : inalbescente cœlo aggreditur; prima impressione graviter repulsus, secunda expugnat. Spiritu, centurione fortissimo ibi cæso, Haricurtio capto, Comes fuga in arcem sibi consuluit. Mox erat Benavida Antonio Lœva [1]

---

[1] Antonius Lœva.

comitatus, qui quidem, ex gregario milite per omnes militiæ gradus ad summum Cæsarei exercitus imperium evectus, multis postea victoriis in Italia clarus extitit. Illi edocti a speculatoribus de Aubignio cum CC cataphractis peditum incolarum duobus M peregrinorum tribus adventante, Terinam se conferunt. Erant cum eo Cl. Grignius, vir maximæ apud Francos existimationis, et Franc. Malherba ex Bertiorum nobilitate. Ipse Helvetios et Aquitanos pedites qui M octingentorum numerum explebant, Malherbæ committit; equites qui quadringenti erant cum Grignio partitur. Is turmæ [Fol. 51 v°] quidem ductor erat Calatini comitis, paulo post Capuæ expugnationem adversa valetudine confecti. Ibat¹ Ugo Terina, propter inopiam commeatus, Hieracem clam profectione per occultam tesseram denuntiata militi: Aubignius qui ad Pollistrinem arcem vicinam substeterat, re per exploratores cognita, magna celeritate cum copiis suis insequitur. Illis suis viribus diffisi, postquam a Cataphractorum robore in campo prima frons pulsa reliquisque trepidatio illata, in proximi clivi jugum convolant. Franci non deterruntur loci difficultate quin pugnam audacter subeant: ducebat novissimum agmen Hispanorum et Siculorum peditum Antonius Lœva Chonio, eo usque belli hujus cupidus ut se tum felicem diceret, quum occasio daretur arma Hispanorum circumferendi exstinguendique hoc fulgur Francici nominis: urgebat ille aliquantisper ex superiore loco neque tamen vim Francorum eo die sustinere potuit, ubi Grignii virtus potissimum enituit, qui longius insectando progressus, unus a multis circumseptus obtruncatur. Fuga fuit Hispanorum aliorum per patentes campos, aliorum per montium anfractus, tanto Francorum ardore ut Aubignius uno atque altero tantum stipatus in grave sui discrimen incideret, et ab irruenti Hispanorum [Fol. 52] equitum manu caperetur, feruntque jugulum ei iterum atque iterum ab Hispano gladio petitum, sed Joan. Stuardi adolescentis opera aliquot suorum evocatis servatum.

Ugo fluctuantem aciem, prehensis signiferis suis terga vertentibus, in hostemque conversis semel necquicquam restituit. Militum mille strages edita, magnus captivorum numerus.

¹ Aubignii victoria.

M. CCC. in castra abductus, relata quindecim militaria signa. Exuti utensilibus hostes omnique impedimento et Hispanicis equis ducentis, quorm jacturam Cardoneus graviter tulit. Nec fuit Francis incremento victoria, amisso Grignio et lectissimis equitibus, quinquaginta peditibus fortissimis centum. Elatum Grignii corpus militari pompa, in qua Hispani captivi et relata ab hostibus vexilla feretrum præibant. Iusta sunt etiam reliquis equitibus soluta militariter : at decursio1es habitas orationemque funebrem a Petro Summuntio homine diserto (quod quidam recensent), ducis fuisse potius luxuriantis otio nimio, quam muneris bellici satagentis. Cardonius in editum locum (Bubalinæ Moffæ nomen est) sese proripuit, unde mox in Siciliam trajecit ; Moffam inde Aubignius deditione recepit, Locros vi expugnat. Deinde precipitante hieme [**Fol. 52 v°**] copias in hiberna dimittit, Arminiacum certiorem facit de victoria. Interea P. Navarrus qui Tarento præerat, vicinus Castellaneto [1], non cessavit oppidanos adversus Francos commovere, præbenteque occasionem Francorum equitum quinquaginta petulantia ; dum lanius, exposito publice venum ariete, vociferatur, eo se a præsidiariis pretioque spoliari, quibus præerat Christophorus Aubrius Raderayus, summisit Navarrus Hispanos, quorum opera effectum est ut nocte intempesta, hora præstituta, ab hospitibus, eodem pœne momento, Franci comprehensi, armis equisque spoliati, oppido ejicerentur. Aubrius tam turpiter ejectus ad Arminiacum advolat, sermoneque acri et vehementi facile persuadet ut ad tam tetrum perfidiæ facinus vindicandum properet. Marius Æquinola et Monferratus contra suadebant Arminiaco ne quid se commoveret, ultionemque in aliud tempus differret. Ipse, si se subducat cum robore exercitus, non defuturum in omnes occasiones intentum Consalvum quin aut Rubos aut Altamuram aut Fogiam properet. Spreto consilio, prorex, ut ira stomachoque exarserat, Castellanetum advolat, XVI millibus nummorum aureorum contemptis quæ cives pro expianda perfidia offerebant, machinis [**Fol. 53 v°**] admotis muri partem sternere occipit : at, arcto adhuc ad irrumpendum loco, quum more impatiens immitteret undique Francos, oppidanis et His-

[1] Castellaneti rebellio.

panis quibus ex ultima rerum desperatione animi acuebantur impigre resistentibus, suos revocat, sperans se viam latiorem eis tormentorum concussu præstiturum. Hæc cogitantem terret Francus eques Mericus Guarnerius, nuntians ni Rubos contendat, actum de Palicio et oppido ; eo enim cum totis copiis Consalvum Barolo progressum. Circumsederat Arminiacus Barolum militibus per loca circumsita distributis castris, pro rerum commoditate, non continenter locatis. Intellexit Consalvus Palicium ad Rubos cum C equitibus cataphractis, ccc peditibus stantem, nihil à se obsesso adversi metuentem negligenter stationes et custodias exercere. Distant Rubi. XII. a Barolo. M. passum. Noctu itaque Consalvus equites. ccc. quinque M. peditum (exciverat quot e proximis præsidiis potuerat) summa celeritate educit[1] tormentaque muralia per opportunam regionis planitiem convehit : ejus adventu Franci nihil tale opinantes mirum in modum terrentur. Nec tamen animus Palicio defuit, quamvis imparatus, custodiis male suo munere functis [**Fol. 53 v°**] opprimeretur. Hispanus copias in tres partes divisit, ut una pars semper velut integra quiescentibus, aliis pugna fessis, adversus hostem cieretur. Palicius centum equites Francos una cum Amadeo Allobrogo ducebat ; Chabaneus, cui Curtono cognomen, cum Arturo Oliverio trecentos pedites, partim e Nerbonensi, partim ex Aquitania, qui ballistis arcuferreis, cum mataribus, hostes vehementer vulnerabant : sed multitudo sensum damni exsuperabat. Balistarii ita circumagebantur in orbem, ut novem horis continuis non potuerit Hispanus murum præincidentibus telis subire, donec defensores grando pilarum plumbearum obruit vulneratique sunt, multis cæsis, inter ceteros Palicius, Curtonus et Arturus. Tum Hispani alii per ruinas murorum, alii scalis ascensum parant : quibus Franci acerrime occurunt ; se hostes numero superiores velut novam semper aciem paucitati eorumdem Francorum objicientes, multis tormentorum vi necatis, tandem transcendere : ita Rubos Hispani cepere. Ex peditibus omnes aut saucii aut cœsi, equitum quoque major pars plagis afflicta ; duces quatuor capti. Rubos Consalvus militi victori diripiendos dedit : sed medio fere

[1] Ruborum expugnatio.

die militem [Fol. 54] revocavit quoniam attentari pudicitiam cognovit earum mulierum quæ in templa confugerant. Eas Barolum perductas, non contumeliæ exemptas sed libidini ducum reservatas, apparuit; qua expleti, eas tandem emisere. Arminiacus, qui, Merici monitu, Castellaneto relicto, Rubos contendebat ut Palicio opem ferret, instructoque exercitu, metu Hispanicarum insidiarum, incedebat, serum auxilium rebus jam perditis tulit. Ipse, re cognita, fecialem ad Consalvum, captivos, ea quo convenerat mercede, repetitum misit. Is, qui fidem utilitate metiebatur, jusjurandum et Deos pro nihilo habebat, suæ perfidiæ causam pretexuit a Francis inducias violatas, equitesque omnes captivos, præter Palicium et Curtonum diuturna custodia asservavit; pedites prius curatos barbaro immanitate ad remos Hispania classis damnavit. Redierat ille Barolum, negligenter observata in Francorum castris ab sciente prorege militari disciplina, missisque inde quinquaginta equitibus cataphractis ad intercipiendam pecuniam quam Tranio afferre nuntiatum erat, quos Italici scriptores profligatos a præsidio Hispanico obviam misso prædicant. Tum Arminiacus perfidiam Castellanetorum identidem frustra accusare quo factum esset ut tardius Rubos veniret. [Fol. 54 v°]

Hac occasione captata, Alegrius, vel imperium ejus perosus ut antehac proregis, Carolo regnante, Montpenserii,[1] vel Apulorum sermonibus commotus qui de sordibus et rapinis familiarium ejus querebantur, non cessat Armeniacum figere maledictis: vir quidem erat eximiæ virtutis, ingentisque spiritus, ad imperandumque magis quam ad obediendum nati; sed hujusmodi ducum contentiones rempublicam frequenter perdidere. Is interesse publicæ Francorum extimationis aiebat proregem ita se gerere, ut urbes, custodem non tyrannum, domus privatæ, hospitem non expilatorem, recepisse viderentur: comitum atque domesticorum ministrorum facta, civibus, sociis, Regi præstare eum oportere; quæstorum etiam adjutorumque reliquorum ne potestate sua ad quæstum aut libidinem abuterentur. Illum ipsum spe prædæ aut pecuniæ amplioris copias ad Castellanetum obstinate retinuisse; nisi oblata ab oppidanis mulcta contentus fuisset, non accisas res Francicas, non Ru-

---

[1] Invectio Allegrii in Arminiacum.

bos amissos; non Palicium fœdissime desertum oppressumque. In istam belluam hispanicam si consilio procerum usus foret, Barolo inclusam omnem belli molem vertere debuisse: [**Fol. 55**] amisso hoc duce, vires Hispanorum absque ductu et imperio facile collapsuras fuisse. Sic reges ex splendore gentis suæ et cognationis gloria, magis quam militari usu ac prudentia, imperatores exercitum creare ; Aubignii hoc munus ex regia Scotorum stirpe orti, jamdudum assueti neapolitanis bellis, esse debuisse: qui in ea provinciæ parte quæ ei obtigerat, victoriam erat insignem de Ugone Cardonio expertissimo duce consecutus : ab hoc affligi res Francicas, ab illo recreari. Gentem ferocem ingeniique avidi ad pugnam Arminiacum, hac atque illac circumvolitantem, nec dimicandi copiam facientem, emollire : distractam prædæ hosti exponere : sensurum posthac, nimis feriatum militem Francum, cessatione torpere. Omnem vim belli in populationem agrorum versam : latrocinii modo cæcam et fortuitam, non solemnem et consultam militiam esse. Hæc ad Arminiacum delata varie hominem affeccre [1] : clam se contumelias opportune Alegrio repositurum dixit, palam hæc effatus : nescire se ubi et a quo integritas sua, vigilantia, equitas ac continentia desideretur: Iminicum Alegrium [**Fol. 55 v°**] nullo in sua persona se crimine seditionis obstringere, qui, ante, Monpenserio in eadem regione imperante, pares turbas excitaverit, Helvetios a proregis imperio distraxerit, perditamque rem Francicam, ut evenit, ejus culpa maluerit quam illius auspiciis victoriam adipisci. Quum nihil reperiat in se quod reprehendat convictorum suorum aut domesticorum ministrorum aut apparitorum facta scrutari, unumquemque eorum excutere, tamquam in hodierna morum corruptela et levitate, non sit aliquando sibi comminuendum, in hac maxime armorum tempestate, into quæ leges silere perhibentur. Si quis tamen sit qui contra leges quicquam perpetraverit, accuset Alegrius, se lege severe animadversurum. In eum quidem ipsum jure suo uti, si velit, posse, seditionis auctorem, violatorem disciplinæ militaris ; cujus munus sit mandata sua capescere, non rationem consiliorum factorumque ab imperatore repos-

[1] Arminiaci defensio.

cere. Hæc Nemurii dux, in quo sane fortitudo in armatum hostem, misericordia in victum, fides in socios emicuit. At qua erat morum probitate, qua indole virtutis, si cujus improbitas perversitasque commoverat, facile exardebat ira, et, præter communem Aquitaniæ ulterioris nationi ingenii [Fol. 56] asperitatem fervoremque, ipse natura insita iracundia æstuabat quæ quum in unoquoque nostrum reprehendenda sit, maxime in iis vituperari debet quibus auctoritas summis in rebus permissa est: in quibus cum excitatur, ita perstringit aciem rationis ut, aura tum quadam furoris, non consilio feratur.

Ut vero ad Aubignium revertamur, ipse, quum post victum fugatumque Cardonium intellexisset, nova e Sicilia classe ducentos equites graviores cum totidem levibus et duobus. M. peditum, Ferdinando Andrada duce, Rhegium appulisse, et eorum adventus fama crevisse animos Hispanis, qui Hieracem se contulerant ut Terinam redirent, ipse, inquam, eo perrexit et, arce ab hostibus occupata, reliquam oppidi partem vacuam munivit. Inde ut obviam Hispanis advenientibus proficisceretur, Losarium contendit. Illi, commeatus opportunitatem secuti, Semenarie cuncti consederant. Missus erat Præjannes, eques Rhodius, e Provincia, rei maritimæ expertissimus, cum quatuor triremibus Francicis. Qui cum fretum Siculum ingrederetur, de classe Hispanica monitus quæ, Villamarina duce, loca proxima circumibat, a Veneto magistratu impetraverat ut se ab hoste tutaretur: sicque in Hydruntinum portum invectæ sunt. Sed Hispanicis navibus subito in eumdem portum [Fol. 56 v°] adnavigantibus Præjannes imparem se sentiens ne quid emolumenti hostes ex sua clade perciperent, milite remigeque educto, naves suas submersit, pedestrique itinere se suosque in tutum recepit: Venetis, qui se spectatores belli hujusce futuros profitebantur, dissimulanter Ferdinando opitulantibus. Jam ver appetebat, quum Ugo Cardonius, reparato in Sicilia [1] collectione trium millium Siculorum exercitu, supervenientibus a Ferdinando quinque armatorum millibus, Rhegium transmisit. Aubignius, etsi rex per literas jussisset, se ut mœnibus munitarum urbium tenerent, neque aleam uni-

---

[1] Aubignii clades.

versi certaminis tentarent, sicque bellum interim protaherent dum vel pax inchoata proficeretur, vel auxilia, quanta opus foret, eis submitteret, nihilominus compellentibus fatis, quæ nulla humana arte evitari possunt, statuit prælio decernere: quippe vir bellis assuetus qui tot tantasque res suo ductu prospere gesserat, quique meminerat se paucis ante annis, iisdem in locis, cum egregia laude Ferdinandum regem huncque ipsum Consalvum acie vicisse. Describunt Franci pugnam hoc modo: Illum Gioia oppido eduxisse agmen tripartitum in campos late patentes; medium duxisse, alterum Honorato Sanseverino, alterum Alphonso Salernitano commisisse; Malherbæ peditatum cum machinis bellicis tribuisse. Contra in hostili [**Fol. 56 bis**] exercitu, Ugonem in media acie, Emanuelem Benavidam in dextro cornu, Carnailum in sinistro constituisse; Antonium Lævam cum veterano pedite Hispano tergo Cardonii adhæsisse; Aubignius, quum acriter et strenue dimicasset et medium agmen Benavidæ penetrasset, ubi interceptus equoque deturbatus mox suorum cuneo in equum relatus sit, Alphonso tardius opem ferente qui ab Andrada fusus fugatusque sit, Sanseverino nec pugnam quidem tentante, tandem ab hostibus superatum fuisse, utroque Neapolitano duce fugiente ab Hispanisque abducto. Hoc prœlium aliter Italici memorant: Aubignium suas copias ad Gioie amnem citeriore ripa locasse cum tormentis quatuor, quo trajectu hostes prohiberet; primum agmen cui Benavida præerat ab ulteriore ripa se ostendisse, Aubigniumque colloquio detenuisse dum reliquæ acies procul flumen transirent; qua de re monitum Aubignium, raptim incompositoque agmine relictisque tormentis contendisse. Iam exercitus omnis transmissus ad pugnam instructus erat, excepitque nullo ordine cursuque fatigatos temere irruentes. Hispani inde, numero superiores, victores extiterunt: eoque prælio Ambricurtius cum pluribus [**Fol. 56 bis v°**] Francorum ducibus captus: capti etiam aliquot regni proceres: Aubignius ex fuga se Angitulam proripuit. Cardonius celeritate victoriæ usus Angitulam expugnat, Aubignius in arcem configit ubi, machinis licet admotis, diu obsidione tolerata, tandem se dedit. Quidam produnt Iannotum Dumersum et Podenatium, equites Francos, eventum pugnæ adversum in Aubignium retulisse, quod primorum consilio bellum non traxisset copiisque in loca munita reductis. Sed mobilis est fortunæ blandientis aura, quæ jam adversa Francis maxime in bello dominatur, ubi multa persæpe incidunt quæ sapientissimis viros provideri nequeunt, quemadmodum optimi gubernatores vim tempestatis, sic illi fortunæ impetum superare non possunt. Narrant in eam rem Copum, Basiliensem medicum, Regi acceptissimum ei memorasse : Cervos [1] e Sicilia in Calabriam transnatantes per æstatem studio pabuli, longo ordine progredi, ita ut omnes capitis onus in antecedentis tergum ad levandum laborem reclinent, primumque undarum vim eecantem, ubi defatigatum se sentiret, in postremum locum migrare : ita referre exercitus speciem, in quo Aubignius frontem, Sansevernas, [vel, ut Ferronius, Brignius] [2] tergum regat. Regem vero ad hanc fabulam risu diffluentem [**Fol. 57**] dixisse, non sibi amplius mirum videri si Rhegii cervi disciplina astuque militari pollentes, Gallos crista feroces devicerent; existimans suos astutia potius quam aperta vi Calabria Apuliaque depulsos. [Quam ob causam, id ego libentius Consalvo et Antonio Levæ versutis victoribusque, qui ex Sicilia similiter transfretaverant, accommodarem] [3]. Enimvero finis unius mali initium alterius extitit, ubi fortuna vultum secundum obvertit, superantibus semper aliis ab emergentibus malis. Armeniacus, qui Canusii tum erat, ob tristem nuntium adversi casus Aubignii, ira incredibili accensus consilium procerum coegit, in quo exquisitis omnium sententiis de reliqua belli ratione cogitaretur. Alii aiebant Regi morem gerendum qui per literas jussisset ne certamine universo decertaretur : adeo se mœnibus Melphii vel alterius ampli oppidi commeatuque affluentis tenerent bellumque, jam viribus impares, sic protraherent, ut Consalvus, dum se inferiorem sensit, sese Baroli continuit ; ubi cum inopia pecuniæ et rei frumentariæ, et pestilentia admirabili erat conflictatus, suosque milites exemplo suo in officio continuerat; advenisse illi nuper bis mille Germanos pedites ab Octaviano Columna conscriptos ; Cardonius victor sese cum eo conjungat ; tantas

---

[1] Cervorum mira transfetatio.
[2] Addition marginale.
[3] Addition marginale.

vires a Francis victis fessisque sustineri amplius non posse.
Prorex indole animi ferox ad dimicationem inclinabat : contra
[**Fol. 57** v°] sentiens regis jussa absentis pro monitis habenda,
se Aubignii clades ab ea non accessisset, re integra illud consilium sequi licuisse : nunc hoste copiis adaucto, annona ad-
vena recreato, frustra obnitente Præjanne navarcho cum
Iona adulescente, imminuto Franco, tot calamitatibus Rubis,
Castellaneti, in Calabria, postremum in Hydruntino agro, acceptis, non posse nisi deteriorem sortem durissimæ obsidionis
ac tandem fœdissimæ deditionis exspectari. Clades hæc Hy-
druntina erat : prorex Consalvum iis subsidiis fretum, ma-
jora ausurum, suspicans, Atriæ ducem et Arsium Francum
suis cum copiis acciverat ; iis, propter P. Navarri proximita-
tem, collectis viribus iter faciendum erat : Arsius opportunitatem nactus, relicto, ut Itali narrant, Atriæ duce, perrexit : is proditus a Rutillianis, a Navarro, qui nuper a Francis
defecerat, collatis signis, victus captusque, cæso in acie Antonio patruo fortiter dimicante. Verius est Arminiaci literis
Mathæum Aquenianum, qui Conversam obtinebat, rogatum
ut se ad Altemuram Arsio conjungeret, literis interceptis a
Navarro, corruptoque pecunia Neapolitano tabellario, ad eum
perlatis, in insidias incidisse. Quum ergo constituisset ex concilii sententiâ Arminiacus [**Fol. 58**] totis copiis aleam belli
extremam experiri, ad eum pervenerant ad Canusium agentem
Arsius, Alegrius, Formantius ex pernobili Castillonum familia,
Trajanus Carmaniolus, Palicius. Egressus itaque Barolo, septimum post mensem obsidionis, anno MDIII, IX cal. maii,
Consalvus cum robore exercitus, adjunctis sibi Navarro atque
Errera Ciriniolam contendit : Arminiacus cum copiis eodem
tendit. At Hispanus fossas ibi repertus, virgultis texerat[1], tormenta locis commodis locaverat, exercitum instructum ad
pugnandum tenebat. Quum Franci eo adveniunt, vix hora diei
supererat ; quæ res movit proregem ut in sequentem diem
prælium differri cum majore procerum parte censeret ; ignorare enim situm castrorum quæ oppugnare vellent : sed Alegrius contra ferociter adoriendum confestim hostem aiebat,
oblique qui aliter sentirent timiditatis atque ignaviæ arguens ;

Armeniaci clades.

cui Arminiacus ira percitus: « Age quidem, respondit, quando ita tibi videtur, dimicabo. Vereor tamen ne præclarus hic consultor hodie currenti plus equo quam hastæ confidat. » Itaque aciem ita instruxit ut Arsius secum in dextro cornu esset cum equitatu, Chandius in media cum peditatu, Alegrius extremam duceret : parum abfuit quin hic cum illo digladiaretur, ni Arsius [Fol. 58 v°] viam permulsisset, addens tanti inter duces certaminis eventum se horrere. Atque ita decretum est ut quum Arminiacus invectus esset in hostem, Chandius e media acie machinas bellicas emitteret. Concurrere principio leves alæ equitum ; hostiles regebat Fabritius Columna. Tormenta dehinc bellica in Francos equites emissa videndi hostis copiam paulisper ademerunt. Helvetii et Aquitani pedites primo impetu Hispanorum peditatum fudere et, ad tormenta usque progressi iisque potiti, pulverem omnem tormentarium incendere : cataphracti, tenebris noctis ingruentibus, in suos ipsi pedites impressionem fecere. Arminiacus in Germanos et sinistræ alæ equites procurrers, ab iis fossis, ne ad eos perveniret, impeditus est : itaque retro agmen fertur, dum locum alium quo irrumperet disquirit, in obvias cohortes delatus, pugnam inter primores ciens, pila plumbea miserabiliter ictus cecidit. Chandius eisdem fossis hærens pilisque inde plumbeis ab Hispano pedite impetitus, dissipatis Helvetiis eodem [Fol. 59] loco interfectus est : inde Franci animis concidunt, suis ducibus cæsis, quod hostes ingenti ululatu inclamabant ; cædes tum, non jam pugna erat ; Formantius acriter dimicans captus est ; Alegrius, omen proregis comprobans, effusa fuga sibi consuluit ; Arsius, multis hostium necatis, perspecta Alegrii fuga, diris devovens hominis superbiam, qui sua simultate ac vana animi elatione, iniquo tempore et loco, pugnandi causam præbuisset et proregis consilia turbavisset, et ipse Venusiam perfugit. Ille, post varias latitationes Trepaldam, inde Aversam pervenit. Certum est hanc cladem magno imperatoris errore evenisse, cui non reddenda Alegrio ratio, quando pugnandum, quando abstinendum pugna esset. Satis cognoscebat milites fessos viæ labore, flagrantissimo æstu, per quem inulti siti perierant, pugnæ non committendos : non debuerat commoveri libera admonitione clari quidem ducis ad aggrediendum hostem ne oblatam occasionem vincendi amitteret quando non in campo patenti sed fossa cinctum inveniret. Tum aperte primis ordinibus imperandum fuerat (nisi animi moderatione caruisset) vel hodierno more fossoribus rusticanis, ut mutarent frontem castrorum, ut impedimenta constituerent. [Prudentissima vox erat Consalvi hostis : telam honoris generoso militi crassiorem esse texendam, qua monebat, si quid in contuberni militari paulo contumeliosius dictum sit, id esse interdum dissimulanter interpretandum ne levibus ex causis temere ad perniciosa aut capitalia dissidia veniamus. [1]] Ea dissimulatione atque [2] cunctatione usus olim inter Romanos Paulus consul, Nasica frustra aliud suadente ; eadem multo ante [**Fol. 59** v°] A. Postumius dictator, in nocturno hostium prælio, legato cui assignarat equites jubens ne ante lucem moveret manum, inter nocturnos tumultus moderato difficilem. Si Franci proceres, ut sunt pugnaces manuque prompti, ita essent rerum antiquarum exemplis ad res prudenter gerendas imbuti, cogitarentque non vi magis corporis quam animi solertia rem militarem procedere, non enim tunc dimicassent, quum noctu præsertim non armati solum armatis, sed fossa, sed arbutorum tellonumque vallum obstabant. Constat [3] sub eo tempore in Apulia corvos vulturesque tanta aere vi tantisque agminibus inter se conflixisse, ut carri duodecim eorum cadaveribus implerentur : forte quis temere prodigia eludat? Aubignius certior factus de ducis Nemurii nece Consalvique victoria, se in fidem illius contulit, pactus suorum omnium incolumitatem et liberum in Franciam discessum : ipse, donec confectum bellum esset, liberali custodia asservaretur ; bello confecto, liberaretur : pro confecto autem haberetur, Neapoli cum arcibus Caietaque redditis. Cogitavit Allegrius an Neapolim se cum reliquiis exercitus conferret; sed fortuna adversaria Francis mentem ei ne faceret ademit. Itaque Neapolitani, pulsis Francis et in arcem confugientibus, [**Fol. 60**] oratores ad Consalvum mittunt, incolumitatem sibi veterumque tabularum immunitatem pasciscentes. Consalvus, iis benignissime auditis cœnaeque adhibitis, Neapoli-

---

[1] Addition marginale. En regard : Consalvi prudens dictum.
[2] Surcharge.
[3] Prodigium.

tanos ita sibi benevolentiam conciliat libenter ut illi Consalvum pro Ferdinando, si id illi animi fuisset, regnare voluissent ; magnifice itaque Neapoli, IX. cal. Jun., exceptus est. De Neapoli quoniam variæ sunt conjecturæ quisnam primum eam condiderit : in antiquissimis auctoribus comperio Abantes, qui ex Eubæa insula in Thesprotiam, ex ea, duce columba, in Magnam Græciam commigrarunt Neapolim, Cumas aliasque in ea regione urbes condidisse. Admotæ porro sunt mox a Navarro arcibus machinæ ; [Valentina turris per eruptionem Francorum a persequenti hoste mixtim ingresso capta [1] ;] [2] Turris Novæ oppugnatio diutius Hispanos tenuit, sed cuniculis a Navarro ductis pulvere tormentario oppletis (novo tunc invento) murorum parte subruta Franci deditionem fecere : violati tamen omnes præter fœdus. Inde arx Ovi iisdem cuniculis tentata, oppressis ruina muri defensoribus, expugnata [3]. Narranti cuidam Lodoico regi hujusmodi perfidiæ facinora, eum dixisse ferunt : « Posthac ergo pro fide punica hispanicam celebrabimus. » Interea Arsius qui se Venusiam receperat cum collectitia Francorum manu, crebro ex eo loco erumpens, varie Hispanos fatigabat : aliquotque turmas Hispanicas sub Benavidii ductu profligaverat, Atellam et Altemuram caeso præsidio occupaverat, [**Fol. 60** v°] quum eo missus est a Consalvo Antonius Læva qui eruptionem illius coerceret ; eum tamen miris modis ludificabat. Ad eum venerat Melfiæ princeps qui oblatam a Consalvo principatus sui retinendi facultatem, si suas partes sequeretur, respuerat. At Consalvus ipse Caietam contendit : erat ibi Alegrius, Salassiorum regulus, Odo Riberacus, Faydius cum Aquitanico peditatu. Caietam, ductis quoque cuniculis, dum tentat mirus artifex Navarrus, ex urbe aliis contra actis cuniculis, vanum fuit irritumque hominis studium : simul Franci pedites, machinis ex urbe emissis, fortissimum quemque ex hostibus sternebant. Cæsi sunt in Caietæ oppugnatione Sancius Armentalus, Alphonsus Lopesus, Antius, Litestanus Germanus, sed maxime commotus est Consalvus morte Ugonis Cardo-

---

[1] Gohori avait écrit d'abord : levi oppugnatione recepta.
[2] Addition marginale.
[3] Neapolis arciumque deditio.

nii[1], bellis jam Francorum assueti, et Rodorici Maurici. Itaque remissa obsidione Castellonem rediit, quod antiquis Formianum fuit. Romæ interea moritur Alexander pontifex XV cal. septembris[2], ministri, ut diximus, errore, venenum quod aliis paraverat ipsi præbentis et Borgiæ filio; qui remediis quidem maturis fato tum exemptus fuit, non tamen morbo; quo vehementer affectus, minime potuit comitia pontificia pro voto [**Fol. 61**] conturbare. Rex eo tempore, conscriptis septem peditum millibus et equitibus quadringentis, Lud. Tremolium præfecerat Romamque properare jusserat : sed, Tremolio Romæ adeo graviter ægrotante ut salus desperata esset, summa imperii ad Gonzagam redierat. Ad pontificis novi creationem multum poterat Francorum præsens exercitus : Georgius Ambasius, Rothomagi archipræsul, ingentem spem animo versabat, fretus, ut rebatur, ope Ascanii Sfortiæ purpurati quem e carcere liberaverat : sed homo ingratissimus sua præsertim opera effecit ut, quum patrum suffragia in eum inclinarent, ei pontificatus extorqueretur, et Julianus Ligur renuntiaretur. Quem quidem Julianum aiunt, quum videret, Francorum studio vel metu Borgiæ, Georgium plurimum pollere, adortum esse hominem hujusmodi oratione : « Non immemorem se privatæ quæ sibi cum Lodoico intercesserit amicitiæ ; paratum reipsa demonstrare quantopere Francico nomini faveat ; maxime in præsentibus pontificatus comitiis, in quibus certam pro Georgio fiduciam conceperit, ex non obscuris patrum erga illum studiis ; se non segnem nec infidam ei operam præstiturum ; unum tantum ex iis audiisse, parum placere sacro senatui se armis Francorum circumseptum videre [**Fol. 61 v°**]; futurum ut exteri senatores quiritentur liberas non fuisse voces ; sacro enim afflatui locum inter gladios non relinqui, ut posthac Ambasii non dubia renuntiatio vi metusve causa possit revocari. »

Georgius hoc fraudulento sermone irretitus, licet Borgiæ opinionem exquireret, qui Juliani astum ridebat, hominis in dedecore nati, ad turpitudinem educati, ad simulationem accommodati, perjuriis delibuti, qui sequestrem se comitiorum

---

[1] Mors Ugonis Cardonii.
[2] Mors Alexandri pontificis.

corrumpendorum gereret, suæ tamen improbitati Dei immortalis instinctum prætexere : paruit tamen Francus, Italicæ versutiæ expers, Juliano, Francique milites Roma emissi sunt. Tum, Juliani contentione, Pius III in exigui temporis intervallum ob perspectam ægritudinem Pontifex maximus designatus, dum Bernardus Carnalus ea spe decidens in Ambasium potius quam Julianum vota sua contulisset. Julianus, post Pii dierum paucorum pontificatum, ipse, renovatis in id consiliis artibusque suis, pontifex designatur, non sine Franciæ credulitatis irrisu[1]. In istum Aetius sincerus poeta cecinit paratum omnia, ut quidem iecit, evertere qui nihil meminisset præter vincula et exsilium. Poetam hunc dilectum Federico regnanti Rex liberali stipendio fovit impetravitque postea a Ferdinando ut Neapolim rediens paternis fortunis restitueretur: [Fol. 62] adeo Lodoicus non militares tantum personas, sed etiam literatas, benevolentia prosequebatur, ac præmiis invitabat in aulam. Veneti, qui largiter omnia officia in eum semper contulerant eisque potissimum rei omnem operam adhibuerant, legatum miserunt gratulatum, cui omnia se debere Reipublicæ professus, jussit eam nihil non sibi de se polliceri. Rex vero Lodoicus, quum allatum sibi foret de Aubignio cum exercitu ad Semenariam in Brutiis ab Ugone debellato, quem is paulo ante ad Gioiam profligaverat, deque Namursio duce ad Gerionem in Apulia a Consalvo in acie interfecto, sicque geminata Hispanorum victoria, misit Venetias legatum, Janum Lascarum Bizantianum, Græcis litteris apprime eruditum, paucis ante cal. sextilis diebus, qui postulavit ut patres novum cum Rege fœdus adversus Ferdinandum sancirent bellumque una facerent, propositis amplissimis conditionibus : quas Senatus respuit, veteri se fœdere contentum dictitans. Rex, non minus illusus Hispanicis de pace simulationibus ac dolis quam Ambasius suis Italicis in ambiendo pontificatu, graviter apud archiducem Austriæ, qui Blesiis nondum discesserat, de iis conquerebatur ; unde crebræ ultro citroque legationes, eæque vanæ ac irritæ fuerunt. Itaque ad subsidia primo quoque tempore Neapolim summittenda [Fol. 62 v°] sero tamen intendit animum.

---

[1] Julius pontifex maximus.

Nam arx nova capta jam erat, pridie quam Genua sex
grandes onerariæ naves compluribus naviculis comitatæ cum
duobus peditum millibus in Neapolis portum commeatu, armis, tormentario pulvere onustæ adventarent. Ei classis
Hispanica cessit loco et Ischiam concessit; quam sequente
Francia, Hispani aliquot naves suas pro vallo summerserunt;
Franci inde Caietam contendunt; hi in portum suum rever-
tuntur. Jam finem hujusce belli exsequamur, infelicis maxime
ob infidam cum Italis proceribus societatem Borgiis atque
Ursinis et, si Sadricurto credimus, Gonzagæ quoque regulo
Mantuano; et regias interim partes Romæ Georgii Ambasii
petitio ambitiosa interturbavit alienavitque. Stipendia tardius
adferebantur, seu nimia Regis, ut aliqui reprehendunt, parcimonia, seu potius avaritia, partim quæstorum, partim ducum,
qui pecuniam in majorem multo quam haberent militum numerum accipiebant. Jam ergo Franci et Helvetii, absente per
valetudinem optimo imperatore Trimollio, Gonzagæ ductu
longius progressi erant; aderant Salassus, Sp. Sadricurtus,
Trantius, Bassaius, Grandimontanus, P. Medices Florentiæ
nuper dominator, Sancolumbanus, Theodorus Trivultius qui
jampridem ad Francos transierat, Borbonius Aquitanus, Lave-
dani comes, [**Fol. 63**], Gilb. Carpinas, Bentivoli Bononiæ
reguli gener, Ursini seu Borgiæ simultatibus irritati, seu a
Mendocio Hispano spe ampliorum stipendiorum sollicitati, jam
Consalvo adhærebant, Franci qui Caieta eruperant, Molam et
Itrium adorti, cæsis Hispanis, diripiunt; Arcem Sicam frustra
oppugnant; Consalvus contra motis Formiano castris supra
Casinum erectum in arcem a Francis, iis interfectis, recipit;
Aquium Gonzaga profectus est; missi a Consalvo Fabritius
Columna et P. Petilianus, qui cum Ursinorum et Columniorum
equitatu extremum agmen carperent; in eos invectus Alegrius,
vi captis compluribus vulneratis, reliquos in fugam vertit. Gonzaga, motis Aquino castris Fregellas se contulit; ubi consul.
tando de belli ratione per altercationem ducum multi consumpti
dies: placuit tandem, Lyri amne ponte constrato, traduci copias;
Consalvus, quasi consiliis interfuisset, turmas mox levis gravis-
que armaturæ cum Fabritio et Pacæo misit, qui adversam hosti
ripam tuerentur, munitioneque longe lateque perducta Francos
trajectu arcerent Franci nihilominus ad transmittendum Ly-

rianii pontem exstruebant neque globis æneis ab hoste emissis terrebantur, iisdemque Hispanos vexabant. Acciditque ut a [**Fol. 63 v°**] Baileno Poiano, cui ubi libuissst collinare sagittam raro a proposito scopo aberrabat, Fabius Ursinus sagitta necaretur desertionisque pænas daret. Interea a Fabritio Columna Franci qui Evandri Arcem cum Federico Monfortio tenebant, accerrime oppugnantur; non fer obsessis suppetias Gonzaga, licet magna momenti ad bell a esse a Sadricurto moneretur. Pacta Francorum incolumitate, deditur arx Fabritio. Dissimili eventu turrim ad Lyris fauces sitam, quum tormentis admotis fortiter oppugnant Franci, urgente Basseio, Hispani pari pactione dediderunt. Jam ponte constrato, irritisque hostium ad obsistendum conatibus, dum ab utroque pontis latere machinæ ita sunt collocatæ, ut eos ab injuria transeuntibus inferenda procul amolirentur: jam Basseius cum delecta Helvetiorum manu transierat, Fabricius Columna et Ferdinandus Andrada eos variè lacessebant; sed Alegrius et Sadricurtus facile hostilem equitatum propellebant, quum repente Consalvus cum robore exercitus advolat; Basseius et Alegrius, licet numero inferiores, audacter impressionem sustinent; sed qui Francorum nondum transierant e machinis aptissime a Consalvo dispositis prohibebantur. Quod Alegrius intuitus, Helvetios hortatur ut cum suis equitibus, [**Fol. 64**] relictis equis, pugnam cum eis pedestrem inire paratis, in tormenta illa impetum facerent; tum pulsi quidem loco Fabricius Andradaque; sed ea egregie defensa ab Ugone Moncata et Germanis militibus; Francique ad suos se recepere. Ex quibus cæsi quingenti, subversi centum, ex hostibus ducenti desiderati. Eo in prælio enituit potissimum Ferdinandi Hilescæ, signiferi Hispani, fortitudo [1]; qui, globo tormentario dextra amissa, signum læva, multis vulneribus acceptis, ne relato quidem pede, sustulerit, dum turpe ducit loco cedere quem semel occupaverat; et paulo post irrumpentibus Francis lævam quoque amisisse; quumque ei certum esset non ante signum quam vitam amittere, id truncatis brachiis extulisse immotum loco donec Franci pellerentur. Hic postea a Consalvo accitus palamque

---

[1] Ferdinandi Hilescæ signiferi fortitudo.

pro tanto facinore commendatus, ad Ferdinandum cum eulogio tantæ virtutis deductus, ab eoque magnis præmiis muneratus est. Tentavit postea Consalvus pontem a Francis fabricatum effringere, in eamque rem trabes grandes convehi jussit, quæ ex superiori amnis parte emissæ vi undarum suoque molimine pontem dejicerent. Sed Benomantius cum Aquitanicis cohortibus naviculis trajiciens istum omnem apparatum disturbavit et abduxit, cæsis qui adornabant Hispanis, ratariisque, aliis depressis, aliis abductis. [**Fol. 64 v°**] Hæc frustra expertus Consalvus Prosperi Columnæ consilio deliberat de ponte incendendo: ad id trajectoriam navem deligit eamque exilibus lignis sulphure utraque parte intinctis, multaque alia materie sicca, resinata et piceata complet, eamque magno flumine impetu in pontem deferebat: quando Franci, re intellecta, emissis contra levibus tormentis, illabentem incendunt, igne illi materiæ illato, qui antemnas et latera et foros proramque ipsam absumpsit, antequam ponti nocere posset. P. Medices in Gonzagam graviter invehebatur, cunctatione simulata exploratis satis omnibus transeundi aliis causam fuisse, nunquam tamen adduci potuisse ipse ut trajiceret. Franci tamen in castra regressi de integro Lyris transmittendi consilium inibant [1]. Sed Gonzaga, quum se suspectum Francis sentiret, occasione ex Sandricurti conviciis captata, a quo se pædiconem vocatum fremebat, ut, abducto secum robore Italicarum copiarum, vires Francicæ imminuerentur, abdicato sponte imperio, abiit, causam rejiciens in Francorum intolerabilem contumeliam; quasi vero hanc posticæ libidinis contumeliam isti non susquedeque ferant! quam triumphanti etiam Cæsari sui milites joci gratia occinebant. Cujus damnatum a senatu Mediolanensi quum igne crematum Rex audiisset, vereri se dixit ne cives sui ad paucos redigerentur, rescripsitque ne deinceps nisi probationibus indubitatis convicti mitiorique pœna plecterentur [**Fol. 65**]. Ejus discessu aucti hostibus animi; Franci haud leviter perculsi sunt; summam interim imperii ad P. Salassiorum regulum deferunt, quoad Regi aliter placeret: exterorum plerique qui florentibus rebus Franco mili-

---

[1] Gonzagæ imperatoris discessus.

tabant ad hostes transierunt ; hiems deinceps imbribus frequens adeo utrasque copias afflixit ut Consalvus tot extructas pro ripa munitiones deserere et Suessam se conferre coactus sit: et Franci qui tam acriter pro Lyri trajiciendo certaverant, abeunte hoste, non amplius de transitu cogitarent, deteriora ultra ripam veriti. Interea Francorum atque Helvetiorum compluribus hiemis sævitia absumptis, aliis vigilia confectis, equi pabula laborabant. Tot tantisque rebus oppressi quum essent, neque stipendia a regiis quæstoribus in tempore exsolverentur, Salassus constituit, peditibus relictis quimunita loca tuerentur, equitatus robur Caietam deducere; fremere pedites objici se hostium faucibus stipendia non solvi, affecta jam omnium laboribus corpora; permulsit iras Salassus, reque iterum deliberata statutum est ut pedites atque equites in hiberna dimitterentur : machinæ vero bellicæ fluviatilibus navibus impositæ, earumque avehendarum cura P. Medici mandata: qui id munus, plerisque velut periculis plenum detrectantibus, libenter susceperat, futurumque receperat [**Fol. 65 v°**] ut vita potius quam iis tormentis ab hoste spoliaretur, atque ita ita ut promiserat ad extremum præstitit; nam ventis agitatus amnis intumuit, resonante undique littoribus fragore ac increbrescente ; Medices cautus eo se discrimine eximere potuit, naves machinis onustæ undis submersæ sunt. Jam Consalvus qui exploratores pretio corruptos in Francorum castris habebat, in conciliis alioquin hostium explorandis callidissimus, edoctus fuerat de eorum Caietam versus profectione. Itaque Liviani Ursini consilio ponte tumultuario ex naviculis inter se colligatis doliisque adjunctis asseribus constrato, trajicit copias, Francosque incautos nihilque tale suspicantes adortus qui Sugium se receperant cedit oppidoque potitur. [Jovius falsò prodit Tremulium et Gonzagam, Appia atque Latina via, bipartito regnum ingressos nulla memorabili re gesta, totam fere hiemem in Aquinate et Fregellano agro consumpsisse, mirifice eis resistente Consalvo qui Lyrim amnem ponte transgredi ausos fortissime repulerit, castraque demum eorum adortus, quum noctu, superioribus vadis copias omnes traduxisset, in fœdam fugam per Formianum littus cum multa cæde conjecerit; qui postea, Caieta dedita, classe sua vecti inermes in Franciam redierint [1]]. Salassus interim

[1] Addition marginale.

cum robore copiarum Caietam properabat: accelerant Andrada et Mendocius cum levi equitatu suo ut novissimum agmen invadant. Baiardus unus cum paucis diu impetum hostium sustinuit, donec adessent Adurnius, Grandimontius, Sancolumbius ad lapideum pontem Formianum, cum turmis aliquot Francorum atque Italorum; tum atrox certamen fuit, compluribus utrinque interfectis, inter quos Adurnius; fuit Sancolumbius una cum Bucio et Burdillio vulneratus. At posteaquam intellexerunt suos longius progessos, Caietam quoque contenderunt. Consalvus eodem pergit, non ignarus ibi ob tantam [**Fol. 66**] multitudinem, rei frumentariæ inopia, præter difficultatem nummariam, propediem exercitum oppressum iri. Nam Alegrius qui CCCC cataphractos et IIII ^{x}. peditum ex reliquiis profligati exercitus coactos in Fundos, Itrium, Trajectum, aliasque arces distribuerat universos tandem Caietam accerserat. Nec Consalvum sua fefellit opinio: paucis enim post diebus, deliberatum est inter duces ne frustra obsidionis incommoda perferrent, electusque Sancolumbius qui ad Consalvum iret diceretque Francos, si non indignæ militaribus viris conditiones offerrentur, Caieta cessuros; sin secus, vergente telo acerrimo necessitatis, dignam potius Francico nomine mortem oppetituros; remissi cum eo Caietam Navarrus, Didacus, Mendocius, Pacæus cum Salasso transacturi. Tandem quum multis diebus Trivultius, Bassseius, Alegrius, cum Consalvo collocuti essent, his legibus urbs dedita est, cautumque prolixe exercitui[1] ut Franci sociique qua visum foret, seu terra seu mari, cum equis omnibusque impedimentis libere ad suos redirent; Caietanorum res omnes salvæ essent, reliquisque urbibus quæ partes Francorum fovissent fraudi ne esset. Aubignius, Formantius, reliquique captivi qui Neapolim abducti erant, liberarentur. Non potuit impetrari a Consalvo ut [**Fol. 66 v°**] M. Aquævianus et Sanseverini in eodem numero essent: diserte tamen additum est, integra ut eorum causa Ferdinando reservaretur, neve de his Ferdinandus Consalvusque supplicium sumere possent, quoad Rex per legatos cum Ferdinando egisset. Ei rei paragendæ VIII menses sta-

---

[1] Caietæ deditio.

tuti, hique postea, pace inter reges conciliata, liberati sunt. Trajanus Caracciolus cum suis omnibus liber egressus est; eodem jure, qui a Francis capti erant, dimissi. Eo pacto Franci in Franciam rediere; Salassus in itinere fato functus est. De quæstoribus regiis qui pecuniam averterant decreta peculatus quæstio, qua Herouetus damnatus est. Ipse vero aiebat a ducibus fraudari stipendia equitum peditumque, ut numquam turmæ cohortesve suo numero constarent: quin et in recensione publica alii aliis equos armaque commodarent, non suppressos illustrium ducum nominibus qui vim pecuniæ ingentem in rem suam vertebant. Basseius, Sandricurtus, Alegrius, tanquam ob rem male gestam, diu aula exclusi. Arsius vero, quum eo fœdere uti posset, ea fuit animi magnitudine ut, signis explicatis tympanisque sonantibus, Venusia cedens in Franciam reditum fasciceretur. Is, etsi ob Arminiaci mortui amicitiam infensus Alegrio existimaretur, illius tamen postea, in [Fol. 67] gratiam Regis reditum ut impigri manuque prompti viri procuravit. [Hic luctuosus est belli Neapolitam exitus, qui testificetur posteritate, cum Mediolano toties parto amissoque aliisque itidem provinciis, Francorum majorem in subigendis urbibus atque nationibus virtutem quam in retinendis conservandisque prudentiam; nisi æquis animis ingeritæ probitatis excusatio partim accipiatur a suspicione omnis in alio perversitatis alienæ, partim infidæ Italorum societatis accusatio, qui exteris armis ad fortunæ motus omnes in rem suam perfidiose abutebantur. Enimvero Trimollio imperatore opus fuerat (in quo ea tempestate spes opesque regis sitæ) adversus Consalvum hunc, [qui sagax duci sagaci opponeretur] [1], quique artes Hispani paribus eluderet artibus: eo imperante, nisi fatum ingruens eum Parmæ sontico morbo afflixisset, regnum amitti, si quicquam humanorum certi est, non potuerat. Rex, nuntio cladis accepto, ira exardens quod Ferdinandus viribus longe inferior simulationum dolis suam sibi provinciam extorsisset, adornat novum belli apparatum terra marique, post hominum memoriam, ab rege uno maximum [2].

[1] Addition marginale.
[2] Au verso du fol. 67 est le timbre en rouge *Bibliothecæ regiæ*.

PIÈCES JUSTIFICATIVES

LETTRES DUCALES DE LOUIS XII

(Paris, *Archives nationales*, JJ, 233, 234, 235)

Les lettres patentes données par Louis XII comme duc de Milan sont encore bien loin d'être toutes connues et imprimées. La majeure partie s'en trouve, sans doute, conservée dans les registres *Lettere ducali* des archives de Milan, et notamment dans ceux désignés par les cotes et titres RR *Donasioni, essensioni, concessioni*; IV, *Lettere e concessioni di Lodovico re di Francia* (1470-1512); VI, *Concessioni e privilegj*, dont j'ai publié précédemment un minutieux dépouillement. Mais il s'en faut que dans ces registres aient été insérées toutes les lettres de Louis XII. On en trouve dans les registres JJ des Archives nationales de Paris, qui n'existent pas dans les registres parallèles des archives milanaises. Il pourra donc être utile aux historiens du Milanais que l'on mette sous leurs yeux ces divers textes. Je me bornerai, quant à présent, à publier des lettres patentes relatives à l'époque de la conquête de la Lombardie par le roi Louis XII, et toutes datées des années 1499 à 1501.

Je n'ai nullement la prétention de donner un commentaire de ces lettres, — commentaire pour l'établissement duquel plusieurs des instruments de travail nécessaires me manquent aujourd'hui ; mais le texte tout cru des documents est ce qu'il importe avant tout de faire connaître. Les lettres ci-dessous sont relatives aux affaires les plus diverses, et, par leur suite, rappellent la marche même des événements au cours desquels elles ont été données par le roi victorieux. Les premières dans l'ordre chronologique, — qui est celui que je suis pour les publier, — sont des confirmations de privilèges pour des établissements publics et religieux de Pavie : l'université, les couvents de Santa Maria delle Grazie (la Chartreuse) et de

SS. Marco ed Aureliano; elles ont été données lors de la
« nouvelle et première entrée » du roi dans cette ville, en octobre 1499. Nous savons qu'il s'y arrêta du 2 au 5 octobre, et
qu'il y fut charmé par l'accueil des habitants, la beauté du
parc, et les chasses qu'il y fit avec le marquis de Mantoue. —
Entré à Milan, c'est par des actes de clémence que le roi manifesta tout d'abord sa présence (il ne devait pas tarder à
changer): il accorda des lettres de rémission à divers individus coupables de meurtre ou d'assassinat; en voici deux, l'une
en faveur d'un prisonnier, Giovanni Antonini dit Gacto (?),
qu'il délivre, l'autre en faveur d'un « *latitante* » Gaspare Pegro, qu'il amnistie. Dès ce moment (octobre 1499) va commencer la pluie des donations, privilèges, concessions de toutes
sortes, tant sur les Milanais fauteurs de l'expédition, comme
les Trivulce et les Tornielli, ou ralliés à la domination française, tels les Borromeo, les Pallavicini et bien d'autres,
que sur les Français ayant pris part à l'expédition même ou
au voyage royal. Les registres de Milan sont pleins de privilèges et donations accordés aux divers membres de l'illustre
famille Trivulce ; cependant, nous trouvons dans le registre
JJ. 233 des lettres nouvelles en faveur de Catalan Triulzi, de
Bernardino et de Teodoro Triulzi et de Barbara Visconti.
Nous y trouvons aussi des lettres que le mépris de ses concitoyens pour celui qui en fut le honteux bénéficiaire a sans
doute empêché de faire enregistrer à Milan, — sans doute on
a craint un soulèvement de l'opinion publique contre ce traître, — je veux dire le dernier châtelain de Porta Giovia, le
Bernardino da Corte, à qui Ludovic Sforza avait si chaleureusement confié le dernier rempart de la résistance et qui,
d'une âme si lâche, trahit sa confiance. Son frère Jacopo da
Corte, complice de la trahison, fut aussi part prenante à sa
récompense: l'un et l'autre devinrent en vertu des lettres
patentes de Louis XII, propriétaires d'immeubles à Milan.
Parmi les Français, nombreux furent ceux sur qui s'épancha
la manne des générosités royales : une lettre ducale du registre JJ. 233, nous permet d'y ajouter un Italien francisé,
Nicolas Gaynier, frère du célèbre médecin du roi, originaire
de Pavie, et dont l'influence était si grande sur son client
princier. Parmi les grandes familles qui avaient servi Ludo-

vic Sforza, celle des San Severini eut alors une politique bien personnelle et bien complexe: elle se trouva divisée entre l'ancien et le nouveau régime: cependant c'est à Louis XII qu'elle finit par se rallier ; ici nous trouvons deux lettres concernant l'un des San Severini, le comte de Caiazzo, l'ancien général de Ludovic: par l'une, il obtient sa naturalisation comme sujet du roi de France ; par l'autre, il obtient des privilèges et des concessions. Il est à noter toutefois que Louis XII attendit plus d'un an (de mai 1500 à décembre 1501) pour lui en accorder. Il se défia toujours de Caiazzo et de ses frères, même de son grand écuyer : il exigeait de celui-ci, six ans plus tard, une déclaration que tel fief ne lui était concédé qu'en usufruit et non en propriété : l'original de cette déclaration est aux archives nationales. — Les lettres suivantes nous portent après la soumission définitive de la Lombardie à la domination française : les villes adhérentes à Ludovic Sforza restauré sont sévèrement punies de leur révolte ; cependant comme il n'était pas de l'intérêt du roi de ruiner ses nouveaux sujets ou d'exciter parmi eux une haine durable, après les menaces et les rigueurs, il y eut des accommodements et des amnisties. En juillet 1500, Louis XII donnait à Pavie des lettres d'abolition et confirmait ses privilèges, montrant ainsi que la part qu'elle avait prise à la restauration sforzesque était oubliée. — La domination française est désormais établie d'une façon durable : de nouvelles confirmations de privilèges sont accordées (ici, à l'ordre de St-Jean de Jérusalem), de nouvelles concessions ou donations faites à ceux qui n'ont pas eu leur part à la première curée : c'est le tour des Pallavicini (en octobre 1500, avril et décembre 1501), des capitaines ou gentilshommes français de troisième plan ; le secrétaire de Trivulce, Angelo Sacco, tire lui aussi son épingle du jeu. — Ces quelques lettres ducales de Louis XII ajoutent, on le voit, plus de précision dans le détail au tableau que j'ai tenté de tracer naguère de l'établissement de la domination française en Lombardie.

I

Confirmation des privilèges des religieuses du Couvent de SS. Marc et Aurélien de Pavie.

[Octobre 1499]

Archives nationales JJ, 233, n° 38

Ludovicus, Dei gracia Francorum Sicillie et Jherusalem Rex, dux Mediolani, notum facimus universis presentibus et futuris nos recepisse humilem supplicacionem dilectarum nostrarum in Christo abbatisse et monialium monasterii sanctorum Marcie et Aureliani quod nuncupatur monasterium senatoris, ordinis sancti Benedicte Papie de Observancia, dicencium ad causam dicti eorum monasterii habere plura privilegia et immunitates ipsis supplicantibus per predecessores nostros duces Mediolani concessa et concessas, quibus preteritis temporibus et continue use sunt et utentur de presenti, sed in illis formidant turbari seu inquietari, nisi eadem per nos confirmentur ; petendo preterea quatenus predicta earum privilegia et immunitates laudare, approbare et confirmare juxta ipsorum privilegiorum formam et tenorem, et super hiis graciam liberalitatemque et litteras nostras de super concedere, Nos vero supplicacioni dictarum abbatisse et monialium supplicancium tanquam equitati et racioni consone benigne annuentes, aliisque justis causis et racionibus moti ; ex nostra certa sciencia et de nostre plenitudine potestatis, maturaque deliberacione super hoc prehabita; omnia et singula privilegia, immunitates ipsarum supplicancium laudavimus, ratifficavimus et approbavimus, laudamusque ratifficamus et approbamus per presentes ; volumusque et concedimus ut quod ipse abbatissa et moniales supplicantes dictis privilegiis et libertatibus utantur et gaudeant, prout illis hactenus rite et recte use sunt temporibus retroactis, utunturque de presenti, omni contradicione cessante ; mandantes preterea universis et singulis.........

Datum Mediolani in mense octobris, anno domini millesimo cccc° nonagesimo nono et regni nostri secundo. *Sic signatum :* Per regem ducem Mediolani in suo consilio : O. Budé. *Visa contentor :* O. Budé. Collation faicte à l'original. J. ERART.

2

Confirmation des privilèges du Couvent de Santa Maria delle Grazie près de Pavie.

[Octobre 1499]

Archives nationales, JJ, 233, n° 32

Ludovicus, Dei gracia Francorum, Sicillie et Jherusalem Rex Dux Mediolani Papieque Comes [1], etc. Universis notum facimus quod nos supplicacioni parte dilectorum nostrorum venerabilium monacorum et religiosorum sancte Marie de Gracia prope civitatem nostram Papie ordinis cartusiensis [2], requirentium privilegia, concessiones, imunitates, literas, exempciones, franchisias, donaciones et prerogativas eisdem monasterio, priori, mognachiis, (*sic*) bonis et personis in eis expressis per illustrissimos olim duces Mediolani, antecessores nostros et alios, tam pro dote quam pro fabriqua ejusdem ecclesie concessas et indultas sibi per nos confirmari et ubi opus sit de novo concedi benigniter inclinati, presertim cum satis ample cerciorati simus quanta fuerit devocione fundatum ipsum monasterium per illustrimum condam Johanem Galiaz Vicecomitem, ducem Mediolani, proavum nostram, et ipsis privilegiis et concessionibus ab eodem et successoribus inde donatum ; quorum pium animum atque institutum, ut eisdem in hoc dominio legitime successimus, ita circa preservacionem ecclesiarum et locorum religiosorum, quæ semper nobis precipue cure et veneracioni fuerunt, insequi omnino volumus : ex nostra certa sciencia et de potestatis plenitudine, matura magni consilii nostri nobis assistantes deliberacione prehabita, ea omnia et singula privilegia, indulta, concessiones, libertates, immunitates et cetera, de quibus supra, eisdem monasterio, priori, monacis et personis in uis expressis ac bonis, tam dotis quam fabrice, ejusdem monasterii, tam per prefatum illustrissimum Johanem Galiaz et ejus filios, ducesque alios, qui succes-

---

[1] On remarquera que dans l'acte précédent Louis XII prend seulement le titre de *dux Mediolani*, et qu'ici il y ajoute celui de *Papie Comes*. Nul doute que cette addition ait été commandée par le désir de satisfaire le vieil esprit de jalousie qui animait sans cesse Pavie contre Milan. Ludovic Sforza avait fait porter à son fils aîné le titre de comte de Pavie et avait, tout à la fin de son règne, obtenu de Maximilien pour cet enfant le titre de prince de Pavie : il ne fallait pas que le nouveau régime parût faire moins de cas que l'ancien des privilèges ou des désirs de Pavie.

[2] La Certosa di Pavia.

sive domini status Mediolani et comitatus Papie quovismodo potiti sunt, concessas et confirmatas concessaque et confirmata ; atque relacionem haberi volumus harum serie; confirmamus, ratifficamus, et approbamus, et pro confirmatis *ut supra* ab omnibus haberi debere volumus et observari, et quatenus opus sit ea omnia, modo premisso, concedimus, prout illis actenus rite et recte usi et gavisi sunt. Mandantes preterea universis, *e. q. s.*

Datum Mediolani, in mense octobris, anno domini millesimo cccc^{mo} nonagesimo nono, et regni nostri secundo. *Sic signatum :* per regem ducem Medioanli, in suo consilio: Garbot. *Visa contentor :* O. Budé, Collation faicte à l'original : J. Erart.

3

Confirmation des privilèges antérieurement concédés à l'Université de Pavie.

[Octobre 1499]

Archives nationales, JJ, 233, n° 31

Ludovicus, Dei gracia Francorum, Sicillie et Jherusalem Rex, Dux Mediolani Papieque comes, etc. Universis facimus manifestum quod nossummopere gaudentes immunitates et privilegia quibusque subdictis nostris indulte continue preservare dignum inprimis existimamus, ut colegia doctorum sint nobis in his preceteris commendata : Quippe que ab eis eorum ingeniis dominia nostra plurimum illustrentur et rebus status nostri totique reipublice optime consulatur : quare supplicacioni benedilectorum fidelium nostrorum doctorum juristarum et medicorum sive artistarum utriusque colegii civitatis nostre Papie, super iis nobis facte, benigniter annuentes; ex nostra certa sciencia et de potestatis nostre plenitudine matura, et magni consilii nostri nobiscum assistantis deliberacione prehabita: capitula, statuta, franchisias, immunitates, exempciones et quæcumque privilegia eisdem de utroque colegio tam per illustrissimos predecessores nostros duces Mediolani quam alios quoscumque detemptores, concessa, indulta et confirmata, ac omnia et singula in eis contenta, confirmamus, ratificamus et approbamus, ac roboris firmitatem obtinere volumus, et quatenus opus sit, eisdem de novo concedimus juxta illorum formam et tenorem, ut jacent et prout hactenus illis rite et recte usi et gavisi sunt; et ulterius eisdem liberaliter et de gracia speciali, presencium tenore, concedimus et indulgemus, ut nullus qui non sit doctoratus in studio publico et in rigoroso examine gaudeat privilegiis doctorum in ducatu nostro Mediolani et comitatu Papie. Sic enim Reipublice commodo omnino fieri volumus. Mandamus præterea gubernatori....

Datum Mediolani, in mense octobris, anno Domini millesimo cccc° nonagesimo nono et regni nostri secundo. *Sic signatum:* per Regem Mediolani ducem, episcopo Lucionensi, magistro Goffrido Caroli, in curia parlamenti Delphinatus consiliario, et aliis presentibus. Visa contentor: O. BUDÉ.

4

Lettres de rémission pour Gaspare Pegro

(Octobre 1499)

Archives nationales, JJ, 233, n° 22

Loys, par la grace de Dieu, roi de France, de Sicille et Jérusalem duc de Milan. Sçavoir faisons à tous présens et à venir que nous avons reçu humble supplication de Gaspart Pegro, jeune gentilhomme agé de 33 ans ou environ, demeurant en notre ville et cité de Milan contenant que, en l'année passée, ung nommé Jacques Brunel, qui estoit plein de malice, paillardie et mauvaise vie, et qui ne serchoit toujours que question, noise et débat, s'adressa un jour audit suppliant, et, sans qu'il eût cause de ce faire, l'oultragea, par plusieurs foys, tant de parolles que autrement en maintes manières, et davantaige devant plusieurs gens le menaça de le tuer, quelque part qu'il le rencontreroit. A quoi ledit suppliant, qui ne lui demandait rien, résistoit le mieux et le plus sagement qu'il pouvait. Mais ledit Brunel, non content de ce et continuant toujours en son dit mauvais voulloir et malice, le 16ᵉ jour de février dudit an, rencontra en..... suppliant, lequel il assaillit et..... voulut..... et qu'il est vraisemblable à douster en le frappant, et lui baillant plusieurs coups, ne scet ledit suppliant de quoy, pour ce qu'il était si pressé qu'il n'avait loisir de le regarder. Touteffois ledit robe, suppliant trouva que ledit Brunel lui avait fait plusieurs pertuis en sa lesquels sembloient avoir esté faits d'un cousteau. Et voyant ledit suppliant ainsi estre assailli par icelluy Brunel, et le danger où estoit sa personne, tira ung pougnal pour s'en deffendre; duquel, ainsi que ledit Brunel le suivoit et le pressait toujours, comme dit est, icelluy suppliant en se recullant devant lui en tira un coup contre icelluy Brunel, et l'en frappa à la poitrine; au moyen duquel coup ledit Brunel alla de vie à trespas; et, avant que trespasser, recogneut et confessa qu'il avait tort, et à ceste cause pardonna libéralement sa mort audit suppliant.

Touteffois, ledit suppliant, redoutant rigueur de justice, scet absenté de notre ville, pays et duché de Milan, auquel ne ailleurs en notre royaume il n'oserait jamais seurement converser ne demourer, se nos grace et miséricorde ne lui estoient sur ce imparties, en nous humblement requérant que, attendu ce que dit est et mesmement que ledit suppliant a fait et commis ledit cas en soy deffendant, et que le deffunt a été agresseur, et aussi que icelluy suppliant a toujours esté de bonne vie et honneste conversacion, sans jamais avoir été attainct ne convaincu d'aucun autre vilain cas, blasme ou reprouche, lui impartir sur ce nos grace et miséricorde.

Pourquoy nous, ces choses considérées, voulant miséricorde préférer à rigueur de justice, audit suppliant avons tenu, quitté et pardonné, et par la teneur de ces présentes, de grace espéciale et pleine puissance et auctorité royale, remettons, quictons et pardonnons le fait et cas dessus dit, avec toute peine, offense et amende corporelle, criminelle et civille, en quoy, pour occasion dicelluy cas, il pourroit estre encouru envers nous et justice ; en mectant au néant tout adjournement appeaulx, ban et deffaulx, s'aucuns sont ou estoient pour ce contre lui ensuiz ; et l'avons restitué et restituons à sa bonne fame et renommée, au pays et à ses biens non confisqués ; satisfaction faite à partie civilement, tant seullement si faicte n'est ; et quant à ce, imposons silence perpétuel à notre procureur commis et à tous nos autres justiciers et à leurs lieutenants présens et à venir, et à chacun d'eux si comme à lui appartiendra, que de nos grace, quittance, pardon et rémission, ils facent, souffrent et laissent à toujours ledit suppliant joir et user plainement et paisiblement, sans lui faire ou donner ne souffrir estre fait ou donné aucun destourbier ou empeschement au contraire en aucune manière ; ains, se son corps ou aucun de ses biens sont ou estoient pour ce prins, saisis, arrestés, ou autrement empeschés, les lui mectent ou fassent mettre bientost sans délay à pleine délivrance. Car tel est notre plaisir. Et afin que ce soit chose ferme et estable à toujours, nous avons fait mettre notre scel à cesdites présentes, sauf en autres choses notre droit et l'autrui en toutes.

Donné à Milan au mois d'octobre, l'an de grace 1499, et de notre règne le second. *Ainsi signé:* Par le roy, duc de Milan, en son conseil : BARBOT ; Visa contentor : O. BUDÉ.

5

Lettres de rémission pour Jehan Antoine, alias Gacte

[Octobre 1499]

Archives nationales, JJ, 233, n° 25

Loys, par la grace de Dieu, roy de France, de Sicille et Jhérusalem, duc de Milan. Savoir faisons à tous présens et à venir, nous avoir receue humble supplicacion de Jehan Anthouine *alias Gacto*, maistre cousturier juré de la cité de Pavye, aagé de vingt quatre ans ou environ, chargé de femme et enfans, contenant que : le premier jour de septembre dernier passé, le dict suppliant, estant au marché auquel l'on a acoustumé de vendre et distribuer le sel gabelle, avec plusieurs autres, vit et apparceut illec ung nommé feu Jehan Jaques de Becherie [1], dudict lieu de Pavie, lequel avait essayé et essayoit à desrober dicelluy sel, et pour ce que le dict Becherie vit que le dict suppliant l'avoit apperceu, incontinent vint audevant de luy, disant telles paroles que : « Ah ! traitre, es-tu icy ? Je te tueray ! », et, en ce disant, mist la main à l'espée qu'il avoit, de laquelle il s'esforça frapper sur le dict suppliant, et le poursuyvit tellement que le dict suppliant fut contraint, pour soy desfendre et repulser la force du dict Jaques Becherie, de tirer une espée qu'il avoit ; de laquelle en soy desfendant audict conflict et débat, il donna sur la teste dudict Becherie qui le pourchassoit tousjours, comme dit est ; à l'occasion de quoy, le dict suppliant, de chaulde colle tout esmeu, en seste instant d'un poignal qu'il avoit donna ung autre coup audict feu Becherie en la poictrine, dont il tomba par terre ; à l'occasion de quoy, tentost après, alla de vie à trespas. Pour lequel cas le dict suppliant a esté mis et constitué prisonnier ès prisons du Chastel dudict Pavye ; desquelles nous l'avons fait délivrer [2] à nostre première et nouvelle entrée en la dicte cité ; en nous humblement requérant par le dict suppliant que, actendu qu'il a commis le dict cas de chaulde colle et en son corps deffendant, et que en tous ses autres affaires il s'est bien honnestement conduit et gouverné, sans avoir esté reprins d'aulcun aultre villain cas, blasme ou reprouche, il nous plaise, etc., Pourquoy nous, en faveur de nostre dicte nouvelle entrée, et en usant des droits, prérogatives et prééminences, desquelz noz prédecesseurs roys de France ont accoustumé joyr et user, avons quicté, etc. Sy donnons etc., au gouverneur et potestat dudict Pavye et à tous noz autres justiciers, etc. Et affin etc., sauf etc. Donné à Milan au moys d'octobre, l'an de grace mil cccc quatre vingt dix neuf et de nostre règne le deuciesme. *Ainsi signé :* Par le Roy en son Conseil : Picart. Visa contentor : O Budé.

---

[1] Gian Giacomo de Beccaria, d'ailleurs inconnu. Ce voleur de sel était-il de la même famille qu'Agostino-Maria di Beccaria, le dernier ambassadeur de Ludovic Sforza à Sienne?

[2] Coutume traditionnelle des rois de France.

6

Don à Nicolas Gaynier de Pavie des biens jadis possédés par Pietro de Vesano.

[Octobre 1499]

Archives nationales, JJ, 233, n° 42

Loys, par la grace de Dieu, roy de France, de Sicille et Jhérusalem, duc de Millan. Savoir faisons à tous présens et à venir, que nous, ayans regard et considération à plusieurs bons et agréables services que nostre cher et bien amé Nicolas Guaynier de Pavye, nous a, par cy devant et par longtemps, faiz, mesmement en la présente conqueste de Millan; aussi ceulx que nostre amé et féal conseiller et médecin ordinaire M⁰ Théodore Guaynier, son frère, nous a faiz et fait continuellement en grand labeur et sollicitude à l'entour de nostre personne et autrement; à icelluy Nicolas Guaynier, pour ces causes et autres à ce nous mouvans, avons donné, cédé, ransporté et délaissé, et par la teneur de ces présentes, de nostre certaine science, grâce spéciale, plaine puissance et auctorité, donnons, cédons, transportons pour luy, ses hoirs, successeurs et ayans cause, à tousjours, tous et chascun les biens meubles et immeubles qui furent et appartindrent à Pierre de Vésan, despiéça pour bonnes, justes et raisonnables causes, advenuz, confisquéz et appliquéz à notre chambre ducalle, et que le seigneur Ludovic Sforce, injuste occupateur de notre dit duché, avoit donnés et transportés à André de Ferrare; pour desdits biens joir et user par le dit Nicolas Guaynier, sesdits hoirs, successeurs et ayans cause, et en prendre, percevoir et recevoir les fruiz, prouffix, revenues et esmolumens qui y appartiennent, à quelque valleur et estimacion qu'ilx soient et puissent estre et monter, et les applicquer à leur prouffit, et en faire et disposer à leur plaisir et voulenté, comme de leur propre chose et héritage; sans aucune chose en réserver à nous et aux nostres, fors seulement au regard desdicts héritaiges les foy et hommaige, saulcuns y appartiennent, ressort et suppériorité, et à la charge de payer et acquiter les charges et devoirs, saulcuns sont deubz à cause desdittes choses, où et ainsi qu'il appartiendra. Sy donnons en mandement, etc.

Donné à Millan, au mois d'octobre, l'an de grace mil cccc iiii^{xx} dix neuf et de nostre règne le deuxiesme: *Ainsi signé:* Loys. Par le Roy, duc de Millan, le seigneur Jean Jacques, mareschal de France, et autres présens; Robertet.

7

Confirmation des privilèges des habitants de Busto Arsizio.

[Octobre 1499]

Archives nationales, JJ, 233, n° 35

Ludovicus, Dei gracia, Rex Francorum, Sicilie et Jherusalem, dux Mediolani, etc. Universis presentibus et futuris notum facimus quod dilecti et fideles nostri communitas et homines habitantes in villagio Burgi Busti Arsicie, diocesis Mediolani, ad nos humiliter pervenerunt dicentes quod temporibus retroactis per predecessores nostros multa fuerunt eis privilegia concessa pluresque franchisie et libertates, quibus usi sunt continue ; sed dubitant absque confirmacione nostra imposterum in illis inquietari ; supplicantes humilime ut illa seu illas nobis placeat confirmare, ratifficare et approbare, et super iis litteras nostras concedere opportunas. Nos vero supplicacioni dictorum supplicancium benigne annuentes, et cupientes eosdem ut veros fideles et subdictos nostros humane tractare; hiis de causis, et aliis justis nos et animum nostrum juste moventibus, matura deliberacione super hoc prehabita, ac de potestatis plenitudine et auctoritate ducali, quibus fungimur in hac parte, easdem privilegia, libertates, franchisias et jura a predecessoribus nostris ducibus Mediolani concessa, cum eorum omnibus pertinentiis et appendentibus, ratas et gratas, ratasque et grata habentes, laudavimus, approbavimus et confirmavimus, laudamusque et tenore presencium approbamus, et confirmamus, volumusque et concedimus ut a modo ipsi supplicantes et eorum descendentes, nati et nascituri in futurum, dictis privilegiis, libertatibus, et omnibus quibus preteritis temporibus rete et recte usi fuerunt et gavisi, utunturque de presenti diebus hodiernis, utantur et gaudeant in futurum, quacumque contradicione cessante. Quocirca omnibus et singulis justiciariis officialibus, vassallis et subdictis nostris, presentibus et futuris, tenore presentium, damus in mandatis quatenus prefatos supplicantes et eorum successores, presentibus ratifficacione, approbacione, confirmacione et gracia, uti et gaudere pacifice sinant et promictant, in contrariumque facta sic ut sint ad statum pristinum et debitum reducant seu reduci faciant in judilate. Quod ut firmum et stabile perpetuo maneat in futurum, presentibus diximus apponi sigillum, nostro et alieno jure in omnibus semper salvo. Datum Mediolani in mense octobris anno domini millesimo ccccᵐᵉ nonagesimo nono et regni nostri secundo. *Sic signatum :* per Regem ducem, in suo consilio : Robertet. Visa contentor : O Budé.

8

Don à Bernardino da Corte d'une maison à Milan

(Octobre 1499)

Archives nationales, JJ, 233, n° 34

Loys, par la grace de Dieu, roy de France, de Sicile et Jhérusalem, duc de Milan. Savoir faisons à tous présens et à venir que nous, ayant regard et considéracion à plusieurs bons, agréables et recommandables services [1] que nostre cher et bien amé Bernardin de Curte, nous a faiz, et à la fidélité dont, comme nostre bon et loyal subgect, il a usé envers nous, fait et espérons qu'il fera en l'avenir ; à iceluy, pour ces causes et desdits services aucunement le rémunérer, avons, oultre et par dessus les autres dons et bienffaiz [2] qu'il a de nous, donné, ceddé, transporté et délaissé, et, par la teneur de ces présentes, de nostre certaine science, grace espécial, pleine puissance et autorité, donnons, cédons, quictons, transportons et délaissons pour lui, ses hoirs, successeurs et aians causes, une maison, court, jardin, aisances et appartenances, que tenoit ou estoit tenu au nom de Jehan Sforce, seigneur de Pensauro [3], prouchain parent du seigneur Ludovic Sforce, assise en nostre ville de Milan sur le court de la rivière de Porte neufve [4], en la parroisse de sainct Barthélemy, advenue et applicquée à nostre chambre ducalle pour aucunes bonnes, justes et raisonnables causes, pour de ladite maison, court, jardin, aisances et appartenances, joyr et user, et icelle avoir, tenir et posséder par le dit Bernardin da Corte, sesdits hoirs, successeurs et ayant cause, en payant les charges et devoirs deuz à cause de la dicte maison, où et ainsi qu'il appartiendra. Si donnons en mandement, etc.

Donné à Milan au moys d'octobre, l'an de grace mil quatre cccc (sic) quatre vingt dix neuf, et de nostre règne le deuxiesme. *Ainsi signé :* Loys. Par le Roy duc de Milan, Monseigneur le Cardinal d'Amboise, le seigneur Jehan-Jacques, mareschal de France, et autres présens : Robertet. Visa contentor : O. Budé. Collation faicte à l'original. J. ERART.

[1] Il est digne de remarque que le rédacteur de ces lettres n'a pas osé ou voulu spécifier de quelle nature étaient les services rendus par B. da Corte au roi de France. Il les qualifie d'*agréables*, soit ! Mais *recommandables* !

[2] Stipulés par le traité de capitulation.

[3] Giovanni Sforza, seigneur de Pesaro, le premier mari de Lucrèce Borgia.

[4] Naviglio di Porta Nuova.

9

Donation à Jacques de Corte
[Août 1500]

Archives nationales, JJ, 234, n° 56

Loys, roy de Sicille et Jhérusalem, duc de Millan, savoir faisons *etc*, que, pour considéracion en faveur et recongnoissance de plusieurs bons, grans, agréables et recommandables services, que nostre amé et féal Jacques de Courte, chevalier, nous a par cy-devant faiz mesmement au fait de la réduction en noz mains et obéissance de nostre chastel de Millan, et en ensuivant certain traicté par nostre amé et féal cousin, conseiller et chambellan, le seigneur Jehan Jacques, mareschal de France, lors nostre lieutenant général de nostre dit duché, touchant la réduction en noz mains dudit chastel de Millan, et icellui traicté entretenir à icellui ; pour ces causes et pour autres considéracions a ce nous mouvans, avons donné, transporté et délaissé, donnons, transportons et délaissons de nostre plaine puissance et auctorité ducal, par ces présentes les choses qui sensuyvent : c'est assavoir le lieu et vallée appelé la vallée de Cessie, compris les terres, lieux, confins et ce qui est deladite vallée, avec tous et chascuns les droiz, fruictz, prouffitz, rentes, revenues et esmolumens quelz conques dicelle vallée ; item tous telz biens immeubles que le dit Jacques de Courte choisira en nostre vieil parc de Pavye, jusques à la valleur de douze cens escuz par an de commune estimacion : item une maison ou maisons qui furent à Angel Symonnets, assise en Porte Cymaire de Cussano (sic), parroisse sainct Marcel de Millan, en la rue Denissavo avec une petite maison estant devant lesdites maisons où se faisoit l'establé des chevaulx, avec les édiffices dicelle maison, cours, jardins, ensemble tous les autres droiz et appartenances d'icelle, lesquelles maisons et biens sont despieça advenuz, escheuz et applicquez à nostre chambre ducalle, pour bonnes, justes et raisonnables causes comme l'on dit, pour desdites choses joir et user par ledit Jacques de Curte, ses hoirs, successeurs et ayans cause, et en prendre, percevoir et recevoir les fruictz, prouffitz, revenus et esmolumens, à quelque valleur et estimacion qu'ilz soient et puissent estre et monter, les applicquer à leur prouffit ou autrement en faire et disposer à leur plaisir, ainsi et par la forme et manière qu'il est contenu audit traicté ; en réservant et retenant pour nous et noz successeurs audit duché les foy et hommage, ressort et souveraineté des lieux dessusdits et aussi moyennant que le dit de Curte, sesdits hoirs successeurs et ayans cause, payeront et acquicteront les charges et devoirs deuz à cause desdits heritaigos ou ainsi qu'il appartiendra. Si donnons en mandement par ces mesmes présentes, etc..

Donné à Meleun, an moys d'aoust l'an de grace mil cinq cent et de nostre règne le troisiesme. *Ainsi signé:* par le roy duc de Millan, Monseigneur le cardinal d'Amboise et autres présens : Robertet. Visa contentor : Garbot.

10

Don d'une maison à Milan à Cathelan Trivulzio

[Novembre 1499]

Archives nationales, JJ, 235, n° 346

Loys, par la grace de Dieu, roy de France de Sicille et Jhérusalem, duc de Millan. Savoir faisons à tous présens et à venir que nous, ayans regard et considéracion aux bons et agréables services que nostre cher et bien amé Cathelan de Trévoul nous a faiz à la conqueste de nostre duché et estat de Millan, où il nous a servy vertueusement et à son povoir; à icelluy, pour ces causes et pour desdits services aucunement le récompenser, et autres considéracions à ce nous mouvans, avons donné, ceddé, transporté et délaissé, et par la teneur de ces présentes, de nostre certaine science et auctorité donnons, cédons, transportons et délaissons, pour luy, ses hoirs, successeurs et ayans cause, une maison assise en nostre bonne ville et cité de Milan, en porte Commasne, en la paroisse Saint Thomas-en-Terramare, nommée la maison de Pigeal avec ses appartenances et deppendances, que tenoit feu Loys de Tresac[1], en son vivant secrétaire du seigneur Ludovic ; laquelle maison, pour aucunes causes, a ja pieça esté déclairée appartenir et confisquée à nostre chambre ducalle ; pour la dite maison et ses appartenances avoir, tenir et posséder par le dit Cathelan, sesdits hoirs, successeurs et ayans cause en prendre les fruiz, prouffitz et esmolumens en payant et acquictant toutes voyes les cens, rentes et autres charges ordinaires deues danciennecté sur la dite maison. Sy donnons en mandement, etc..................

Donné à Vigesne au moys de novembre l'an de grace mil cccc quatre vingts dix neuf et de nostre règne le second. *Ainsi signé* : Loys.

Par le Roy duc de Millan, le seigneur Jehan Jacques de Trevoul mareschal de France et autres présens : Robertet. Visa contentor : Budé.

[1] Lodovico Tersago.

11

Autre donation au même

[Novembre 1499]

Archives nationales, JJ, 235, n° 347

....[1] [donnons] tous et chascun les biens meubles et immeubles qui furent et appartindrent au comte Ludovic Bargamin et Charles Bargamin son cousin, lesquelz ont tenu le parti, service et obéyssance du seigneur Ludovic à l'encontre de nous, en commectant crime de rébellion ; et par ce confisquant ces dits biens à nostre chambre ducalle ; pour desdits biens joir et user par le dit de Trévoul jusques à la valleur de quatre cens escus de rente ou revenu par an, excepté toutes voyes du lieu et place de Genye, dont avons ailleurs disposé, sans autre chose réserver à nous des dits héritaiges, en payant et acquictant toutes voyes les charges et devoirs ordinaires que les dits héritaiges doivent et peuent devoir d'anciennecté, où et ainsi qu'il appartiendra. Sy donnons [2]....

12

Donation à Bernardino Trivulzio

Archives nationales, JJ, 235, n° 369

Loys, par la grace de Dieu, Roy de France, duc de Millan. Savoir faisons, etc, que nous, ayans regard et considéracion aux bons et agréables services que nostre amé et féal conseiller Bernardin de Trévoulse, chevalier, nous a faiz en la conqueste de nostre duchié de Millan, où il nous a servy à son povoir ; pour ces causes et desdits services aucunement le récompenser, et mesmement, moyennant la somme de trois cens cinquante escus qu'il a par nostre ordonnance baillée à nostre amé et féal Aymé d'Aurillac, dit Pocquedenare, auquel en avons fait don ; à icelluy Bernardin, pour ces causes et autres à ce nous mouvans, avons donné, ceddé, transporté et délaissé, et, par la teneur de ces présentes, de nostre certaine science, pleine puissance

---

[1] Le texte de cette donation est identique à celui de la précédente jusqu'à ces mots : *Donnons*, etc.

[2] La formule de la fin est identique à celle de l'acte précédent.

et auctorité, donnons, cédons, transportons et délaissons, pour luy, ses hoirs, successeurs et ayans cause, la Plèbe de Berbat et sa juridicion, ainsi quelle se comporte et poursuyt, assise en nostre duché de Millan que tenoit Charles, dit le baron de Ferrart, lequel a tousjours tenu le parti, service et obéyssance du Seigneur Ludovic à l'encontre de nous ; au moyen de quoy il a confisqué le dit lieu et plebe à nostre Chambre ducale, pour icelle plebe et juridiction avoir, tenir, posséder, joir et user, par le dit Bernardin de Trévoulse, ses dits hoirs, successeurs et ayans cause, et prendre, recevoir et percevoir les fruiz, revenus et esmolumens, sans aucune chose en excepter ne retenir à nous ; fors seullement les hommage, ressort et souveraineté, en payant et acquictant les charges et devoirs de la dite plèbe et juridicion, où et ainsi qu'il appartiendra. Sy donnons..............................

Donné à Vigesne, au mois de Novembre mil quatre cens quatre vingt dix-neuf et de nostre règne le second. *Ainsi signé* : Loys, Par le roy, duc de Millan, le Seigneur de Gyé, mareschal de France et autres présens : Robertet. Visa contentor : Budé.

13

Donation faicte à Th. de Trivulce

Archives nationales, JJ, 235, n° 121

Loys, par la grace de Dieu, roy de France, de Napples et Jhérusalem, duc de Millan, savoir faisons que nous, ayant regard et considéracion aux bons, agréables et recommandables services que nostre amé et féal Théodore de Trévoul, conte de Lanoie, nous a par cydevant faitz, tant au recouvrement de nostre estat et duchié de Millan que autrement en plusieurs manières, fait et continue chacun jour, et espérons que plus face cy-après ; à icelluy, en aucune remunéracion des dits services, et pour autres causes et considéracions à ce nous mouvans, avons donné, octroyé et délaissé, donnons, octroyons et délaissons, de nostre certaine science, grace spéciale, plaine puissance et auctorité royal et ducal, par ces présentes, pour luy, ses hoirs, successeurs et ayans cause, les bourgs de Glarea, comprins la Rocquecte et frontière de Pizicon[1], deça de la rivière de Eldua[2] et aussi de Cavercurta[3], à nous appartenans, avecques la justice haulte, moyenne et basse, mere nuyte et impere, appartenans et deppendants diceulx bourgs, le revenu

---

[1] Pizzighetone.
[2] Adda.
[3] Cavacorta ?

desquelz l'on dit n'excéder soixante ducatz de revenu par chacun an, pour desdites choses joir et user par ledit Théodore [1].

Donné à Chalon, au moys d'avril l'an de grace mil cinq cens et ung après Pasques, et de nostre règne le quatriesme. *Ainsi signé :* Loys. Par le Roy, duc de Millan : Robertet. Visa contentor : Amys.

14

Donation à Barbara Visconti

[Août 1500]

Archives nationales, JJ, 234, n° 48

Loys, *etc.*, roy de France, de Sicille et de Jhérusalem, duc de Millan, savoir faisons, *etc.* que nous, considérans plusieurs bons et agréables services que nostre très chère et bien amée la Dame Barbe Visconti, fille de nostre amé et féal cousin, conseiller et chambellan, le Seigneur Jehan Jacques de Trévoust, mareschal de France, nous a par cy-devant faiz, en tenant toujours nostre party et querelle, à l'encontre de tous nos adversaires, et, pour ce faire, supporté de grans despances ; à icelluy, pour ces causes, et autres à ce nous mouvans, avons donné, ceddé, transporté et délaissé, et par la teneur de ces présentes, donnons, ceddons, transportons et délaissons pour elle, ses hoirs et successeurs, tous et chacun les biens et héritaiges, tant féodaulx que allodyaulx, qui furent et appartindrent au Seigneur Jehan Marie Visconti, à nous appartenant, advenuz et escheuz en nostre chambre ducalle par droit de forfaicture et confiscacion par ce qu'il a tenu le party, querelle, faveur et service du More, nostre ennemy, avec quatre ou cinq ses enfans ; lesquelz enffans sont encores à nous rebelles, et de présent hors dudit duché, tenans party à nous contraire ; pour lesdits biens et héritaiges féodaulx et allodyaulx dudit Jehan Marie, avoir, tenir et possêder par la dite dame Barbe, ses dits hoirs et successeurs, et en prandre, parcevoir et recevoir les fruicts, prouffitz, revenues et esmolumens à quelque valleur qu'ilz soient et puissent estre et monter, pourveu toutes voyes que déclaracion sera faicte de la confiscacion diceulx biens à nostre dite Chambre ducalle ; et en cas que iceulx biens ne nous feussent adjugés et déclairés confisquéz, nous voulons et entendons néanmoins pour la seurté de nostre estat dudit duché et pour la suspicion que avons de la personne dudit Jehan Marie Visconti aux causes dessus dites, que les places et forteresses de Fontenete,

[1] La formule qui suit est identique à celle de l'acte précédent.

Saguant, et Albiza, appartenantes ou qui appartiendront pour la moictié à icelluy Jehan Marie, soient mis ès mains et povoir d'icelle dame Barbe, dont avons trouvé seurté et fiance, pour icelles tenir et garder jusques à ce que par nous autrement en soit ordonné. Si donnons en mandement, etc..................................
Donné à Montargis, au moys d'aoust, l'an de grace mil cinq cens et de nostre regne le troysiesme. *Ainsi signé* : par le Roy, duc de Millan, Robertet. Visa contentor : Garbot.

15

Lettres de naturalité pour Francesco San-Severini, Conte de Cayasso.

[Mai 1500]

Archives nationales, JJ, 235, n° 166

Loys, etc., roy de France, de Sicille, Jhérusalem, duc de Millan ; savoir etc. Nous avons receu humble supplicacion de nostre cher et bien amé cosin Jehan Francoys de Saint Severin, conte de Cayasse, et de Barbara de Gonzague, sa femme, contenant que, tantost après la conqueste et recouvrement de nostre duché et estat de Millan, nostre dit cosin et sa dite femme viendrent et se sont retirez en cestuy nostre royaume, où ilz sont de présent, en entencion de y demeurer et vivre le reste de leurs jours; et à ceste cause, désireroient pour lentre tenement de leur estat y acquérir aucuns biens ; mais, pour ce qu'ilz sont natifz hors de nostre dit royaume, ilz doubtent que noz officiers ou autres, après leurs trespas, au moyen de noz ordonnances sur ce faictes, voulsissent prandre et appréhender leurs dits biens, et iceulx prétendre nous appartenir par droict d'aubayne, et en fruster leurs enfans ou autres héritiers qu'ilz auroient lors de leur trespas, se par nous ilz n'estoient habillitez et dispensez d'en povoir dispouser et tester ainsi qu'ilz nous ont dit et remonstré, en nous requérant humblement leur impartir sur ce nostre grace et libéralité. Pourquoy nous, les choses dessus dites considérées, inclinans libéralement à la requeste desdits suppliants et désirans favorablement les traicter, en consideracion des bons, grans et recommandables services, que nostre dit cosin nous a faiz, fait et continue chacun jour, et espérons que encores face ; à icelluy notre cousin le conte de Cayasse et sa dite femme et à chacun d'eulx, pour ces causes et autres à ce nous mouvans, avons donné et donnons, de nostre certaine science, grace spéciale, plaine puissance et auctorité royale par ces présentes, congié, licence, permission et octroy d'acquérir en nostre dit royaume tous telz biens meubles et immeubles qu'ilz y pourroient licitement acquérir, et d'iceulx, ensemble de ceulx qu'ilz y ont jà acquis, disposer et ordonner par testament et ordonnance de dernière voulenté, donacion faicte entre vifz, et autrement ainsi que bon leur semblera, et voulons que, après leur dit trespas, leurs dits hoirs ou autres, à qui ilz en pourroient disposer, leur puissent succéder, prandre et recueillir leurs ditz biens et successions, tout ainsi et par la forme et manière que s'ilz estoient natifz et extraicts de nostre dit royaume ; et quant à ce, les avons, eux et leurs ditz héritiers, habillités et habillitons de nostre plus ample grace par ces dites presentes, sans ce que, à la cause dessus dite, aucun destourbier ou empeschement leur soit faict, mis ou donné au contraire, ores ne le temps advenir, ne pour raison de ce ilz ou aucun d'eulx nous soient tenuz payer à nous ou aux autres aucune finance ou indampnité ; et laquelle finance, à quelque somme quelle se puisse monter, nous leur avons en faveur et consideracion que dessus donnée, acquittée, donnons et quictons par ces dittes présentes signées de nostre main. Par lesquelles donnons en mandement à *etc*..........................

Donné à Lyon, au moys de may, l'an de grace mil cinq cens, et de nostre regne le troisiesme. *Ainsi signé.* Par le Roy, Robertet. Visa contentor : Amys.

16

Confirmation de privilèges pour la veuve et le fils mineur du comte de Cayazzo, Jehan de St Severin.

[Décembre 1501]

Archives nationales, JJ, 235, n° 134

Ludovicus, Dei gracia, Francorum, Neapolis et Jherusalem rex, dux Mediolani etc. Notum facimus universis presentibus et futuris quod nos, attendentes per optima, grata et recommandabilia obsequia, per deffunctum consanguineum nostrum Johannem Franciscum de Sancto Severino, comitem Cayacii, in rebus nostris grandissimis impensa, et presertim in recuperacione et adepcione regni nostri Neapolitani precustodiam exercitus et belli ordinendo, ubi demum deffunctus est ; desiderantes et preoptantes per dicta servicia ad utilitatem et comodum nostre consanguinee ejusdem deffuncti relicte, et nostri consanguinei eorum filii infantis minoris, ejusdem tutricis et gubernatricis addere ; etiam animadvertentes quod ante ipsam adepcionem dicto deffuncto polliciti fueramus bona quæ possidebat in dicto regno Neappolitano confirmare ut in simili confirmaveramus ea quæ tenebat in ducatu et dominio nostro Mediolani ; hiis causis et aliis consideracionibus ad hoc animum nostrum moventibus, predicte consanguinee nostre tutrici et consanguineo nostro ejus filio, confirmavimus, stabilimus et corroboramus, et per presentes nostras motu proprio, certa sciencia et auctorite regia et ducali, confirmamus, stabilimus et corroboramus bona quæ sequntur, sita et situata in dicto nostro regno Neapolitano, videlicet Comitatum Cayacii, cum suis villis Campaignano, Vignarello et Esquillo in Principatu infrascriptis villis, scilicet Cere, Albanella, Corneto, Lacaufoy a Filleto et sancto Petro, cum aliis suis pertinenciis, juribus et juridictionibus per dictum deffunctum consanguineum nostrum et ejus successores, a quinquaginta annis citra continuis et consecutivis debite detentis et possessis, tamen tempore expulsionis et usurpacionis eis facte de eisdem bonis, via guerre et hostilitatis, in hiis annis comprehenso et numerato; de quibus omnibus ac etiam ceteris quibuscumque bonis mobilibus, immobilibus, juridictionibus, juribus et privilegiis, qualibus et quantiscumque sint, sitis in dicto nostro regno Neapolitano, sive sint feudalibus, sive alodialibus, quæ et quomodocumque per dictum deffunctum et successores tenebantur et possidebantur, et quorum ipsam consanguinea nostra tutrix et noster consanguineus sunt in legitima tenuta possessione, et quibus recte et debite uti et gaudere possunt et debent, de novo et in quantum opus foret, investimus ac investiti esse volumus et mandamus, ita quod ipsa bona tenere et possidere possint et de eisdem disponere ad suarum libita voluntatum, prout per retroacta tempora poterant; reservata tamen nobis superioritate et juribus nostris et alienis semper salvis. Mandantes propterea, etc.................

 Datum Blesis in mense decembris, anno domini millesimo quinquagesimo primo, et regni nostri quarto. *Sic signatum:* Per regem, domino Cardinali de Ambasia in Franciam legato, et aliis presentibus: Gedoyns. Visa contentor: Amys.

17
Abolition pour les habitants de Pavie
[Juillet 1500]

Archives nationales, JJ, 135, n° 168

 Loys, etc., roy de France, de Sicile et Jhérusalem, duc de Milan, comte de Pavye. Savoir faisons à tous, présens et à venir, comme noz très chers et bien amez les nobles, citadins et communauté de nostre ville, cité et conté de Pavye, ayent envoyé par devers nous noz chers et bien amez Cristophore Albercia, docteur en chacun droit, Jehan Estienne Rigié, Silvestre Bucigella, leurs ambassadeurs et depputez, et par eulx fait faire plusieurs remontrances, requestes, supplicacions; et entre autres, nous ont très humblement faict supplier et requérir que nostre plaisir soit remettre, quiter, abolir et pardonner à tous et chascuns les citadins et habitans de nostre dite ville, cité et conté de Pavye, tous les crimes, délictz et malefices par eux commis et perpétrez, durant le temps que le seigneur Ludovic Sforce a tenu et occupé nostre pays et duché de Millan, soit pour crime de lèse majesté ou autres, et les restituer et rappeller à leur bonne fame et renommée et à leurs biens, et au surplus mectre au néant tous et chascun les appaulx, bans, bannissemens, pertes, procès et procédures qui contre eulx pourroient avoir esté faiz pour cause desdictz crimes, délictz et malefices, et sur ce leur impartir noz grace et miséricorde. Pour ce est-il que nous, ces choses considérées, voulans et désirans humainement et doulcement traicter lesdicts nobles, citadins et communauté de ladite ville, cité et conté de Pavye à ce qu'ilz soient doresnavant plus enclins de vivre et eulz entretenir soubz nostre obéissance, comme bons et loyaulx subjectz; pour ces causes et autres à ce nous mouvans, avons quicté, aboly, remis et pardonné, et par la teneur de ces présentes quictons, abolissons, remectons et pardonnons. de nostre certaine science, grace espéciale, plaine puissance et auctorité royal et ducal, tous et chascun les dits cas crimes, délits et maleafices commis et perpetrez par lesdits citadins et subgectz de nostre ville, cité et conté de Pavye, pendant ledit temps que ledit seigneur Ludovic a esté occupateur et détenteur de nostre dit pays et duché de Millan, soit que lesdits délictz aient esté poursuivis ou non et compostez ou non par ledit seigneur Ludovic, et aussi soit pour cas et crime de lèse majesté ou autres réservez, et exceptez ceulx qui seront ci-après déclaréz, c'est assavoir hérésie, boutement de feuz, sacrileiges, assassinemens, homicides, faiz de guet-apens, forcemens et violemens de femmes, crimes de faulx; et avec ce leur avons quicté, remis, abolly et pardonné, exceptez lesdits cas ainsi réservez, toutes peines, amandes et offenses corporelles, criminelles et civilles, en quoy, pour raison desdits cas, crimes et délicts ains non réservez, ilz pourroient estre encouru envers nous et justice, et les avons restituez et restituons à leur bonne fame et renommée, au pays et à leursdits ; biens en mectant au néant tous et chascun les appaulx, bans, banissemens, sentences, procès et procédeures, qui, contre eulx et chascun d'eulx, en pourroient estre pour les causes dessus dites ensuivy ; et sur ce imposons silence perpétuel, tant à nostre procureur général et fiscal, satisfactio. faite à partie civillement tant seulement ; si donnons en mandement par ces dites présentes à nos amez et féaulx les gens de nostre Sénat de Millan, au gouverneur et potestat dudit Pavye, et à tous nos autres justiciers et officiers et à leurs lieutenants présens et à venir et à chascun d'eulx, si comme à luy appartiendra, que de nos présens lettre, commission, abolision et pardon, ils facent, seuffrent et laissent ausdits citadins et habitans et chascun d'eulx respectivement, joyr et user plainement et paisiblement, à tousjours et perpétuellement, sans pour occasion desdits cas, crimes et délictz leur faire mectre ou donner, ne souffrir estre faict, mis ou donné aucun destourbier ou empeschement à leurs personnes et biens; et se, en quelque manière que ce soit pour ceste cause, ils ont leurs dits biens, sont ou estoient pour ce prins, saisiz, levez, arrestés, emprisonnés ou empeschés, mectiez les luy ou faictes mectre incontinent et sans délay à plaine délivrance.

Donné à Lyon au moys de juillet, l'an de grace mil cinq cens et de nostre règne le troisième. *Ainsi signé :* Par le roy, duc de Mîllan, monseigneur le cardinal d'Amboise Louis l'évesque d'Alby, les seigneurs de Gyé et de Trimoille, mareschaulx de France et autres présens : COTTERAU. Visa contentor: AMYS.

18

Confirmation des privilèges de Pavie

[Juillet 1500]

Archives nationales, JJ, 235, n° 169

Loys, etc. roy de France, de Sicille et Jhérusalem, duc de Millan, conte de Pavye, savoir faisons à tous présens et à venir comme noz très chers et bien amez les nobles, citadins, manans et habitans de nostre ville et cité de Pavye, nous ayent par leurs embaxadeurs et depputez Cristofore Albericia, docteur en chacun droit, Jehan Estienne Rigie et Silvestre Bucigella, fait dire et remonstrer que, combien que aux potestat, vicaire et juge dudit lieu de Pavye, qui sont les juges ordinaires, et non à autres apparteigne la congnoissance de traicter et décider des causes et matières, tant civilles que criminelles, devant noz subgectz, et des despences de ladite ville, cité et conté de Pavye, laquelle de tout temps et d'ancienneté avait acoustumé de ainsi en user; ce néantmoins, aucunes cappitaines et gens de guerre et autres, s'esforcent chacun jour entreprandre congnoissance d'aucunes matières tant criminelles que civilles; combien qu'ilz n'aient aucune puissance de ce faire, et y font et commectent plusieurs abbus; qui estoit très grans grief, préjudice et dommaige de noz subgectz dudit pais, en nous humblement requérant que nostre plaisir soit les faire régir et gouverner touchant ledit fait de la justice par les dits juges ordinaires, ainsi qu'il est acoustumé par cy devant et d'ancienneté, et déclairer sur ce nostre voulloir et intencion, et aussi les entretenir en leurs droitz et privilleiges du grand magistrat de la dite ville, et les leur confirmer, ratiffier et approuver, et sur le tout leur impartir noz grace et libéralité ; pour ce est-il que nous, ces choses considérées, voulans et désirans les dits suppliants favorablement et humainement traicter et les entretenir en leurs privilleiges, libertez et franchises, à ce qu'ilz aient meilleur couraige de vivre soubz nostre obeissance comme noz bons et loyaulx subgectz ; et pour autres consideracions à ce nous mouvans, avons voulu, dict, éclairé et ordonné, et par ces dites présentes, de nostre certaine science, grace espécial, plaine puissance et auctorité royal et ducal, disons, déclairons, ordonnons, voulons et nous plaist que doresnavent, en nostre ville, cité et conté de Pavye, ny aist que lesdits potestats, vicaire et juges ordinaires qui congnoissent desdites causes et matières tant civilles que criminelles des subgectz et des dépendances de la dite ville, cité et conté de Pavye, ainsi qu'il est acoustumé faire et qu'il a esté par cy devant observé et gardé ; et en avons interdist et desfendu, interdisons et desfendons à tous autres, de quelque estat ou condicion qu'ils soient toute juridiction et congnoissance. Et en oultre, à iceulx suppliants avons confirmé, ratiffié et approuvé, et par ces présentes confirmons, ratiffions et approuvons les dicts privilleiges, libertez et franchises à eulx donnéz et concedéz par noz prédécesseurs, ducz de Millan et contes de Pavye, touchant ledit grant magistrat de la dite ville ; voulons et nous plaist qu'ilz en joissent doresnavent, plainement et paisiblement, et à tousjours perpétuellement, tout ainsi et par la forme et manière qu'ils en ont par cy devant, deuement et justement, joy et usé. Si donnons en mandement, etc................................

Donné à Lyon au moys de juillet, l'an de grace mil cinq cens et de nostre règne le troisiesme. *Ainsi signé* : Par le Roy, duc de Millan, Monseigneur la cardinal d'Amboise, Louis, évesque d'Alby, les seigneurs de Gié et de Trémoille, mareschaulx de France, et autres présens : Cotterau. Visa contentor : Amys.

19
Confirmation des privilèges de l'ordre de S. Jean de Jhérusalem à Milan.

Archives nationales, JJ, 235, n° 185

Loys, etc., roi de France, de Secille, de Jhérusalem et duc de Millan, savoir faisans etc. Nous avons receu humble supplicacion de nostre très cher et féal amy le Cardinal, grant maistre de Roddes, et de noz chers et bien amez les prieurs, commandeurs, chevaliers et religieux de l'ordre Saint Jehan de Jhérusalem, contenant que, par les privilleiges et libertéz anciens de la dite religion, ilz ont le privilleige, de toute ancienneté, tant en nostre royaume que autres royaumes et pays de crestienté de prandre les despeulles des commandeurs de la dite Religion, après qu'ilz sont allés de vie à trespas, aussi les vaccans et mortuorum ; pareillement de donner et conférer les commanderies de la dite religion ; et de ce ont accoustumé user de toute ancienneté par tous lesdits royaumes et pays, et joissent encores à présent, réservé en nostre duché de Millan, que, depuis l'exurpation dicelle faicte par ceulx de Sforce, lesdits Sforces les ont empeschez en iceulx droiz et plusieurs autres à la dite religion appartenant, et depuis ny en ont peu avoir la joissance, à leur très grand préjudice et interest ; requérans par nostre grace et liberalité leur estre imparties. Pour quoy, nous, ces choses considérées, voulans et désirans les droiz anciens de la dite religion leur estre renduz et restituez, gardez et observez, ayans regard mesmement aux grans et insupportables fraiz, chargez, peines et travaulx qu'ilz ont supporté de tout temps et supportent jor et nuict por le soustenement, tuicion et deafense de la crestianté, ensemble au service divin fait jor et nuit en la dite religion, parquoy ne vouldrions leurs droiz estre detenuz ne diminuez, mais plustost augmentez à iceulx grant maistre, chevalliers, commandeur et religieux de la dite religion suppliants à nous ; pour ces causes et autres à ce nous mouvans, avons octroyé et octroyons, de grace spécial, plaine puissance et auctorité royal ; par ces présentes, voulons et nous plaist, quilz et leurs successeurs en ladite religion présens et à venir ayent doresnavent en nostre duchié de Millan tous les dits droiz et despeuilles desdites commanderies, après qu'ilz seront alles de vie à trespas, mortuorum et vaccans, qu'ilz puissent donner et conférer les commanderies quant elles seront vaccans en icelle duchié et joissent et usent de tous les droiz, privilleiges, franchises, libertez, prérogatives et préhéminances comme leur ordre, par ce qu'ilz faisoient d'ancienneté et qu'ilz font encores à présent en nostre dit royaume, pays et seigneuries et autres royaumes chrétiens. Si donnons en mandement, etc. ....

Donné à Lyon su moys de juillet, l'an de grace mil cinq cens, et de nostre règne le troisiesme. *Ainsi signé :* Par le Roy, duc de Millan, Monseigneur le Cardinal d'Ambboise, l'evesque d'Alby le, seigneur de Gyé, mareschal de France et autres présens : Cottereau. Visa contentor Amys.

30
Donation à Galéas de Sallesart et Jacques de Cardonne
[Septembre 1500]

Archives nationales, JJ, 234, n° 30

Loys etc. Savoir faisons à tous présens et avenir que nous, aiant regard et considération aux bons et recommandables services que noz

chers et bien amez Gallais de Sallezart, seigneur de Laz, et Jacques de
Cardonne, gentilzhommes de nostre hostel, nous ont par cy devant faiz
au fait de noz gueres et conqueste de nostre duché de Millan et autrement en mainctes manières, font et espérons que encores facent au
temps à venir à iceulx ; pour ces causes et autres à ce nous mouvans,
avons donné, ceddé, quicté, transporté et délaissé, et par la teneur
de ces présantes, donnons, ceddons, quictons, transportons et délaissons pour eulx, leurs hoirs, successeurs et aians cause, la mestairie de
Douzonville, terres et appartenances d'icelle, assiz en la paroisse de
Manchecourt et chastellenie d'Yerre-le-Chastel, et tous et chascuns
les biens tant meubles que immeubles et arréraiges d'icelle mestairie,
qui furent et apparandrent et qui povoient compecter et appartenir à
feu Charles le Picart, filz de feu Perrinet le Picart ; icelle mestairie,
terres et appartenances et autres biens dessusdiz à nous advenuz et
escheuz par droict daubaine, et déclarez appartenir par sentence de
nostre bailly d'Orléans ou son lieutenant, parce que icellui feu Charles le Picart est allé de vie à trespas sans hoirs ni héritiers habilles
à lui succéder; pour de ladicte mestairie, terres et appartenances
d'icelle et biens dessusditz joir et user par lesditz de Laz et Cardonne, et en prandre, parcevoir et recevoir les fruiz et prouffiz, revenues et émolumens, à quelque somme qu'ilz soient et puissent estre et
monter, et autrement les appliquer à son prouffit et en faire et disposer à leur plaisir et voulonté, comme de leur propre chose et héritaige;
sans aucune chose en réserver ni retenir pour nous ou les nostres, fors
seullement les foy et hommaige, ressort et souveraineté, en faisant et
paiant les charges et devoirs, s'aucuns sommes sont deuz pour raison
de ladite mestairie et biens dessusditz où et ainsi qu'il appartiendra.
Si donnons en mandement, etc. . . . .
Donné à Bloys, au moys de septembre, l'an de grace mil cinq cens et
de nostre règne le troysiesme. *Ainsi signé :* Par le Roy, Robertet.
Visa contentor : Amys.

21

Donation à Hieronimo Pallavicini, évêque de Novare

(Octobre 1500)

(Archives nationales, JJ 234, n° 38)

Loys etc. Savoir faisons, *etc.*, que nous aians regard et considération à plusieurs bons, notables, vertueux et recommandables services que nostre amé et féal conseiller Jheroesme, marquis Palvesin,
évesque de Neuvarre, nous a par cy devant faiz, tant à la conqueste et

redduction par nous faits de nostre duchié de Millan, à laquelle mesmement pour la dernière conqueste et redduction dicelle lui et les siens nous ont très bien, loyaument et vertueusement servy, sans riens esparner; à icelui nostre conseiller, pour ces causes et autres à ce nous mouvans, avons donné, transporté et délaissé, donnons, transportons et délaissons de nostre plaine puissance et auctorité, par ces présentes, pour luy, ses hoirs, successeurs et aians cause, ung petit villaige à nous appartenant assis en nostre duchié de Millan en l'évesché de Parme, nommé Montepaille, qui n'est que de la valleur que de vingtz ducatz d'or de rente et revenu par an; pour dicelluy villaige, ses drois et appartenances, ainsi qu'il se comporte à la dite valeur de vingt ducatz par an ou environ, avoir, tenir et posséder par nostre dit conseiller, sesditz hoirs, successeurs et aians cause, et dicelluy joir et user plainement et paisiblement, en faisant et aquictant les charges et devoirs deuz à cause dudit villaige, où et ainsi qu'il appartiendra; moyennant et parmy toutes voyes que, toutes et quantes fois que nous ou noz prédécesseurs baillerons ou ferons bailler à nostre dit conseiller ou à celui ou ceulx qui auront son droit la somme de cinq cens ducatz pour une fois, nous pourons avoir et retirer le dit villaige, et le remettre à nostre dominance ducal. Si donnons en mandement, etc.... Donné à Bloys au moys d'octobre l'an de grace mil cinq cens et de nostre règne le troysième. *Ainsi signé*: Par le Roy. Gedoyn. Visa contentor.

22

Lettres de rémission pour Ottaviano, Marquis Pallavicini, Francisco de Portu et Giovanni Bartolomeo de Lanzano.

(Archives nationales, JJ 235, n° 154)

Ludovicus, Dei gratia Francorum rex, notum facimus universis presentes litteras inspecturis nos humilem supplicationem Octaviani, Marchionis Palvesini, nec non Francisci de Portu, et Johannis Bartholomei de Lanzano recepisse, continentem quod, in mense... ultimate preteriti anni, presentis ipsi Franciscus de Portu et Johannes Bartholomius de Lanzano, sub eo pretextu quod, animo deliberato, ensibus eorum evaginatis, fecerunt insultum contra Zelinum de Gueneys, intentione scilicet reum occidendi, (quod et fecissent, si potuissent); verum, quia ipse Zelinus ipsos de Lanzano previdit, cupiens toto suo posse mortis pericula evadere, quendam suam spatam, quam secum tunc temporis defferebat pro tuicione sui, evaginavit; nulla tamen ipsarum partium vulnerata minimeque lesa fuit, sed unaqueque ab hujusmodo conflictu evasit, et quo sibi bonum placuit, discessit. Quorum premissorum occasione et sub pretextu cujusdem decreti in ducatu nostro Mediolani inconcusse observati, quo cavetur se insultantes armis auctoritate propria unus contra alium pugnari debere pugnicione corporali, dilectus noster cappitaneus justicie in civitate nostra Mediolani existens, ipsos Franciscscum de Portu et Johannem Bartholomeum Lanzano coram se ad certam diem tunc futuram cituri seu conveniri fecit. Qua die tamen minime, per se nec per alium comparuerunt, licet debite proclamati. Cujus occasione et attentis proclamationibus debite contra eosdem de Portu et de Lanzano factis, in qua contumacioni eorumdem, ipsos Franciscum de Portu et Johannem Bartholomeum ad ultimum supplicium condempnavit eorumque bona nobis et fisco nostro adjudicavit. Et eo tempore, pendente lataque predicta sententia, ipsi Franciscus de Portu et Johannes Bartholomeus de Lanzano ad quandam domum seu fortalicium in loco Civioli spectantem et pertinentem dicto Octaviano alteri supplicanti, pervenerunt, et in eodem per certos dies permanserunt claudestine. Quibus premissis, inde noticie ipsius cappitanei justicie pervenientes, et informatus ad plenum de veritate ipsarum, eumdem Octavianum supplicantem coram ipso citari et conveniri, inque sui personam, secundum casus exigentiam, procedere nixus fuit et nititur de presenti. Quorum premissorum occasione dubitans ipse Octavianus rigorem justicie, et ne premissorum occasione contra eumdem et bona sua ad ulteriora procederetur, etiam dicti Franciscus de Portu et Johannes Bartholomeus, qui premissorum occasione minime in dicto ducatu nostro conversari auderent, hiis de causis, ad nos recurrerunt humiliter; supplicando quatenus de premissis eisdem gratiam et liberalitatem nostram, quam humilime flagitant, impartiri dignaremur. Eapropter, et attento quod in ceteris eorum negotiis et casibus se decenter et honneste [gerunt]? inter quoscumque de eis noticiam habentes honeste et sine ullo villicrimine fuerunt accusati, nos, eisdem supplicantibus preferendo misericordiam rigori justicie, attentis premissis, inque consideracione quam plurimorum serviciorum per eumdem Octavianum nobis tempore guerrarum seu divisionum in ducatu nostro Mediolani existentium factis, quittavimus, remisimus, indulsimus, quittamusque remittimus et indulgemus; de gracia speciali, plenaria potestate et auctoritate regia, casum et factum predictum una cum omnibus penis, emendis, corporalibus, criminalibus, civilibus, in quibus premissorum occasione ipsi supplicantes potuerunt, seu in futurum potuissent erga nos et justitiam incumbere, una cum omnibus et singulis deffectibus, bannimentis et appellationibus, inde quoquomodo sequtis; eosdem supplicantes de nostra ampliori gratia in suis fama et nomine inque ducatu nostro et patria ac bonis suis non confiscatis remittendo ; satisfactione tamen

facta parti civili, dumtaxat nisi jam facta fuerit; imponendo propterea quæ ad hoc silentium perpetuum procuratori seu fisco nostro presenti et futuro in dicto ducatu nostro Mediolani. Mandantes.....
....

Datum Blesis in mense decembris anno domini millesimo quingentesimo primo et regni quarto. *Sic signatum*: Per regem ducem Mediolani, ad relationem consilii : GARBOT. Visa contentor : AMYS.

23

Don à Antonio Maria Pallavicino de certaines terres dans le duché de Milan.

(Archives nationales, JJ 235, n° 395, p. 135)

(15 avril 1501)

Loys, roi de Sicille et Jhérusalem, duc de Millan, seigneur de Gennes, etc. Sçavoir faisons que nous, considérans et réduysans à mémoire les grands, singuliers, prouffitables et très-recommandables services que notre amé et féal cousin, conseiller et chambellan, le sieur Anthoine-Marie Palveysin a fais, fait et continue chacun jour à l'entour de notre personne et autres manières, et espérons que plus face cy après ; A icelluy, pour de ses services aucunement le rémunérer, et pour autres considérations à ce nous mouvans, avons donné et octroyé, et par ces présentes, de notre certaine science, grâce espécial et autorité royale et ducale, donnons et octroyons les terres de Nexio, de Dongho, de Grabedona, de Sorno, de Rezonigho, avecques leurs plèbes et jurisdictions, et avantaige de la daxe de notre ville et cité de Parme, la datte du péage du fer assis à l'entour de notre ville et cité de Come, que tenoit et possédoit et dont avons octroyé main levée et joyssance à dame Lucresse Cribelle, laquelle puis aucun temps en ça s'en est allée et retirée en party à nous contraire et hors notredit pays & duchié de Millan ; pour desdites terres et choses dessus déclarées, leur appartenances et despendances joir et user par notre dit cousin jusqu'à la somme de trois cents ducats par an, et en prendre, percevoir et recevoir les fruits, prouffits, revenus et émolumens, à quelque somme, valleur et estimacion qu'ils soient et puissent estre et monter jusqu'à ladite somme de 300 ducats par chacun an, et tout ainsi par la forme et manière que en joyssoit derrenièrement ladite Lucresse Cribelle, en payant et acquittant toutesvoyes les charges et devoirs deuz, à cause desdites terres et choses dessus dites où et ainsi qu'il appartiendra.

Sy donnons à notre amé et féal chancelier, aux gens de notre conseil et sénat, et maistres de noz intrades à Millan et à tous noz autres justiciers et officiers ou à leurs lieutenants & à chacun d'eux en son regard et comme à lui appartiendra, que en faisant nostre dit cousin conseiller et chambellan joir et user de nos présens grâce, don et octroi, ils le mectent et fassent mettre en possession et saisine desdites terres, seigneuries et autres choses dessus déclarées; et d'icelles, ensemble des fruits et revenus jusqu'à la dite somme de 300 ducats par chacun an, le facent, souffrent et laissent joir et user doulcement, paisiblement et plainement, cessans ou faisant cesser tous empeschemens au contraire; et par rapportant les dites présentes, signées de notre main, ou le vidimus pour une foys, avec recongnoissance d'icelluy notre cousin, sur ce souffisant seulement, nous voulons nostre trésorier et receveur général audit Millan et tous autres officiers comptables et particuliers qu'il appartiendra et à qui le pourra toucher, en estre tenuz quittes et deschargés en leurs comptes, partout où il appartiendra, sans aucune difficulté; car tel est notre plaisir, non obstant quelconques ordres, résolutions, mandemens ou deffenses à ce contraires. En tesmoing de ce, etc. Donné à Challon, le XV° jour d'avril, l'an de grace 1501, de notre règne le IV°. *Signé* Loys. Par le roy: ROBERTET. Contrerollé : O. BUDÉ.

24

Donation à Jacques de Romelin

(Archives nationales, JJ 235, pièce 344)

Loys, etc. A tous ceulx, etc, salut. Comme après la dernière conqueste et réduction en nos mains et obéissance de nostre duchié et estat de Millan, pour aucunement récompenser aucuns noz bons serviteurs et subgetz des peines et travaulx, fraiz et mises qu'ilz y avoient euz et supportés, feismes certain roulle et décernasmes noz lettres de povoir à nostre amé et féal conseiller, l'évesque de Luçon, chef et président de nostre Conseil et Sénat de Millan, pour récompenser nos ditz serviteurs sur les biens des rebelles et acteurs de la dicte révolte; lequel nostre dit conseiller et président, en ensuyvant ledit roulle et povoir, ayt baillé et délaissé, par ces lettres patentes et pour les causes contenues en icelles, à nostre amé et féal conseiller Jaques de Romelin, dit Lalande, cappitaine de Treve, et de noz ordonnances, en assiette et assignacion de trois cens ducatz par an, entre autres biens desdits rebelles, tous et chascuns les biens meubles et immeubles qui furent et appartindrent à Anthoine Marie de Saint Aloze, à nous rebelle et désobéyssant, qui a tousjours tenu le parti du seigneur Ludovic, nostre adversaire. Or est-il, que en procédant par le fiscal de notre duché contre ledit de

Saint Aloze, par devant les gens de nostre Conseil et Sénat, touchant la confiscation et déclaration desdits biens, le dit de Saint-Aloze a esté par leur arrest et pour les causes contenues au procès sur ce fait condempné en sa personne et biens à nostre arbitrage ; et combien que, en ensuyvant lesdits roulle et povoir, ledit de Lalande est et doibt estre entretenu en son dit don, se néantmoins, pour plus grant seureté et coroboracion d'icelluy, et actendu comme dit est ledit de Saint Aloze a esté condempné par ledit arrest en sa personne et biens à nostre arbitrage, il nous a humblement requis luy octroyer sur ce noz lettres et permission convenable, et sur ce luy impartir nostre grace. Savoir faisons que nous, les choses dessus dictes considérées, que voulons favorablement traicter ledit de Lalande en ses affaires, en faveur des bons et agréables services qu'il nous a tousjours faiz et fait ès affaires de nostre dit duché, où il se tient pour nostre service, à icelluy, pour ces causes et autres à ce nous mouvans, avons de nouvel et en tant que mestier seroit, donné, transporté et délaissé, et, par la teneur de ces présentes, de nostre certaine science, pleine puissance et auctorité royale, donnons, transportons et délaissons tous et chascun les biens meubles et immeubles dudit Saint Aloze jusques à la dite somme de trois cens ducatz de rente ou revenu annuel, et au dessoubz, se tant ne se peullent monter ; et lesquelz biens dudit Saint Aloze, ainsi soubmis à nostre dit arbitrage, nous avons déclairez et déclarons estre à nous confisquez et appartenir jusques à la somme et valleur de trois cens ducatz de rente ou revenu, et au dessoubz comme dit est, pour en joir et user par luy aux charges, soubz les conditions et tout ainsi qu'il est contenu es lettres de nostre dit conseiller l'évesque de Luçon. Sy donnons....

Donné à Auxonne, le xv° jour de May l'an de grace mil cinq cens et ung, et de nostre règne le quatriesme. *Ainsi signé* : Loys. Par le Roy, duc de Millan, Monseigneur le cardinal d'Amboise et autres présens : GEDOYN. *Visa contentor* : Budé.

25

Donation faite à Angelo Sacco

(Archives nationales, JJ 235, n° 362)

Loys, par la grace de Dieu, roy de France, de Napples et Jhérusalem, duc de Millan, seigneur de Gennes. A tous ceulx qui ces présentes lettres verront, salut. Savoir faisons que pour considéracion de plusieurs bons services que nostre chier et bien amé maistre Angel Sac, nostre secrétaire audit Millan, nous a cydevant faitz, soubs nostre chier et amé cousin, conseiller et chambellan, le seigneur Jehan Jaques de Trévoulse, mareschal de France, en l'estat de son secrétaire, et autrement fait et continue chacun jour et espérons que plus fera, à icelluy, pour ces causes et autres, et en récompense desdits services, avons en continuant le don par nous à lui fait du temps de la première conqueste et réduction de nostre dit duché de Millan, et en ensuyvant les lettres dudit don que l'on dit avoir esté perdeues ou adires, donné et octroyé, donnons et octroyons de rechef par ces présentes, pour luy, ses hoirs et successeurs, le pont, port et passaige de Gere de la rivière de Adde au droit de Pizzigueton, que a tenu le seigneur Jehan de Ventivolle du temps du seigneur Ludovic, par don de luy, ensemble et avec l'ostellerie de Châteauneuf, près le dit pont que a tenu ung nommé Vassan Bonvin et ses frères, par lettres dudit Ludovic, pour en joyr et user, prendre, percevoir et recevoir les fruitz, revenues, prouffitz et esmolumens, à quelque somme, valleur et estimacion qu'ilz se puissent monter, et autrement en faire et disposer comme de sa propre chose et héritaige, et tout ainsi qu'il a fait jusques à présent. Sy donnons..

Donné à Lyon, le xii° jour de juing l'an de grace mil cinq cens et ung et de nostre règne le quatriesme. *Ainsi signé :* Loys. Par le Roy, duc de Millan, Monseigneur le cardinal d'Amboise et autres présents : ROBERTET. *Visa contentor :* BUDÉ.

II
NOUVELLES ET LETTRES POLITIQUES
DE 1498-1499

J'ai publié déjà[1] diverses séries de ces feuilles d'avis qui étaient l'un des moyens de propagation des nouvelles les plus employés par les chancelleries italiennes, et surtout par la chancellerie milanaise, du Cinquecento. Les documents suivants offrent le même genre d'intérêt que les lettres antérieures, et proviennent comme elles des archives de Milan.

1
Avis reçus d'Asti
(30 août 1498)

Guerre de Bourgogne. — Trivulce.

Sommario de avisi portati de Asti a di 30 de augusto 1498

Como el Re ha preso el loco de Monsignor de Vergier, e lha donato a Robineto; e fara proseguire l'expugnatione contra doi altri loci pur de epso Mons. de Vergier, et se sperava che, facta la vendetta contra lui, la pace se stabilira col Re de Romani.

Como Robineto e lo conte de Misocco erano intrati a fornire epso loco de Vergier cum due compagnie.

Como M. Joan Jacomo se monstra refredito in l'amicizia de Venetiani.

2
Avis reçus à Chieri
(2 septembre 1498)

Nouvelles de la guerre de Bourgogne. — Prise de Vergi.
Massacre de sa garnison. — M. de Siton prisonnier.

Avisi retrati a Chieri a li 2 di setembre, giunti questo dì medesimo

Como le zente d'arme del Re, quale erano a la expugnacione de Vergi, l'hano preso, et insieme una altra villa, quale è de Monsignor

---

[1] Dans l'*Archivio Storico Italiano*, le *Bulletin d'histoire de Paris* et la *Revue des Langues Romanes*.

de Vergi; la quale villa l'hanno spianata; e Vergi lo serbano per Rubinetto.

Como hano, tra tagliato la testa et impichanti, homini 1000, zioé circa 500 tagliato la testa, e sono quelli che erano rebelati al Re in la villa sopra citata, e li altri 500 impichati sono quelli che haveauo matuti (*sic*) il fuocho a li vilagi, e in quello medesimo loco che havevano abrusiati li hanno impicati.

Como Mons. de Siton, parente de Mons. de Vergi, è presone; erano molti de quelli del Re che voleano che Sua Maesta li facesse tagliare la testa; e como quella dice che prima se vole informare dove è proceduta la causa che Mons. de Vergi habia facto questo, e poi che Sua Maestà ne fara quello ch' epsa li parera.

3

Lettre sans nom d'auteur adressée à « Jacobo Andrea »

(18 octobre 1498)

Voyages de Louis XII. — Procès de Jeanne de France. — Arrivée de César Borgia. — Séjour et dépenses des Ambassadeurs vénitiens. — Discussions franco-vénitiennes sur les conditions de l'alliance. — Énumération des capitaines français. — Maximilien à Luxembourg. — Projets de paix entre Maximilien et Louis XII. — Projet d'alliance entre la fille du Roi de Naples et le comte de Ligny. — Faveurs à Constantin Arniti. — Ambassade florentine. — Le duc de Bourbon.

M. Jacobo Andrea, non posso se non ritrovarmi grandemente de malavoglia che, dopoi mi parti da voy, non ho mai havuto da voi nova alcuna, e mancho è venuto lo Rosso como promettevasi cosi constantemente. Io ve ho scripto due volte et al Rosso una, ultra chio parlasse al sig. Borso. Hora havendo ateso infino qui aspectando, e vedendo che non vene alcuno, per fare il debito mio, ho deliberato di mandare il mio famiglio a posta, adcio cognoscate chio non ho altro desyderio che di satisfare, e se havesse havuto mezzi, o che non havesse havuto confidenza in lo ordine che mi havevati dato, non seriano passate cose, o vero ben poche, che non havesse avisato. Hora per sapermi governare, vi prego m'avvisati como volete chio faci e lo modo haro ad tenire, e vi prego non manchati, se me amati, de rimandarme presto lo famiglio et avisarmi del tutto.

Questo Re hora si ritrova qui, ne mai s'è partito de qui intorno, quando a Tampes et quando a Meluns, ma, sabato proximo overo lunedi, andara a Bles, perche ad Orliens et ad Torse merano de peste pur assi. E si afirma che li andara lo figliolo del papa e San Pietro in

Vincoli, ma San Pietro in Vincoli fara pocha dimora, che andara a Roma. Lo predicto Re andara poi in Bertagna, si dice per conclure lo matrimonio cum la Regina; et ad Bles si agitara il processo de questa altra regina, quale dicono se defende cum bone et honeste argumentatione : dicendo ley essere figlia de uno Re e sorella de Re, e per tal causa gli debe meritamente essere havuto bono rispecto ; si la natura gli ha negato la beleza del corpo, gli dovea prima consultare; e se vogliano dire che la non sia disposta a figliare, la facino vedere per done senza passione, che la ritrovarano sufficiente a portare figlioli, ma che concepere non si puo senza conveniente acto, e che una terra che non sia cultivata non produce ; e cum queste ragione, diffende al meglio che puo la causa sua. La vedua regina ancora ley dice che se l'altra non è contenta, non vole per modo alcuno asentire. Tum la cosa, como si extima, è conclusa tra loro.

Questo figlio del papa è aspectato cum la maiore attentione del mondo, e pare che lui deba portare tutta la conclusione de Italia. E como ho dicto, gionto che sara San Pietro ad Vincula, fara dimora che andara a Roma, se non si muta ordine di quello ; e facto infino questo ponto, e se è vero che lo R.mo Monsignor nostro Ascanio se ritrova in quella contumacia col papa si dice, credo che ogni modo andara. Qui si dice che lo Re dara l'ordine suo al signor Jo. Jordano.

Li oratori venetiani son qui e si disconchano di spese. Mandono una septe cavalli a casa, la più parte de le sue robe, e M. Nicolo Michele me ha dicto che manda suo figliolo a casa, e che stara qui qualche mese più di quello che lui credeva ; hanno facto, e fano grande instantia che se mandasse gente in Ast, per divertire la gente del duca de Milano da Pisa, ma si ritrovano tutte occupate in Burgogna, et anche questo Re dice che non vole fare dimonstratione alcuna, infino che non facia tal sforzo che possa essere sicuro de la vittoria ; e questo medemo dice molte volte, chel vol fare tale provisione di denari e di gente, che non gli bisogni su la impresa manchare dinari. Et in verità, sel persevera como ha principiato de non dare dinari ad homo chi viva, fara grandissimo amasso de dinari ; che vi dico che ne a Franzosi ne a Taliani non da aiuto de uno quadrante, et questi poveri Napoletani è stato forza mettergli la bombarda, per havere uno mezo quartirone de la provisione ordinata per il *quondam* Re Carlo, li quali haveno mangiato prima che gli habano havuti. Di Franzosi voglio tacere, che tuti, sino ad uno, fugino, e la maiore parte de gentilhomini, anzi diro tuti, sono alla casa loro : talmente che questa corte è cum pochissima gente, tanto pocha che non lo crederesti.

Pur si afirma che Veniciani ognimodo si conligarano cum questo Re, et intendo de bono loco che hano domandato tute quelle terre che sono sono di la di Adda, cioè Caravazo e molte altre, e che gli compiazuta. In questi giorni epsi oratori mandorno uno suo segretario a Mons. de Lignono, non so per che causa; ma poi che fu partito, Monsignor disse queste parolle: « Veneciani ogni modo serano d'acordio cum questo Re. » Una cosa non voglio pretermettere, che in verita questa guerra de Borgogna ha dato qui tanto da pensare, che vi pareria cosa strana, et in questa impresa gli sono li primi e li migliori capitani di tuto questo regno, e fra gli altri gli è Rubineto, Mons. de Aligra e Mons. de Vidame (*sic*), ambi capitanei de li 200 zentilhomini de la guardia, Mons. de Santo Andrea, capitano del duca di Borbone, M. de Blandicurte, governatore de la Burgogna, el mareschalco de Giè, Mons de Obignino, e poi Mons de Lignino ultimamente, como governatore de le gentedarme, e locotenente del Re; e menò cum lui 400 lanze, siche quasi tute le gente darme di questo regno erano occupate e detenute in quella impresa.

Lo imperadore hora se ritrova a Lucemborgo, e se dice che va allo archiduca suo figliolo, per interrumpere lo accordio facto cum questo Re; e non lo potendo interrumpere, si extima fara ogni accordio cum questo Re, ma dara lo honore a suo figlio. E questo si extima perche pare che lo imperatore habia dato parolla assai al duca de Savoya et al duca de Lorena, qualli pratichavano l'acordio fra lo imperatore e questo Re. Si crede che lo archiduca non gli asentira a questo, e gli perpulli non vogliano guerra cum Franzosi; e lo archiduca gia ha mandato qui uno suo ad fare intendere che tuto quello acordio che ha facto cum lo Re vole habia effecto, e che non si volle intromettere in cosa alcuna tra questo Re e suo padre; e quando gli volesse fare violentia, se sua Maestà gli dara aiuto. Gli è stato risposto chel deba continuare in bona amicitia, che non gli manchera bisognando alcuno aiuto contra dil padre o di altro che gli volesse offendere.

E perche pare che lo imperatore si è spesse volte motezato alli agenti per questo Re che pratichavano lo accordio, che si questo Re volia prometere de non molestare Milano, cessariano tutte quelle guerre, e che al Re seriano date bone some de dinari; etiamche non volesse renuntiare ad alcuna sua ragione, ma che per lo tempo vivera questo duca lo lassasse in pace, e che lo predicto duca de Milano gli daria aiuto allo aquisto del Reame di Napoli, e contra di Venitiani; e tute queste cose si extima procedano da Milano, e sono divulgate qui tra molte, e si dicano che questo Re per modo alcuno non asentira, ma che persevera in grandissima opinione de havere Milano; — dico e replico che quando questo Re ne sia conducto o strasinato da potentia taliana a questa impresa, che di suo intento mai gli venira, benchel dica assai e si mostra tanto caldo. Di soi baroni, pochi gli sono che lo confortassino. Da l'altra parte la avaritia lo combateria per modo che non ardiria mai spendere in tanta impresa; e si sapeste a quanta diffculta si pagavano li Suiceri che sono alla impresa contra lo imperatore, certe ve ne maravegliareste; e creditelo a me che sia sul facto; et hora che gli pare che lo hiverno sia proximo, ha deliberato de mettre alcuni Suyceri a quella terra de lo imperatore cum qualche gentedarme. Il resto se ne ritornara.

Una praticha gli è forse che poteria havere effecto : sapeti chel Re Federico ha qui una figliola : si è proposto al Re de dargela a Monsignore de Lignino, e che Re Federico gli daghi lo principato de Altamura, e chel restituisca il suo a tuti li baroni, che Mons. de Lignino si conduca seco, datone speranza a dicto Monsignore, benche la puta sia sua nepote de una germana. La Regina gli inclinaria, perche ama questa giovane molto ; e gli è chi dica che per tale causa tra lo duca de Lorena e Mons. de Lignino era venuta qualche alteratione. Questi di passati, prima chel duca partisse, el fece donare ducati 200 a certi Napoletani, vedendogli in tanta necessita. Laquale cosa lo Re non hebe per bene, e disse al signor Belangero Caldore che havea reportato mal di lui al duca de Lorena. Negando el signor Belangero, e domandando chi lo havea dicto, demum de li atti de gli, che era stato a lo signor Jo. di Monfiato, e cosi se suo diffidia. Poi parse chel Re volesse ricoprire questa cosa, e usò molte bone parolle al signor Belangero, e cosi Mons. di Roano, dicendo chel duca di Lorena era bon cusino de la Maestà del Re, e quello era de l'uno era de l'altro, ne per questo ne havea sentito alcuno dispiacere: so ben chel duca non lo ha havuto per bene, e cusi lo agente suo qui lo ha facto intendere alla predicta Maestà.

Ieri sera fù conducto qui uno qual fu preso cum lettere che lo imperadore mandava allo archiduca ; infino qui, non se intende che cosa gli sia, salvo che dicono gli era mentione di Milano. Intendero il tutto.

La Maesta del Re fa le maiore demostratione del mondo al vostro compare M. Zanino de Anono ; lo ha facto cavaliere cum gran solennita, e factogli promisione grande, e dicono che stano due hore alla volta insieme serati.

Al signor Constantino ha mandato novamente privilegio di consigliero e ciamberlano, ultra l'ordine suo.

Fiorentini fano ritornare lo vescovo de Pazi indruto, quale era gia a Lione, per ritornare a Fiorenza. Non scrivo le gran proferte che hanno facte e fanno a questo Re : credo che le sapiate.

Lo duca de Borbono si ritrovera alla corte, si dice per concludere di sua figliola cum lo petito (sic) de Angolemia. Luy e Madama la duchessa sono stati infino mo alle terre loro. Altro non mi occorre. A lei mi raccomando.

Datum die 18 octobris 1498.

4

Résumé d'une lettre de Maffeo Pirovani

(31 octobre 1498)

Chel conte de Cayazo era arrivato a Torino, e dicto a Mapheo venire a V. E. con certi avisi, e dubitava venire, se prima non era facto intendere a V. E. Lo ha confortato a venire liberamente, e cossi ha affirmato de fare como habia expedite alcune facende in Ast.

Como li ha dicto le infrascripte cose, che lui e li Napolitani quasi tutti sono partiti de Franza per la miseria del Re.

Che la vita del Re è lasciva e desordinata.

Como la regina de Orliens fa le maior exclamatione del mundo in sua defensione.

Che li duchi de Burbono, benche non faciano alcuna dimonstratione, tum stano malcontenti de sua Maestà, e per loro e molti altri signori de Franza se ha dubio che epsa accelerasse la morte del re Carlo.

Che per le cosse predicte e per non havere fioli, giudica non habia per molti mesi disponersi a passare in Italia.

Como ha visitato el duca Valentino in camino, e l'ha trovato procedere con tropo elatione verso el Re, dicendo volere in uno di omne cossa da sua Maestà di quello expecta da lei, e per questo se giudica habia ruinarsi in Franza, benche el Re monstra expectarlo con grana desiderio.

Como la praticha del matrimonio de Candalla si e divertita in quello de la fiola del Re Federico, la quale è in Franza, con presuposito de mirare più alto in le cosse del reame di Napoli.

5

Résumé de lettre d'un agent milanais anonyme

(7 février 1499)

Alliance franco-vénitienne. — Probabilité de la guerre pour 1500. — Economie de Louis XII. — Mariage de la fille du roi Frédéric avec César Borgia. — Ambassade de Neri Capponi.

Tardato ha un pocho el scrivere mio, per scrivere, se possibile fosse, cossa certa; ma veduto che le nove ogni giorno variano, scrivero como le trovo.

Per Vincentio mandai a dire che accordio alcuno non era ancora seguito, tra la; Maestà del Re e li oratori veneti, ne altro poi se ne ha havuto qua de questo.

Pariria ancora chel non havesse a seguire cossi presto, perche el Re gli domanda bona summa de dinari, e loro no gli la vogliono dare.

Epso Re, per reducerli al suo volere, li ha parlato più volte galiardamente, con dirli che se lui guardasse ad quanti ne ha in casa, non faria mai accordio alcuno con loro, per essere inimici de nobileza, et altre simile parole pungitive. Tutta volta loro fano orechie da mercadanti.

La dispositione de la Maesta del Re si e de volere apuntare con dicti, Venetiani, e molto monstra esserli inclinata, secondo a me è referto.

Quello del qual parlai alla E. V. non mancha de ricordare e scrivere chel sara ben facto mandare ancora qualche gente de qua, ultra quelle sonno deputate, perche più facilmente, fiando numero de gente de qua, se obtenera quello accordio si vorra et con chi si vora ; e dicto suo parere, secondo è stato scripto de qua, non è dispiaciuto, imo è stato laudato.

E cosi se tene se mandara ancora qualche gente de arme de qua, ultra quelle sonno deputate.

E benche come giudicio sia che sua Maesta per questo anno non debia rompere ancora de queste bande, per non trovarsi dinari per questo fare, nondimancho se hano lettere da uno doctore de Granopoli, per lequale avisara chel re se ne veniva verso Lione, e de questo anno se romperia la guerra de qua : fondamento alcuno ad questo non s'è avuto.

M'è stato ancora affirmato che la dispositione de la Maestà del Re si è che lo matrimonio tra el duca de Valentinois e la principessa de Tarant habia effecto, benche epsa principessa non voglia sentirne, allegando non volere contrahere matrimonio alcuno senza voluntà del signor Re suo padre ; e per questo si extima chel re de Franza habia permesso andare avanti lo ambasciatore del Re de Napoli, acioche questo matrimonio si faci. Gli è ancora che per questo arguisse che qualche accordio poteria seguire tra dicti si gnori Re, per mezo del papa e del signor Duca.

La venuta de Neri Capponi è vera fin ad quello effecto, cioe chel si mandasse quello homo per dissuadere lo accordio, etc, puo, purche se vedesse sel se potesse tractare con la Ex.tia V.ra, adducendo ad questo molte bone rasone. Cossi me ha affirmato lo amico. E per satisfare non tanto ad lui quanto alla R.Vra, facto lo giorno de carnevale, se partira.

E non prehenda admiratione, se lo ha un pocho più tardato el suo partire, perche quello bono amico gli teniva chel non poteva havere la sua dona, quale heri gionse qua ; e cossi con l'animo possato se ne potera partire ; ne li manco ne mancaro accio vada ben satisfacto e bene instructo. Spera fare bene, e con bono animo, e cossi el patrone pur ne vedera lo effecto.

Ex.mo Signor mio, la summa prudentia de la Ex.tia V.ra e la vita sua astringe, non solum quelli la vedeno, ma che la intendano, ad amare quella e desiderargli de servire. E cossi Dio gli dia gratia longamente in felice e tranquillo stato perseverare ; et alla sua bona gratia humilmente me ricommando.

Datum raptim die 7 februarii 1499.

E. V. Ex. humillimus servus.

6
Extrait d'une lettre de la Cour de France
(Blois, 2 mars 1499)

L'ambassade vénitienne.— Effet produit par les victoires des Florentins.— Les exilés napolitains.— Voyages de J. Jordano Orsini.— Grossesse de la Reine. — Le cardinal de La Rovère à la Cour.

Exemplo d'una altra lettera de la corte, a di 2 marzo

Li oratori venetiani fanno omne instantia che la Christianissima Maestà mandi qualche gentedarme in Asti, e chel se ne venga a la volta de Lione. Qua e fama non siano per posser tenere Pisa senza el favore de la predicta Maestà, e questa causa se stimr li habia spincti a la ligha, et anche che li habia mossi le victorie hano havute li signori Firentini, mediante le opere de la Signoria Vostra; laquale ogniuno comendi e manda al celo, dicendosi seti li primi homini de Italia, e como ve ho scripto altrevolte, seti in grandissima opininione presso questo christianissimo signor Re e tutta questa corte, et havendose a fare impresa non dubito che le Signorie Vostre bavrano, volendo venire a questo camino, quanto saperano domandare.

Tutti quelli signori e gentilhomini neapolitani stano de bona voglia, e stimano presto, con la bandiera de Franza, ritornare in casa loro, (che Dio ci voglia!) ma forse le cose andrano più longe non pensano, e sono multi che stimano che lo christianissimo signor Re pocho o niente habia a fare per questo anno.

El signor Jo. Jordano, è circha un mese, andò nela Bassa Bertagna per vedere el paese; dopo se intese passi in Inghilterra per vedere Londra.

E qualche fama che la Maestà de la regina sia grossa, et fin in hora, maise stacha dal signor Re suo marito, e se intende se amano assai.

El R.mo Cardinale San Pietro in Vincoli è qui a la corte, e forte

vexato da le bolle e doglie franciose, e sta a spada tracta a la parte
de Venitiani. Io sono ad omne hora in casa sua, dove questa matina
ho inteso che la parentella del Valentinese cum la principessa è
retachata, e che li è qualche speranza shabia a fare.

Questa matina venne qui a Bles la Christianissima Maestà et hogi
li oratori florentini li hanno parlato, e Sua Maestà ha monstrato ve-
derlo tanto voluntera quanto... esso dira [1], e, secondo me dicono,
hano bona speranza.

7

Copie d'une lettre de Venise

(6 mars 1499)

Nouvelles envoyées par le Cardinal de La Rovère à son frère à Sinigaglia.
— Préparatifs militaires de Louis XII. — Intrigues de Julien de La
Rovère.—Affaires de Ferrare.—Siège de Bibbiena.—Pierre de Médicis.

Exemplum litterarum cujusdam amici ex Venetiis, die 6 martii

A quodam amico meo intellexi, qui de Sinigalia venit, ubi est præfectus frater S. Petri in Vinculis, qui habuit litteras a cardinali de curia
regis multum recentes. Advisat quod dictus serenissimus Rex super-
sedere fecerat suum expedimentum cum Samalo et Johanne Jordano
pro Provincia, donec venisset ad curiam ill.mus dux Lorene, quem dietim
expectabant, ut ei investiretur regnum Neapolis. et cederet sibi jura;
quia in ista liga continetur ad ipsam impresiam contribuere debeat
summus pontifex pro quarta parte impensarum, ista Dominatio pro
alia quarta parte, et ser.mus rex Francie pro dimidia. In qua dimidia
R.mus Cardinalis Sancti Petri ad Vincula exbursare habet ducatorum
50 milia, et hoc pro dare fratri suo et sibi bonum gradum in Italia : et
hoc facto ser.mus Rex in persona venire debebat intra madium (*sic*)
in Lugduno.

De rebus Pisanis non loquitur. De adventu ill.mi ducis Ferrarie
cum oratoribus Florentinis nihil amplius dicitur : aliqui credunt mu-
taverint propositum, aliqui vero quod tandem venire debeant ; et proprium sciemus et intelligetis per alias.

Locus Bibiene obsessus remanet cum non multis victualibus, et
comes Pitiliani nullum præsidium hactenus dedit nec est daturus, nisi
exercitus Florentinorum aliam deliberationem faciat. Petrus de Medicis hic est secretus qui sollicitat subsidium Bibiene, in qua restant

---

[1] Le nom propre a été supprimé par le copiste milanais.

assediati Julianus de Medicis, Bartholomeus Alvianus, Carolus Ursinus, et provisor istius Dominationis.

8

Résumé d'une lettre de Lucio Malvezzi

(Août 1499)

Lettere de messer Lutio de passato Augusto

Che li inimici si erano firmati a Montegrosso, Canelle e Camarano ; per il che, se po comprehendere vadino cum desegno di qualche tratato, più presto che altramente ; ne ha advertiti tutti li loci dovi è stato bisogno, et cussi messer Ioanne Adorno.

Che per la reduction de li inimici dala da Tanero, ha levato da Valenza li fanti de la compagnia de Badino, e, missoli in Castellazo, a Valenza suplira de altri.

(*Lettere de 2.*) — Che da messer Odono hebe aviso li inimici essersi levati da onde erano, e aviati verso Spigno ; crede non vadino a Spigno, ma più presto cercano de insignorirse de le Langhe, o vero non si voltino a la volta de Savona, havendo la valle de Coliano et la Stella ad suo proposito, ovvero non intrano in Carisano et Oxilia per compiacere al signore Costantino :

Ha dato aviso di questo a messer Ioanne Adorno, che, avuto la certezza di quello farano li inimici, se conduriano con li cavalli lezeri e qualchi fanti ad Ancisa, per fare novita contra li inimici et divertirli da quelle bande.

El conte de Melzio, per una de 2 ad Alexandria, che la comunita de la Rocheta de Spino li ha mandato duy homini ad fare intendere chel di inante circa al mezo giorno, li inimici prehesero Spigno, e feceno gran damno de mortalitate de homini, de presoni, et de torli le robe :

Che poso questo, andorno ad epsa Rocheta, et domandorno se si volevano rendere o expectare batalia ; et, stando loro perplexi, disseno non bisognava tanto pensare, perche, rendendose o non, li volevano ad ogni modo ad discretione Per questo la comunita haveva mandato quelli duy al conte per intendere quello hano ad fare ; et luy ne ha avisato messer Lutio che era al Castellazo, quale, giunto che sia, se ordinara quello se ha ad fare.

Ringratia Vostra Excellentia de la giunta de 50 balestreri.

Messer Lutio avisa che epso conte hebbe, li giorni passati, uno pocho di febre, et la se era raffermata cum duy parocismi caldi, l'uno la nocte, l'altro il di.

Che le cose del Castellazo comencino ad stare bene e fra sey di serano in segureza, et Joanne Antonio di Mariolo e Badino non li manchino.

Che li homini darme che erano ad Baralucio se sono reduti ad Porolo per essere in loco più commodo et securo.

Joanne Antonio de Mariolo et Badino, per una del passato, scriveno de la promptezza et studio col quale se exibitino li homini del Castellacio la nocte inante, essendosi havuti per li segnali del foco de la partita de li inimici ; et saria bene Vostra Excellentia li facesse scrivere qualche cosa per inanimarli più.

Messer Lutio scrive che essendo andato la Dionisio Confanonero per intendere le cose de li tratati, lassa quella cura ad luy insiema cum il carico de avisare Vostra Excellentia.

9

« Nouvelles de bonne source »

(Sans date)

Préparatifs militaires. — Politique de Louis XII. — Ambassade de Louis XII à Maximilien, conseillée par le Comte Palatin. — Ludovic Sforza et l'alliance turque. — Nouvelles diverses de l'armée.

Avisi da bon loco.

Como li di proximi, da una persona quale veneva da la corte et andava in Sviceri, de commissione del Re, fu dicto affirmativamente la intentione del Re essere de dare al presente qualche principio alla impresa de Italia; inferendo che quello la faria sopra Genua è poca cosa, ma che era opinione, durante la impresa del imperio contra Sviceri, la Maestà sua ne habia haver pocho honore.

Como dicta persona dixe chel Re demoraria a Paris quindeci giorni, e li aspectaria lo accordo del archiduca; e dopoi ritornaria dove sta la Regina a contorno di Bles, e se extimava non faria più el camino de Burgogna, per essere in molti loci la peste, e precipue a Digiuno.

Che in Burgogna erano più de 900 lance francese ; e le gente del duca Valentinese li havevano facto una monstra, et havevano, commissione dal Re alli 15 de giugno de essere in Ast, che non saria possibile ; e alli 10 erano anchora in Lione, ed il locotenente loro era ben partito.

Como el Re di Franza, havendo volunta de rumpere la guerra

al duca de Milano non fece mai la pezore cosa ad demonstrarsi cossi alla scoperta contra tutto lo imperio in favorezare li Sviceri, perche se lo haveria tirato tutto per suo inimico, et al contrario amicissimo del duca di Milano, ultra la inclinatione che prima li haveva, essendo membro d'epso imperio, et havendo sempre facto demonstratione et effecti amorevoli verso dicto imperio.

Che de li oratori che haveva mandati el Re de Franza al Re de Romani, era stato inventione del Conte Palatino, quale è sempre stato amicissimo de casa de Franza; et advertendo la M. S. de volere demonstrare de contractare qualche impresa contra el Turco, e che facendo da l'altro canto, epso conte Palatino se era offerto adoperarsi, in modo chel Re de Romani faria dopoi de le altre cose più a suo proposito e darli speranza de apunctamento, e con questo dicti oratori erano partiti.

Che li Sviceri havevano domandato gentedarmi al re, quale non se era anchora resoluto, e se judicava che dicti Sviceri fariano male li facti loro.

Che el Re doveva fare la monstra de 200 zentilhomini di sua casa, et alla corte se rasonava chel duca de Milano haveva facto una bella monstra de gentedarme.

Che tutta la nobeleza de Franza stavano malcontenti chel Re stasesse ne la sua dureza ne la impresa de Milano, et alchuni vogliono chel habii levato questa fama per havere dopoi bona excusatione de cavare dinari.

Como se era certato chel Re de Inghilterra era ben d'accordo col Re di Franza.

Como alla corte se era vociferato chel duca de Milano haveva preso la figliola del Turco per sua mogliere, ma li homini prudenti extimavano fusse una folia, ma fusse ben vero chel havesse bona intelligentia col predictoto Turco.

Como, da persona degna de fede, se haveva chel duca Valentinese ha havuto bona licentia dal Re per ritornare a Roma, e se diceva chel montava su l'armata de Rhodi.

Como el gran priore d'Auvergna era partito da Lione, et andato zoso per Rodano, alla volta de Avignone, molto ben in ordine de cavaleri, et el Re li ha dato in sua compagnia cento gentilhomini del reame de Franza, non gia de la sua gardia.

Che da Lione erano partiti otto pezzi de artegliaria con la dicta armata.

Como a Lione erano avvisi da Fiorenza, che si stava in qualche suspecto chel Duca de Milano prestasse qualche aiuto a Pisani, e questo per volere tirare Fiorentini alla sua devotione, quali se intende voleno stare neutrali.

Como da Chialone in Burgogna se era facto processione de le terre del archiduca, ma le forteze depse terre restavano in potere del Christianisimo Re.

Como da altro canto, per lettere de 3, alla corte se haveva aviso chel duca Valentinese haveva havuto grata licentia dal Re per andare a Roma, e presto saria in camino.

Che el predicto duca Valentinese solicitava con instantia el passare de le sue gente d'arme in Ast, et cossi era solicitato el resto de le 400 lance, lequale erano al contorno de Lione, e se menazava de andare a Genua, et dal predicto duca era scripto como se facevano tre milia Guasconi.

Como non se intende che dinari del Re non vadino su l'armata de Rhodi, salvo se non fusse secretamente per monstrare de andare in uno loco e mirare in un altro.

Che a Lione è uno capitano nominato M. de Chandea et alcuni altri; e quando se rasona con loro chel Re vole pigliare la impresa de Milano, se ne rideno, con dire che è troppo duro osso, e maxime durante la impresa del imperio; e conducendo epso duca sei milia Allemani nel stato suo, non sara mai Franzoso alcuno che ardisca accostarse ne darli molestia.

Como la peste è a Tors, a Blès, a Orliens et in Molini et in molti loci nel contato depse terre, e la Burgogna ne è molto contaminata.

Chel Re ha mandato capitaneo de Allemani in Suiceri per farne cinque milia, ma la opinione sua era de non poterne fare alchuno, e questo per essere alli bisogni come sono, ma che erano ben facti tre milia Guasconi, quali haveva lassato pocho lontano da Molin, e sono tutti per la impresa de Italia.

Como è verificato che li Re de Hispania fano fortificare a Sals, non se intende ancora la causa.

III

PROJET DE TRAITÉ ENTRE LOUIS XII ET L'ARCHIDUC PHILIPPE [1]

(21 juillet 1498)

Monsignori conte de Nansa, Philipe de Contay, scudiere, signore de La Forest et gubernatore d'Arras, el cavaliere de Dintevilla, maestro Johane el Salvatico, presidente de Flandra et signore de Gerberque, Laure[n]tio de Bleyol, secretario et grefier del ordine de Mons[ignor] lo archiduc Philipo, et ambassatori del dicto Signore archiduc, havendo posanza sufficiente da luy, quanto ha questo fare et ad passare le cosse sequente, le quale hano promesso fare ratificare infra uno mese proximo venturo a dicto Mo[n]signor lachiduc (*sic*);

Dicono et offerono ch[e], se questo sara il piacere del Re de recever dicto Monsignor larchiduc ad farli la fidelita et homagio ligio quale he tenuto de farli de li contadi de Flandra, Artois, et de quello chel po tenere da luy ad causa de la sua corona de Franza p[er] procuratore, cio he chel Re manda qualch[e] bono et grande p[er]sonagio had (*sic*) luy securo e fidato in lo Contat de Artois, ch[e] habi posanza sufficiente da lui per recevere la dicta fidelita et homagio dal dicto mons[igno]r lo Archiduc; e ch[e] dicto mons[ignor] lo Archiduc mandi qualqu[e] bone e grande p[er]sonagio, ehe habi posanza da lui v[er]so il Re, p[er] recevere la dicta fidelita et homagio al piacere del Re; el quale potera ellegere qual via de queste due li piacera meglo ; e in questo caso mons[igno]r lo Archiduc e et (*sic*) sara contento ch[e] le querelle et domande chel potesse havere et fare al Re p[er] li ducati de Borgogna, contadi et signorie de Marchonois (*sic*) Auperrois (*sic*), Baqueseme et altre cose tute siano et demorano in suspeso, et se soprasuda a la vita del Re et de luy, senza cio ch[e] durando la loro vita como he ditto el no[n] possa nec olsa fare alcuna prosecucione p[er] via de fatto nec de justicia, ma si bene p[er] via amicabile.

Mediante ch[e]l Re loro accorda et daga securda, de inco[n]tinenti chel Re de Romani havera fatto retirare la sua armata fora del paese de Borgogna, tanto ducado che contado, et ch[e] dicto mons[igno]r archiduc havera fato lo homagio al Re, como he ditto de sopra, el Re fara mettere ne le mane de dicto monsignor archiduc o de soy mandatarii le ville et castelle de Betuna, Aira et Edin, cum loro p[er]-

---

[1] Traduction italienne faite par et pour la chancellerie de Ludovic Sforza. Milan, Archivio di Stato, Carteggio generale.

tinentie nel stato ch[e] sono de presente, excepto lartaglaria et mobili.

Et p[er] fare adimpire et intertenire le cosse sopradicte, monsignor lo archiduc avante che dicte piace et ville li siano deliberate dara le sue l[ette]re signate de sua mane et sigillato del suo sigillo al Re, et ne fara sacramento solemne sopra el canone de la messa, et cum questo se obligera sotto pena de censure et de comisso v[er]so il Re de ogni drito et actione ch[e] pretende in dicto ducado de Bergogna et altre cosse c[on]tenciose in caso de contraventione, et dara li sigillati de dodece nobili p[er]sonagii et di quatro membri de Flandra, octo bone ville del paese et obedientia del dicto monsignor lo archiduc, a la nominatione del Re ; li quali nobili se obligarano sopra il loro honore et a la pena del p[er]jurio e le dicte ville in la forma c[on]sueta in simile caso.

Sopra el che el Re desiderando in questo caso compiacere a dicto mons[ignor] lo archiduc, et a la richesta sopra cio a luy fatta p[er] li dicti soi ambasiatori, a c[on]sentito et acordato tutte et cadune le cosse sopradicte.

Et cum questo c[he] durando la vita de luy et de dicto mons[ignor] lo archiduc c[on]iu[n]ctamente, el non fara simelmente de p[ar]te sua p[er]secucione, p[er] via de fatto nec de justicia, del dritto ch[e] prendere (*sic*) ne le castellanie de Lisla, Douay et Archies, ma si bene p[er] via amicabile et fara dare al Re, p[er] lo adimplemento et secureza de le cosse sopraditte, sue l[ette]re patente et securda in tale caso richeste, et se obligera el Re, sotto li medesimi sacramenti et s[u]bmissione de censuri (*sic*) ch[e] se obligera mons[ignor] lo archiduc, de atendere le cose sopradicte.

Et remanera el tractato de Sanlis in tutti altri soy poncti in sua forma et virtu per essere ateso p[er] il Re et p[er] dicto mons[ignor] lo archiduch secun io la sua forma et tenore.

Quello ch[e] di sopra è scritto he stato acordato, promesso et jurato p[er] il Re p[er] una p[ar]te et monsignor el conte de Nansa, Philipo de le Contay, signore de le Foreste et gubernatore de Arras, el cavaliero de Dinievilla, maestro Johanne el Salvatico, p[re]sidente de Flandra, Laurentio de Bleyel, secretario et grefier del ordine de mons[ignor] lo Archiduc, et habenti expresso potere a questo, in le presentie de m[agnifi]ci signori lo ducha de Borbon, de Lorena, li conti de Albret, de Neve s, de Candall, de Ligni Lavanes, mons[ignor] el canzeler, larcivescovo de Rains, el vescovo del Bi, el vescovo de Luzon, li signori de Gie, de la Grutura, de Peynes, monsignor de Sancto Andrea, el seneschalcho de Beaucherc, monsignor de Bosagie.

Et questo è stato passato p[er] el Re et per li dicti ambasatori in presentia de meistro Reynaldo Sochiero et Petro Guirardo, notarii apostolici a questo domandati, a li di xxi de Jullio 1498.

IV

DOCUMENTS SUR LES RELATIONS

DE

L'EMPEREUR MAXIMILIEN ET DE LUDOVIC SFORZA

EN L'ANNÉE 1499

C'est dans ses relations avec l'empereur Maximilien qu'il faut chercher la clef de la politique de Ludovic Sforza, en 1499. On sait quelle importance avaient eue pour ce prince ses tentatives de rapprochement étroit avec l'Empire, en 1498, et ses démarches pour faire admettre par les princes d'Allemagne sa conception (quelque peu due à la nécessité) que le duché de Milan était un duché impérial, au même titre que ceux de Saxe ou de Bavière. On sait comment, finalement, avait échoué cette politique d'alliance, malgré la sagesse et l'adresse diplomatiques d'Herasmo Brasca. Ces tentatives furent reprises en 1499, par Maximilien, après que Ludovic Sforza eût semblé disposé à se rapprocher de la France ; elles furent conduites avec habileté par plusieurs ambassadeurs : Agostino Somenza, Marchesino Stanga, Galeaz Visconti ; elles parurent aboutir en mai-juin 1499 à l'inclusion de Ludovic Sforza parmi les princes confédérés. Mais les actes ne répondirent pas aux promesses, et Maximilien tarda trop, lors de l'invasion française, à envoyer à son malheureux parent et allié les secours nécessaires, si longuement sollicités et achetés si cher. Les documents ici réunis, choisis parmi un très grand nombre de pièces inédites, éclairent quelques points de cet épisode d'histoire diplomatique, que je me propose de raconter quelque jour [1].

---

[1] L'histoire en a été esquissée par le savant historien milanais M. Emilio Motta, dans son étude sur « La Battaglia di Calven e Mals

1

L'impératrice Bianca Maria à Ludovic Sforza [1]

(Fribourg-en-Brisgau, 16 février 1499)

Ill.mo princeps, patrue et pater carissime, Crediamo che la Sig.ria V.ra prima de la receputa de questa, havera inteso li temerarii movimenti de Suizeri contra questo paese del Ser.mo Re. Continuando quelli ne la guerra comenzata con tutte le lor forze, non senza periculo del paese nostro, parene conveniente che per esser la Sig. V. colligata al Ser.mo Sig. Re et a nui, in strectissimo grado de conjunctione e be: volentia, debia esser advertita del successo, adcioche in tal caso possi sapere come governarsi a beneficio et honore, si del prefato Ser.mo Re e nostro si de la Sig. V., el bene de laquale ha pur dependentia in parte da Sua Maestà. Cossi advisamo la Sig.V. che, havuta la nova de la pace fatta per li nostri con quelli de la Liga Grisa, mandate avanti le robe de la corte nostra, eramo per partirse el lunedi de Carnevale, per inviarci al Ser.mo Sig. Re. E la domenica de sera avanti, vene nova de la scaramuza facta apresso Rienfeld per le nostre zente con Suiceri, ne laquale furno morti de Suizeri circa 400 e de li nostri ne manchorno otto : perilche fù necessario restare, per non lassare el paese abandonato in questa absentia del ser.mo Sig. Re.

Doppo successivamente sono venuti li advisi : prima, che otto millia Suizeri erano venuti verso Valekirch, e daseveno grande danno al paese; secundariamente, che tutte le bandere d'essi erano levate ad uno trato con grande perforzo, e divise in tre parte, l'una de lequale se drizava verso Valekirch, l'altra verso Constantia, e la terza verso el Rheno e terre nostre di Alsatia poste sopra el flume, cioè Rienfeld, Seckingen e Walshut, quale sono di grande importantia.

[Il y a ici plusieurs lignes en parties détruites par l'humidité. Il faut comprendre, avant la suite du texte, Le roi a ordonné que :]

andassemo a Broysach, dove, convocati tutti li principali del paese, dettemo ordine de quello se havera a fare in defensione desso. Ne di

---

secondo le relazioni degli ambasciatori Milanesi. Pel quarto centenario della detta battaglia » (en collaboration avec E. Tagliabue). Roverédo (Cantone Grigione) G. Bravo, 1899, in-8°, 180 pp.). — Mais l'auteur, comme le fait pressentir son titre, s'est occupé surtout de la question militaire, et surtout au point de vue Suisse.

[1] Milan, Archivio di Stato, *Carteggio generale*. Original. Fragments.

continuo cessamo a far tutte le altre bone provisione se pono fare. Avanti se levassemo de la, per tutto fu sonato a le arme, e li paesani, con tanto bono animo se leveno per andar verso questi Suizeri, soi naturali inimici, quanto se poria dire.

Questi successi havemo voluto sieno manifesti a la Sig. V., qual pregiamo che, examinandoli con la solita sua sapientia, se voglia demonstrar verso el p^{to} ser^{mo} sig. Re quella gli è sempre stata, con usar in questo caso verso de S. M. tà quelli termini che sieno per accrescere l'affetto ed amore de quella ne la Sig. V., che siamo certe, per exhibirli in tempo necessario, serano acceptissimi a S. Maestà. La Sig. V. po considerare che havendo el p^{to} ser^{mo} sig. nostro consorte male, anchora essa non seria senza periculo. E pero de novo la exhortiamo a far quello che la prudentia gli dictara esser per lo meglio de S. Maestà e del stato de la Sig. V.

2

Pier Bonomi de Trieste, conseiller de Maximilien, à Ludovic Sforza [1]

(Anvers, 26 février 1499)[2]

[Il y a deux dépêches de Pierre Bonomi, dit Pierre de Trieste, à Ludovic Sforza, sous la date du 26 février. Dans l'une, il signale une conversation qu'il a eue sur les affaires de Milan avec Maximilien et son collègue Mathieu Lang, et annonce le prochain retour d'Agostino Somenza à Milan. Il dit encore :]

La natura de la Cesarea Maestà è tale che, con rationabile persuasione, sempre si po mutare in meglio; ne dubitamo esser gia mutata e perseverare, pur che conosca con effecti che li se habi gratitudine, e che V. E. ben se fi li di haver in lei vero refugio e fermo protectore, senza ricercar d'altro casito sua salute.

Io mi persuado che li 25 milia ducati saranno pagati, si come mi promesse V. Ex., maxime havemdoli io per altre mie dechiarito quanto erano necessari a ridrizar tutto a bene, e cossi ho confortato la Ces.

---

[1] Milan, Ad. S., *Potenze Estere, Germania*. Originaux. Fragments. Suscription : « Illmo principi D^{no} Duci Mediolani. »

[2] Ludovic Sforza avait été averti, dès le début de février, de l'envoi de Pier Bonomi « in Holanda », par le frère de celui-ci : le trésorier Bontemps avait été envoyé en même temps à Anvers « per una certa praticha ». Ces pratiques de Bontemps paraissaient au frère de Bonomi être « molto fantastiche » (Lettre de ce personnage, Maestricht, 3 février 1499. Milan, A. D. S. *Pot. Est., Germania*, 1499.)

Maestà mandi alcuno de li. È sta data la commissione ad uno factore de Messer Baldassare Bolf che lui li riceva, non havendo possuto al presente venire M. Juane Bontemps.

M. Matheo Lang, et cossi el conte de Furstembergo, el qual habiamo riduto ad optima inclinatione di V. Ex., hano facta tal diligentia in tute le cosse di quella, che meritano digna mercede, e perche li ho promesso che non saranno obliti da V. E , quella se degnera in parte riconosserli secundo che di tuto ho parlato con Augustino.

[Dans l'autre dépêche, P. de Trieste accuse réception au duc de ses lettres, récemment reçues par Mathieu Lang et par lui-même. Il renouvelle l'assurance que tous ses secrets et ses moindres pensées lui sont communs avec Mathieu Lang. Il continue ainsi :]

De la risposta facta per V. Ex. a li Borgognoni, la Cesarea Maestà non ha pigliata molestia alcuna, ma ben desidera, si come hogi ha scripto per altre mie, che li XXV milia ducati se satisfazano, et acio non para che vadano a Borgognoni, ha dato ordine che uno factore di M. Baldassare Bolf, suo thesoriero de li, li habia a ricevere, si come etiam Augustino Somenzio (*sic*) referira, e per bene e commodo di V. Ex., mi par necessario che, quanto più presto sia possibile, siano exborsati.

Circa el mandare de suo nuncio, over oratore, a li electori del imperio a la dieta, iterum ho consultata la Ces. Mtà, laqual persiste ne la sua prima opinione, si come io ho già scripto, e per M. Herasmo per inante ha significato a V. Ex. Però non mi pare gia necessario gli si debia mandare oratore, per non contravenire a S. M., ma, secondo el veder mio, non saria fuora di proposito V. E. mandasse de li Augustino, el quale saria idoneo a fare apresso dicti electori sua excusatione, secondo el conseglio de la Ces. Mtà, laqual nole pigliare tal carico sopra di se; e cossi epsa V. Ex. si absolveria di tal peso, et dimonstraria non esser contumace de la promessa, laqual fece, di mandarli uno. Potria ancora esso Augustino, el quale per sua dexterita assai è piaciuto a la Ces. Mtà, al tempo di epsa dieta attendere ad altre cosse di V. E., se fin quel tempo non fusse richiesto altro oratore da quella: in modo che la spesa sua non saria inutile.

De le nove de Italia, la Ces. Mtà ha recevuto summo apiacere, maxime intendendo che le cosse di V E. e Fiorentini prosperano; e del summo pontifice resta in bono animo di exeguire el proposito de li Reali de Hispania e Re de Portugal, ma tuto si expedira ne la dieta a Colonia, acio si faza con mazor auctorita e consentimento de' principi del imperio, i quali non sono a cio manco inclinati che S. M.

Le cosse di Geldre vanno ogni zorno meglio, et heri sera a la colatione del Re, venero lettere che erano tali « che per le gente Regie furno tagliati a pezi e presi mille cinquecento Geldresi, quelli erano usiti da la terra di Neumega, et in Hornain li governatori, quali volevano, per comandamento del duca di Geldre, far uscire gente de la terra, erano stati gitati ne le fosse, e chiuse le porte ; donde si havea optima speranza che si ridussesseno a la Cesarea Maestà. »

Questi stati del paese insieme con lo archiduca sono qui congregati, sono promptissimi a fare tutto quello li comanda la Cesarea Mtà, e cossi lo archiduca, el qual con tutto el conseglio suo si dimostra obedientissimo, si ne le cosse di Franza come ne le altre, sicome a bocca narrara Augustino, el quale ha di tuto noticia.

Ex Antverpia, die 26 februarii 1499.

PETRUS DE TERGESTO, Regius Consiliarius.

3

Enea Crivelli à Ludovic Sforza [1]

(Lugano, 24 mars 1499)

Illustrissimo et excellentissimo signor mio,

In questo puncto m'è venuto a trovare qua Bernardino Morexino, e me ha dicto chomo è gionto in Cias uno Jorio Chotits da Svit merchadante, e pare sia anchora procuratore, quale dissi chomo l'ambasciatore francese è andato da la Mtà dil Re per ritornare con certa risposta, e che ogi a Suit se fà il consiglio generale, quale fara di sorte che nulla per ora se concludera, ma che ogniuno reportara a caxa, e che la Mtà dil Re obtignara questo suo intento ; e che in questo, quando la Ex. V. voglia dare mente alle sue parole, operara che in el tempo de l'absentia de questo francexe, se li desfara ogni designo. E pare labia dicto a Dno Bernardino chel verra a Milano da quella, bisognando, e chel fara intendere cossa che li sara grata.

E pare dicha che questo ambassatore francexe vada con chautella in rechedere colligatione con Svizeri, con dire vol solamente al bisogno, quando ach idesse che altri volesseno movere guerra a la Franza, e che questo il fa sollo per condurli fuora, perche quando li ha fuora se conduxeno poi in ogni loco. Me parso scriver queste poche parole, e la E. V. deliberato avra quanto li piace dil venire di questo Jorio, quale è in Cias, da quella. Allaquale de continuo me racomando,

Ex Lugano, 24 martis 1499.

Ill.me ac Ex.me Dominationis servitor,

Eneas CRIBELLUS.

---

[1] Milan, A. d. S., *Pot. Est., Svizzera*. Original. Suscription : *Ex.me principi Domino nostro observ.mo Domino Duci Mediolani.*

4

L'impératrice Bianca-Maria à Ludovic Sforza [1]

(Brisach, 24 mars 1499)

Ill.me princeps, patrue et pater carissime, Heri recevessemo più lettere de la Signoria vestra, de' 4 del presente, in resposta de le nostre ad essa per nui scritte questi proximi zorni, si in dimonstrarli li progressi de questa guerra e recercarli subsidio in essa, como in farli intendere la dispositione del ser.mo Re, nostro obser.mo consorte, verso de quella; circa laqual cosa, benche habiamo largamente quello è allegato per l'una parte e l'altra, nientedimancho, perche a nui non apartiene far judicio tra la Maestà sua e la Sig. V. circa cio, diremo questo solamente che, essendosi governata la Sig. V. nel modo che ne scrive, lhavemo sentito volontera, e se quella ha fatto sapientemente, da lei medesima lo potra judicare che, mediante tali deportamenti, hora se vede restituta ne la pristina gratia, amor e benivolentia, de Sua M.tà; del che se persuadiamo che ogni zorno la Signoria V. ne havera a restar piu contenta di haver fatto quello che ha fatto. E nui, per questa reintegratione de amor e gratia, se vediamo in quella mazor alegreza che saperiemo esprimere: existimando el bene de la Sig. V. nostro proprio. Cossi, perche quella habia a remaner stabile e ferma, non li siamo per manchar de ogni nostro studio. E quantunche siamo advisati che le cose de la Sig. V. sieno in bono termine, como de sopra è ditto, e meglio quella havera noticia da M. Petro, qual è in via per venir li, nondimeno a magior confirmatione de quello è fatto, havemo voluto che S. M.tà sia da nui advertita de la bona dispositione, affecto, e voluntà de V. S. verso de quella, anchora che da altri in nome de la Sig. V. ne fusse informata Cossi ad S. M.tà havemo scritto el tutto con farli le promesse recercate per la Sig. V., agiongendoli apresso quello n'è parso per officio nostro da esser agionto a beneficio et honore de V. Signoria. Laqual debe haver questo per fermo, che dove sentiremo se agiti del honore e commodo suo, sempre seremo prompte per far quello convene al grado de la conjunctione, et a li obligi havemo con V. Signoria; le lettere nostre havemo drizate al Lang, con recommandargele; e cossi al ser.mo signor nostro consorte in specialità havemo scritto che se degni tener occulto el prestito de li dinari fatto a quelli de Inspruch per bene de la Sig. V.

Li Suizeri a questhora de questo canto stano quieti. De verso Inspruck como fazemo non havemo veruna noticia. El prefato ser.mo

---

[1] Milan, A. d. S., *Carteggio Generale*. Original.

nostro consorte ne ha scritto che l'aspettiamo a Friborgo, e M. Petro da Magonza ne scrive che a quest' hora doveva esser in camino, perilche havemo bona speranza di presto esser con sua M.tà. — Ex Prysach, 24 martii 1499.

Per nove venute in quest' hora, se intende che Suizeri se sono mossi et intrati ne la Silvanegra, e li comenzeno a far del male.

Ge. GADIUS.

5

L'Empereur Maximilien à Ludovic Sforza [1]

(Cologne, 29 mars 1499)

Illustris princeps consanguinee noster charissime, Cum nuper intellexerimus ligam inter Regem Francie et Venetos firmatam esse, non dubitamus quin dilectio tua cum non mediocri admiratione fuerit, cum maxime aperte cognoscere satis posset ipsos Venetos ea de causa in Italia favores habituros esse : visum igitur et nobis fuit ad te has presentes litteras nostras scribere, illisque tibi significare nos, ob observantiam qua dilectio tua nos summa fide et benivolentia semper in Italia et alias prosecuta est, confidentesque et imposterum nobis majorem observantiam prestituram, cumque precipue membrum Sacri Romani Imperii sit, et jure salutem suam, sicuti res nostras proprias, tutari et deffendere ad nos spectat ; dilectionem tuam tenore presentium certam esse volumus nos tantum effecturos ut spes quam in nos semper habuisti te minime decipiet, et si cum aliquo nobis pacem sive treguas facere occurrerit, decrevimus te una nobiscum in societate habere, et si opus fuerit deffensionem tuam in aliquem suscipere ; statuimus omnino ipsam protectionem tuam taliter suscipere contra quemcumque, qui contra statum et honorem tuum novi aliquid temptare decreverit, ut intelliges nos neque laboribus neque facultatibus nostris in his quæ honorem et dignitatem tuam concernunt parcere, sed ostendere dilectionem tuam cordialiter diligere, et cum effectu demonstrare quod, id omne quod contra eam agetar, id totum contra nos et sacrum Imperium actum esse. Datum Colonie, die 29 Martii 1499. Regni nostri Romani quarto decimo.

[1] Modène, *Archivio di Stato, Cancelleria ducale, Carteggio diplomatico estero.* Copie. « Exemplum. Maximilianus, diuina fauente clementia Romanorum Rex semper augustus . etc., ad Ill.mum Dominum Ducem Mediolani, etc. »

6

**L'empereur Maximilien à Pierre Bonomi
secrétaire impérial à Milan** [1]

(Fribourg, 20 avril 1499)

Vidimus et inteleximus que ill. affinis et consanguineus noster Dominus Dux Mediolani de pace tractanda cum Francorum rege et Helvetiis sunxit; ubi etiam operam suam impartiri policetur. Ages illi nostro nomine gratias, qui officium boni principis et amici facit. Cupivimus nos semper pacem, neque unquam, nisi lacessiti, quemquam molestavimus, cum nostro desiderii (sic) semper fuerit, non contra fidem nostram sed pro fide pugnare. Sciunt omnes quam inique nos Helvetii lacessiverint, et cum Francorum rege nullum bellum habemus nisi causa sua, quia ipse quæ nostra et illustris filii nostri sunt contra equitatem occupat. Aquiesceremus libenter domini Ducis monitis, ubi cum honore nostro id fieri posset. Et si fortasse norit ipse medium aliquod, quod et nobis et sibi commodum ac honorificum sit, quicquid aget ipse bono animo accipiemus. Nos tamen injuste ab Helvetiis lacessiti, ita expedictionem hanc Dei Maximi auspicio et sacri imperii viribus consequemur ut speremus vel honesta pace, vel acerrimo bello de temerariis hostibus laudem consequi et victoriam. Datum Friburgii, die xx aprilis 1499.

7

L'impératrice Bianca Maria à Ludovic Sforza [2]

(Fribourg, 22 avril 1499)

Doppoi la gionta del ser.mo Re nostro consorto non se scordassemo la Sig.ria V., ma subito che hebemo la commodita di parlarli reposatamente, gli facessemo veder el summario mandato incluse ne le lettere de quella de 3 del presente, continente lo adviso de la lega del Re de Franza con Suiceri con altri advisi, e pregassemo molto caldamente S. M. de tutto quello sapevemo desiderava la Sig. V., con replicarli molte altre parole, quale avanti gli havevemo scritto a beneficio

---

[1] Modène. *Ibid.* Copie : Exemplum literarum Serenissimi Domini Romanorum Regis ad Magnificum Dominum Petrum Trigestum, Maiestatis sue oratorem, Mediolani agentem, etc.

[2] Milan. A. D. S. *Carteggio generale.* Original, fragment.

di quella. Trovassemo S. M. tanto ben disposta verso la Sig. V. quanto vedessemo mai. Fra le altre cose, ne rispose che era per haver la Sig. V. ad una medesima fortuna con S. M., ne seria per far accordio over tregua, ne laquale non volesse fusse ben compresa V. Sig. ria et havuto particular rispetto de quella.

8

Francesco de li Monti, ambassadeur napolitain en Allemagne, à Ludovic Sforza [1]

(Fribourg, 24 avril 1499)

Ill.me princeps et ex.me Domine, data comendatione plurima et deditissima.

In lo presente di, ho receputo una lettera de V. Ex.tia de viii de lo passato, e tardata per lo messo [per] haverla retornata da Colonia ad hora tarda. Ho exposto a la Maestà Cesarea la Ex.tia V. offerirli le facultate, el stato e la persona, exhortandola ad declarare quello fosse sua voluntà se havesse da fare circa la liga, ec.. Ne hebe sua M.tà molto piacere, et respose al presente se ritrova in questi tumulti de Suizari non possere fare pensieri in altro ne deliberatione, e restare molto satisfacta V. Ill.ma Sig.ria li habia scripto havere serrate le victualie ad Suizari, e che mandava Augustino Somenza bene expedito. Non ho voluto pretermectere dare questo breve aviso ad V. Ill.ma Sig.ria, et in lo advenire non mancaro fare ogni cosa possibile li sii grata et ad suo servicio e stato.

La M.tà Cesarea, finiti li sopraescripti rasonamenti, è partita per provedere de reprimere li successi de Suizari, incerto de quello havera da seguire, e me ha affermato me avisera de continente de la deliberatione fara. Certo se trova sua M.tà Cesarea in affani, et li animi de populi vicini ad Suizari molto aviliti per alcune victorie prospere consequte da Suizari. Spera pero sua M.tà Cesarea con invicto animo exuperare tucte le difficultate. Et in lo licenciare fi (sic) da sua M.tà, me ordeno scrivesse ad V. Ex.tia in tali bisogni non li mancasse, che sua victoria tucta redundaria in stato e dignità de V. Ill.ma Sig.ria. Certo ogni demonstratione quella fara verso la M.tà Cesarea la obligara molto.

---

[1] Milan, A. D. S., *Potenze Estere, Germania*. Original. Suscription: Illmo principi et ex.mo domino D. Ludovico Maria Sf. Anglo Sacri Romani Imperii principi, duci Mediolani et suo domino [e ben] efactori collendissimo.

A la Ex.tia V.ra quanto posso e de continuo me aricomando. Ex Freiburga die xxiiij aprilis 1499. De V. Ill.ma Signoria deditissimus servitor Franciscus de li MUNTI.

9

L'empereur Maximilien à Ludovic Sforza [1]

(Ueberlingen 28 avril 1499)

MAXIMILIANUS DIV., *etc.* ILLUSTRIS., *etc.*

Accepimus hiis diebus plures litterae tuas, que nobis grate fuerunt. Super quas responsum honorabili devoto nobis dilecto Petro Bonomo, oratori nostro apud te degenti, scripsimus : ab illo igitur dilectio tua mentem nostram super ea omnia que ad nos scribis clarius intelliges. Quapropter te hortamur ut ea quæ ipse Petrus tibi nostro nomine referet cordi suscipias. Facies enim in illo nobis rem gratam et tibi proficuam.

Datum in oppido nostro imperiali Uberling die XXVIII aprilis A. D. 1499. R. N. Rom. XIV.mo.

10

L'ambassadeur Agostino Somenza à Ludovic Sforza [2]

(du 29 avril au 8 mai 1499)

(Ueberlingen, 29 avril 1499)

Illustrissimo et excellentissimo signor mio unico,

Per altre mie date a Marran, l'E. V. havera inteso come alla gionta del cavallaro con la commissione andasse avanti, che fu a Brixino, a li 18 del presente, ad hore circa 22, montai la matina seguente a cavallo andando verso Ispruch. Hora l'aviso che ali 20 gionse ad Ispruch la matina dove fece recapito a M. Gualtero, al quale, fatto intendere la causa de mia venuta, subito mise insieme quelli magnifici regenti, aliquali presentay le lettere e proposte quanto l'E me dette in commissione et instructione, extendendomi alquanto piu ultra che non haveva in commissione, in excusatione de quella per le victualie et alimenti dati a Suiceri e Grisani, per essere in

[1] Milan, A. d. S., *Potenze Estere. Germania.* Original.
[2] Milan, A. d. S., *Potenze Estere, Germania.* Toutes ces lettres sont originales.

quelli paesi grandissima murmuratione, et anche facendomene essi signori alquanto de querela. De che, inteso la natura de la cosa, e quanto poi era seguito, ne furno ben contenti.

Quanto a li 2.000 florini ordinorno che li exbursasse ad uno suo secretario che venirebe al mio logiamento, e cossi venuto esso secretario, li exhortai e ne hebe la confessione. Acceptorno per bona la causa de la mia tardita a Brixino, et anche el modo teneva V. Ex. in mandare epsi denari, facendo molti ringraciamenti et offerte amplissime, con promesse de farne optima relatione alla Cesarea Maestà, e che tenerebeno tale conto de questo servitio e beneficio, che a qualche tempo se sforzarebeno renderli el contracambio, racomandandosi molto a l'Ex.tia V.ra et in specie il p.to M. Gualtero, quale demonstrò esserli assai affectionato.

Facto questo effecto ad Ispruch, me ne vene de longo al mio camino, ma prima mandai el cavallaro con le lettere me scrisse la S. V. mandasse alla Cesarea M. tà et a M. Matheo Lang, quale gionse d'uno zorno e mezo avanti me.

[1] Zobia a le 2 hore pozo mezo zorno, gratia del signor Dio, gionse a salvamento dalla Ces. M. tà, quale riscontrai apresso Filiborgo tre leghe che veneva in qua. Quamprimum me visse demonstrò havere gran piacere del mio ritorno, e M. Lang, alla presentia de S. Mtà me disse che de meza hora avanti haveva a lungo parlato de mia venuta, tenendo per indubitato che omnino dovesse giongere quello zorno; dove io, fatta la debita reverentia, cossi cavalcando feci la debita racomandatione de V. Ex., secondo mhaveva commisso. Sua Maestà subito molto alegramente domandò del ben stare de quella et inteso essere in bona convalliscentia, disse haverne grande contento, e che non bisognava extendersi troppo a longo in essa raccomandatione perche S. M. teneva per certo che l'E. V. l'amasse de bon core et anche S. M. era per fare ogni effecto per farli conoscere che lamava e teneva bon conto de lei.

[2] Apresso notificai a S. M. del pagamento fatto de li 13 milia ducati avanti Pascha et la causa perche non era pagato el resto, secondo me fu dato per instructione. S. M. me fece replicare due fiate questa partita, dicendo al fine che hora se ricordava dove era proceduto questo; imponendomi dicesse a Langh ge lo ricordasse, perche de novo scriveria sopra dicta materia, ma dimonstrò restare ben satisfacta da l'Ex.tia V.ra.

[1] Une copie « *exemplum litterarum Aug.ti Somentii* » de cette lettre existe à l'*archivio* de Milan; elle commence ici et comprend tout ce paragraphe.

[2] Ce paragraphe et les suivants manquent dans la copie.

Gli subgiunse quello che l'E. V., in absentia de S. M., per deffensione del stato suo, haveva offerto fare a quelli soi regenti de Ispruch, e come io per principio del effecto gli haveva portato doi millia florini de Reno, facendoli intendere la causa perche non mandava tutta la summa insieme et l'ordine se haveva a tenere del resto. Del che S. M.tà ne fece molto honorevole ringratiamento con molte amorevole parole, restando contenta del ordine preso.

Io non possete, cossi ordinatamente come era conveniente, explicare quanto se contene ne le mie instructione, per el cavalcare e per essere ogni poco spacio la Sua M.tà impedita de capitani, soldati et altre gente che li sopragiongeno; e poi al logiamento era più impedito assai che fora, ma me parse più expediente per brevità di tempo movere e narrare de quelle parte che me sono parse più importante e necessarie.

Io expose a la predicta Maesta el desiderio che haveva l'E. V. de intrare in questa inclita liga de Suevia, extendendomi in questa expositione, secundo quella me dete per instructione; salvo chel me parsi de retenere quella parte dove l' E. V. de se offere, etiam in tempo de pace, de contribuire de qualche summa de dinari, per bon respecto, come intendera ne l'altre mie lettere. Dove la p.ta Maesta, demonstrò haverne grandissimo piacere; stete alquanto senza respondere alcuna cosa, poi disse faria pensiere sopracio, e me responderia el suo parere; ma demònstrò esserli stato molto grato.

Apresso fece intendere a S. M. la liga e capituli fatti fra el Re de Franza e Suiceri, e che poteva pensare che questa lega era fatta, ultra el disturbo e damno de S.M.ta, a damno e diffactione de V. Ex.¹. Ma che la sperava dovesse deffendersi e vendicarsi delle presente e passate injurie, e che l'E. V. per la sua specialita haveva posto ogni speranza e riposo in S. M., sperando che la lo dovesse aiutare e deffendere dal p.to Re de Franza, da Suiceri e da ogni altro li volesse nocire e fare damno, come suo bono e fidele servitore e membro del imperio; e che medesimamente facendo pace, tregua o apunctuamento con alcuno dessi, dovesse includerlo e nominarlo in esse come principe del p.to imperio e servitore suo; talmente e con tali capituli chel havesse a stare securo. La predicta Maesta me disse che omnino la sera, quando fosse al logiamento, li monstrasse dicti capituli e avisi de Franza e Suiceri; poi respose che la saperia benissimo al che fine el Re di Franza faceva queste pratiche e dissegni, quali erano tutti a fine per venire al suo desiderio de diffare l'Ex. V. et insignorirsi de quello stato,

¹ Copié depuis *Apresso fece intendere* jusqu'à *diffectione di V. E.* La copie recommence plus loin à *La predicta Maestà me disse* jusqu'à *persona e quanto ha al mondo.*

ma che la stesse de bon animo, perche la non li mancharia con la persona tutte le forze sue e del sacro imperio per aiutarla non mancho quanto al stato suo proprio; certificandola che la non era per fare pace, tregua ne apunctamento senza la salveza sua, e che, come la poteva sapere, già haveva possuto havere pace con Franza, con la restitution de le terre sue, ma non lha voluta acceptare ne l'acceptura, senza la salvatione de quella, per laquale voleva mettere la persona e quanto ha al mondo.

Alla predicta Maesta è stata molto grata la provisione fatta per l'E. V. che Suiceri non habino victualie ne siano alimentati dal Dominio suo, ne potria havere facto cosa più grata a tutti li signori e populo di questi paesi, perche dicono el retenir le victualie fara la Signoria V. fara una grandissima guerra, ma la predicta Maestà m'ha dicto apresso che per cosa alcuna la non voglia deviare da dicte provisione, anzi perseverare e far fare bona guardia, adcio non li vadi alcuna sorte de victualie dal suo dominio. E similmente M. Langh m'ha replicato in nome de la predicta Maestà e factomi grandissima instancia che avisa V. E. non voglia per alcuna cosa mutarsi de questo proposito, perche, quando la Sua Maestà e questi signori e populi intendessino altramente, li ne seguira grandissima indignatione che saria causa de rompere l'altri dissegni [1]. Similmente ho significato alla predicta Maestà quanto la E. V. m'ha scripto de la richesta fa el Re de Franza a Veneciani de li cento milia ducati Sua Maestà non po quasi credere che siano stati de tanta legereza che habino facto tal promessa, e se pur l'hano facta, è in openione non la observarano; e che, quanto alla specialita depsi, ne parlara al longo cum M. Marchesino.

[2] De scrivere al signor duca de Savoia lettere de quella medesma sententia e scritto per S.M.tà a V.Ex.tia, con la additione che non accepti in suo paese darli passo ne victualie a gente franzese, S. M.tà m'ha resposto havere ordinato de mandarli ambasciatori per questo e per altre occorentie. M. Langh mha dicto esserli deputato M. Petro da Triest e M. Ludovico Bruno, aliquali le instructione sono fatte e se mandarano subito, adcio vadino presto a dicta legatione; et in esse instructione [sè fatta la giunta de questo altro capitulo] chel non accepti gente franzese ne gli daghi passo ne victualie, ne facia alcuna cosa a damno [de V. E], e cossi credo se mandara in breve a M. Petro dicta

---

[1] Ce paragraphe est copié, mais après *non la observarano* il y a une légère variante. La copie porte : *e quando pur lo facino li sara remedio al tutto.*

[2] La copie a remplacé ici le texte de la lettre par un résumé qui en donne assez fidèlement le sens, avec quelques variantes sans importance.

instructione e M. Ludovico se partira. Io non mancharo de sollicitare l'effecto.

[1] Similmente al signor marchese de Monferrato e signor Constantino s'è scripto per dicte victualie avanti che venesse; ma ho parlato alla predicta Maestà per farli replicare, con la gionta chel non accepti ne daghi passo ne victualie a Franzesi ne fazi alcuna cosa a damno de V. E.; e cossi solicitaro a farla fare, e domane spero expedira uno de l'altri cavallari sono qua, per respondere e supplire a quelle parte che hora non posso per non haver possuto expedirla con la p.ta M.tà per brevita de tempo.

La predicta M.tà ha havuto gran contento e grandissimo piacere del bon successo de le cose de Pisa, et maxime essendo con honore de l'E. V.

De le lettere de la Cesarea Maestà me commisse V. E. voler havere, quando se dilongasse la pratica de la lega per monstrare a li magnifici oratori e soi zentilhomeni, M. Langh m'ha dicto havergliele mandate in quella forma che quella gli ha rechesto. Pur non restaro de farle replicare per l'altra cavalcata.

Sabato a li 27 ad hore 21, gionse qua el cavallaro de V. Ex. con le lettere sue de 20 ad hore 5 de nocte. Dove visto et inteso el tutto, subito andai a M. Langh, alquale dette le lettere a lui directive, ma fin hora non è stato possibile parlare alla Cesarea Maestà per li grandissimi impedimenti ha de questa guerra per esser coadunato qua el duca Alberto de Baviera, capitano generale de l'imperio, molti sui capitanei, gente de guerra, e quasi tutti li agenti per li participanti de questa inclita liga de Suevia, ma ho parlato al p.to M. Matheo, quale dice havere refferto alla predicta Maestà.

E quanto alla excusatione fa deli 25 milia ducati e de li 4.000 non pagati a Nicolo Gravier, S. Maestà ne resta ben contenta e satisfacta, attento che M. Petro gli ha scritto essere pagata tutta la summa a quello factore de Volf. Per una altra mia, per la prima cavalcata, li significaro le cause perche li fu scritta quella lettera de che la ... [2] che fu per deffecto depso factore.

El p.to M. Langh me dice che, avanti el zonzer mio qua, era stato scritto al signor marchese de Monferrato a sufficientia, per la differentia de Exerin et Carizano con el marchese del Finale, et essere drizate le lettere in mane del pto M. Petro. Ma io me sforzaro farla replicare in bona forma e committere a questi R.di oratori che vano in Savoia

---

[1] Les paragraphes suivants jusqu'à *Heri matina la Cesarea Maestà* manquent dans la copie.

[2] Un mot illisible.

che nel transito vadino dal predicto signore marchese e signore Constantino, et a bocha significano la volonta de la predicta Maestà tanto vivamente quanto la Ex.tia V.tra desidera.

[1] Heri matina la Cesarea Maestà, insieme col duca de Bavera, capitano generale del imperio, e cum gran numero de signori e populo, andorno alla Ecclesia Mazore, qua dove fù cantata la messa solenne: apresso laquale cum grandissima cerimonia fu spiegato e drizato lo stendardo imperiale de l'aquila; col quale ritornorno a casa cosi spiegato avanti: cosache ad ogniuno fece commovere et accadere li animi, per essere questo spiegare e drizare de stendardo de tanta grande importantia, che ogniuno sia sottoposto a l'imperio, senza alcuna excusatione, debia per la sua portione andare o mandare alla guerra o seguire dicto stendardo, fosse contra el padre, figliolo o fratello; como credo la Ex.tia V.ra ne debia essere meglio informata che me, avisandola che hora è la prima flata che la Cesarea Maestà [l'hab]ia spiegato.

La venuta de la predicta Maestà de qua e lo spiegare de questo stendardo ha tanto acceso el core de tuti questi signori e populi che ogniuno è inclinato andare a questa guerra, e li pare vera gloria andare a mettere la vita per diffesa desso. Ne credo che la predicta Maestà mai per alcuno tempo fosse tanto teneramente amata e havuta in grandissima riverentia da tutti questi signori e populi, piccoli e grandi, de qua, quanto e hora, e sel piacera al nostro Signore Dio e sua Gloriosa Matre de donare alla Sua Maestà victoria in questa impresa como spero, l'Ex.tia V.ra vedera tanta exaltatione in essa dal canto de qua che sara obedito e reverito como Dio in terra. E spero chel fumo de questa exaltatione passara anche per de la ultra li monti, ad perpetua gloria e contento de l'Ex. V., de li ill.mi signori soi figlioli, et inclito stato suo, perche, per quanto io conosco, credo S. M. non havere persona al mondo, excludendo lo ill.mo signore archiduca chel habii più a core ne ami più cordialmente quanto fa l'Ex.tia V.ra, como spero vedere cum veri e boni effecti.

El processo di questa guerra si è stato fin qui fredo e lento, perche ogniuno ha atteso mandare la sua portione de gente alle confine qua, aspectando la venuta de la predicta Maestà, et cosi de giorno in giorno arivano le gente, alogiando per questi castelli et terre qui vicine; che fin hora non se puo vedere el numero, ma dove io sono passato, per qua lontano 40 miglia italiani, è tuto pieno de gentedarme e fantarie, tanto ben in ordine che è una bella cosa a vederli. E la Sua Maestà me ha dicto che la mette hora in campo qua circa 30 milia persone da

[1] Tout ce qui suit est dans la copie jusqu'à la phrase *che si puo andare fino Zurich*.

fati ben in ordine, ultra che gli sono dui altri campi, cioe uno verso Ferreto, e l'altro verso Valle Agnelina. Se spera che fra tre o quattro giorni le gente se aviarano verso li inimici.

Gli erano alcuni signori e terre franche che non volevano condescendere a questa guerra per alcune loro colligatione o specialita, quali erano el signor conte Palatino, le terre de Basilea et Argentina cum alcuni altri, ma hora, al drizare de questo stendardo, ogniuno ha consentito e manda la portione sua alla guerra.

Credo sel Re di Franza ha facto promesse assai a Suiceri per levarli da l'Ex.tia V., con animo de fare tractare la pace de queste guerre, el pensero li venera falito, perche de qua hora non gli è uno pensero al mondo ansi chi ne parlasse faria grandissima injuria; ma ogniuno è inclinato seguire l'impresa alla galiarda, ne credo fosse longo tempo fù la più volunterosa et inanimata guerra de questa, ne se puo sperare altro che felice victoria de la Maestà Cesarea.

Suiceri, per quanto se puo intendere, sono più grossi de qua che in altra parte, perche temeno più da questo canto per essere el suo paese piano talmente[1] che si puo andare fino a Zurich senza troppo impedimento E hano in questo suo campo de qua circa 8,000 persone da fanti, ma non hano cavalli, e la Cesarea Maestà li havera circa 30,000 persone da fanti, homini d'arme e balistari assai ben a cavallo, schopeteri e fanti ben in ordine, e tuta bona gente; e li cavalli, balisteri, schopeteri, sono quelli che fano stare Suyceri al signo.

Heri, dopo el disnare, vene a me uno canzelero de la Maesta del Re de Napoli e monstromi una instructione de l'Ex. V. Io procurai subito de farli havere audientia, ma non fu possibile heri per li longi consilii e grandissima occupatione de la Maestà, ma è data speranza de farlo expedire in questa matina, et io non li mancharo in cosa alcuna.

Se io non respondo particularmente a V.E. a tutte le commissione, instructione e lettere me ha date e scripte, pregola a perdonarmi et havermi per excusato, non perche sia deffecto ne imo negligentia, ma la Ces. Maestà è tanto occupata in questi processi de guerra che non ha tempo da manzare, e con grandissima difficulta li posso parlare, non che la S. M. non sia ben disposta, ma per essere troppo occupata. Pur me sforzaro et usaro ogni dilligentia per supplire al tutto.

De novo non ce altro per hora. Alla E. V. humilmente me racomando, e simelmente pregola habi racomandato Paulo mio fratello.

Ex Uberlingh, 29 aprilis 1499.

Augustinus SOMENTIUS[2].

[1] La copie s'arrête à ce mot, à la fin de la quatrième page. Il est probable que la fin de la copie est perdue.

[2] Cette lettre fut jugée si importante par la chancellerie milanaise,

(Ueberlingh, 30 avril).

Ill.mo et ex.mo signor mio unico,

Doppo scritte l'altre mie, havendo io fatte havere audientia al canzelere de la M.tà del Re de Napoli dopo la messa, me parse havere el tempo de parlare, et cussi me acustai alla M.tà Cesarea, facendoli intendere distinctamente quanto l'E. V. me scrive per l'ultime sue de 20 del presente.

Primo fece l'excusatione de V. E. per la summa de li 25 milia ducati, narrandoli come è passato el tuto, e quanto è seguito per la venuta de Nicolo Granier, e conclusive quanto ha fatto per el compito pagamento dessi, secondo chessa me scrive. De che S. M.tà è restata optimo contenta e ben satisfacta, ne circa questa particularita me extendero più volte per brevita de tempo, ma per l'altre prime avisaro chi è stato causa de far scrivere le lettere de le quale quella se dole.

De la riposta data per l'Ex.tia V. al messo de Mgr de Vergi, Sua M.tà n'è restata contenta. Io la pregai a far scrivere al predicto Monsignore come V. E. haveva satisfacto a S. M., adcio non li desse più fastidio per questo. Respose esser contenta imponendomi a farglilo recordare de M. Langh, perche li commettera la lettera.

Del pagamento de li 500 ducati ha fatto a quelli de Svitz et Underval, per mezo de lettere de quelli de Berna, similiter S. M.tà è restata contenta che la S. V. habi usato quello termine per compiacere a Bernesi; parendoli chel sii ben facto ad intertenirli per amici per molti rispecti, et credo quando le cosse de qua vadino avanti a damno de Suyceri che S. Mtà havera gran respecto a Bernesi, per amor suo. A quello de la Liga Grisa, che l'E. V. non habi voluto concedere la licentia de condure sale e victualie S. M. dice piacerli molto, et anche mha commisso scriva caldamente alla E. V. che la facia usare ogni diligentia adcio che dal damno suo non habino victualie ne subsidio alcuno, et che quella non habi respecto ne timore dessi Grisuni perchè questa guerra non è per mancare che siano al tutto abassati o destructi o che facino acord); che seguendo la destructione non li biso-

---

qu'elle en fit expédier des copies à ses agents à l'étranger. C'est ce qu'indique la note : Fiant exempla Ro +, Flo +, Monferr +, Genua +, Hisp. +, Sen +, M.r Orf +, Thr.io Sab. +, Luce +. Les croix qui accompagnent ces noms, disposés en colonne dans l'original, indiquent que ces copies ont été faites et envoyées. Ces noms s'expliquent d'eux-mêmes. Orf. est Orfeo Orfei, agent ducal à Forli ; « Thr.io » le trésorier de Savoie, Sébastien Ferrier, qui fut un des fauteurs de l'alliance milanaise à la Cour de Turin, avant de devenir trésorier général des finances de Louis XII.

gna fare altro pensiere de loro, seguendo anche acordo che l'Ex. V. sia secura chel non se fara senza secureza de le cose sue, tale che la sera preservata come l'altri de questa lega.

De li capitanei de la p.ta Mtà Cesarea, che hano mandato M. Gabriele da l'E. V., dice che l'hano fatto per beneficio de l'impresa, non intendendo più ultra, ma che essendo mo certificati de li boni effecti e provisione fatte per l'E. V., non li sera più ditto altro, e che S. M.tà, benche quella habia dato victualie per el passato a predicti Suiceri, per questo non ha preso umbra alcuna, perche sa bene quello ad che era obligata, e quello li bisognava fare per la vicinità dessi e per la loro mala natura.

De la parte scrive l'E. V., chel signor Constantino facia venire gente de Franza per fare guerra al marchese del Finale per quelle due terre e de la resposta ha dato la pta M.tà, dice essere assai informata del animo desso s. Constantino verso Franza, et haverli scritto *ad plenum*, e drizato la lettere a M. Petro, come quella intendera da esso, ma havendoli io mosso el partito de fare che li R. di oratori vano in Savoya, vadine anchora in Monferrato per questo, e per admonere esso signore Constantino che non presuma dare logiamento, passo ne alcuno subsidio a gente Franzese de alcuna sorte, S. M. è restata contenta de farlo e commisso sia agiento questa altra commissione ne la instructione dessi oratori, quale se mandera per la prima cavalcata che hora non se possuta expedire per le infinite facende hano questi canzeleri e secretarii.

[1] Apresso havendo io visto quanto la E. V. ha dato per instructione al canzelaro de la Maestà del Re de Napoli, e maxime circa la pratica de Venetiani, lo disse alla pta Maestà che, attento essi, senza alcuno respecto, havevano facto questa confederatione cum Franza, tutto in prejudicio de S. Maestà e sacro imperio, e presumito volersi insignorire de parte del stato de V. S.ria che era pur membro del sacro Imperio, a me pareva che la S. Mtà, a nome del predicto, per oratore o per altro, mandasse a fare intendere a predicti Venitiani che haveva inteso de queste sue pratiche facte in Franza, e che sel poteva cognoscere ne trovare che essi facessino alcuno effecto ne cosa alcuna fosse in prejudicio a V. Ex., principe e membro de l'imperio, in favore del Re de Franza, chel p.to imperio cum le forze sue li faria recognoscere de soi errori e protestarli de la guerra. La sua Maestà me rispose, dicendo che non solum sono stati presumptuosi de fare questo contra V. E., ma che ancora S. M. ha trovato che hano dato dinari al duca Zorzo, che fo figliolo del Re Mathia, per farlo movere guerra contra S.

[1] Ce qui suit est chiffré avec déchiffrement de l'époque.

Maestà, et che dete principio de suscitare alcune parte e movere alcune differentie per dela. Similmente ha inteso che hano dato succorso de dinari a Grisani, e che sopra questo li faria pensiero e poi me parlaria, e diria quello era a fare. Io non mancaro de sollicitare de farli fare qualche opportuna provisione ; sel piace a Dio che la predicta Maestà habii victoria contra questi Suiceri, spero che S. M. fara tale provisione che la E. V. sara assicurata da ogni canto.

¹ El canzelere de la Maestà del Re di Napoli, per commissione de la Cesarea Maestà, parte subito e va a Filiborgo, dove se trova M. Francisco de Montibus e l'altri oratori, e mha solamente detto havere havuto bona resposta dalla predicta Maestà circa el particulare del signor Re suo, et anche havere bene exeguito quanto quella gli ha dato per instructione, alla quale mha pregato lo raccommandi.

² De la commissione me dete l'Ex.tia V. de fare opera presso la predicta Maestà che la facesse intrare in questa inclita liga de Suevia, l'aviso chel è ben piaciuto a S. M., e me ha facto fare una informatione, non a nome de V. E. ne de alcuna altra persona, ma como amico secreto de essa liga, narrando in epsa quanto proficuo e ben facto saria alla predicta liga ad includerli la E. V. Quale informatione ho data a S. M., perche vole vedere de fare opera che l'E. V. sia ricercata per la Liga per mazore suo honore e securezza, e cossi ancora hogi mha facto dire per M. Langh che lassi fare a S. M. questa pratica, che spera condurla talmente che l'E. V. sara ben contenta.

³ Hozi, circa le 11 hore è partito quello cavalaro va incontra a M. Marchesino, e la predicta Maestà, heri sera, andando a lecto, mutò el pensiero de farlo venire qua, ma lo fa andare ad Ulma, dovè stara melio assai et havera melior camino, e cossi se glie scripto demorera ad Ulma finche la predicta Maestà li scrivera dove dovera venire a ley, che sara in bono loco e securo et anche subito lo expedira perche Sua Maestà è informata che l'Ex. V. ne ha grandissimo bisogno.

De novo altro non accade, salvo che tutta hora gionge gente qua, et in li loci circonstanti, e se spera che fra tri zorni se andara verso li nimici, quali, per quanto se intende, sono posti alla campagna per aspetare de fare bataglia per esser quasi come desperati.

La E. V. non poteria fare cosa più grata alla Cesarea Maestà ne aquistare majore credito e benivolentia da tutti questi signori e populi, come dare qualche avviso de le occurrentie de Franza, de Suiceri e de

---

¹ Paragraphe non chiffré.
² Paragraphe en chiffre.
³ Paragraphe non chiffré.

altre particularità che tendano e tochano a questa guerra; e quelli capituli, reporti, e avisi che ho portato, la predicta Maestà me li ha facti mettere in latino, poi li ha fatti mettere in alemano, e li ha fatti vedere a tutti questi Signori e participanti de la lega; e anche credo ne habia mandato copie a li Signori elloctori, remettendomi pero al parere de l'E. V. Alla quale humelmente sempre me racomando.

Ex Uberlingh, ultima aprilis 1499.

Ill.mo et Ex.me Dominationis Vestre servulus

Aug. Somentius.

(Ueberling, 1er mai.)

Ill.mo et ex.mo signor mio unico,

Se io non ho possuto cossi ordinariamente respondere a quanto l'Ex. V. me commisse, detto per instructione e poi scritto, como era debito mio e desiderio suo, pregola ad havermi per excusato, facendoli intendere non essere mio deffecto, ma procedere per essere la Cesarea Maestà tanto occupata e continue circondata da questi signori e gente de guerra, che me bisogna, con gran fatica, a pezo a pezo exponerli quanto ho in commissione e se non fosse la grandissima dilligentia usa M. Matteo Langh in tutte le occorrentie e specialita di V E., io non haveria possuto respondere alla tercia parte, come son certo che quella debia considerare, et maxime essendo hora el tempo che besogna ascoltare soldati, et con qualchi segni exteriori farli bona demonstratione, non resta pero che la bona dispositione de la predicta Maestà verso l'E. V. non li sia integramente.

Alla parte me scrisse l'E. V., de quello haveva predicto el magnifico maestro Ambrosio de Roxato in le cose de Pisa et in molte altre occorentie sue, e ne quello poi concludeva de la gloriosa victoria haveria a conseguire la Maestà Cesarea contra li Suiceri e maxime fin ali 22 del presente, io lo notificai alla pta Maestà con le parole che la me scrive; laquale ne rise et hebe grandissimo piacere intenderlo, demonstrando ben non dare troppo fede ad astronomi; pur ho inteso da alcuni che la sua Maestà, a tavola più flate et altramente, a molti de questi signori e zentilhomeni, ha dicto con grandissima alegreza l'Ex.tia V. haverli dato aviso chel suo astronomo ha dicto che S. M. sara victoriosa in questa impresa, talmente che ho conosciuto la S. M. haverne havuto piacere; e cossi nel advenire quando l'E. V. ne scriva qualche cosa de simile natura, credo li sara piacere e grato.

Similmente, de li capituli fatti tra el re de Franza e Suiceri, et altri avisi e raporti, come per altre mie ho scritto, la pta Maestà ne volse havere copia, e credo le habia communicati con tutti questi Sig.ri nel suo consilio, e ultra ne habia mandato copia a li Signori ellectori et altri de questa inclita liga; certificando l'Ex. V. che non solum ha fatto cosa grata a S. M., ma etiam a tutti gli altri signori de qua; laquale mhe ditto voglia avisare e pregare quella a usare dilligentia per havere continue aviso e maxime delle occorentie dessi Suiceri e de Franza, drizandoli poi subito qua: che li fara singolar piacere, e cossi la prego ha fare, perche, ultra gratificara la pta Maestà, acquistara ancora gran benivolentia da tutti questi signori e populi.

Ho significato alla predicta Maestà quello è successo del. ill.mo Gasparo da Sancto Severino; deche essa ne hebe dispiacere, e me la fece replicare per due fiate, l'una separata de l'altra; interrogandome se l'E. V. era ben certa de quella imputatione li dava, et a di che modo haveva ritrovato questa fraude, e quello chel pto M. Gasparo era per fare? Io li rispose che non sapeva ad che modo ne per quale via l'E. V. haveva inteso tale cosa; che me rendeva ben certo che quella non li haveria dato tale imputatione, se la non fusse stata ben certa, ne sapeva quello chel per M. Gasparo fosse per fare. Me domandò ancora se io sapeva chel illmo M. Antonio Maria fosse aconzo al soldo de Venetiani? Io li rispose che da V. Ex. non sapeva cosa alcuna, ma che nel transito mio a venire in qua, haveva inteso che era a Citadella, et era per aconzarsi con predicti Venetiani.

De quello canzelere del predicto M. Gasparo, del quale mio fratello scrisse essere gionto in Anversa et havere havuto audientia dalla Ces. Mtà, come l'E. V. me scrive, aviso quella chel gionse in Anversa fin quello proprio zorno chio me partito per venire li aquella; et era stato prima per molti zorni dalla Maestà della regina, e pero credo che de questo caso non havesse noticia ne comision alcuna. El predicto canzelere si è uno de Voltolina quale se appella El Commissarioto presso la p.ta M.tà de la Regina. Se altro intendero arcano, exeguiro quanto quella me scrive.

Ho notificato alla predicta Maestà quanto l'E. V. me scrive de la guerra intende movere M. Jo. Jacomo de Trivultio ad instantia de Astesani nel officio de Sanzorzo de Zenua, e la provisione che quella ha fatto adciò non vadi avanti. S. M. ha risposto questi essere tutti incitamenti del Re de Franza per venire a soi dissegni de turbare Italia, e maxime l'E. V. nel stato suo

Io ho sollicitato che quelle lettere scrisse l'E. V. alla Cesarea Maestà in resposta d'altre sue, circa la provisione fatta per non lassare andare victualie ne altro soccorso del suo dominio a Suiceri, fossero mandate a li signori ellectori; per il respecto che la me scrisse, M. Langh non ha mandato esse lettere, ma ha scritto in nome de la predicta Maestà a li predicti signori ellectori in optima forma, e drizatola al R.mo M. Archiepiscopo Maguntinensi.

A li ill.mi signor duca de Savoya, signor marchese de Monferrato e signor Constantino, se li manda per oratori el R. M. Petro Bonomo e M. Ludovico Bruno, aliquali, saltem a M. Petro, se manda hora per questo cavallaro le instructione, lettere e quanto bisogna per andare a dicta legatione; e per quanto a me è fatto intendere, in esse instructione e lettere, se contene non solum de le prohibitione de victualie a Suyceri, ma ancora che non daghino passo, victualie ne soccorso alcuno a gente de Franza che volessino passare in Italia, come son certo che l'Ex. V. intendera *ad plenum* dal predicto M. Petro. De M. Ludovico non so dire altro, ma m'è fatto intendere chel sara li in breve.

Ad Mgr de Vergi ho operato che la p.ta Maestà ha fatto scrivere chel non mandi più a domandare denari a V. E., significandoli S. M. essere del tutto satisfacta, e cossi credo non li mandara più.

La causa che mosse la Cesarea M.tà a scrivere a l'E. V. quelle lettere de lequale ne ha havuto dispiacere per la summa de li 25 milia ducati, fu perche el correro vene li, avanti la mia venuta, con le lettere che dicta summa se dovesse dare al factore de Wolf, haveva commissione non partirsi de li, finche non fosse fatto lo integro pagamento, e l'E. V. fece chel predicto factore avanti Pascha scrisse alla predicta Maesta havere ricevuto 13 milia ducati, et similiter io scrisse et che del resto, venuta la commissione de Sua Maestà ad chi se havessino a dare, subito V. E. li exborsaria e con questo fu expedito esso correro, ma dicto factore duplicò le lettere alla p.ta M.tà, che per una altra lettera li scrisse, pur per el medesimo correro, che non haveva havuto denaro alcuno, ma che l'E. V. l'haveva astrecto a scrivere chel haveva recevuto dicti 13 milia ducati, ultra che dopo ad altri otto zorni ne scrisse un altra, che fin a quello zorno non haveva havuto alcuno denaro da V. Ex.tia, e per questo la p.ta M.tà se sdegnò molto e fece scrivere quelle lettere de quello tenore ha visto, e questo me lha refferto M. Matheo Langh, ma poi quando la S. M.tà ha visto l'effecto del contrario, e che M. Petro gli ha scritto essere pagata tutta la summa, è restata ben contenta e satisfacta: ne sopracio me pare li sia da fare altra excusatione

Alla predicta Maestà è stato ultramodum grato che l'Ex. V. in absentra de S. M., in questo urgente bisogno, habia servito a quelli soi regenti de Ispruch de quella summa, e me commisse ne ringratiasse l'Ex. V., certificandola esserli stato più grata hora questa poca summa che un altra fiata de dua tanta; ultra che ha acquistato grandissima benivolentia presso essi magnifici regenti, quali a tempo ne farano testimonio.

A li zorni passati, cavalcando significai alla p.ta M.tà la singular contenteza haveva havuto l'Ex. V. quando intese quella demonstratione haveva fatta la sua M.tà, quando in Fiandra vene la nova de la morte sua; perche havendo l'Ex. V. collocato in essa ogni fede e speranza come in suo unico signore, patrone e protectore a lei, a li signori soi figlioli et al stato suo, e che haveva conosciuto per questa accidentia non vera la S. M.tà havere quello amore e bona dispositione verso lei e cose sue come la sperava e desiderava, che lì non poteria havere havuto mazore contenteza al mondo ne havere inteso cosa che lhavesse più satisfacta che questa; S. M.tà rispose e disse: « Allora io non disse cosa che non havesse facto con effecto e che de novo non lo facesse, quando caso advenisse, che Dio non lo voglia, e tanto faria per el signor duca, figlioli e stato suo quanto per el figliolo e stato mio. » Con molte altre amorevole parole, quanto se l'Ex. V. li fosse stata non inferiore, ma fratello.

Le lettere del ill. signor conte figliolo de l'Ex. V. io le presentai alla p.ta M.tà e li refferite quanto sua S. M.tà me commisse a bocha, con le humile raccomandationi; de che S. M.tà ne prese grandissimo piacere, domandando come era ben condictionata: et io li respose quello me parse conveniente e debito; alche S. M.tà ne restò ben satisfacta et ordinò a M. Langh che li respondesse.

La p.ta M.tà haveva dicto voler scriver de sua mano a l'Ex. V. in risposta alla sua de mano, ma per le grande et infinite occupazioni non ha potuto scrivere, ma ha differito fin alla venuta del magnifico M. Marchisino. Altro non occorre à l'Ex. V. Etc.

Ex Ueberlingh, prima maii 1499.

AUG. SOMENTIUS.

(Ueberling, 1er mai)

Ill.mo et ex.mo sig. mio unico,

A li zorni passati, ol R. M. Petro de Triest me scrisse de li essere molto caricato de spesa et havere havuto poca subventione dalla Cesarea Maestà per esser male fornita de denari per le presente guerre, pregandomi che lo volesse racomandare con bon modo a l'Ex. V. adcio li porgesse qualche adiuto per potere supportare la spesa e cossi, havendolo io sempre conosciuto molto affectionato a l'E. V., et in le cose sue haverli usato gran dilligentia como suo bon servitore, m'è parso per questa mia pregarla chel ge sia recommandato come sono certo che la fara; perche so havere inteso de esso nel passato essere stato ben gratificato.

Al magnifico M. Matheo Langh, io dete li 200 florini, come l'E. V. me commisse, qual, dopo molto excusatione, ne rendete infinite gratie a quella, con molte grandissime offerte, certificandola che ogni giorno io lo trovo più caldo e sollicito al beneficio e specialita de V. E. ; e credo che ancora lui gli ne scrivera e la ringratiara.

El conte de Fustembergh non è comparso qua con la p.ta Maestà, e per quanto ho inteso remase a Philiborgo ; *quamprimum* me ritrovaro dove sia, li presentaro la lettera de l'E. V., et exequiro quanto quella mha commisso.

Similmente el thexorere de Bergogna è rimasto in Fiandra per ritrare certa summa de dinari se erano offerti pagare quelli paesi e populi, secondo ho inteso per seguire la guerra de Geldre e se dice non venire fin a molti zorni ; qual venuto exequiro quanto quella mha commisso.

La Cesarea Maestà, come l'E. V. sa, manza volontiera el formaio piasentino ; hora la Maestà sua n'è in tutto vacua : m'è parso significarlo a quella, adcio che quando la volesse mandarli qualche cosa grata, gli mandi desso formagio ; che son certo de cose manzative non li poteria hora mandare cosa più grata; ma mandando, bisogna mandarne una forma per M. Matheo Lang, et una altra per dividere ad alcuni che fano de li servitii in questa corte a beneficio de quella.

Lunedi penultimo del passato, vene qua uno Antonio de Vicenza, servitore del ill. conte de la Mirandula, per fare confirmare li privilegii concessi al quondam signor Galeotto ; qual vene adcio gli prestasse favore e indrizo per essere expedito; e perche non me portò lettera alcuna di V. Ex., sapendo io chel predicto quondam signor Galeotto haveva havuto dicti privilegii et altri favori de la predicta Maestà per intercessione di quella, me parse non intromettermi in cosa alcuna in suo favore ; anzi pratichai con M. Langh chel non li facia alcuna expeditione fin alla venuta del magnifico M. Marchesino, perche io non intendo quello importi dicta expeditione e quanto è grata a V. E. Ne credo havera quale ricerca, se non tanto quanto a quello piacera. Alla quale sempre humelmente me raccomando.

Ex. Ueberlingh. prima maii 1499.

Ueberling, 3 mai 1499.

Ill.mo et ex.mo sig. mio unico, havendo hogi parlato alla Cesarea. Maestà, presente M. Matteo Langh, sopra molte particularità, S. Maestà me rispose como quella vedera qua apresso.

Primo sopra la particularità de scrivere e mandare uno araldo a Venetiani in quella forma che la Ex.tia V.ra mi scrive, adcio che essi vadino alquanto più retenuti contra l'Ex. V., advertendo a l'offesa fano alla prefata Maestà e sacro imperio, parlò in todesco a longo col predicto messer Langh, quale poi me respose: che per non esserli araldo, quale fosse sufficiente de exequire tale impresa cum quella circumspectione bisognaria e respondere secundo fosse necessario, et anche per essere essi araldi per de la in poca estimatione, li pareva de lassare cosi questa cosa per hora, ne doverli fare altro, ma vedere como se deportavano e como passaveno le cose; che per hora non poteva vedere como el Re de Franza potesse fare quella impresa, per molti respecti, como intendera qua apresso: ma S. Maestà, ultra quello gli è significato per li avisi e instructione de V. Ex.tia, se tene ben forte offesa da essi, como credo lo tempo li demonstrara.

De fare scrivere al Re de Franza che voglia abstenersi de dare soccorso ne favore a Suiceri contra S. Maestà e sacro imperio e protestarli de la guerra, S. M. ha resposto che hora ad questa dieta fara scrivere secundo el bisogno a nome del imperio, ma che a suo nome non li voleva fare scrivere.

De scrivere a M. Philiberto, in nome de S. Maestà, che seguesse el stilo hano fatto li oratori de li catolici reali de Spagna e signor Re de Portugallo verso la santità del Papa, facendoli intendere de quanta importantia sia a farlo con cellerita, finche poi li fusse mandato altri oratori a nome del sacro imperio, S. Maestà ha resposto non volerlo fare per modo alcuno, perche la Santita predicta, con quanti ne sono a Roma tengono poco conto de S Maestà, e disse, ridendo d'uno molto strano sopranome che gli dano, che mandando ley, mancho la extimariano; ma che se la dieta, quale hora se haveva a fare o qua o in loco circumstante, omnino voleva fare mandare a nome del imperio al predicto pontefice, in quello megliore modo e forma se potesse, e che la sua Maestà del predicto pontifice teneva poco conto, e che lo conosceva esser tutto franzese e instabile, ma che poteria venire tempo che da se stesso se reconosceria.

Alla parte che l'Ex. V. me scrive voglia ricercare la predicta Maestà a fare provisione, che accadendo el Re de Franza li facesse la guerra, che la potesse havere doy o treimillia (sic) homini de quelli de S. Maesta pagandoli; me ha resposto che, quando pur el Re de Franza sia de questo animo volerli fare guerra per le condictione li occorreno de presente, non potra esser tanto potente che l'Ex.tia V.ra non sia bastante a responderli e deffendersi galiardamente, et maxime per esser el predicto Re privo del aiuto de Suiceri et Alemani durando questa guerra. Simelmente non potera havere soccorso da Bretoni, quali *ullo modo* non li voleno dare alcuno soccorso, e questo essere proceduto per alcune pratiche de Sua predicta Maestà, come a longo m'ha fatto narrare da M. Langh. Poi, de quelle gente ha el predicto Re de Franza, esser necessitato dividerla almanco in trei parte: l'una lassaria in Pichardia, per diffesa de quello paese a le confine del signor arciduca, quale al tutto se risolto essere disposto alla volunta della p.ta Cesarea Maestà, de| pace, guerra o tregua, come ad esso piace ; l'altra darne in aiuto de Suiceri durante questa guerra, o quando fusse finita lassarla alla frontere de Bergogna per non essere el p.to Re senza gran suspecto de la guerra già principiata l'anno passato ; e cum l'altra poteria venire in Italia. Concludendo S.M. credere fermamente che senza Suiceri o Alamani, el p.to Re non dobia fare quella guerra de Italia, e se pur la fara, che senza altro aiuto l'Ex. tia V.ra sara assai sufficiente a deffendersi e, se pur bisognera, che la sua M.tà con le forze sue e del sacro imperio la succorrera e non li manchara quanto al stato suo proprio.

Ho fatto intendere alla p.ta M.tà secondo che l'Ex. V. me commisse che accadendo se facesse dieta, io haveva commissione da quella de proponere e dire, secondo me fosse comisso per la sua Maestà, et maxime circa el pagamento rechiesto per li signori ellectori per le privilegii de la confirmatione del stato, e per la provisione fatte de non lassar andare victualie ne alcuno soccorso del suo dominio a Suiceri. La sua Maestà mha resposto che, essendo el bisogno, me avisaria a fare intendere quanto havero a fare, e cossi exeguiro ; essa dieta fu prorogata a essere fatta de qua, dove se trovava S. M. incomenzando al primo de mazo, ma finhora non sono gionti alcuni ellectori. M. Langh dice che omnino venirano.

De novo non è altro, perche li campi finhora non se sono aproximati ; ne questi de la Cesarea Maestà li voleno andare avanti fin che non sia gionto uno bono numero a pede e a cavallo, in modo che con avantaggio possino affrontare li Suiceri. Se fa ben qualche correria, dove se ne amaza qualchuno, pero se trovano, et anche se brusa qualche villa, ma non cosa de conto.

E venuta nova qua che nel campo deverso el paese de Inspruch, essendo andati essi de la Cesarea Maestà a brusare e dare el guasto ad alcune ville de Suiceri, che nel ritorno se scontrorno con essi Suiceri e li remassino circa 1600 homini, tanto de l'uno quanto de l'altro. Altro non occorre de novo. Alla Ex.tia V.ra sempre humelmente me racommando.

Ex Ueberlingh, 3 maii 1499.

Rauspurg, 8 mai

Illustrissimo et excellentissimo signor mio,

Benche io havessi scritto l'altre mie e fossi per mandare el cavallaro, tum m'è bisognato aspectare che M. Langh habia facto la sua expeditione. Quale ha tenuto fin heri, e credo l'habia mutata trei fiate :

cioè la commissione a M. Petro e M. Ludovico Bruno, per la loro legatione in Savoya e Monferrato, e pero prego l'Ex.tia Vra. non voglia fare concepto chel resti per mio deffecto a usare tanta tardita al scrivere, e avisarla delle occorentie de qua. — .... [1]

La Cesarèa Maestà partite a li 4 de questo da Ueberlingh, andò a Martof apresso due leghe; poi a li 5 ad hore 24 partite, andò più d'una leg: che persona non sapeva dove andasse, poi se voltò ad uno castello se apella Tetingam; e molti altri e io inseme andassimo a Puochorno, dove erano andati li forreri e famigli. El sequente zorno, andai a S. Maestà, ma non fu possibile poterli parlare, per le infinitie e varie facende e concorre 'ie de signori e soldati. Gli feci parlare da M. Langh, dal qual me fece respond re ritornasse a Puochorno, che li me manderia el zorno sequente la expeditione per spazare el cavallaro, senza laquale non lo spazasse.

Me disse ancora me mandaria lettere directive al magnifico M. Marchisino, qual doveva essere partito da Ispruch, adcio non andasse a Ulma, dove prima haveva ordinato, ma chel venesse in questa cita dove avisasse S. M. e aspetasse, finche li facesse intendere quello haveria a fare; laquale è lontana de qua leghe nove e meza; et ancora io venesse qua incontra al predicto M. Marchisino, havuto dicta expeditione e lettera. Heri dopo mezo zorno M. Langh me mandò che andasse al pto M. Marchisino, quale, secondo el scrivere suo, doveva giongere hozi a disnare a Ulma, benche io non lo credo.

El p.to Langh me ha scritto de due specialita: l'una, che la Cesarea Maestà haveva dato ordine al ill. duca Alberto de Bavera che, quando a l'Ex. V. bisognasse doy o tre milia soldati a soi servitii, li potesse havere; e cossi me scrive che ad ogni sua rechesta li potera havere; l'altra, de quelli trenta homini rechiesti per l'artegliarie, me scrive che la S. M. ha ditto che in questo tempo la non po servire l'Ex. V. per non haverli, ma col tempo procurara che quella ne sera provista.

De novo ho ricordato a M. Langh la pratica de la lega de Suevia, quale mha resposto la predicta Maestà havere dato quella instructione chio feci a li agenti per la predicta lega de che aspectava resposta quale spera sara *ad vota*.

In questa sera è gioncto in questa terra lo ill. duca Alberto de Bavera, capitano imperiale, cum 250 cavali; qual è stato molti zorni ad Uberlinghe. Non sa dove vada, ma s'è dicto qua chel ritorna a casa sua, che non credo; alla partita mia de la corte, non ho inteso alcuna cosa de questa sua partita. Che quando pure sia chel vadi a casa, non sara troppo a proposito de l'impresa di questa guerra per esser tenuto

---

[1] Je supprime quelques lignes sans intérêt.

uno de li più savii signori de Alemagna, et essere capitano imperiale.

De Geldria, M. Langh m'ha dicto che quelli quattro duchi sono restati a l'impresa, cioè duca Alberto de Saxonia, duca Zorzo de Bavera, duca de Juliers e duca de Cleves, facevano una dieta insieme con alcuni intervenevano a nome del duca de Geldre, e che predicti signori duchi havevano scritto che speravano redure la cosa a bon porto, a contenteza e beneficio de la Cesarea Maestà, *alias* procederiano alla guerra, ne laquale speravano havere felice victoria, e che non li era comparso alcuno soccorso al predicto duca de alcuno canto.

Dietro a me a Brixino vene Cristoforo del Azale, cavallaro de l'Ex.tia V.ra, laquale mandai inanti a me, con le lettere directive alla Cesarea Maestà, e M. Langh come quella me scrisse, ma dopo non lho mai visto. Portò le lettere e rimasse a Philiborgo, ne mai più ho inteso de lui, in modo non so se sia vivo o morto. Etc

Ex Rauspurgh, 8 maii 1499.

11

Marchesino Stanga au duc de Milan

(Inspruch, 3 mai 1499)

Ill.mo et ex.mo signore mio obser.mo, heri arrivai in questo loco scontrato fora de la terra dal R. do preposito de Brixina et M. Gualtero Stradion, quale de ordine de questi signori regenti e consilieri me venerono incontra et accompagnorno fin allo allogiamento mio. Questa mattina ho visitato li predicti Regenti in nome de la E. V. e declaratoli quanto haveva in commissione. De la quale visitatione cum parole molto accommodate et amorevole hano ringratiato la E. V., dimonstrando recognoscere bene non solo la observantia sua verso la Maestà Cesarea, ma le opere et effecti quale reusciscono da epsa ad beneficio de la predicta Maestà.

El vescovo de Brixina non si trova qua, ma e ad Brixinono ; per il quale loco essendo io passato nel venire mio qua, et havendo inteso chel se ritrovava li alquanto indisposto, andai ad visitarlo in nome de la E. V. ; e li usai tutte quelle amorevole parole che judicai ad proposito per certificarlo bene de la dispositione sincera de la Ex. Vra verso la Maestà Cesarea e dell' affectione che particularmente epsa ha alla persona de sua Signoria. Non poteria explicare cum quanta tereza el me ricolse, e quanto se dimonstri servitore alla Ex. Vra. Le parole sue furono ultimamente che la Cesarea Maestà unicamente amava la E. Vra., e sapeva che poche persone erano amate più da S. Maestà de quello che epsa era.

Io era per scrivere qualche cosa a la E. V., de quello che in questo loco haveva inteso de la Cesarea Maesta e de le occurentie de questa guerra, ma essendo arrivato uno cavallaro expedito da Augustino quale vene a la E. V., et havendo aperto le lettere et inteso più chiaramente li avisi di quelle cose, me ne remetto ad quello che lui scrive; sapendo che ritrovandosi lui in facto, el scrivere suo è più fundato sopra el vero che non poteriano esser li avisi miei, quali non sono nisi de auditu. Questo non omettero già che non è toccato da Augustino, como, etc [1]

12
Ludovic Sforza à Giovanni Colla ambassadeur milanais en Allemagne [2]

(Milan, 5 mai 1491)

Zoanne, dal cavallaro quale arrivò heri matina, havemo recevute le tue de' 24 e 26, et inteso quanto ne scrivi, restamo molto satisfato del officio per te usato....... Con medesmo studio continuarai per havere bona e vera noticia de quanto occorrera alla giornata et tenercene avisati particularmente. E perche volendone tu avvisare di cossa alcuna secretamente el possi fare, te mandamo uno scontro de zifra come hai domandato, del recevuto del quale ne darai aviso; accio sel ne occorrera ancora noi volerti scrivere cossa coperta, el possiamo fare; le poste non ce pare di mettere perche non vorriamo dare suspectione a questi Alamani de qua et mettere a periculo che le lettere passando per Monbraia fossero intercepte.

A quelli rev^{di} e mag^{ci} regenti, per la risposta quale te hano facto, dirai che non se . . . . punto de la observantia et amore qual se persuadeno portamo allo Ser. mo Re nostro, quale è tanto che non porria essere maiore ne più cordiale, e che intese le due peticione ne fano, alla prima dicemo che havendo noi mandato nostri nuncii a Coyra et a' Suiceri, con la commissione che hano inteso, con signification del desiderio nostro che le cosse se agenisseno, et offerirli, se li pareva usare, l'opera nostra, non sapessimo che consilio dare alle loro Signorie se non che, essendo epse prudentissime et havendo avisato dil tutto la Maestà Cesarea da la quale rasonevolmente deyeno hora havere resposta se

---

[1] Milan. *A. d. S. Potenze Estere. Germania.* Copie. «Exemplum litterarum D. Marchesini Stange ad illustrissimum. D. ducem Mediolani.— La suite de cette lettre est imprimée par Motta, *Battaglia di Calven e Mals,* doc. IX.

[2] Milan *Ibid.* Minute originale. Peut-être inachevée: le texte remplit exactement quatre pages et finit au bout de la quatrième.

remettemo a loro, e se melio sapessimo che dirli el fariamo como sel fosse nostro interesse particulare.

Quanto alli 20 m. fiorini de Reno, quali ne domandano in prestito, li dirai che volunteracero vorriamo trovarce in termini de posserli in tutto satisfare e che se ben siamo in le guerre e spese gravissime che sai, como ne scrive haverli declarato et le dirai de novo, nondimeno è tale la observantia nostra verso la Cesarea Maestà, (con la fortuna de laquale è sempre stato et è in noi proposito firmissimo de haverli accompagnata la nostra), che se ben non possemo havere tutto quello vorriamo e se sforzemo fare più che possiamo e siamo contenti prestarli per adesso 12 m. fiorini de Reno, a termino fin a Natale, quando le cosse non siino assetate et se continui la guerra : ma li pregarai voglino tenere in se la cossa secretissima, et essere contenti per satisfactione nostra giurare di non lassarla intendere ad alcuno altro se non alla Maestà Cesarea sola, per evitare el periculo e male quale se ne porria hora seguire, quando Grisani e Suiceri lo intendessino ; trovandone noi haverli confinanti al stato nostro in tanti loci quanti tu sai, con facilità de voltarse a nostri damni; e per questo, acio che in lo dare questi dinari non se scoprisse la cossa, voglino vedere sel fusse quando a Milano qualche mercadante o altro per mezo del quale se li possino fare havere secretamente questi denari, quali noi li daremo, o che altro modo li pare servare acio non se possi intendere. Advertendo le Signorie sue che per la restitutione ne siino mandate obligatione in nome de la Cesarea Maestà e di quello consilio de Hispruc, como ce hai scripto esserte da loro offerto, et ce ne li ricercarai a fare ; dicendoli appresso che vorriamo et cossi pregamo le Signorie loro ad poner quando occorresse che questi Alamani intendessino l'aiuto nostro contra loro e per questo ne movesseno guerra, epse sarano in nostro aiuto : subjungendoli tu che quando N. S. Dio ce facia gratia che le cosse de qua se acquetino e succeda lo accordo de le cosse de Pisa, per lo quale lo ill.mo s.re duca de Ferrare va de presente a Venetia et insieme oratori fiorentini et uno nostro, anche noi usaremo ogni studio acio reusc.... se quelli movimenti contra la Maestà Cesarea.

13

L'Impératrice Bianca Maria à Ludovic Sforza [1]

(Fribourg, 4 mai 1499)

Bianca Maria, *etc.* Ill.me princeps patrue, *etc.* Per haver nui usato molte volte del opera del honorevole prete Zoanne de Tonsis, prepo-

---

[1] Milan. *Ibid.* Original.

sito de Gallerate, in sollicitare a Roma expeditione nostre speciale et anche de nostri familiari, e quella trovata prompta e fidele, meritamente lo amiamo e siamo inclinate ad favorirlo in ogni suo honesto desiderio. Per tanto, intendendo como lui desidera haver licentia de la Sig. V. di posser usar in Milano de le expectative per esso impetrate, ce parso ricomandarlo a quella; e cossi la exhortiamo et pregamo che, a complacentia nostra, gli ne voglia compiacere; persuadendosi che, per esser dicto preposito persona ben merita de nui, concededoli la S^a V. questa special gratia, ne fara cosa molto grata.

Ex Friburgo, IV maii 1499.

Ge. GADIUS.

14

Le duc de Milan à Maximilien [1]

(6 mai 1499)

Questus est graviter apud me Eneas de Gerenzano, filius Nicholai, civis et mercator noster mediolanensis, ablatam fuisse superioribus mensibus ex locis Francie per Nicholaum Stand, nuncupatum Felicem de Nerimbergo, subditum sacri imperii, certam pecuniarum quantitatem ipsius mercatoris mei, et ab eo nunquam pecunias ipsas consequi potuisse; et preterea supplicavit mihi ut eum Cesaree M.ti V.re pro earum assecutione comendem; itaque cum mihi obscurum non sit quod displicent M.ti V.re que indebite fiunt, hunc mercatorem meum et quantum enixius possim comendamus, rogamusque eam ut ei, justicie causa et mee intercessionis respectu, imperare dignetur ut comperta veritate crediti hujus mercatoris mei contra ipsum Nicholaum de Norimbergo, ipse cogatur ad eam restitutionem seu satisfactionem que justa et conveniens fuerit, una cum legitimis impensis, sicuti Majestatem Vestram facturam plane confidamus.

15

Ludovic Sforza à sa nièce Bianca Maria [2]

(Milan, 9 mai 1499)

Sono avisato che la M. V. ha scripto al R.mo et ill.mo s. re vicecancellaro mio fratello et ad altri, in favore de uno per la coadiutoria in

---

[1] Milan. Ibid. Minute originale « Ser.^{me} regi Romanorum ».

[2] Milan. *Ibid.*; minutes originales. Regine Romanorum. »

lo vescovato de Gurza, la quale è stata promissa al exc. M. Petro da Triesta, ad instantia del ser.mo signore Re nostro, se ben dopoi el cardinale Gurcense, quale sponte haveva domandato coadiutore, se sii mutato; delche la Cesarea Maestà non è mancato de opera alcuna per fare fare la expeditione in M. Petro, e non volendosi inclinare el cardinale, epso ha facto tore in se li fructi del dicto vescovato et li fa dare a M. Petro. Credo se la M. V. havesse havuto noticia di questo in che è firmata la voluntà de la Cesarea Maestà, non haveria scripto contra M. Petro, si per conformarse ad epsa, si per esser M. Petro bon servitore et affectionato a V Maestà, et anche per respecto mio, sapendo quanto l'amo e quanto li sono debitore. Et pero, ultra quello chel ser.mo signor suo consorte ha più volte scripto a Roma per M. Petro, come ho facto ancora io et opera de continuo per fare reuscire questo effecto, prego la Maestà Vestra che vogli scrivere al p.to signor vicecancelaro et alli altri a chi havesse scripto per alcuno circa dicta coadjutoria, chel ha facto non intendendo quello chel ser.mo suo consorte ha scripto per M. Petro, e che non volendo lei se non quello piace a sua Cesarea Maestà anzi desiderando con epsa che M. Petro la habia per l'amor li porta, pregi se vogli fare omne opera acio non se differischi più la expeditione di epsa coudjutoria, et in questo la Maestà V. fara etiam a me singulare piacere.

(Milan, 12 mai 1499)

Non è stato fora de la expectatione nostra che la Maestà Vra se sia recordata de nui, giuncta che la fu al ser.mo signor suo consorte e mio signore, e che lhabia facto quello bono officio quale me scrive, perche l'amore quale sempre li ho portato me fa certo de dovere expectare da lei bona correspondentia e pero resto consolato de tuto quello che la mi ha scripto, certificandomi del bon animo de la Cesarea Maestà verso mi, alla quale io ancora sono per esser sempre obsequentissimo. Ringratio la Maestà Vra del bono officio suo e pregola quando li accade la opportunita ad continuarlo, perche la sene trovera sempre ben contenta [e se di qua li e cosa che la desidera non mi po fare magiore piacere come di ricercarme, perche me sera sempre grato fare cosa che li piacia, e cosi expecto per la proxima cavalcata la mi ricerca de qualche cosa] [1].

---

[1] La partie entre [ ] est d'une autre main que le reste de la minute, et d'une écriture beaucoup moins lisible.

16

Ludovic Sforza à Marchesino Stanga

(Milan, 14 mai 1499)

M. Marchesino, havendo noi mandato el nostro in Ast per quella differentia de Astesani cum Genoesi, quale, como seti informato, cercamo de assettare per via de compositione, epso ne ha mandato li inclusi exempli de lettere scripte da Tedeschi a M. J. Jacomo, e ne ha scripto uno discorso factoli de epso con significatione de avvisi havuti de Franza, como si contene in la copia similmente qua inclusa. Del tutto fareti participatione alla Cesarea M.tà, secundo havemo facto noi qui al R. M. Petro, e li direti che, quanto al discorso de M. Jo. Jacomo, non gli facemo gia significare, perche la veda li stimuli havemo de accordarsi col Re, col quale non porriamo fare tanto bene che non lo chinæ simo inante, essendo lo immutabile proposito nostro de seguire solo la volunta de sua Cesarea Maesta, ma perche da la persuasione quale voria fare M. Jo. Jacomo ad dicto accordo vedesi l'animo suo, e che se ben cognoscemo el periculo in loquale se mettemo cum Franza, essendo el Re di la mala dispositione e proposito che se sa di farne contra, et havendo dal altro canto Suiceri e Grisani indignati verso noi, como da ogni canto siamo certificati e voi vedereti per li avisi vi mandamo per questo cavalaro et in scripto per li predicti exempli, in liquali se cognoscera le minatie quale fin adesso ne fano per la prohibitione li havemo facta de le victualie e per le altre cosse facemo per la Maestà Cesarea come non diremo essendoli noi de l'affectione e servitù che siamo et havendo havuto questo stato da lei, siamo anche per exponerlo ad omne periculo, non havendo rispecto alcuno ne a minacie de Francesi ne de Todeschi ne de altri; e lo facemo e per l'obligo e per amore, confidandone che non manco amorevolmente la M.tà Sua non habia in qualuncha travaglio ne occorresse abbandonarne, ma conservare galiardamente quello ne ha dato. Ce pareria ben e molto a proposito e ce saria gratissimo che epsa in questa dieta se ha fare a Uberling facesse in nome de S. Mtà e de tutti electori ne fosse scripto, demonstrando che, sapendo quanto siamo affectionato e bono et obsequente principe del imperio, ne amano, et che facendo noi quello che facemo in questi movimenti como siamo stati ricercati li e gratissimo e ne certificano e prometteno che, da qualuncha travaglio ne sequesse per questo, ne in altro chi ne volesse

---

[1] Milan. *Ibid.* Minute originale « D. Marchesino Stange. »

offendere adesso o in altri tempi, ne haverano sempre in singolare
protectione e galiardamente fara al aiuto e defensione nostra, et pero
ce confortano stiamo de bono animo : laqual lettera dirai alla Cesarea
Maestà che a noi giovara assai e credemo, intendendosi questa dispositione e proposito del imperio verso noi, chi ce ha mal animo dovera
andare più retenuto et anche in Italia ne dara reputatione; laquale
quanto sara maior, sara tanto più a suo proposito [1].

La Cesarea Maestà ultimamente ha scripto ad M. Pietro e
factone scrivere da Augustino, como haveti veduto ; e, seben estimamo
poco necessario replicare più questo, non dimeno, la importantia de la
cossa ne strenga pur a dirlo che di novo pregamo Sua Maestà ad farne
intrare in la lega de Suevia et fare che, in qualuncha appunctamento
se facesse con Suiceri e Grisani e cum Francesi, noi siamo inclusi e
restiamo con sicureza de non havere sentire travaglio e recto de
intrare in la liga di Suevia ; el dicemo tanto più che, quando Suiceri
facesseno pensiere [di fare ?] questi movimenti verso di noi per vin-
dicarsi, sapiano che haveriano contra et Suevi et Imperio, e pero
fossero necessitati abstenersene.

E perche in dicti avisi e li altri havuti de Savoia, è significato quello
vedereti de lo illustrissimo archiduca, noi estimamo essere stato prudentissima consideratione de la Cesarea Maestà laverli lassato di la al fine
che in dicti avisi de Savoia è giudicato, non di meno ne sara grato ne
chiariati bene de la cossa como è, e sel archiduca havera mandato a
far qualche ambassata in Franza como è scripto, o pur solamente
parole generale, e si nondimeno sii et habii essere col padre quello
che deve, e tutti li di passati è stato affermato chel sara colui.

17

Marchesino Stanga à Ludovic Sforza [2]

(Lindau, 17, 21, 23, 28 mai 1499)

Ill.mo et ex.mo signor mio obser.mo, la causa per laquale la Cesarea Maestà me ha ricerchato è stata, secundo che epsa me ha dicto,
per volere declarare et aprire alla E. V. lo intrinseco suo e demonstrarli che de la conservatione sua e del stato no la quella memoria e cura
che ha de l'anima de Sua Maestate e de le cose proprie, e cossi me ha

---

[1] Il y a ici cinq lignes effacées par l'humidité.
[2] Milan, A. d. S. *Pot. Est. Germania.* Dépêches originales. La première
(la plus longue) est brièvement résumée par Motta. *Battaglia di Calven
e Malz*, n° 16, p. xviii.

significato che, havendo di continuo portato amore singolare alla E.
V.ra e continuando in questo più che may, sapendo di certo e vedendo
chel Re di Franza è deliberato di occupare el stato della E. Vra, ha bene
considerato ed in se examinato tutti li mezi et modi cum liquali epsa
possa redimere questa vexatione, cum assicurarsi per sempre; et perho,
vedendo la Maestà sua che ley è extenuata per le pressure de le
guerre passate, e per queste che de presente ha con Suiceri, non po
per via alcuna dare aiuto alla E. V., como seria el desiderio suo, et sapendo che ne per via del duca di Burgogna suo fiolo po dare contrapeso
alcuno al Re di Franza, ne dal imperio se po expectare soccorso alcuno,
(perche, se bene la Maestà sua è imperatore, non di mancho ha solum
lo titulo et la dignità et non la obedientia), dice non vedere altro remedio
quale sia apto ad poterla salvare, cha a fare lega e confederatione cum
la liga de Svevia: la quale essendo de la potencia che è, et havendo de
presente con questa guerra che ha con Suiceri, tutta volta che la E.
V. sia colligata seco, oltra che la ruina de Suiceri se possa tenere certa,
quando accordio havesse mai ad seguire, sera cum conditione tanto
ferme et stabile che el Re di Franza non potera mai valersi de Suiceri;
et quando Suiceri non attendessero le conventione, sera talmente capi-
tulato cum la lega de Svevia che mettendosi Suiceri alla offensione
del stato de la E. V., la Lega li movera sempre guerra ad loro;
extendendosi la Maesta sua sopra questo molto longamente, cum dire
che non saperia se non confortare et amorevolmente ricordare alla
E. Vra ad fare questo effecto, senza el quale si como epsa posseva
tenere certa la ruina del stato suo, essendo el Re di Franza de la
potencia che è, cossi facendolo posseva assicurarsi de havere remedio
al caso suo et estimare de liberarse del Re di Franza e de' Suiceri in
uno tracto, perche Francesi senza Suiceri non erano homini da fare
impresa, et havendo Suiceri contrapeso de la qualita che è la lega de
Svevia, havevano de gratia ad remanere in casa et cultivare li paesi
loro, senza cerchare stipendio ne movimenti de guerra, e cossi sopra
questo la Maestà sua volse che io scrivesse quello li pareva se havesse
ad fare per venire a lo effecto de questa liga. La qual scriptura io
feci secundo lo ditato de S. M. e sera qui alligata; e finito che io la
ebbi, epsa me disse li volesse declarare quello me ne pareva e quello
me persuadeva che la E. V. dovesse fare. Al che io respose: che
essendo questa una propositione de la quale non havendone la Ex.
Vra noticia alchuna, non me ne posseva *etiam* havere parlato; non
sapeva ne posseva fare judicio de l'animo et intencione sua, per quello
mo che ad me occorreva improvisamente, diceria che la E. V. intendendo la cura e studio quale metteva la Maestà sua alla conservatione del stato suo, questo seria collocato appresso al cumulo de le
altre infinite et immortale obligatione che la E. V. si senteva havere

alla Maestà sua, non dovendo essere de minore consideratione appresso ley che la cerchasse conservarli el stato che el rispecto de havergelo concesso. Subjungendolí che, se bene la Maestà sua diceva de non potere dare aiuto alla E. V. alchuno, non dimeno epsa sperava, ed io me persuadeva che tutto quello la potesse fare e cum la forze e cum la auctorità, lo faria; et descendendo poi al particulare de le conditione di questa lega, io disse che, se ben sapeva che la E. V. vederia volunteri et consideraria le propositione di sua Maestà, nondimancho quanto ad me le giudicava impossibile e periculose; impossibile perche, havendo la E. V. Francesi alle spalle, la necessita la stringeva ad prepararsi senza dilatione et ad dovere provedere alle gentedarme sue ; e provedere alli denari che la Maestà sua tocha in le propositione, sapeva certo non esserli modo ne via periculosa; perche, essendo Suiceri de la natura che sono e tanto vicini alla E. V., quando epsa facesse demonstracione de arme contra de loro, poteriano munire li loci quali sono verso Sua Maestà per starne sicuri, e de l'altro canto mettersi alla offensione de la Ex. V.; laquale seria de tanto magiore momento quanto che da una banda se trovasse havere Francesi in casa e de l'altra Suiceri; concludendoli che, per intrare in la lega de Svevia, sapeva che la E. V. ne seria contentissima quando la potesse intrarli cum le condicione e qualità che li sono inclusi li altri principi ; e più oltra li affirmava che, quando la S. M. particularmente volesse cosa alchuna de la E. V., se senza essere ricerchata epsa haveva subvenuto li soi in questi bisogni, molto mazoremente et più voluntera lo faria, intendendo la volunta de Sua Maestà. Ad questa mia resposta, epsa replicó che ley per lo peso de questa guerra de Suiceri, non poria aiutare la E. V., ne de Burgogna ne dal Imperio bisognava che epsa expectasse succurso alchuno; che, quello la poteria fare cum la auctorita lo faria, si come faria cum le forze quando potesse, ne per el particulare suo voleva cosa alchuna; perche se la E. V. li desse denari a ley tuttavolta che li occorresse bisogno de essere aiutata, non possendolo fare la Maestà sua se reputaria a grandissimo caricho havere tolto li soi dinari e non aiutarla, e perho che ad questa lega confortava la E. V. per bene suo e non per altro rispetto, dicendo che se Francesi li movevano guerra, bisognava che la spendesse e stesse in periculo de ruinare ; e se adesso spenderia bene uno pocho fora del bisogno suo, ne posseva expectare securita, et farelo quale sentiria omne di crescere ad magiore beneficio suo. Et havendomi la Maestate sua richiesto chel parere mio quale li haveva dicto ad bocha, lo volesse mettere in scripto, perche lo potesse examinare, io lo fece et sera qui incluso. Et havendolo la M. S. tenuto uno di, me mando poi a dire per el Langh che per omne modo persisteva nel proposito suo, che la E. V. facesse quello che epsa li ricordava e preponeva.

In questo rasonamento havendomi la Maestà sua resposto che quello poteria fare ad benefitio de la Ex. V.ra. cum la auctorita lo faria, mi parse ad proposito tocharli due cose; l'una sopra el particulare de lo Papa, e l'altra sopra la venuta de quattro ambasatori francesi quali aspetta S. M. E quanto a le cose del Papa, li disse che epsa doveva havere inteso le pratiche quale erano state finqui cum Sua Santità per tirarlo al benefitio de le cose de Italia e fare lega cum Sua Santità, Re Federico, la E. V. et Fiorentini, e che havendo di continuo dato bone parole e da l'altro canto sollicitato el Re di Franza alla impresa de Italia, e continuando in questo più che mai, se bene se era fin qui expectato de intendere la finale dispositione sua, non di mancho s'è era anche pensato come poterli levare el modo e la via de fare male, quando se vedesse che oltra chel sia instrumento de la ruina de Italia, volesse mettersi alla executione del suo malo animo e perno che havendo la E. V. consultato insieme col Re Federico la provisione necessaria per assicurarsi de Sua Santità in caso che Francesi passasseno in Italia, giudicavano et havevano rasonato se havessino ad temptare le arme spirituale e temporale per levarli l'adito di far male ; e quando al spirituale, havendo lo Re di Spagna facto quello che la Maestà sua doveva havere inteso, se la Maestà sua cum lo imperio facesse lo medesimo, pareva potesse cedere ad grandissimo proposito per moderare li desordinati appetiti del Papa. Quanto al temporale, eravamo in pensiero, come se mettesseno Francesi ad passare, de assecurarse de sua Santità cum la forza, e deliberando la Maestà sua mandare homo ad Roma, se epsa mandasse homo de auctorita et armigero, quando havesse facto la opera spirituale e non giovasse, poteria ad nome de S. M. e de lo imperio mettersi alla executione del temporale cum le gente del Re Federico e de la E. V., che seria senza spesa de Sua Maestà, e tutta la reputatione seria la sua e del imperio; cercha la venuta de li ambasatori francesi, li disse che, essendo per li avvisi venuti ben chiara la mala dispositione loro contra la E. V. et quasi in facto le preparatione sue, la Maestà sua possoa declararli che intendendo e vedendo quello se voleva temptare contra Milano, li certificava che cum la persona propria e cum la forze sue e del sacro imperio, era per pigliare la protectione de la E. V., lassando tutte le altre imprese da canto, e che non seriano tanto presto alla offensione sua, che cossi presto la Maestà Sua non fusse e cum le forze e cum la persona in aiuto del stato de la E. V. Et in questo li rechay il rasonamento facto in Brera col Rdo M. Petro da Trieste, ricordandoli che adesso seria lo tempo e la occasione, magiore che may in alcuno tempo se potesse expectare, de moderare la ambitione de Venetiani et ampliare la dignità e stato de Sua Maestà cum farli intendere che la E. V. non havendo ad guardarsi indreto faria cognoscere alla Maestà sua quanto la desideri la exaltacione sua, e cum quale forze et vigore aiutaria questa impresa, distinguendoli la facilita d'epsa impresa cosi per la necessita ne laquale se trova la Signoria de Venecia, anichilata de denari, de gente darme e cum lo timore del Turco, como per la via quale haveria la E. V. de mandare le gente d'arme sue fin sopra le porte di Verona, e perho che in questa venuta depsi ambasatori francesi doveva vedere se la posseva introdure qualche tregua per doi o tre anni col Re de Franza la qual fusse de qualita che la Ex. V. potesse starne secura ; e poi la M. S. se mettesse in questa impresa perche gli ne reusciria tal fructo che quando poy la volesse fare contra el Re de Franza, haveria tanti aiuti e modo da per se che quello poteria essere difficile adesso seria facile ad altro tempo.

La Maestà sua, sopra le cose del Papa me respose che le opere di Sua Santità erano veramente aliene da quello chel debito del officio suo recerchava, ma che, trovandosi adesso epsa in questi frangenti de guerra, non li pareva de irritarsi el Papa, ma expectare de temptare lo spirituale in altro tempo ; la quale cosa confessava spectare al officio suo e voleva farlo; e quanto a temptare el temporale, disse che, facendosi movimento de arme contra el Papa, judicava fusse bene considerare che questo non movesse più el Re di Franza alla perturbatione de Italia, quali potevano pigliare colore de fare contra la Ex. V. per aiutare el Papa; cercha la venuta de li ambasatori francesi, la Maestà sua molto largamente rispose che la faria lo effecto per me ricordato, in farli intendere che la era per mettere la persona e le forze per aiutare e defendere la E. V. E quanto al procurare de fare tregua per fare quello altro effecto, me rispose che Francesi cento volte le havevano offerti partiti grandissimi e volevano lassarli Venetiani in preda, lassando la Maestà sua la E. V. e che may li haveva voluto consentire; cum dire che, quando de novo volesse attendere alle propositione sue, lo fariano più che mai, ma che la intencione sua è sempre stata et è de non lassare V. E. ad discretione ; et se bene sapeva che parlando de questa tregua non ne cavaria el fructo che la E. V. desidera et ley voria, non dimeno lo voleva temptare de novo, dicendo che e questo e tutte le altre cose quale potesse fare per dimonstrare la grandeza del amore suo alla Ex. V., lo faria promptamente et de bon core, tochando in fine che questo che haveva proposto de la liga era la salute sua, e ch'io dovesse da parte de S. M. significarlo alla E. .; in bona gratia de laquale continue me ricomando.

Ex Lindo, 17 mai 1499.

Exc.me Ill.me Dominationis vestre minimus servitor
Marchesinus STANGA.

Post scripta: Sopra queste propositione de la Cesarea Maesta, io ho resposto quello che la E. V. vedera, e me è parso depingerle impossibile e periculose; perche, oltra che cossi sia el debile judicio e vedere mio, lo havere da me improvvisamente risposta in questa forma, dara mancho carico alla E. V. in non acceptarle quando non li piaciano, como credo non farano e perche nel scrivere non si po cossi extesamente distinguere tutti li rasonamenti, ho anche parlato in modo che la Maesta sua non resta se non bene edificata de la Ex.tia V.ra; e quando epsa non acceptasse gia quello che ha proposto, credo non habia ad restarne con mala opinione, excusando la cosa cum quelli modi e termini che la E. V. per la prudentia sua sapera fare. Io non sono voluto intrare in meriti de pratichare questa cosa per abazarla, azio la Maestà sua non si fusse persuasa chio havesse el parere de la E. V. in pecto et havesse voluto merchantarla, benche più principalmente lo habia facto per non parlare ne pratichare quello de che non ho commissione, e perche nel parlare mio propose alla Maestà sua, se particularmente voleva cosa alchuna, lo declarasse che la Ex. V.ra lo faria. Io mi mossi ad questo per levarla fora di questa propositione, e tractare cum lei quella offerta che me haveva commisso la Ex.tia V.ra li dovesse fare, ma havendo la Maestà Sua dimonstrato essere in tutto aliena da questo, se ley vora mo convertire quello ch'io doveva offerire in questa propositione a fare o piu o meno questo stare allo arbitrio e deliberatione sua, havendo ad essere le parte mie, sforzaromi cum quello pocho ingenio che Dio et la natura me hanno dato de satisfare alla E. V., laquale, se in quello che fin qui è stato tractato, restasse pocho satisfacta, ascrivera el tutto ad ignorantia et non alla dispositione mia; laquale in le cose de la E. V. è quella che deve havere uno chi lo essere suo ricognosca da chi lo ha havuto dopo Dio.

Questo posso certificare alla Ex. V. che sel acordio se fara mai cum Suyceri, epsa li sera inclusa per havere serrate le victualie secundo l'ordinatione e voluntà del imperio; et appresso, sel se havera per alcuno ad fare praticha di questo accordio, la Ex. V. lo fara o intervenerano segni soi al tutto, perche cossi me ha certificato la Cesarea Maestà; laquale, per quanto posso comprendere e conjecturare de l'animo e dispositione sua, non è per fare ne cerchare accordio alchuno se prima non prova in qualche bonà bataglia quello possa sperare di questa impresa, et benche el Langh dicesse ad Augustino Somenzio che la Maesta sua era contenta che la Ex. V. ra ne disse quello la posseva fare in la praticha de questo accordio; nondimeno io trovo la Maestà sua alienissima da questo, salvo se extrinsecamente non dimonstrasse una cosa, nel pecto ne havesse un altra; che non credo.

El discorso de la lettera longa la E. V. lo potera liberamente communicare ad M. Petro da Trieste, perche cossi mi ha dicto el La ngh da parte de la Cesarea Maestà ; et alla Ill. S. V. me ricomando

Data ut in litteris.
Idem servulus.

(Lindau, 17 mai 1499)

In Lindo die 17 maii 1499.

Serenissime et invictissime Cæsar,

Visis et bene consideratis articulis propositis per sacratissimam Majestatem Vestram in negocio Lige Suevie, quoniam de his quæ tangunt ill. mum D. Ducam meum sententiam meam in medium afferre Majestas Vestra jussit, et si illustrissimi Ducis iste partes sint nec ego deliberationem Excellentiæ Suæ in rebus novis neque intellectis nec sciam nec recte judicare possim ; ac tamen Cesareæ Majestatis V. mandatis parere volens, quæ mihi occurrunt explicabo : hoc unum pro certo habens ill^{mum} Dominum ducem proposita per serenissimam Majestatem Vestram reverenter auditurum et intellecturum. Duo sunt in Liga Suevie per Ser. mam M.tem V.ram proposita : obligationem ill. D. ducis concernentia, scilicet quod Elvetiis claudat victualia et contra Elvetios ponat sex milia bellatores, quattuor Italicos et reliquos Alemanos, et quod donec isti sex milia bellatores sint in ordine, det quinquaginta milia ducatos modo Lige Suavie.

Super commeatibus Helvetiis impediendis, Ser. ma M. tas Vestra proxime intellexit ill. d. ducem, audita Majestatis Vestræ et Sacri imperii deliberatione et voluntate, se ejusdem sacri imperii principem obedientissimum ostendisse ; sperans quod, cum ejus sacri imperii membrum sit, si cum Helvetiis aliquo tempore res componerentur et concordia fieret, Ser. mam Majestatem V.ram ac sacrum imperium in omni compositione sui rationem habituram, et in conditionibus et capitulis firmandis securitatem Ex. tie sue inclusuram.

Super capitulo sex milium bellatorum et quinquaginta milium ducatorum, cum ill. mus dominus dux meus bellum regis Francie ante oculos habeat, judicio meo impossibilia sunt quæ proponuntur et in novo periculo res suæ constituerentur ; posset enim eodem tempore et regis Francie et Helvetiorum bellum expectare, qui, cum in limitibus Domini ducis sint, cum parva manu dominium suum invadere possent, et in uno die incendere.

Et quoad L. milia ducatos, cum Dominus Dux ad bellum contra Gallos sustinendum se preparet, non bene video quomodo ista simul stare et convenire possint. Hoc tamen scio quod Dominus dux si in Liga Suevie poterit includi eo modo quo alii imperii principes inclusi sunt, excellentiam suam portionem sibi spectantem quam honestam esse putaverit libenter satisfacturam.

(Lindau, 21 mai 1499)

Illmo et ex^{mo} sig. mio obser^{mo},

Io credo che la Cesarea Maestà havesse desiderio de parlarmi de la fiola; laquale cosa non ha facto, perche M. Matheo Langh in dicorso di parlare, questa ultima volta che è stato a lo alogiamento mio, me ha dicto chel bisognava che uno di lui et io dessimo moliere a V. Ex^{tia}: laquale parole indubitatamente me ha usate per attaccarmi, e per vedere como mi moveva ad questa propositione : quello ch'io li ho resposto è stato che son certo la E. V. trovarsi in dispositione de non accompagnarsi mai più, e persuadermi che lo habia facto per voto ; et li ho subjuncto como non pensando altro la E. V. che fare cognoscere alla Cesarea Maestà quale sta la observantia sua verso epsa e quanto la desideri, che è per li tempi presenti e per li futuri, si cognosca essere una cosa medesima el stato de la Ex. V.ra cum quelle che hano ad venire dreto ad Sua Maestà, me ha commisso li debia parlare per fare parentato cum lo archiduca di Burgogna per mezo de la fiola nel ill sig. conte de Pavia ; quando alla Maestà sua paresse questo havers ad fare ad satisfactione sua. Al che me ha risposto che. ne debia per omne modo parlare alla Cesarea Maestà. Laqual cosa io faro como mi accada la opportunita, e me è parso dire questo al predicto M. Matheo, perche, cognoscendo me haveva usare quelle parole per vedere como mi moveva, possa referire quello li ho dicto et excusare la prima propositione.

Alla Ill. S. V. continue me raccomando.

Ex Lindo, 21 mai 1499.

E. Ill^{me} D. V. minimus servitor Marchisinus STANGHA.[1]

[21 mai]

Illmo et Exmo signore mio obser^{mo}, Da poi la partita de la Cesarea Maestà di questo locho non se è inteso altro, salvo che qui è venuto aviso como Suyceri, havendo inteso come la predicta Maestà se era drizata verso Felchirch, havevano anchora loro mandato grosso exercito contra la Maestà sua. Ma per divertire e dividere le forze de Suiceri,

---

[1] Suscription : Illmo principi et ex^{mo} d^{no} D^{no} meo unico D^{no} Duci Mediolani. In manibus propriis.

oltra che le gente quale se ritrovano ad Basilea dovessino moversi da quella banda, questa sera furono inbarchati duo millia fanti in questo locho et altri tanti se ne dovevano imbarchare ad Uberling, per unirse tutti insieme e fare demonstracione de volere intrare nel paese de Suyceri che e sopra questo lacho, acio non havessino faculta de mandare tutto el sforzo suo verso la Cesarea Maestà. La quale, per quello se è inteso per vero, non havera cum se mancho de 20.000 fanti e 1.500 cavalli. Credo non passarano doi di chel se intendera qualche cosa, e sono certo che per la via de Chiavenna, al quale locho sera vicino el facto per due giornate, la E. V. havra più presto lo aviso che da me; e nientedimeno io ne daro etiam noticia e più vera che si potra.

Essendomi voluto ben informare se de' capitanei de Suyceri quali havesseno fama, ne erano stati morti in queste guerre, me è stato certifichato che la magior parte de li principali capitanei loro sono manchati, et in spetie del locho de Urania ne sono stati morti circa quaranta de li primi, e fra li altri Aman Bernardino; sono etiam stati morti doy fratelli del abbate de Santo Gallo, quali erano li principali capitanei che erano stati sempre al servitio de Francesi; de Zurigho ne sono manchati asay, e novarrente se è inteso esser stato preso uno de li principali del dicto locho de Zurigho verso Basilea; el quale per esser facto presone e non menato per li ferri come se fa ogniuno generalmente, se estima sia proceduto per intendere tutti li desegni de Suyceri, e che li aiuta e soccorre.

La Cesarea Maestà, fin questi di passati, scripse alli reali de Hispania questi movimenti de Suyceri, significandoli esserli mossa questa guerra per instigatione de Francesi; quali non solo erano causa de questi movimenti, ma li nutrivano et aiutavano, ricerchando a quelle regie Maestate che, e per l'obligo e per la affinita, volesseno moversi e fare contra Francesi; e perho havendo l'Ex.tia V.ra scripto sopra questa materia, non sera necessario ricordare altramente alla Cesarea Maestà che scriva, havendolo gia facto, ma solum significarli quello che la E. V. ha scripto ley in conformita di questo.

Alla Ill.ma S. V.ra continue me ricomando.

Ex Lindo, xxi maii 1499.

Exc.mo Ill.me Dominationis V.re minimus servitor,

Marchesinus STANGA.

(Lindau, 23 mai)

Ill.me et ex.mo signor mio obs.mo,

Havendo expedito el presente cavallaro solo perche l'Ex. V.ra intenda quello me ha scripto la Cesarea Maesta e sapia dove havera a drizare li cavallari che hora venerano, me è anche parso significarli quello che in questo di se è inteso in questa terra. Gli significo aduncha como de verso Constantia è venuto aviso che quelle gente de la Cesarea Maestà che se ritrovano li hanno brusato molti loci de Suiceri, e vedendo epsi Suiceri non potere resistere alle gente da cavallo che se ritrovano in quelle confine, per levarli le facultà cossi del brusare facilmente le terre, como del vivere de li cavali inimici, loro medesimi hanno brusati li strami in le terre sue e reducano tutte le robe alli loci più securi.

Epsi Suiceri sono constreti ad tenere le forze sue divise in tre loci: perho che dal canto de Basilea è uno exercito grosso del quale è capo M. Federicho Capeller et el conte de Furstembergo; et in questo exercito è la guarda de Burgogna che sono 800 cavalli ellectissimi et expertissimi; ad Costanza è un altro exercito, e dove se ritrova la Cesarea Maestà un altro. El duca Federicho de Saxonia ellectore, secundo è stato dicto qui, è arrivato ad Olmo lontano da Costanza due giornate et cum lui se dice essere el duca de Pomoro, quali veneno cum comitiva de 800 cavalli e 6.000 fanti. Queste cose sono state affirmate qui, e tale quale le ho intese ho voluto significarle alla Illma S. V. In bona gratia de laquale continue me ricomando.

Ex Lindo XXIII maii 1499.

E. Illma D. V. minimus servitor

Marchesinus STANGA.

(23 mai 1499)

Illmo et ex^{mo} signor mio observan^{mo},

La Cesarea Maestà per uno cavallaro mandato ad posta, me ha scripto quello che per la inclusa lettera vedera la Ex. V., laquale me è parso mandarli acio habia del tutto et intenda quanto epso mi ha scritto per le lettere de la predicta Maestà mi ha ricerchato dirrective alli subdit de l'Ex. V. in Valtolina che provedano alle gente sue de victualie: havendo epsa scripto alla p.ta M.tà che l haveva dato bono ordine circa questo. Io ho scripto al capitano de Valtolina et Giov. Angelo de Baldo quello che per l'inclusi extracti potera vedere, e perho, quando Giov. Angelo habia havuto commissione sopra questo, mi persuado la exeguira; quando anche non l'havesse havuta, la E. V. li fara quella provisione parera alla prudentia sua. Ho mandato Augustino da la Maestà sua como ha ricerchato.... Domatina me levaro anchora io de qua, e me inviaro ad Malzo, dove saro in quatro di e li altri ambasciatori che sono qua restarano, non havendo loro ordine alchuno ne de stare ne de levarsi. Alla Illma Sria V^{ra} continue me ricomando. Ex Lindo, 23 maii 1499.

E. Illma D. V. minimus servitor,

Marchesinus STANGA.

[28 mai]

Ill.mo et ex.mo signor mio obs.mo,

Le cose occorse verso Malzo da poy la partita mia da Lindo non hanno permesso che io me li sia possuto transferire, como haveva deliberato et era designato da la Cesarea Maestà. Ringratio bene Dio che non habia voluto me sia ritrovato tanto inante ad questo camino chel ritornare non fusse poi stato in faculta mia. De quelle cose che sono accadute li, sapendo che l'E. V. e da Jo. Colla e da Augustino Somenza ne è stata longamente avisata, io non li replicaro el medesimo per non fastidirla. Questo li diro solum, chel numero de li morti in questo conflicto non è stato tanto quanto se era vociferato; e per fermo se tene che de Grisani ne siano morti el doppio più de li Cesarei, et el numero depsi Cesarei pare non sia stato se non 800.

Io sono arrivato in questo locho de Himbst, vicino ad Malzo cinquanta millia italiani, dove ho ritrovato lettere de la Cesarea Maestà, per lequale me commette che me debia firmare fin che me scrivera altro, attribuendo el farmi dimorare qui alla carestia del vivere et alla pocha securita de la via. Quanto al periculo de la via, ho creduto facilmente al scrivere de S. Maestà, ma quanto al vivere, non so como per la via si possa ritrovare meno, non essendo qui cosa alchuna ne per el vivere de le persone ne de cavalli. Tuttavolta se fara al melio se potera per obedire la Maestà sua.

Alla ill.ma Signoria vostra continue me raccomando.

Ex Himbst, 28 maii 1499.

Mininimus servitor Marchisinus STANGA.

18

Giorgio Soprasasso à Ludovic Sforza [1]

(Sion en Valais, 25 mai 1499). Analyse.

Manda copia de una lettera del Re de Franza a Bles, de 24 aprilis, alli confederati, per confortarli allo assetto de la guerra, accio che V.ra Excellentia intenda quando per el mezo suo se acconciano le cose che fin habia parturire la pace.

El Re scrive che, considerando quanto detrimento sii per portare a loro li inimici e a tutto el christianesimo la guerra sua con Suevi

---

[1] Milan, *ibid. Pot. Est. Svizzera.* Copie. Summario de lettere de Vallesi de M. Zorzo Supersaxo, die 25.

et adherenti, li è parso interponere l'opera sua per sedare questa guerra, per laquale se porriano sminuire le forze de la christianità, et augumentare quelle del Turco; però manda soi ambasatori a loro et alli inimici per tractare dicto effecto; pregandole, per la reverentia del Salvatore, per la fede nostra e de tutto el cristianismo, vogliano exhibirse prompti e parati, et perchè forse li ambassatori non porriano arrivare cossi presto, fare tregua per qualchi di, accio non se venga ad conflicto inante la zonta loro: che saria perniciosa cosa.

M. Zorzo subjunge che' Suiceri hano mandato incontra alle bombarde del Re de Franza; che Bernesi li hano scripto chel voglia drizare le lettere che se scriverano per V.ra Excellentia.

Circa la resolutione de Vostra Excellentia per li soi mille florini dice che gli pare sii honesto che li dinari prestati siino restituiti a V.ra Excellentia, e lui li haveria domandato a Monsignore quando fusse stato el termino, quale è a Kalen. Julii, ma expectara voluntera purche la causa de M. Matheo non se differischa, o se li usi negligentia per questo; el che non se poria fare senza incommodo de Vostra Excellentia, non essendo bastante la vechieza de Monsignore a domare quelli populi.

Che in la pensione de li soi ducento ducati gli sono retenuti ogni anno venticinque ducati, perche non se paghino senon florini quattro l'uno, se doveriano pagare a 4 florini 8; che lui non creda sii mente de V. Ex., havendo lui servito e in tempi de guerra e pace, non senza mazore spesa, de laquale non ha mai domandato ne havuto cosa alcuna. Gli basta la gratia de V. Ex. se la po havere.

19

Les lieutenants et conseillers impériaux d'Inspruch à Ludovic Sforza [1]

(Inspruch, 27 mai 1498 [*sic*])

Illustrissime et excellentissime princeps, dominae observandissime, paratissimum semper obsequendi animum comendacione praemissa, Ex spectabili viro illustrissimae Dominationis Vestrae cancellario, nobis ob ejus virtutes et prudentiam quibus is in agendis rebus praestare videtur praecipue accepto, saepe intelleximus devotionem illam et benivolentiam quibus Dominatio Vestra Illustrissima erga sacram regiam Majestatem et dominum nostrum gratiosissimum terrasque suas et subditos afficiatur. Unde etiam factum sit quod

[1] Milan. A. D. S. *Carteggio Generale*. Original.

illi de Liga Grisea ægre ferant præsertim de eo quod D. V. Illustrissima in complacentia Regie Majestatis inhibuerit ne ex terris suis ulla victualia sibi advehantur. Quam quidem benivolentiam et favorem sacre Regie Majestati accurate significavimus, ejusque capitaneo exercitus inimicorum, si contingeret subditos Dominationis Vestræ illustrissimæ ab hostibus predictis molestari, illis pro viribus auxilio et defensioni esse; nec dubitamus ipsam regiam Majestatem, quæ nunc terris suis hereditariis (contra quas bellum agitur) appropinquavit illasque ingressus est, in hiis et longe majoribus erga D^m V^{rm} Ill^{m.m} quam gratiosissime et amicissime se ostensuram. Sed pro eo quod cupit Dominatio Vestra Ill.ma de successu et actibus belli certior reddi, eidem significandum duximus hiis diebus proxime transactis in Valle Venusta non mediocrem stragem factam esse, ubi circiter quinque milia hominum utriusque partis interierunt, nostrorum videlicet infra duo milia, hostium vero numerus residuus. Est etiam Regia Majestas illius conaminis et propositi contra uosdem de Liga Grisea tanta auctoritate agere et procedere ut eorum temeritas taliter opprimatur quod non solum ipsa Majestas Regia, sed et Illma Dominatio Vestra et utriusque terre subditi posthac quietius tutiusque permaneant. Quod Dominationem Vestram Illustrissimam, ad cujus beneplacita et obsequia nos paratissimos offerimus, latere noluimus.

Ex oppido Insprugg, XLVII^{ma} die mensis Maii MCCCCLXXXVIII^{vo}.

Romanorum Regis Domini nostri gratiosissimi locumtenentes et consiliarii in Insprugg.

20

L'ambassadeur milanais Jo. Colla à Ludovic Sforza [1]

(Inspruch, 31 mai 1499)

Illustrissimo et excellentissimo signor, signore mio observandissimo,

Ho communicato a questi regenti quanto m'ha scripto la Excellentia Vostra haverli dicto Zoanne Antonio, a nome de M. Jo. Jacomo Triultio, de la desdicta de li vinti di e li altri avisi de Suiceri, e cosi la commissione facta a Bodino de li doi milia fanti, e la descriptione se fa sul Lago Maggiore, e li rispecti per che se fa questo : loro hanno demonstrato grandissima displicentia de la desdicta de M. Jo. Jacomo,

---

[1] Milan, A. d. S. *Potenze Estere*, *Germania*. Original. Lettre en partie chiffrée, mais avec le déchiffrement de la chancellerie milanaise. Suscription: Ill.mo principi et ex^{mo} D^{no} meo observ^{mo} Domino duci Mediolani.

persuadendose però che la sia più presto demonstratione cha chel n'habia reuscire ad effecto. Li è bene summamente piaciuto l'aviso de la mala contentezza de Suiceri del re de Franza. Quanto al ricordo fa la Excellentia Vestra che per questi avisi possono cognoscere essere lo tempo de castigare i Suiceri, dicono che sperano de bene spendere questa opportunità ne havere in animo una minima scintilla de fare pace, e più se si dovera fare, sara cum reputatione secura e cum honorevole inclusione de la E. V. Tutavolta sperino in Nostro Signore Dio che la Maestà Cesarea e la E. V. insieme che li ha adiutati debellarano e triumpharano de questi rustici Suiceri, e che ringratiano la E. V. de li avisi e del ricordo; el quale, cosi como amorevolmente li è sposto da la E. V., cosi fidelmente el tenerano secreto e il metarano in opera. Me domandarono se la E. V. avisava la Maestà Cesarea de questo et havendoli risposto ch'ella ne scriveva al magnifico Messer Marchisino, hano pur però ordinato de scriverne a la Maestà sua, loro parendoli avisi de non pocho momento. Da laquale si maravigliano che non habino qualche aviso gia doi giorni passati, sebbene sono certo che la Maestà sua sia in continuo exercitio per finir la impresa contra Grisani.

In bona gratia, etc.

Ex Hispruch, ultimo maii 1499.

Jo. COLLA.

31

Ludovic Sforza à Maximilien [1]

(Milan, 7 juin 1499)

Minime opus erat quod Vestra Majestas a me peteret ut opera Augustini, quem in Vallem telinam misit, uti posset pro comeatibus ad exercitum suum transmittendis; nam cum suum sit mihi jubere, et ego nil magis cupiam quam ei morem gerere, persuadere sibi debet posse uti de his qui mihi serviunt, non secus ac si Majestati Vestre servirent. Sed, cum jam antea, audiente Majestatem Vestram finibus Dominii mei, quod suum est, appropinquare, a me ea provisio adhibita sit, per quam comeatus ad eam confluerent; et nunc quoque, intellectis his quæ Augustinus significavit Majestatem Vestram cupere, omnia diligenter et celeriter expediri curaverim (sicut ab ipso Augustino intelliget), et insuper miserim D. Balthasarem Pusterulam, equitem et consilia-

---

[1] Milan, *ibid.* Pot. Estere, Germania. Minute originale. Suscription: *Regi Romanorum*.

rium meum, Tiranum cum aliis ministris qui huic negocio intendant, arbitror M.tem V.ram non moleste laturam quod Augustinum ad eam redire jusserim... Etiam e re sua erit ut eam sequatur, [*ut melius*] intelligat quod a me scribi contigerit, et ipse de felicibus progressibus M.tis V.re, et, si ipsa aliud me jubere volet, monere possit.

22

L'Impératrice Bianca Maria à Ludovic Sforza [1]

(Fribourg, 10 juin 1499)

Bianca Maria, Dei gratia Romanorum regina semper augusta.
Ill.mo princeps patrue et pater carissime,

Heri recevessemo le lettere de la Signoria Vostra de 9 e 12 del passato. In una ne faceva intendere quanto havesse havuto grato l'officio per nui a suo beneficio fatto apresso el ser.mo signor Re nostro consorte, ringratiandone d'esso e pregandone a continuare; ne l'altra diceva esser advisata che nui havessemo scritto lettere al R.mo et Ill.mo signor vicecanceliere suo fratello, et ad altri, in favore de uno per la coadiutoria pel vescovato de Gurza, qual e promessa a M. Petro, da Trieste, instante el ser.mo signor Re predicto, e ne pregava ad scriver de novo ad chi havessemo scritto per questa cosa, reducendola al proposito de M. Petro. Ad la prima, dicemo esserne piazuto assi sentire che a la Signoria Vestra con tanto meglior animo e prompteza, haveremo a perseverare ne lo advenire; de una cosa ne recresse, non posser fare tanto quanto desiderariamo per la Signoria Vostra. Ma almancho in ogni tempo se deportaremo in tal modo verso de quella, che cognoscera non esserne manchata la voluntà de giovarli. Cossi non devemo esser ringraciate de cio, perche quello fazemo lo fazemo per debito, volendo satisfare a li obligi havemo a la Sig. V. e conrisponder al paterno amo ne porta quella. A la parte de la coadiutoria, respondiamo nui esser nove de le dicte lettere; che, quando le havessemo scritte, non seria stato per ignorantia, essendo nui ben informate de l' opera fatta fin al presente per el predicto ser.mo signor Re, nostro consorte, et anche per la Signoria Vestra, in favor de M. Petro; ma, ultra che non voriamo contravenir a S. Maestà ne a la Sig. V.ra, glie anchora el rispetto del dicto M. Petro, qual amiamo, si per el grado tene apresso el ser.mo signor Re nostro con-

---

[1] Milan, *ibid.*: *Pot. Est. Germania.* Original. *Suscription:* Principi patruo et p[at]ri [carissi]mo D. no Ludovico Marie Anglo, duci Mediolani.

sorte, si per esser ornato de virtù. E voriamo più prestò aconzarlo cha incommodarlo ne la ditta coadjutoria. Per laqual cosa, la Signoria Vostra debbe esser certa nui non haver scritto ne al predicto Rᵐᵒ et Illᵐᵒ signor ne ad altri contra Messer Petro : perilche non ne accadde anchora dover retractar quello non havemo fatto. Per testificatione però che habiamo caro el commodo de M. Petro, scriviamo per la alligata ad lo predicto Rᵐᵒ ed Illᵐᵒ Signor in favor d'esso e tanto più volentera per che la Signoria Vostra cognossa nui esser prompte ad farli cosa da piacere.

M. Claudio de Wandre l'altro heri vene de Bergogna qui, per andar poi verso el predicto serᵐᵒ signor nostro consorte, e quello zorno et heri fu a visitarne. Fra le altre cose, ne disse haver adviso de uno suo amico franzese chel Re de Franza era venuto de Bertagna a Lione, tutto intento a la impresa contra la Signoria Vostra, e che gia haveva mandato inanti verso Hast cinquecento lanze, con certa quantita de artelaria, e doveva venire de le persone cinquanta millia e venir lui in persona a la ditta impresa. Delche, abenche tutto non crediamo, ce però parso advisarne la Sig. V., perche essendone advertita, habi a star ben provista. A la Sig. V. se recommandiamo, certificandola como, per la Dio gratia, siamo sane ; e che continuamente desideio de quella intendere e cossi de li suoi figlioli.

Ex Friburgo, x junii 1499.

Bianca Maria manu propria. Ge. GADIUS.

23

Ludovic Sforza à Marchesino Stanga[1]

(Milan, 15 juin 1499)

Dux Mediolani. M. Marchesino.

Dal R. M. Petro da Triest in la venuta sua e dopoi, ne è continuamente facto quella bona relatione de M. Matheo Lang che più se potesse desiderare da alcuno nostro affectionato, e per quello si è cognosciuto alla giornata e per voi ne è abondantissimamente confirmato, sel fosse creatura nostra, confessamo chel non porria fare più : unde li restamo molto obbligati, e tenendoci debitori de doverlo ben recognoscere, como siamo per fare, tuttavolta ne ritroviamo relevati da le excessive gravezze ne lequale siamo : ma, per non manchare ancora fra tanto

[1] Milan, *Ibid. Pot. Est.* — Minute originale. *Suscription* «..... equiti D. Marche[sino Stan]ghe, secretario oratori nostro dilectissimo....Cito.

de fargli segno del bono animo nostro, e farlo certo che le opere facte e quelle fara ad beneficio nostro siano bene collocate, volemo che ultra li cento florini del Rheno quali li avete dato al giungere vostro, se anchora vi trovarete al ricevuto di questo dove epso sara, gli dagate altri ducento florini ; e quando non vi trovasti dove sta il Lang, e che Augustino Somenzio si trova cum vuy, li dareti ad epso Augustino che gli li porti : se anche non fusse cum vuy, li mandareti ad epso Augustino che gli li porti e presenti, cum farli dire che ricognoscemo molto bene questo non satisfare al merito suo, ma che le grande spese quale facemo non ne lassano che se possiamo dimonstrare cum epso cum quella liberalita quale vorriamo. El che siamo per fare a megliore tempo, e cusi lo pregareti ad haver cura de le cose nostre cum la Maestà Cesarea. Mediolani die xv Junii 1499.

24

Ludovic Sforza à Maximilien[1]

(Milan, 17 juin 1499)

Mediolani xvii juni 1499. — Domino Regi Romanorum.

Factus nuper sum certior Majestati vestræ delatum esse victualia et alia necessaria ad Grisanos assensu meo proferri. Incredibile est quantam ex hoc molestiam acceperim Nihil enim magis unquam optavi quam, accepto hoc statu a Majestate vestra, ostendere ei ac palam omnibus facere meum erga ipsam singularem affectum et parendi studium, et non solum statum, quem ab ea accepi, et fortunas omnes meas et meipsum pro Majestatis vestræ gloria et amplitudine exhibere posse ; Deumque Immortalem testor, postquam ab sacro Imperio litteræ Majestatis vestræ nomine exscriptæ superioribus diebus ad me missæ fuerunt......[2] ad Grisanos vehi paterer, me non solum ipsi obtemperasse sicuti in posterum facturus sum, sed tam accurate et tanto affectu in hoc ac ceteris, quæ Cesareæ Majestati et suis favere posse intelligebam, egisse ut nihil plus si de animæ meæ salute ageretur præstare potuerim. Declarare id præter alia debuerunt, quod in dies Majestati vestræ significari ab meis jussi, et missus in Vallem Tellinam jureconsultus suus referre potuit ; confirmant apertius litteræ Grisanorum hodie ad me perlatæ quas R. D. Petro Bonomo Majestati vestræ mittendas dedi et quod ipsi undique ab illis meis finitimis scribitur, sicut D. Petrus

---

[1] Milan, *ibid.* Minute originale.

[2] Il y a ici des ratures dans le texte, mais le sens est clair : des lettres m'interdisant de rien envoyer aux Grisons.

perscripsit.. Quæ cum ita sint, et tam aperto periculo, ut debeo et facturus semper sim me obtulerim Majestati vestræ servum, doleo fortunam meam non deesse tamen qui de me falsa Majestati vestræ deferre audeant. Quod idcirco plurimum me afficit : quia, cum ipsius erga me amorem super omnia humana estimem et maximi faciam, nihil etiam magis me commovere potest quod si nulla culpa mea sit, ipsum vel tollere vel imminuere queant ; et ut apertius Majestas vestra sciat me vera loqui, rogo mittat vel araldum, vel ex suis quem maluerit, qui in Vallem Tellinam et alia ditionis meæ Grisanis finitima loca proficiscatur et in eis immoretur et magna cura perquirat veritatem eorum quæ Majestati vestræ delata fuere ; si vera invenerit, dolere et merito me accusare poterit et ingratissimi principis nomen subire non recuso ; quæ si falsa esse perspiciet, ut vero fiet, sciet quantum deinceps credere debeat iis qui de me mala loqui audebunt. Quod superest, me ac mea, quæ Majestatis vestræ sunt, ei commendo.

25

Ludovic Sforza au cardinal Ascanio Sforza[1]

(Milan 21 juin 1499)

R. me in Christo pater, et ill.me Domine frater cordialissime,

La serenissima Regina de' Romani, nostra commune nepote, ne ha scripto che havendo Pigello Pormiano, fiolo de Thomase e suo secretario, messo l'animo a farse ecclesiastico, desidera obtenere de la Santita de N. S. gratia de havere alchuni beneficii nel paese del serenissimo signor suo consorte e de lo ill.mo archiduca, maxime essendoli occorsa la opportunità del R. oratore del ser.mo Re de Inghilterra, quale è stato da la Maestà sua, e poi ad noy e hora vene li in corte ; quale per l'amicitia ha cum el padre e fratelli de dicto Pigello, si è offerto usare ogni industria per farli obtenere questa gratia. Recercandone la Maestà de la Regina non mancare in questo del adviso e favore nostro, perche se possi reportare questa gratia : però, sapendo quanto Thomaso sia benemerito de la casa nostra, et anche per gratificare la serenissima regina alli cui servitii è dicto Pigello, pregamo la R.ma Signoria V.ra che in nome nostro voglia fare tuta quella opera sara expediente, cossi cum la Santità de Nostro Signore como farla fare

---

[1] Milan, *ibid.* Carteggio Generale (Original) *Suscription* (en partie détruite) : [Re] v. de p.ri et ill.mo D. no | [...] to D.no As. Ma. S.a | [...] acono car.li Sfor . [...] ti S. R E vice | [cancellari] o ac Bononiæ legato.

cum qualuncha altra persona sara bisogno, acioche dicto R. ambasciatore inglese reporta questa gratia per el secretario de la ser.ma regina ; cum fare intendere alla Beat.ma sua che in questo ne fara cosa de grandissimo piacere, per el desiderio havemo che la Maestà de la Regina, alla quale questa cosa è molto ad core per le gagliarde lettere ne ha scripto, reporta questa gratia da la Santità de Nostro Signore.

Mediolani, 21 Junii 1499.

Frater cordialissimus Ludovicus Maria Sfortia Anglus dux Mediolani.

B. CHALCUS.

26

Maximilien à Baldassare Pusterla et à Ludovic Sforza [1]

(24 et 28 juin 1499)

Maximilianus, divina &c.

Magnifice fidelis dilecte, scripsit ad nos ill.mus princeps affinis et consanguineus noster carissimus se omnino et sine dubio ad diem vigesimam septimum præsentis mensis duodecim milia ducatos aureos in auro et quingentos in manibus (*sic*) vel capitanii custodie sue depositurum ; quapropter ad te serioxe requirimus, committentes ut illos quamprimum habueris, honesto, devoto ac fideli nobis dillectis familiari et argentario nostro presbytero Luce de Renaldis et Jacobo Hochs, argentario nostro, exibeas, nec aliter facias ; ut illi de pecuniis ipsis secundum commissiones nostras disponere possint. In illo enim nobis rem gratam facies nostram adimplendo voluntatem. Dato in Landech, die 24 Junii A. D. 1499. R. N. Rom. 14 mo.

Suscription : Magnifico nostro et imperii sacri fideli dillecto Baldassari Pusterle, illustri Mediolani ducis consiliario.

In ejus absentia Badino de Papia, ducalis custodie capetanio.

Maximiliamus &c.
Illustris &c.

Etsi nobis in dies de tua in nos bona fide et observantia uno omnium ore predicatur, tamen, quoniam non verbis, sed factis, ipsam erga nos in omnibus fideliter ostendis, tibi in dies magis afficimur ; et præcipue

---

[1] Milan, *ibid. Pot. Est. Germania.* Originaux.

quum nobis in exhibitione illorum triginta trium milium florenorum annuisti et morem in eo gessisti ; in quo certe uti de te semper speravimus fecisti ; teque verum affinem et principem nostrum ostendisti; tibi gratias agimus, curaturi id omne erga te, si se quando occasio obtulerit, pari vicissitudine recognoscere.

Datum in castro nostro Feldchirchen, die XXVIII Junii, Anno Dom. MCCCCLXXXXVIIII.

27

Ludovic Sforza à Galeazzo Visconti, son conseiller et ambassadeur en Allemagne

(27 et 28 Juin 1499 [1]

Mediolani, 27 Junii 1499.

M. Vesconte, l'altro hieri matina arrivò M. Marchisino, quale, dopo significatione de quanto li haveva dicto la Maestà Cesarea, e lui haveva cognosciuto del animo e dispositione sua verso noi, tale che più amorevole ne maior porriamo desiderarla, con certitudine che in qualuncha caso nostro la sii sempre per torlo per proprio, ne ha referto l'opera grande per lui facta secundo la commissione nostra per mitigarla e disponerla alla pacificatione cum li magnifici confederati e Suiceri : da unde era reuscito che era restata contenta che ad epsi mandassimo ambassatore, subjungendone che havendo ricercato la S. M., como li havevamo scripto, qualche particularita de la voluntà sua circa questo assetto, li respose che non li pareva dire altro più di quello che haveva dicto secundo ne haveva scripto ; ve lo significamo perche ne habiate noticia, como vi diximo al partir vestro che fariamo, e acio faciati intendere a quelli Magnifici confederati questo reporto di Messer Marchesino, con affirmarli che voi non sieti per manchare di opera alcuna, como vi havemo commisso, per fare succedere questa pacificatione, e pero circa epso liberamente vi vogliano aprire l'animo suo ; quando vi fosse dicto che cosa vole la Maestà Cesarea, li responderiti che ad epsa non pare doverlo dire, e che questo non tocca a lei, ma expectare quello che epsi M.ci confederati recercano ; el che quando vi faciano intendere, voi usarete ogni studio e diligentia per fare le cose succedano bene, como è il desiderio nostro. Et acio che

---

[1] Milan, *ibid. Carteggi generale*. Original. *Suscription* - Sp[ectabi]li equiti D.no Galeacio Vicecomiti co[nsilia]rio Mag[ist]ro aule et or[ator]i nostro dilectissimo.

li predicti Magnifici confederati meglio cognoscano la bona opera nostra, e quanto la Maestà Cesarea si move per nostro respecto, li fareti intendere quanto per l'incluso exemplo de capitulo ne ha scripto Augustino Somenzio circa Grisani, e che in questo possano etiam melio cognoscere la bonta nostra, che epsi Grisani non fano mai altro cha minaciarne de venire a brusare e damnificare il paese nostro ; e noi per il contrario li havemo sempre facto bene e procuramo tuttavia el bene suo ; et però essere officio di loro confederati fargelo ben intendere che deveno ricognoscerlo ; et in fine certificareti dicti confederati che noi continuamo pur, e per lettere, e per mezo de Augustino Somenzio, in tenere più disposta sii possibile la predicta Cesarea Maestà a questa pacificatione ; e che, giuncto sareti ad lei, fareti ancora voi el medesimo, aforzandovi per fare seguire questo effecto da noi desiderato sopra ognialtra cosa di presente.

(27 juin)[1]

Ve driciamo al paese de quelli Magnifici confederati, ove credemo siate adesso, lettere del exemplo incluso: questo mandamo in mane de Augustino Somenzio, perche subito sareti arrivato a la Cesarea Maestà .....[2] sapeti la commissione contenuta in lo memoriale vestro ; tra le altre cose, che, doppo la expositione de la dispositione e bone opere nostre, declarasti alli signori electori e prencipi del imperio ultra la Cesarea Maestà le minacie ne fano Francesi de farne guerra, e li pregasti che venendo li oratori Francesi alla dieta, voglinoa chiarirli de la investitura facta in noi, e se la Maestà Christianissima pretende raxoni in questo ducato, la domanda da Sua Cesarea Maestà e loro, expectando ad epsi el juditio de tal cosa, e che facendo altramente ne defendarano per qualuncha via : e parendo alla Cesarea Maestà voi parlasti al conspecto de dicti oratori, lo fareti. Ve advertemo che de tutto questo parlati prima alla Cesarea Maestà ricercandoli la volunta sua, se havereti parlare o non, et in che modo, alli predicti electori e prencipi, e poi in presentia de li oratori francesi, e secondo che lei dira, exeguireti la volunta e norma sua, como li direti havere da nuy commissione.

In la prima audientia vi dara la Cesarea Maestà, li direti e cossi alli principi e signori cum liquali parlareti de la causa de l'andata vostra,

---

[1] Milan, *ibid*. Copie : Exemplum D. Galeacio Vicecomiti, commissario gentium armigerarum.
[2] Quelques mots illisibles.

che noi, come bono e catolico prencipe crestiano, desideraressimo che tutta la cristianità restasse in pace e tranquilità; rincrescendone de li movimenti sono tra la Cesarea Maestà sua e li confederati de Suiceri, havemo facto confortare e pregare S. M. ad essere contenta de lassare assetare questi movimenti de guerra, e che per questo effecto, havendo noi mandato voi da li predicti confederati per intromecterne a questa bona opera, vi havemo commisso vi transferati poi alla S. Maestà per fare el medesimo conforto e declararli quanto haveti reportato da loro, como havereti dirli particularmente el tutto, usandoli poi quelle parole siino al proposito per confortarla ad questa pacificatione, de laquale ne seguira laude e gloria immortale. Questa sara la substantia de quello havereti ad parlare voi, e la M. S. vi fara declarare separatamente da Augustino quello che più ultra havereti a fare e come havereti a governarvi e cosi havereti a fare, tenendone avisati de quanto se avisara alla giornata.

(28 juin) [1]

Hogi sono arrivate lettere da Berna, in risposta de quello gli scripsimo, sopra l'aviso havuto da M. Marchesino che la Cesarea Maestà se remettera a noi de mandare ambassatori in la liga; de lequali havemo facto fare l'incluso summario, in el quale essendo due cose principale, l'una che non ve facessimo fare capo a Berna, ma ve driciassimo a Lucera per non insospettire più Bernesi, l'altra che expectassemo fosse missa la dieta ad inviarvi: Quanto alla prima, dovendo voi a questo giorno havere passato li monti, questo aviso è giunto a tempo, che ne pare male potere remediare; circa ad farci tenire altra via, volemo bene, quando possiati lassar di canto Berna et andare de longo a Lucera el faciati, overo non potendosi fare cum manco che non se vadi a Berna, ne remettemo alla prudentia vestra, che quello non se po fare, cum tenire altro camino, de fugire de dare graveza a Bernesi, el faciati, o cum la pocca dimora in Berna, o secundo che parira a voi che seti sul facto, desiderando noi chel se satisfacia al desiderio loro.

Circa l'altra parte de expectare fosse deliberata e stabilita la dieta ad spazarvi, non potendosi fare altro per la partita vestra, ne occorre solo ricordarvi, che quanto è facto in questa celeritate el porreti pigliare per argumento de demonstrarli più el bono animo mio: dicendo che havuto el predicto aviso da M. Marchesino, ne parso subito e scriverne alli magnifici confederati, e, senza expectare la risposta sua, elegervi ed inviarvi, prima per farli segno cum questo

[1] Milan, *ibid.* Original; minute.

quanto sii grande el desiderio nostro de interponersi alla pacificatione, e quanto voluntera el faciamo : secundariamente el volsemo fare per avanzare tempo cum questa celeritate, havendo visto quello ne scripsino da Lucera de la bona dispositione sua ; laquale, ultra el principale desiderio nostro, ne movera tanto più ad non mancare in cosa alcuna de procurare dicto effecto.

El medesimo havereti ancora ad dire ad Bernesi, e fargli intendere quanto vi accade ad andarli, el rispecto quale se haveva mosso ad farvi fare capo a loro, e che poi, inteso el scrivere suo, voluntera per seguire tanto quanto è el parere suo in questo, ve havemo commisso e voi haveti facto tanto quanto sara successo.

In el resto, attendereti ad exeguire l'instructione vostra e per essere in el summario l'aviso de li fanti qual: vano in Ast, mettereti bona mente per sapere el numero che li va e di quale cantono, quanti ne sono richesti e per quanto tempo, dove se gli dano dinari e quanti.

El medesimo dicemo per el capitano quale è ritornato de Franza ed è in Lucera ; e perche sapiati quello habiamo risposto sopra dicto e siati informati de la mente nostra, le mandamo exemplo di tutte le resposte.

E perche porria accadere fosti già arrivati a Berna prima recevereti queste mie littere ; aciocha Bernesi non habiino ad sta:ne malcontenti, e cum dubio che li habii insuspectire noi ultra quello scrivemo a loro che la causa ve ha facto elegere la via de san Bernardo e poi a Berna è stata per essersi creduto che quella fosse la più facile e commoda e secura via de andare in li confederati, non essendo voi chiarito in qu: le loco specialmente havesti andare : se è ancora parso per più loro discarico mandare, e mandamo a posto un fiolo de Bernardino Moresino, che havemo alli servitii nostri, quale porta le lettere del incluso extracto a suo padre, acio chel facii intendere alla communitate ed alli Bernesi quanto vedereti e...... [1] ve vegni incontra.

28

Galeazzo Visconti à Ludovic Sforza [2]

(Berne, 29 juin 1499)

Sub die 29 junii 1499. Berne. Duci Mediolani.

Da la partita mia da Novara in qua, non ho scripto cosa alcuna a la E. V., per non essermi occorso che scrivere, excepto se non li havesse

---

[1] Quelques mots emportés par une déchirure.
[2] Milan, *ibid. Pot. Est. Svissera.* Original.

voluto dire de la via, che mi è parso molto longa : che si per la via dritta se fano 200 mila da Milano a Berna, per questa trovo haverne facto appresso a 300. Sono aduncha questa sera, con la gratia de Nostro Signor Dio, giuncto qua, accompagnato nel modo che la V. Ex. intendera. L'altrheri, io gionse a S. Mauritio, dove non havendo trovato li messi de Bernesi, secundo era l'ordine, subito expedite uno cavalaro in diligentia a Berna avisare quelli signori de la giunta mia, arichedendo l'expeditione del cavalaro che li era mandato fin da Milano ; e nondimeno el di sequente che fuo hyeri, non mi parse soprastare, ma proseguire el camino mio e farmi inanti, maxime che, quantuncha havesse a passare per un locho che è de la jurisdictione de' Bernesi, la magior parte del paese era pero del duca de Savoya ; e cosi me ne venne ad un loco che si dimanda Romon, pur de Savoia, distante de bene una giornata, e li me incontrorno li ambasatori de' Bernesi, che forno M. Adriano de Bobombergh, cavalaro, D. Constantio de....., e D. Jacomo da Berna, con compagnia de circha venti cavalli. La expositione sua fo in significarmi quanto piacere e contenteza sentino li Signori suoi de la venuta mia, e quanto voluntiera siano per vedermi ed accarezarmi, si per la naturale inclinatione che hano a la E. V., como anche per la causa che me gli manda ; alaquale prometterano che li trovaria et inclinati e disposti. Alche havendo facto conveniente risposta, et essendo questa nocte allogiati de compania e facta bona cera insieme con haverli facto le spese a tutti, questa mattina se siamo inviati e venuti a disnare a Friburgo ; dove apena fuoi smontato che venero li duoi offitiali, e una grandissima frotta de li signori de la terra a visitarmi a l'hostaria, et condolendosi fin al celo de non havermi incontrato et honorato secondo seria stato el desiderio suo ; dicendo el messo mio non era giunto, senon de circha meshora inante ; in elquale tempo non havevano potuto mettersi insieme per venirmi ad incontrare ; me pregorno ad haverli per excusati, offerendomi le persone e robe loro e quanto havevano, con dimonstrare de vedermi tanto voluntera quanto fosse più possibile a dire ; e cosi anche me fecero presentare certi vini a la costuma del paese. Io li retenne tutti a disnare con mi, alche non fecero alchuna resistentia, per modo che a la prima mia tavola erano circha venticinque Alamanni con li ambasatori de' Bernesi. La Ex. V. puo estimare sel li è stato un bel bevere, et io non mancho a fare el colytho, e trovo che me gli adextro assai bene ; per modo che haven doli fin da mo assai bon principio, spero, quando saro a Milano, che la V. Ex. che mi trovera ben todeschato. Ma sia certa la V. Ex. che in questo e in fare tutti li giochi che siano possibili a fare, io non mancharo per condure le cose al disegno e desiderio suo, ne perdonaro ad cosa del mundo. Fin qua non mi pare fosse possibile trovare li animi de costoro più disposti a l'assetto de queste cose, et al desiderio de la V. Ex. tanto de li primi quanto de li populari, quanto facio. Per modo ch'io ne facio omne bon giudicio, ne mi seria possibile declarare quanto tutto questo paese demonstri vedermi voluntera, alzando tutti le m ne al celo, per parerli che possino tenere per indubitato che io li debia in ogni modo portare la salute e pace a casa, havendo exosa questa guerra, maxime per la spesa, laquale gli è intollerabile; e de l'altro canto prehendano grandissimo piacere a condure cosi bella compagnia, non essendo homo che se ricordi mai venire in questa parte una ambassiata cosi honorevole, che veramente non poteria la compagnia far più bello ne più ornato vado, tanto per esser bene a cavallo quanto de veste e tutte le altre cose. Doppo il disnar questa matina, l'Avoyr (*sic*) de Friburgo, che è il primo officiale che precede el Sculteto, mi pregò in nome de la communita ad voler restare li per hogi, acio me potessero honorare; elche havendo io recusato, mi subjunxe che, poiche io non voleva restare per venire presto a Berna a attendere a quelle cose, non mi voleva impedire, anzi mi confortava a venire et attendere a questo tractato de pace con ogni celerità possibile; dicendo che, essendo al presente li animi disposti, la tardita per qualche successo da l'uno o da l'altro canto poteria parturire mutatione; e che, quantuncha luy sia francese, el che confessa ingenuamente che nondimeno in questa materia mi porgera tanto aiuto quanto sia più possibile a fare, dicendo che venisse ad operarse se statuisse el di de la dieta, che poi vadria con effecti sel mi diceva la verita; ricordando sopra tutto ad fare presto, maxime per esser qua, como la V. Ex. intendera di sotto, uno ambasatore francese a dexpectarsene duoi altri. E poiche io ho gia considerato di quanto adiumento seria a la reductione de queste cose el possere una volta suspendere le arme e levar l'occasione che per qualunche successo li animi se potessino mutare, ne motegiai qualche cosa con el predicto officiale et alchuni altri de questi primi. A liquali parse proprio che li aprisse el paradiso, dicendo e replicando più volte che se venga una volta a la dieta e che poi se lassi a loro la faticha de tractare del modo de questa suspensione; el quale non dubitano che troverano tale che sera con satisfactione de l'honore de la Cesarea Maestà e sacro imperio.

Doppo questi rasonamenti, essendo montato al hora debita, in compagnia sempre de li ambassatori bernesi e poi molti citadini de Friburgo, son giuncto qua a Berna circha le 25 hore; dove medesimamente son stato generalmente visto tanto voluntera chel non seria possibile exprimere più. Son stato incontrato in diverse strade da honorevole numero de citadini Bernesi; di quali alchuni ne sono venuti lontani da Berna 8 e 10 mila. E veramente non poteria dire in quanta veneratione sia in queste parte el nome de V. Ex. Ognhora son visitato et honorato da questi capitanei et altri homeni da bene, che sono stati a li servitii suoi, liquali servano memoria de li boni tractamenti e pagamenti havuti de la E. V., et anche di qualche particolare aconzo fatoli per me ; ita che non se possono satiare de fare omne possibile dimonstratione d'amore et affectione ; promettendomi de fare con questi populi ogni bono officio per disponerli a questa reconciliatione. Questa sera, per esser l'hora tarda, non ho atteso senon a respondere a la visitatione ; domane saro con questi del consilio e di quanto seguira per altre mie in questa medesima cavalchata ne faro notitia a la E. V.

L'ambasciatore Francese delquale ho parlato de sopra è uno che se dimanda Fuogli (*sic*), quale è nativo de Friburgo, ma stato gran tempo e maritato in Franza. Sono circha quindeci dì chel è giuncto qua, e ha richesto a nome del Re de Franza 5.000 homini per mettere a le confine e rompere guerra a Vestra Excellentia a spese de la Maestà del Re. Da ogni canto mi è affermato tutta la lega essere molto sdegnata de tal richiesta, parendoli chel Re non curi senon el particular suo, richedendo homini in questi tempi che hanno la guerra a casa, senza fare alchuna mentione de aiuto ne de observatione de alchuna cosa gli sia promessa. E per quanto intendo, lunedì proximo è ordinata la dieta per farli risposta, che ha ad essere negativa in tutto. Nondimeno essendo hora qui, io staro attento a tutto, e sia certa Vostra Excellentia che non mancharo de omne industria e diligentia per condure li disegni e desiderii de Vostra Excellentia et interrumpere quelli de li nimici suoi, sicomo la sera presentialmente avvisata a la giornata.

P. S. Questi signori Bernesi non hano voluto chio sia andato allogiare all' hostaria, e mi hanno facto dare allogiamento in casa del prevosto, che è la più bella stantia di questa terra, e l'hano poi tanto ornata de panni de araza, paramenti ed altre cose chel bastaria se havessero havuto ad ricevere uno de li primi signori de Italia. *In ceteris*, non poteria dire quanto mi sia facto bona cera e quanto honore e bona demonstratione me habiano facto e faciano de hora in hora [1].

---

[1] Une copie de cette lettre fut adressée à Somenza pour être communiquée à l'empereur: « Fra l'altre parte, vederete quanto scrivo per fare che, da questo canto verso Suiceri, se lassino venire qualche victualie per le rasone che se alligano che sono efficacissime ; maxime per levare a costoro omne causa de diffidentia in questo tractato de reconciliatione. Potereti dextramente tocharne qualche cosa con la Cesarea Maestà per intendere l'animo suo e subito dare aviso a Milano e a me de quello ne havera. »

29

Giovanni Colla, ambassadeur milanais, à Ludovic Sforza.[1]

(Inspruch, 28 juin 1499)

Illustrissimo et excellentissimo signore mio observandissimo,

Uno Spagnolo, che vene da Hispania e ha facto il camino di Francia, giuncto qui questa sera in casa del oratore Hispano, li ha referto como trecento lance francese bene in ordine, de che erano capi ol Bastardo de Burbono, Gratiano de Guerra, e Roberto de la Marchia, sono andate in adiuto del duca de Ghelero, havendo passato per Leze[2] e contado de Namurra de lo ill.mo archiduca, cum volunta sua, perche volendoli li popoli vetare il passo, li fece fare comandamento li lassarono passare, e che havendo li capitanei cesarei de quella impresa havuto aviso de la venuta de queste trecento lanze, se sono retirati il duca Georgio de Baviera cum il duca de Juliet in uno loco, et il duca Alberto de Saxonia cum il duca de Cleve in uno altro, in modo chel paese del duca de Ghelero è in tuto libero; et epso spagnolo afferma questo aviso per cosa certa, per quello mha dicto l'oratore; e dice che vene alcune giornate in compagnia desse 300 lanze francese. L'oratore spagnolo prega la E. V. ad non farlo auctore de questo aviso. Et in bona gratia sua humilmente me ricomando. Iapruch, 28 junii 1499.

Fidelissimus servitor Joannes Colla.

30

Le cardinal Ascanio Sforza à Ludovic Sforza[1].

(Rome, 29 juin 1499)

Illustrissime princeps et excellentissime domine frater et pater honorandissime.

---

[1] Milan, *ibid.* Original autographe. Suscription : Ill[ustrissi]mo principi et e[xcellentissi]mo Domino meo. Obser[vandissi]mo Domino duci Mediolani.

[2] Liège.

[1] Milan, *ibid. Pot. Estere: Roma.* Original. Suscription : Illustrissimo principi et excellentissimo domino, Domino frati et patri honorandissimo Domino Duci Mediolani.

Per la copia del incluso capitolo, la Excellentia Vostra vedera *quello che scrive el vescovo de' Pazzi de Franza*[1]. E perche dice in epsa lettera che queste cose francese sono rescaldate da quindeci dì in qua per le rasone scripte per altre, havendo voluto intendere le rasone, mi è dicto essere potissime perche la Excellentia Vostra ha irritato il Re di Franza con havere dato dinari a la Cesarea Maestà contra il duca de Gelber e contra li Suiceri soi amici, et nutrito che l'acordo con l'arciduca non seguisse, e per questo esser stato necessario restituire le tre terre al archiduca; le quale cose son tanto a diminutione del honor de Sua Maestà che se non facesse hora questa impresa, dice se teneria lo più vituperato homo del mondo. A la Excellentia Vostra mi raccomando.

Frater filius et servitor Ascanius Maria Cardinalis Sfortia Vicecomes, S.R.E. Vicecancellarius.

31

Giovanni Colla à Ludovic Sforza [2]

(Du 4 au 27 juillet 1499)

(4 juillet)

Intendo che queste fantarie sono male obediente a li capitani, e contra ad alcuni hanno già preso le arme; e fra li altri ne sono qui doi, el capitaneo quando se fece el conflitto a Malsz, ed il conte Zoanne Vertembergh, che non olsino uscire per minaze di questi villani.

(Inspruch, 13 juillet)

El prevosto de Brixina è venuto hogi in quella terra, e m'è venuto a visitare, e parlato de varie cose, credendome fosse venuto per stare qui al consilio, me dice cosi subitamente como domani voleva partire; ed havendone demonstrato admiratione de questo suo partire così subito, me risposi che gli era necessario andare in certi lochi comandati da la Maestà Cesarea; la quale, cum tre lettere contrarie l'una e l'altra, li faceva commissione de andare in varii lochi, e che era venuto qui per tore alcune expeditione. Io, inteso questo, me ingegnai cum bono modo de incitarlo ad dirme dove havesse andare; per il che è reuscito

---

[1] Ligne chiffrée, dont le déchiffrement est donné dans l'original.
[2] Milan, *ibid. Pot. Estere. Germania.* Dépêches originales. Fragments.

ad aprirme como la Maestà Cesarea li proponeva due legatione, una a Roma, l'altra in Savoia, ma che lui haveva scripto questa sera a la Maestà sua acceptare quella di Roma; e che ritornava a Brixina per metterse ad ordine; pregando la Maestà sua a provederlo del andata, per che qui a la camera non li era proveduto, como scriveva la Maestà sua, per non esserli dinari; e per questo effecto era venuto qui. Havendome ricevuto questa sera la lettera de la Signoria Vostra che fa instantia del mandare in Savoia uno oratore Cesareo, non ho perso la commodità de operare che esso preposito venga lui. E cosi li ho facto intendere che, andando lui a Roma, andaria a loco dove non sara bene veduto, per non esser Nostro Signore amico a la Maestà Cesarea, como li ho facto vedere per li sumarii di Roma, e dove non gratificaria alcuno altro prencipe, et haveria, secundo il parere mio, a tractare cose pocho grate a la Maestà Cesarea; dove non haria sperare se non dispiacere; andando in Savoia, andaria a locho dove gratificaria la Excellentia Vostra, e per essere quella legatione in questi movimenti de tanta importantia, quanto poteva considerare, non solo a la E. V., ma a la Maestà Cesarea, poteva sperare magiore honore e fructo, e maxime da la E. V., la quale sapeva pur essere tanto grata a chi li servi como alcuno altro principe; e che, havendome lui più volte dicto desiderare venire alla E. V., era 'l tempo de satisfarse; per le quale persuasione s'è voltato et deliberato in tuto voler li legatione di Savoia, et ha scripto per questa a la Maestà Cesarea, retenendo le altre prime lettere che ancora non erano andate, ed è in desiderio di venire. Bene supplica la E. V. ad non publicare la venuta sua, ma tenerla secreta per che demonstra cosi havere comissione de la Maestà Cesarea, ne l'ha pur voluto lassare intendere al consilio qui. Io affirmo bene alla E. V. chio non li sapperia ne designare ne desiderare persona più al proposito de lui, perche per affectione, ingegno et experientia, li satisfara benissimo. E la E. V. lo voltara ad ogni suo proposito, maxime facendoli a la venuta sua bono volto cum qualche piccola demonstratione. De questo n'ho avisato Augustino, accio operi cum la Maesta Cesarea la expeditione, advertendolo ad non parlare in particulare del prevosto, se la Maestà Sua non gli ne parla prima, como certo fara. Etc.

(Inspruch, 15 juillet 1499)

Ho facto la communicatione a questi consiliarii de le lettere e summari portati per li doi cavallari, per liquali havendo loro visto tanti avisi che Francesi vengono, el che non pono credere, dicendo sapere certo per avisi havuti da uno de' primi signori de Franza che non romperano cum la Excellentia Vostra, li ho ricercato che adiuto poteva expectare la E. V. da la Maestà Cesarea e da loro ; e m'hano risposto che la debia expectare tanto quanto poterano fare, perche lo faranno cum effecto ; ma che sperano finire la guerra per la E. V. cum Franza più presto che loro non la comenzarano ; perche, se in la giornata se ha a fare cum Suiceri, (la quale ognhora me affirmano più se fara pur presto e ne stano in expectatione, reponendo in questa giornata ogni suo designo e speranza), sarano batuti Suiceri, como sperano in N. S. Dio, defensore de la justitia che è dal canto suo, accompagnandoseli le forze de la Maestà Cesarea, sarano batuti pur Francesi e Venetiani, et ognialtro inimico de la E. V.

...... — Zoanne Todesco, che mandai in diligentia a la E. V., è ritornato cum fede de havere facto il debito, dolendosi non essere stato pagato, richedendome chio lo pagasse per che li haveva promesso........ Ma volendo la E. V. havere li avisi, è necessario la facia pagare li cavallari e messi chi si mandano da qui forestieri, e la supplico farme mandare questi dieci fiorini de Zoanne todesco. Et in bona gratia sua humilmente me ricomando.

(Inspruch, 18 juillet 1499)

Questa sera recevuta la lettera de la E. V., et una de Steffano da Novara per li mile fanti vorria, sono stato cum questi consiliarii liquali, intesa la richiesta e consultatela fra loro, mhanno risposto che in questo vedevano due difficultade : l'una, che quelle gente che sono a Mala sono tutti paesani, che mal voluntera stanno in campo, ma che li stanno per commandamento, e dubitono che non andarano ad altro soldo ; l'altra che havendosi a fare la impresa contra Grisani de presente, non sano como potere munire l'esercito, al quale, perche non era a compimento de ottomila fanti, tuttora n'hano mandati. Tuttavolta, desiderosi de demonstrare a la E. V. el desiderio hanno di servirla, ma non parendoli de torse tanta auctorità in questi tempi che hanno a periculo tutta la patria ne dirli de non, se sono risolti de scrivere alla Maestà Cesarea, pregandola ad essere contenta compiacere la Excellentia Vostra. E si li è mandata una stafeta, ed io ancora ne ho scripto ad Augustino Somenza. Etc.

(Inspruch, 21 juillet 1499)

Hogi ch'era el giorno che li Cesarei dovevano intrare in Agnelina per andare verso Coira, messer Polo Liettestanaro (*sic*) ha scripto a questi consiliarii havere recevuto lettere da la Maestà Cesarea che non lassi movere le gente, ne vadino più in Agnelina, perche Sua Maestà ha certo altro disegno quale vole prima exeguire. Ho investigato in publico al consilio et in privato se sciano che disegno sia questo, ma non ho potuto intendere altro. Etc.

(Inspruch 21 juillet 1499)

Ricevuto hogi le lettere de la E. V. de 13, scripte in zifra per la patente de Don Ferrando, subito sono stato cum questi consilieri, e significatoli la causa de l'andata sua cum ricercarli la patente; havendo fra se consultato la cosa, m'hanno risposto non havere auctorità de fare lettere patente che se extenda fora del contado de Tirolo ; e poi non consentiriano a una cosa de simile sorte senza la saputa de la Maestà Cesarea, e pero a loro pareva de expedire una stafeta a la Maestà Cesarea, che in tri giorni se haveria la risposta. Io li replicai che questo consilio in soi bisogni haveva, senza saputa de la Maestà Cesarea, domandato de le cose più importante alla E. V., che amorevolmente li haveva compiaciuto, e pero dovevano ancora loro spendere uno poco de auctorita in questo caso, che a loro era profitabile; e che era certo che la E. V. haveriane scripto alla Maestà Cesarea, ma per più celerita, per esser l'homo suo in camino, ricercava se facessino qui per mandarle più presto, e che questo temporizare porria impedire l'effecto, de che la Maestà Cesarea saria pocho contenta de loro. Tutavolta non ho potuto obtenere che la faciano, excusandosi non volere incorrere la iudignatione de la Maestà Cesarea, transgradiendo l'officio suo. Non possendo havere altro, li ho lassato scrivere, e s'è mandato la stafeta. Io ho scripto ad Augustino Somenzio che solicita questa lettera e me la manda[1], et io la mandaro volando a M. Herasmo[2], havendolo advertito a fare scrivere da la Maestà Cesarea a questi consilieri che in li bisogni de la E. V. vogliano expedire da se, senza scrivere et expectare risposta de la Maestà Sua.

(Inspruch 25 juillet 1499)

[........[3]] Me motezano ancora sperare che la Maestà Cesarea se acordara cum Franza, et insiema asseptara le cose de la E. V., e

---

[1] Ladite patente fut accordée le 25 juillet 1499.
[2] Herasmo Brascha.
[3] Il annonce l'arrivée de l'empereur à Lindau pour préparer l'entreprise contre les Grisons.

benche me sforza più dextramente che posso per intendere più inante, tamen non ne posso cavare altro particolare.

(Inspruch 26 juillet 1499)

La Cesarea Maestà ha mandato el spazo del preposito de Brixina de scripture e de dinari in mane a questi regenti, e loro hanno mandato uno cavallaro ad esso preposito, che sara da lui questa nocte; e credono che fra doi giorni se mettara a camino per venire da la Excellentia Vostra, e poi andare in Savoia.

Uno servitore del Bruysinch (sic) è venuto qui hogi; quale referisse como li populi de Austria hanno deliberato soccorrere alla Maestà Cesarea del pagamen o de mille cavalli et che la Maestà Cesarea fa condure il suo thesoro dove si trova, per suo patrono che è in camino ad condurlo.

(Inspruch 27 juillet 1499)

......Hogi ho communicato a questi regenti la roptura facta ad Alexandria dai Francesi e la affectione demonstrata da li prelati e gentilhuomini do la E. V.; de quello io ho sentito quella più singolare consolatione che più possa desiderare a questo mondo, e ne ho mille volte ringratiato N. S. Dio, sperando non abandonara la V. Excellentia che è principe reliogissimo, accompagnandoseli poi la sapientia sua cum le gran preparatione facte et che fara tuthora. De questa roptura hanno dimonstrato summa displicentia, e tanto più che la è facto in tempo che loro non pono fare le demonstratione che ha facto la E. V. cum loro, per essere in medesimo bisogno e periculo; e sia certo la E. V. che durano extrema faticha in mandare le fantarie in campo; e per carestia de fanti non pono far cosi presto la impresa de Grisoni; nondimeno quello che si po fare per loro, lhanno facto voluntiera in recomandare caldamente per nuove lettere la E. V. alla Maestà Cesarea, e per haverli mi facto nuova instantia che in questo augumento de fantarie che fano al presente, vogliano vedere farne tanti più che possino servire la E. V. de mile o cinquecenti al meno, n'hanno scripto alla Maestà Cesarea, promettendomi fare il possibile per servirla e li ho ricordato non solo ad scrivere, ma che pensano da loro de elegerne in qualche loco che melio li parira, e proponere el partire a la Maestà Cesarea, acciocha la cosa se facilita più. Non mancaro solicitare e ricordare questo effecto.

De l'accordio de lo illustrissimo archiduca cum Franza non me ne sciano dire niente.

32

Ludovic Sforza à N.

(Milan, 31 juillet 1499)

Dux Mediolani. Dilecte noster, volemo che cum bouo modo e dextreza permetti che Grissani e Suiceri possino venire in el dominio nostro a tore vino et altre victualie e condurle a casa sua liberamente, et ancora habiano tutti li commertii che vorrano cum li subditi nostri, non monstrando ne habii altra commissione da noi de questo, ma che tu non li advertischi ne curi de prohibirli cosa alcuna, e li lassi fare a suo modo. Laqual cosa tenerai secreta in te e ne remandarai la presente lettera inclusa in una tua, e se ben nuy te scrivessimo poi, monstrando di essere corrociato con te de questa cosa, monstrarai sempre che da noi non habii havuto commissione alcuna.

Mediolani ultimo Julii 1499
B. Chalcus

33

Marchesino Stanga à Ludovic Sforza [2]

(Inspruch et Maran, du 30 mai au 20 juin 1499)

(30 mai)

Illustrissimo et excellentissimo signor mio observandissimo.

La carestia extrema de omne cosa in el locho de Himbat facilmente se supportava, quando altro caso non fusse occorso, al quale la necessita me havesse astretto ad havere magior consideratione. Gli significo adunche come heri, circa le XXII hore, comparse uno cavallaro in quello locho, quale a grandissima diligentia vene ad significare como Grisani havevano passato uno certo monte e che descendevano verso quella terra el numero de 3·000 ; intimando che ogniuno se armasse et uscesse fora ; e dicto questo, cum medesima diligentia se partite a notificare a tutte le altre terre vicine che

---

[1] Milan, *ibid.* Dépêche originale. — Document caractéristique de la mauvaise foi que Ludovic Sforza apportait à ses relations avec Maximilien. Cette dépêche ne porte pas de nom de destinataire. Elle est sûrement adressée à l'un des commissaires ou castellans résidant dans le voisinage des frontières Suisses.

[2] Milan, *Ibid. Pot. Est. Germania.* Originaux.

mandasseno gente senza dimora per poterse deffendere; in modo che tutta la terra se messe nel magior spavento del mondo, e date tutte le campane ad martello, se unirono e grandi e picoli per fare quello che possevano contra li inimici. Vedendomi io in questo focho, ne sapendo in caso tanto repentino como consiliarme perche el stare in la terra era mal securo per essere una villa patente e lo uscire era periculoso, non sapendo quale via prendere che non capitasse in mano de li inimici, deliberai de volerme redure cum tutti li miei sopra la torre de la chiesa di quello locho per essere molto alta e grossa; e cossi stando in questa deliberatione, laquale era lo unico refugio de tanta calamita, sopragionse uno cavallaro de la Cesarea Maestà, quale me portò lettere como dovesse levarmi di quello locho, per non essere la via de andare ad ley ben secura, e me tranferesse ad Marano per la via de Hispruch, dove Sua Maestà voleva expedirme; lecto che hebbe le lettere, dimandai al cavallaro quello credeva de li inimici, significandoli tutto quello se era vociferato. Mè rispose como era vero che Grisani a grande numero havevano passato el monte se diceva, e che nientedimeno se erano fi mati et erano lontani doe leghe; e stimavasi havesseno facto questo, più presto per volere divertire la Cesarea Maestà dal locho dove era che per desiderio de venire più oltra. Havendo io inteso questo, e da uno canto essendomi commesso da la Cesarea Maestà el levarme, e da l'altro vedendo el periculo dove me trovava, subito montay ad cavallo cum li miei, lassando de dreto e li muli et omne altra cosa, e me inviai verso Stampa, lontano da Himbst XII miglia italiani. Non diro gia che per la via havesse timore, ma so bene che me pareva de havere Suiceri alla spalle. Al quale locho gionse circa le tre hore de nocte, e credendomi de potere smontare in locho comodo, cossi per rehavermi del spavento como de la incommodita del viagio, ritrovai esser necessario smontare ad una hostaria che responde in la campagnia; laquale, per Dio gratia, era tutta piena de soldati alamani; che mi fece dubitare non fusseno li Suyceri, quali fosseno venuti tanto oltra. Tutta volta assecurato uno pocho, smontai da cavallo et intrato in la hostaria, dove non si trovò ne feno ne paglia ne biada per li cavalli, ma, (ch'è pegio), pur una maladetta bancha di potersi mettere ad giacere sopra. Fuy constretto ad assetarme in terra e provare de dormire uno pocho in quella forma, ma essendo già la meza nocte et havendo li frati del convento de quello locho comenzato ad sonare matutino, credendo io che la fusse pur anche la campana ad martello, non pote mai chiudere ochio; in modo che de una hora inante di, montay ad cavallo; e me sono, alle hore XIIII, cum la gratia de Nostro Signor Dio, reducto in questo locho de Hispruch, cum intentione de levarme domatina de qui et andare ad Marano; dove spero ritrovarmi in doi di e mezo: de li miei muli non ho havuto fin qui noticia alcuna; credo bene, quando novita fusse occorsa, se seria a questhora intesa; e nientedimeno se fusseno mal capitati, essendo io in securo se poteva melio remettere la robba che non se seria facto la persona, quando fusse mal capitato. Forsi che questo mio scrivere dara da ridere a chi lo intendera, ma desideraria che quelli vorrano vedere più de li altri se fusseno trovati in questo ballo; perche se me havesseno voluto guardare in facia io haveria possuto vedere como se seriano ben comportati loro. Et alla illustrissimo Signoria Vestra continue me ricomando.

Ex Hispruch, 30 maii 1499.

Excellentissime Illustrissime Dominationis Vestre minimus servitor.

Marchesinus STANGA.

(10 juin 1499)

Illustrissimo et excellentissimo signore mio observandissimo, La continuata dispositione del papa fora del bisogno de Italia, e principalmente de la Excellentia Vostra, como in tutti li summarii quali epsa me ha mandati apertamente si vede, me ha mosso a reiterare alla Cesarea Maestà lo effecto de quello che in la prima expositione mia li significai, per vedere de movere la Maestà sua ad fare qualche cosa, col mezo de laquale se venghano ad extinguere le prave cogitacione de Sua Santità, che hora se voderano accrescere più per el matrimonio del duca Valentinese, quando non se li porti remedio; e cossi havendo declarato alla predicta Cesarea Maestà vedersi nel pontefice la consueta sua rabie contra el serenissimo Re Federico e V. E., e cognoscersi manifestamente che da questi fomenti et instigatione mai se movera, fin che non habia posto tutta Italia in arme, La ho appresso pregata ad volerli fare sopra qualche bona consideratione, cum dirli che, se epsa mesurava bene li andamenti del papa, da la Santità Sua sola procedeva chel Re de Franza aiutava Suyceri contra sua Maestà; perhò che se bene el predicto Re de Franza haveva qualche inclinatione alle cose de Italia, non era tanto ferma la dispositione sua ad questa impresa che, rimediato alle instigatione e fomenti del papa lui non ellegesse de godersi quietamente la successione de uno tanto stato quanto ha; da unde seguiria che non daria aiuto alchuno ad Suyceri, al aiuto di quali solum si moveva per valersene, havendo a fare la impresa de Italia per instigatione del Papa. Ed in questo declarai alla Maestà sua le parole usate dal cardinale de Sancto Dionisio alla Santità sua, e quello che epsa haveva scripto al Concordiense per volere movere la Maestà sua al accordio de Suyceri, cum fare prova se epsa estimava più lo odore de cinquanta milia fiorini de Rheno che la dignita sua e del imperio, e sotto velame del suo pastorale officio proponere l'impresa de infideli per havere magiore commodita de mettere i signori christiani in ruina; tochandoli appresso che essendo facta questa propositione alla Maestà sua, anchorche non bisognasse, per essere sapientissima, ricordarli cosa alchuna, spectava alla dignità sua de fare recognoscere el papa de li andamenti soy, e cum laudarlo de la propositione de la impresa de infideli, significarli che prima se haveva ad procurare la unione dei signori christiani, ed in specie che quello era per officio patre e pastore ad tutti facesse el debito suo, e le cose spirituale fusseno bene governate, et cum altro amore et carita de quello se faceva. E sopra questo me extesi tanto quanto più pote, per cavare in omne modo qualche conclusione da la Maestà sua in questa particularità; laquale, havendo uno pocho pensato sopra questo, me rispose che veramente giudicava le actione del pontifice in tutto aliene dal officio suo, et che in ogni modo voleva in questa dieta de Ueberlingh reuscire ad qualche acto per el quale el Papa havesse ad moderarsi; ed in specie mi tochò el volere stabilire che li fusseno levate le annate de Alamania, e depositate per valersene quando se havera fare impresa contra infideli, et intimare che li peregrini non vadano al jubileo. Io sopra questo dissi alla Maestà sua che questo era per uno remedio asay conveniente, ma che alla infirmita del Papa bisognavano medicine più forte, e perho che la Maestà sua doveva in questa dieta de Ueberlingh, essendoci tante urgente e manifeste cause quante sono, demandarlo ad concilio et intimare la prorogatione del jubileo, fin che fusse seguito lo effecto del concilio. Alche la Maestà sua, non deslaudando la proposta, rispose che la materia del concilio era cosa fatigosa e longa, e nientedimeno che ley più volte li haveva pensato, et di novo voleva farlo, cum demonstrare etiam de venirne al effecto, concludendo de stabilire in omne modo in questa dieta cosa quale satisfaria al bisogno e seria accompagnata, inseme lo honore de Sua Maestà, col beneficio dei signori cristiani.

Sopra le cose proposte dal cardinale di Sancto Dionisio al Papa, e quello che la Santità sua doveva havere scripto al Concordiense, la Maestà sua disse non havere fin qui inteso dal predicto Concordiense cosa alchuna, ma che, se li parlaria, responderia cum tale parole e termini, che, rescrivendo al papa la verita, li daria da pensare: subjungendo la Maestà sua che havendo novamento facto tregua per tre anni col Turcho, non li bisognava per adesso fomento ad questa impresa, ne col Re de Ungheria haveva lite alchuna, anzi era in bona amicitia cum luy; e quanto fusse per la confirmatione de li capituli del palatino, como è tochato in le lettere de Roma, la Maestà sua disse non sapere che cosa fusse questa, salvo sel Concordiense non havesse luy qualche tractato col predicto conte de sua particularità.

Lessi poy alla Maestà sua lo extracto de quello haveva scripto el Concordiense al pontifice, cum farli intendere che servando epso Concordiense li termini quali se vedevano, volesse lassarlo longo da la corte, perche non andasse seminando male, scrivendo quello non è; e da laltro canto provedesse, ben che la Excellentia Vostra cognoscesse le cose de sua Maestà essere governate fidatissimamente, che non potesse havere noticia de le cose de Italia quale sono significate a sua Maestà. Et ad questo epsa me fece intender che havendo scripto el Concordiense quello non era, se posseva cognoscere che non haveva bene explorato; e nientedimeno lo lassaria da la longo como faceva adesso; però, che da Flandria in qua non lha mai veduto, ma havere inteso chel se ritrova ad Ulmo, dove la Maestà sua lo lassara tanto, che, se aspectara di essere domandato, non andara mai dove epsa sia.

Le lettere de M. Filiberto[1] le ho consegnate in mane proprie de la Cesarea Maestà, e factoli intendere quello che epso M. Filiberto scrive alla E. V., cum pregare sua Maestà, sel scriveva cosa quale fusse degna de la noticia sua, volesse farmelo intendere, accio gli ne potesse dare noticia. Epsa me rispose che vederia le lettere e tutto me seria declarato per avisarne la illustrissima Signoria vostra: cossi io sollicitaro de saperlo.

(*Formules finales identiques*).

Marani, 10 junii 1499.

(10 juin)

La Cesarea Maestà non vene qua zobia, como haveva scripto volere fare, ma gli gionse venerdi a una hora di nocte, non havendo permesso le occupationi grande de Sua Maestà per questa impresa che più presto potesse venire. Io gli andai incontra, per spatio de sei miglia lombardi, e continuamente parlai con Sua Maestà e de li avisi quali per molte cavalcate me ha mandati la E. V., e de la resolutione bona quale epsa haveva facta sopra le propositione sue. Laqual cosa feci cosi summariamente per non expectare la combustione de la luna, quale se aproximava: e benche doppoi la Maestà sua molte volte havesse dicto volermi ascoltare, nondimeno io con bon modo sono andato temporegiando questa audientia: tanto che lho reducta ad questa matina, in laquale epsa me ha voluto. Quello che aduncha gli ho esposto, è stato in ringratiarla prima in nome de la E. V. de le amo-

[1] Filiberto Naturelli, ambassadeur impérial.

revole demonstratione sue, e de la cura e studio quale mette a la conservatione del stato suo, con declararli che questo apresso ley non è estimato per minore obligatione che sia quella de havergelo concesso, Poi descendendo alli particulari de la resolutione de la E. V., gli ho significato che non havendo epsa mai havuto altro desyderio ne volunta che seguire le voglie sue ed obedirla, si como la cognosceva prudentissima et expertissima in tutte le cose, cossi voleva liberamente assentire alli ricordi soi, e tore per il più salutare remedio al stato suo quello che sempre la Maestà sua proponeria, che tutte le altre cose quale per tutti li homini del mondo potesseno essere ricordate alla E. V. Et essendo el primo capitulo de tore le victualie a Suyceri, gli disse che, havendolo gia la E. V. facto per ordine de S. M. e del sacro Imperio, epsa perseverava e persereraria in questo. Quanto alli sei milia fanti italiani, sapendo la E. V che contra Alamani non valevano per havergli experimentati, epsa se risolveva in volere quatro mila Alamani a rasone de tri floreni, secundo el stilo de Alamania. E per la summa de li quaranta mila ducati, medesmamente se accontentava pagarli : ben desiderava che, essendo questa grandissima summa, volesse S. M. esser contenta che, facta la stipulatione de la Liga, ne pagasse solum 25,000 e de li altri havesse uno pocho de tempo : quale pero la E. V. remetteva in tutto a la volunta et arbitrio de S. M. sopra le obligatione de la liga verso V. E. Gli disse che epsa desiderava alcune poche addictione e de minima importantia : l'una, che epsa liga fosse obligata *his modo et forma* per guerra de Venetiani como era per guerra de Francesi; l'altra, che in la nominatione de Suyceri se intendessero Grisani e Valesani ; l'altra, che non se facesse accordio con Suyceri senza la restitutione del Val di Blenio e Leventina ; con concluderli che le dinari quali la E. V. haveva a pagare, se pagassero in Milano.

La Maestà Sua ad queste mie propositione respose : prima, che la non voleva se facessino più ringraziamenti ne da l'uno canto ne da l'altro, perche li reputava superflui, essendo ley et volendo essere una cosa medesma con la E. V., e deliberando de non lassarla periculare che non gli sia anche el periculo suo proprio ; ma che, quanto alle resolutione facte, judicava quella de li fanti scarsa ; con dire che, non possendo dare fanti, volesse dare hominidarme. Alche io respose che, havendo M. J. Jacomo intimato la desdetta de la tregua, doveva la M. S. considerare che li hominidarme se havevano ad operare ; finalmente, vedendola stare sospesa sopra questo articulo, io gli disse che voleva tore carico sopra le spalle mie de mille fanti più, persuadendomi che la E. V. restaria contenta ; pregandola perho che, possendo stabilire la cosa al pagamento de li 4000, lo volesse fare ; e cosi la Maestà sua se resolse che la adaptaria bene questo ponto. Sopra li 40,000 ducati, epsa disse che la operaria pagandosi li primi 25,000 che de li altri se havesse qualche tempo; ne mancharia in cosa alcuna per satisfarla bene circha questo. Per quello mo che se cercava de agiongere in li capituli concernenti la obligatione de la liga, la M. S. respose che la stabiliria bene ogni cosa, e volesse notar de mano sua summariamente non tanto la resolutione de la E. V. quanto le addictione; poi disse ad me che facesse el medesmo e ne desse exemplo ad Langh; cosi io lo feci e lo dette ad Langh; e qui inclusa ne mando copia alla Ex. V. Facto questo, io dissi alla Maestà sua como non restandole hora altro che venire alla conclusione de questa liga, me offeriva ad farne lo effecto al commando de la Maestà sua, perche haveva lo mandato de la E. V. in bona forma. Epsa mi respose che lo havermi facto venire a ley non era stato per altro che per significare per mezo de persona fidata el parere e consilio de la Maestà alla E.V. sua; e che, havendo facto questo effecto et inteso la resolutione sua, se metteria hora a stabilire questa cosa, essendo necessario che ley la governi dextramente; e che, volendosi de presente transferire verso Ueberlingh per fare qualche bona cosa contra Suyceri de verso Costanza, non voleva chio restasse de qua più ne andasse seco, ma ritornasse alla E. V. per significarli tutto questo, et affirmarli che lei, havuto lo stabilimento, aviaria quello se havesse a fare per la stipulatione. Io respose a la Maestà sua che haveva due commissione, l'una de seguirla, l'altra de obedirla e che in questo caso ley elegesse quello che più gli piaceva. Alche epsa replicò como voleva la seguesse fin ad Mombralio: nel quale loco me daria tanta scorta che la me faria passar securo, benche estimava el partire mio inanti el dovere havere talmente de le gente sue che sono intrate in Agnedina che senza scorta poteria passare. Cossi io, per seguire l'ordine di Sua Maestà me inviaro verso la E. V., credo che mercordi al più tardo la Maestà Sua se levara de questo loco.

Havendomi la E. V. commisso che, stabilita e conclusa questa liga, dovesse significare alla Cesarea Maestà quello gli occorreva per includerli el serenissimo Re Federico, vedendo io che non se posseva adesso stipularla e chel ritorno mio haveva essere verso la E. V. judicai al proposito dirne qualche cosa alla Maestà sua; e cossi havendo facto l'opera necessaria circa questo, cum declararli l'honor e beneficio che portaria alla Maestà sua questa inclusione del serenissimo Re Federico, epsa me respose non parergli se ne habia ad parlare, perche, sebene questa liga sera per acceptare la E. V. per respecto de S. M., essendo reputato l'uno e l'altro una cosa medesma, nientedimeno non consentiria may al predicto serenissimo Re Federico, estimando che, essendo tanto lontano como è, la inclusione sua potesse far pocho ad beneficio de questa liga. (*Formules finales identiques*). Marani, X Junii 1499.

(*Même jour*).

Tre cose haveva da ricordare alla Cesarea Maestà fra le altre : l'una, el mandare al duca de Savoya per tenerlo ben disposto e confortarlo a non acceptare li par titi propositi per el Re di Franza ; l'altra, el mandare al signor Cons tantino [1] e commandarli el discortarsi da Francesi, e quando facia cont ra la E. V., intimarli la privatione del governo, et al marchese de Monferrato la privatione del feudo; la terza, el scrivere al illu strissimo Signor duca de Ferrara una bona lettera, e significarli como la predicta Maestà non è per habandonarlo in qualuncha occurren tia. Havendo satisfacto a questi tri particolari, me è parso scriverlo alla E. V. e significarli che : quanto sia per el mandare al duca de Savoya, la predicta Maestà ha dicto parerli de expectare Mons. de Mentono, quale essendo stato questi di passati da la Maestà sua [.....] [2] speciale commissione de questo, e deve ritornare de presente: promettendo [.....] [3] venghi cum bona resolutione de mandare homo proprio per questo effecto. [Circa] el mandare al signor Constantino, la Maestà sua ha concluso de voler ellezere adesso la persona e mandarla, cum tale instructione che satisfara al bisogno, dicendo epsa dolersi chel predicto signor Constantino ricognosci male el grado e loco quale ha per causa de sua Maestà. Quanto sia per la lettera al signor duca de Ferrara, la Maestà sua ha dicto volerla fare molto voluntera. E de tutti questi particolari ne ha dato speciale cura al Langh, quale io sollicitaro tanto che staro qua perche lo effecto se facia. (*Formules finales identiques*). Marrani, X Junii 1499.

(*Même jour*).

Essendo in li avisi de Franza che lo illustrissimo archiduca è per acceptare lo apontamento già facto col Re de Franza, me ne sono voluto ben chiarire da la Cesarea Maestà ; laquale sopra questo me ha dicto, como al partire suo de Flandra, causato da li movimenti de Suyceri, parlando col fiolo sopra questo articulo, epsa non volse ne confortarlo ad seguire questo accordio ne dissuaderlo, perche, essendo la contesa di Burgogna in mezo de Suyceri et Francesi, cognosceva che in una giornata se seria persa, quando ad persuasione sua e sotto le spalle sue lo predicto archiduca fusse stato fermo in non consentire a lo accordio già facto quando ne fusse recerchato ; e perho adesso se era dicto che questo sponctamento haveria effecto. De

---

[1] Constantin Arniti, régent du Montferrat.
[2], [3]. Déchirures du texte.

laquale cosa la Maestà sua ne haveria etiam ley noticia per altra via, e se persuadeva chel seguiria ; e seria lo aponctamento facto per epso archiduca lo anno passato, e non quello de la pace de Senlis, el quale contene la restitutione de tre grosse terre, cioè, Herren, Betune et Edin [1]. Dicendo la Maestà sua chel periculo de questa contea de Burgogna faceva anchora che non se possea remediare al sale quale levavano Suyceri de li ; perche se li volesse essere inhibito, la destruevano cum la magiore facilità del mundo ; concludendomi che el fine de questa guerra de Suyceri, o per victoria o per concordia, haveva ad drizare le cose ad bon camino, et in questo mezo che la guerra durava, la E. Vra non haveva ad temere molto de Francesi soli. (*Formules finales identiques*). Ex Marano, X junii 1499.

(*Même jour*).

In l'audientia havuta questa matina da la Cesarea Maestà, gli ho communicati tutti li summarii havuti questi di passati de la E. V. in diverse cavalchate ; e tochando solum quelli de Franza, perche del particulare de li altri epsa lo intendera per altre mie), la Maestà sua ha dicto che, in tanta varietà de voler mandare e non mandar gente in Italia, non sa quello debia judicare, salvo estimare e credere fermamente che Franceci non siano per fare molte cose, e tanto meno quanto intendano la Cesarea Maestà sua essere vicina al stato de la E. V.; e per questo conforta la E. V. a stare de bono animo ; maxime havendo la Maestà sua deliberato de non lassarla senza lo presidio e protectione sua, perche tanto estima la salute de la E. V. e del stato suo quanto l'anima sua et la conservatione de le cose proprie, a loquale, e per debito e per natura, è obligata de non manchare.

Circha li presidii quali se intende chel Re de Franza vole dare ad Suyceri e de dinari e de gente, la Maestà sua dice haverlo etiam inteso per altra via ; e fra le altre cose, che de presente se dovevano inviare le artelarie per la via de Burgogna, e per questo havere la Maesta sua scripto al conte de Furstimbergo, suo mareschalio, che vadi cum 6.000 persone verso la Burgogna per vedere de prendere per la via queste artelarie ; e demonstra la Maestà sua de volerli etiam andare personalmente. Laquale cosa quando seguesse, credo che daria da pensare al Re de Franza. (*Formules finales*). Marani, X junii 1499.

(*Même jour*).

Ho facto intendere alla Cesarea Maestà la relatione facta per Jo. Antonio de Lorenzo, e la continuata instantia quale fa quella persona

[1] Aire, Béthune et Hesdin.

per intromettersi de assettare la E. V. cum Francesi; ed appresso li ho declarato el firmissimo proposito suo de non volere se non quella pace e quella guerra che parera alla Maestà sua, havendo dato repulsa e rejecte tutte le pratiche per seguire la voluntà sua ed havere communir cum epsa tuti li casi ed occorrentie. La predicta Maestà me ha risposto persuadersi che quello amico « unum habeat in ore et aliud in corde », e per questo, essendo la E. V. sapientissima, crede che da se stessa fara giudicio quale fede possi pigliare de Francesi, liquali dicono chel stato di Milano è suo hereditariamente, e da l'altro canto mesurara le actione et opere passate de quello amico, se sono state o bone o cattive verso 'la E. V.; e sopra questa consideratione fara deliberatione qual sia el meglio : o fidarsi de chi la ama, o mettersi ad discretione et in mane de li inimici soi. Io li repplicai che la deliberatione de la E V. era facta in volere seguire la Maestà sua e riposarsi su la protectione sua; e che quando Francesi li volesseno dare altratanto stato quanto ha, non seria per acceptarlo ne per distacharsi de Sua Maestà, in lequale la E. V. riposava et haveva collocata tutta la speranza de la securita sua, e per questo haveva dato repulsa ad tutte le pratiche e di novo lo faria quando per alchuno li fusse parlato.

La predicta Maestà mi ha poi facto dire per ol Langh de certa praticha de Misocho, de laquale la E. V. ne havera ad questhora havuto noticia. Io ho risposto al dicto Langh che, essendo M. Jo Jacomo dove è, non saria a proposito che epsa mettesse mano in questa praticha, ma che, se la cosa posseva reuscire senza ingerire in questo la E. V., facendolo la Maestà sua, questo non li poteria dispiacere ; et havendo voluto intendere sel dicto loco ricognosce o lo imperio o la casa d'Austria, sono stato chiarito che ricognosce lo imperio. [*Formules finales*). Marrani, die X Junii 1499.

(10 juin 1499)

La Maestà sua me ha dicto como ha consentito alla venuta de li ambassatori francesi a ley; quali non veneno per altro che per parlare de questo accordio [1], solo per vedere cum questo mezo de fare andare suspeso el re de Franza al aiuto de Suiceri ; et havendoli io resposto che la Maestà sua doveva fermarsi de non fare mai accordio per via de Franza, perche questo seria tutto l'opposito del beneficio e gloria sua, ed alieno da la securita de la E. V., cossi per Francesi como per Suyceri: epsa

---

[1] La trève entre Maximilien et les Suisses.

me declarò che la predicta Excellentia Vostra se reposasse de animo, ma sollicitasse de mandare lo ambassatore suo ad Suiceri, perche, andato poi a lei, lo introduria in tutti li parlamenti che fariano li Francesi de questa materia [1].

(11 juin)

Sopra le cose de Suiceri, epsa havera inteso per le lettere mie de heri la deliberatione de la Maestà sua in laquale persiste, et havendoli io tochato quello che la scrive circha la praticha per vedere che Grisani fusseno lassati da canto, la Maestà sua me ha dicto che questa seria bona cosa quando se potesse fare ; ma che, judicandola non reuscibile, anzi impossibile, non voleva se ne parlasse, cum declarare che le differentie quale sono fra Grisani e Suyceri non sono procedute da altro che da la divisione di Boemi e prede facte, volendone ogniuno più de parte ; concludendo che de questo non se parlasse, ma la E. V. mandasse lo ambassatore suo secundo l'ordine heri scripto per me, cioè che vadi per nome solo de la E. V., poy se transferischa a la Maestà sua cum quello li occorreva dire, perche lo introdura insieme cum li ambasciatori francesi; affirmandomi che quando lo oratore de la E. V. non fusse cosi presto a ley come serano li Francesi, introdura in tutti li rasonamenti Augustino Somenzo come consiliere suo, expectando poi de introdure per ambassatore de la Ex. Vra quello che venera da Suyceri, per conservar lo honore e dignità de Sua Maestà in ascoltare li propositione de tutti quelli che parlarano como mezi venuti ad assetare queste cose.

(12 juin)

[Maximilien demande que Ludovic Sforza envoie *como da se* un ambassadeur aux Suisses].

Me ha dicto che questo ambasciatore bisogna che sia persona qual habia un pocho del militare, che porti collana d'oro et sapia parlare per littera, perche dovendo poi venire ad ley quale se ritrovara, ad

---

[1] Dans une autre dépêche du même jour, Stanga dit avoir communiqué à Maximilien une promesse de subsides faites par le roi de Naples à Ludovic pour « moderare l'ambitione del Papa e mettere freno alle sue maligne e perverse opere, e non mettersi pero ad fare questo senza consentimento e bona volontà della Cesarea Maestà. » Maximilien approuve cet acte de sagesse du roi de Naples, dont Milan est le meilleur défenseur contre les Français.

Uberlingh, dove sarano tutti li principi congregati per la dieta che sara solemnissima, epso ambassatore possi ben comparire, perche gli seriano etiam li ambassatori francesi. Et in questo havendogli io tochato se apresso lei voleva fosse tenuta persona de magior auctorita de Augustino, perche la E. V. lo faria, epsa me respose che gli bastava Augustino, maxime cavalcando como fara omne di, ma che quello diceva de l'altro ambassatore era, perche seria introducto insieme con li Francesi al conspecto de la Maestà sua e de tutti li principi, per intendere quello se voleva proponere circha la pace.

[Maximilien renouvelle sa promesse d'inclure Ludovic Sforza dans la paix qui sera négociée à la diète :]

Havendo epsa giurato fidelita a lo imperio, lo imperio non po far di meno che non includa la E. V., essendo tanto obligato l'imperio verso ley, quanto epsa verso lo imperio.

(Bellagio, 20 juin 1499)

Sono arrivato in questo locho de Bellagio, e perche, ad considerare il tempo nel quale de qui possa transferirmi alla ill-.ma S. V., cognoscho me bisognaria giongere a ley in combustione de luna, ho deliberato firmarmi tanto che contrapesando el tempo possa ritrovarmi al conspecto suo fora de la combustione ; cum intencione de essere lunedi senza fallo da r i ill.ma S. V. In bona gratia de laquale continue me raccomando.

Bellasii, die XX Junii 1499.

34

Marchesino Stanga à Maximilien

(29 juin 1499) [1]

1499. Mediolani, 29 Junii. Domino Regi Romanorum nomine D. Marchesini.

Cum primum huc applicui, scripsi Majestati Vestrae sermonem cum illustrissimo principe meo habitum super pecuniis ab ipsa petitis et chirographum peculiari nomine meo sicuti optabat misi : exposui deinde ejus Dominationi reliqua Majestatis Vestrae mandata, ad quam cum

---

[1] Milan A. D. S. Original. Minute rédigée par la chancellerie de Ludovic Sforza.

ipsa litteris manu propria respondeat et uberius Augustino Somenzio quod ab ipso intelliget scribat, non debeo ego in eisdem repetendis Majestati Vestra molestus esse. Hoc unum non praetermittendum duxi : omnem ejus Excellentiae in Cesarea Majestate Vestra spem sitam esse, sicuti etiam ipsam solum Dominum agnoscit, et pro ea, ad quemcumque ipsius nutum, fortunas omnes, liberos et seipsum prompto animo semper habiturus est; commendatque se et statum suum Majestati Vestrae. Cui ego quoque me humillime commendo.

35

Lettres d'Agostino Somenza à Ludovic Sforza [1]

(de juin à août 1499)

(Pfontz, 17 juin 1499)

Illustrissimo et excellentissimo signore mio unico,

Heri essendo in camino per venire de Las a Noches dreto alla Cesarea Maestà, recevute alcuni mazzi de lettere de Vostra Excellentia, directivi per la mazor parte al magnifico M. Marchisino; quale essendo partito, me parse de aprirli, persuadendomi satisfare a quanto sia la mente de quella. Le quale aperte, sopragiongendomi la Cesarea Maestà, me li acostai e li incomenciai, primo a lezere li avisi di Franza e poi quelli de Venetia, ne più ultra li possete lezere ne significare per le grandissime occupatione ha in respondere e dare ordine a questo suo exercito e capitanei. Ma poi in questa matina ho supplito e fatto intendere distinctamente quanto quella scrive e comette. Alla quale io significaro qua apresso quanto m'ha resposto de parte in parte.

Quanto a li avvisi de Franza, alla parte chel Re fa passare le 400 lancie, la Sua Maestà disse questo non essere ad altro fine che de tenire l'E. V. in timidità, adcio che la non daghi adiuto a Sua Maestà ne sacro imperio contra Suyceri, e credere firmamente chel predicto Re non fara l'impresa contra V. E., finche non habia visto l'exito de questa guerra presente; quale la fortuna poteria condurla talmente chel predicto Re havera caro stare in pace.

De li oratori francesi che debeno passare per arrivare a Vinetia, Sua Maestà domandò a me si l'E. V. li lassaria passare per il suo dominio. Io li respose che credeva de si, perche l'E. V. fin qua non ha fatto demons-

---

[1] Milan: *Ibid.* Original. *Suscription*: Ill.mo principi et ex. mo D.no D.no meo unico Domino duci Mediolani. Cito (*ter*).

tratione havere alcuna contrarieta con Venetiani, e che simelmente quando accade a lei ad mandare soi oratori suso el dominio de Venetiani, non ha alcuno respecto. La predicta Maestà me disse chel parere suo era non li lassase passare, perche ancora ley de qua, quando volessino fare questo camino, non li lassara passare. Io li risposte che facendo questa novita daria forse causa de qualche indignatione per le quale seguiria poi qualche novita o dal canto del Re de Franza o de Venetiani, e che, a lassarli passare, poteria esser poco più male de quello saria ad non darli passo, perche potriano trovare molti modi e vie de intendersi insieme. La Sua Maestà me replicò che quello haveva dicto era el suo parere, e che l'una parte e l'altra omnino havevano malo animo; che, V. E. concedendoli questo passo, non lasseriano però de offenderla quando gli venghi a taglio, e che non gardendoli, anderano forsè più retenuti e se obviara a molte cose. Tuttavolta se remettera al parere de V. E. de fare in questo tutto quello li paresse meglio; e più, che le se satisfacesse a ley, che la Sua Maestà era satisfacta. Del gran Canzelere, M. de Ransin, M. de Ligni, che siano anduti a restituire le terre al signore Arciduca e prendere l'homagio e fidelta, la predicta Maestà dice haverlo inteso che li dovevano andare, ma finhora non havere havuto alcuno aviso de quello sia seguito.

Del Re de Inghilterra, chel sia d'acordo col Re de Franza: la predicta Maestà disse havere temptato più fiate per tirarlo in qualche effecto, ma non sè mai voluto risolvere; imo sempre ha conosciuto chel desiderava stare in pace con Franza, ne volere per alcuno modo fare guerra, benche sempre habia dato bone parole.

Del oratore veneto che sia in pocha gratia del Re di Franza: disse esser tutto al proposito de V. E., e credere fermamente che Venetiani non se poteriano longamente intertenire con Franza, per essere de la natura che sono.

Del duca de Savoya, che sia per acordarsi col Re de Franza: disse chel predicto duca gli ha dato sempre bone parole de essere obsequentissimo a Sua Maestà e de volere observare a quanto è tenuto per el suo giuramento verso essa; ma che dubita fare quello li andara per fantasia, e maxime attento ch'è giovene; pur non manchara de mandarli l'oratore e farli quella provisione potera.

Del gubernio de Bergogna dato a Mre de Ligni: la Sua Maestà disse essere molto ad proposito de V. E., perche M. Gian Giacomo sarà sdegnato; che potria essere causa de qualche mutatione de proposito.

De quello ha scritto el duca Valentinese al pontefice, per fare rumpere guerra per el Re de Franza a V. E.: la predicta Maestà disse sapere chel Papa faria ogni cosa per fare rumpere, perche non cercava altro che movere guerra in Italia, sperando obtenere soy dissegni. E rationando con mi molto al longo de la vita sua, io li ricordai ad voler licentiare con qualche collorata occasione el legato, secundo chel magnifico M. Marchesino m'ha lassato per ricordo, significandoli quanti avisi daseva questo legato in Franza et a Suiceri, e quante discordie e male dispositione metteva a questi R. mi ellectori et altri signori de qua contra S. M.; in modo disse che *omnino* voleva farli scrivere subito venesse a lei, e che gionto lo remanderia subito a Roma; ne voleva stesse più de qua.

E l'altre parte de dicti avisi de Franza sopra liquali io non respondo alcuna cosa, la predicta Maestà non me li ha dato resposta alcuna.

l'e li avisi de Venetia, la predicta Maestà se ne fece poco conto; solo disse sopra le cosse del Turcho, quale haveva inteso faceva grandissimo preparamento; et de M. Urbano, disse chel non era gran cosa se alcuni diceva male de S. M , perche gli ne erano anche de l'altri ne dicevano bene.

Hozi in camino M. Langh m'ha poi dicto che la predicta Maestà ha havuto aviso chel Turcho driza la sua armata verso Rodi e che gia ha incominciato fare qualche progresso.

Del particolare del marchese de Mantoa, la predicta Maestà disse chel pensiere haveva fatto l' E. V. li pareva bono e naturalmente considerato quali li pareva mandasse ad effecto.

De li avisi havuti da Chiavena, la predicta Maestà disse che la necessita de le victualie astrinse el suo exercito a ritornar indreto; e che era ben certa, quando fosseno andati avanti, haveriano fatto de gli optimi progressi, ma bisognava hora havere patientia; ed io gli replicai quello che gia li haveva dicto presente el magnifico messer Marchisino in excusatione de V. E. e soi offitiali, che non era manchato per loro, che l'exercito suo non havesse victualie; laquale ne restò satisfacta senza alcuna dubitatione.

Del bestiame de inimici che era passato in Valchamonicha, disse gli piaceva molto perche essi inimici se passevano la mazor parte dessi bestiami e lacticinii, e che havendoli mandati fora del paese non se ne potevano valere per el loro vivere.

Delle cinquanta some de sale passate per Burgogna, li fù molto molesto a Sua Maestà intenderlo, ed ordinò con Langh che fosse stato e facto alcune provisione.

Circa li avisi dati per Thomasino e de quello hano scritto Bernesi e Suiceri, la predicta Maestà me disse che circa questa materia el predicto Messer Marchesino haveva sopracio commissione de quello doveria far intender a V. E., come da esso intendera a bocha, ne altra resolutione circaciò me fece.

Del acto de Pusclavini, io ho cercato intendere dalla predicta Maestà se gli sono forteze vicine a dicto loco: m'ha dicto che non; ed anche dimonstra hora non curarsi troppo dessi ; ma non cessaro de intendere e satisfare a quanto quella ricerca.

Del partito del Signor Don Carlo, dispoto de Carinthia, me sforzai significarlo alla predicta Maestà tanto honorevolmente quanto me fosse possibile; alche me disse havere bona cognitione de casa sua, e che, per compiacere a V E., voluntiera l'haveria acceptato o factoli bono et honorevole tractamento : ma per la natura de la corte sua, ch' era molto aliena e solita non havere foresteri et maxime in fatti de guerra, non li poteria al presente dare partito, ma se la poteria compiacere in altro, lo faria volontiera per amore de quella.

De la particularita del Reverendo Messer Petro, Cesareo oratore, io per avanti haveva parlato alla predicta Maestà, a Messer Langh ed al conte de Nanso ; ed alla cosa sua se gli era facto tale provisione chel suffraganeo è partito tutto disperato e malcontento, dicendo volere andare a Roma, come del tutto gia ho scritto al predicto M. Petro ; pur non sono restato de parlare de novo a M. Langh, qual m'ha resposto non esser bisogno fare altro, perche le cose del predicto Messer Petro, cossi circa lo episcopato come circa la legatione, li erano in bonissimo termine e bona gratia de la predicta Maestà ; e se pur qualche cosa accadera, io non mancaro dogni diligentia e sollicitudine per satisfare a quanto quella scrive ; certificandola chel predicto M. Petro non resta ancora lui de fare optime relationi e boni reporti de qua alla predicta Maestà in favore de V. E., e per quanto io posso conoscere fa bon officio.

Circa el malo tractamento se fa a li subditi de V. E. che portano victualie a questo exercito, l'E. V. intendera dal Magnifico Messer Marchisino quello disse alla predicta Maestà in sua presentia; dopo ge l'ho replicato un' altra fiata ; ne sono restato che ancora non gli habia hora significato quanto quella me scrive ; ál che Sua Maestà non mi respose nisi uno solo motto, dicendo : « Io li provedero. » Io conoscho la Sua Maestà haverne grandissima ed intollerabile displicentia, ma perche non li po dare dinari de presente, come saria debito e desiderio suo, bisogna habia patientia de questi manchamenti se cometteno, perche se S. M. facesse qualche punitione, una grandissima parte se partiria, per essere homini senza rasone ne governo ; ma spera per molte vie poterli dare qualche denari ; poi son certo, se alcuno fallira, li fara digna punitione Io ho ancora parlato de questi desordini al conte de Zoler et al conte de Nanso, a liquali molto dispiaceno e li provedeno quanto possono. Non resta pero che se dicti homini fano dire el nome o cognome overo conoschino quelli li prendeno le robe ne li fano torto, che se li provede sono pagati, o restituito el suo. Ed io non li manco ne mancaro de dilligentia e sollicitudine.

De li due mila florini che l'E. V. scrive havermi drizato per dare alla predicta Maestà in supplemento de li dodici milia florini impresto a li regenti de Ispruch, dico non havere visto ne inteso altro, salvo che avanti la partita mia da Tirano, el Magnifico Baldesaro me disse haverli havuti ne le mani, con commissione de V. E. de non darli senza l'obligatione in forma de l'altre sono fatte per li dieci mila florini gia exborsati, e cossi in presentia de predicto Messor Marchesino, io feci intendere alla predicta Maestà che dicti denari erano parechiati, e che, mandandoli a tore con l'obligatione de dicti regenti in la forma hano facto laltra, che li sariano exbursati. È parso poi a Sua Maestà da li ad uno o doi zorni mandarli a tore per uno cavallaro con lettere de Sua Maestà obligatione de fare che dicti regenti de Ispruch fariano le confessione et obligatorie de questi due milia florini in la medesma forma hano fatto laltre de li dieci milia, scrivendo al predicto Messer Baldesaro che li mandasse con uno de soi insieme con dicto cavallaro suo; li fù ditto essere meglio far fare dicta obligatione dai predicti regenti da Ispruch prima e mandarla; ma parse a Sua M.tà mandare dal predicto M. Baldesaro con dicte lettere sue et anche, secundo m'ha dicto M. Langh, ha mandato ad Ispruch per havere dicta obligatione e mandarla poi al predicto Messer Baldesaro.

De le poche nove ha havuto l'E. V. de le occurrentie de la predicta Maestà ed exercito suo, sapia quella esser molto difficile sapere le occurrentie de questa corte e novita del exercito a chi non se li trova presente; perche qua non se scrive li stilli fa V. E. verso li oratori e segni de signori, in notificarli quanto occorre alla giornata, ma bisogna usare grandissima dilligentia in diversi modi.

Io partite de Tirano, assai mal disposto come per altre mie significai a V. E., ma dopo in qua sono stato bene; e spero, mediante la gratia del Signor Dio ed el grandissimo desiderio ho de servire V. E., chio staro de zorno in zorno melio, non obstante li grandissimi disconzi ed incommodi se patiscono qua. Io non sono per manchare de continui avvisi a V. E. e de fare dal canto de qua quanto a me sara possibile per significarli quello cordiale servitio e devotione ho verso lei, come spero farli conoscere con effecto.

Cavalcan io heri con la Cesarea Maestà, me acostai al conte de Zoler ed intrai in parlamento con luy, che durò circa due hore, e maxime suso el fatto de la inclita liga de Suevia, per esser lui quello ha ad intervenire al consilio de Ueberlingh, ed, a nome de la predicta Maestà, proponere V. E.; dove facessimo longo discorso sopra questa materia, concludendo al fine che non era possibile havere possuto trovare alcuna cosa che fosse stato più proficua, utile ed honorevole alla predicta liga che acceptarli et includerli l'E. V., ed *è converso* a quella non li poteria occorrere cosa che li fosse melior scuto et effectuale deffensione contra el Re di Franza, Suyceri et ogni altro potentato, che intrare in la predicta lega ; in laquale, considerato la commissione galiarda li ha fatto la Cesarea Maestà, el beneficio et exaltatione de predicta lega et anche la salveza e beneficio de V. E., allaquale voleva esser bon servitore, sperava, per el parentato, amicizia e pratiche ha con li principali dessa lega, omnino includerli V. E., e fare che ley saria richiesta e domandata da predicta lega : dolendosi molto chel non habia havuto più presto noticia de questa cosa, perche in questa hora l'havoria conducta a porto e conclusa ; discorrendo generalmente che era cordial servitore de V. Ex e voleva servirla non solo in questo, ma in tutte l'altre occorrentie de quella ; alla quale tutto se offereva per quanto posseva e valeva, facendomi intendere havere ad uno bisogno el modo de mettere insieme tre o quatro millia persone al servitio de V. E., e che, se da qui indreto non ha facto cosa alcuna per essa, non è restato se non esser mai stato rechiesto ne intertenuto pure, solum da parola, ma che nel advenire li demonstrara per boni effecti che gli è affectionato. Io li respose quello me parse conveniente ed in specialita li disse che l'E. V. per la devotione portava alla Cesarea Maestà amava cordialmente tutti li soi servitori, et se in qualche cosa la poteva, ne faceva demonstratione, e tanto più quanto era la dignita e grandeza loro ; e che facendo la Sua Signoria qualche cosa a beneficio de V. E., se rendesse certa che la non li saria ingrata, anzi li faria conoscere havere havuto grato ed accepto el beneficio ; alche lui replicò in offrirse molto, e che senza fallo omnino faria succedere ad effecto questa praticha come è ditto. Lo ricerchai quando dovesse essere la partita sua per Ueberlingh : me disse che, dato assetto a questi fanti del exercito, con darli qualche denari, che saria fra tri zorni, se partiria per andare ad exeguire quanto ha commisso.

Parlando col conte de Misocho, m'ha fatto intendere che la predicta Maestà lo vole expedire per mandarlo a fare la pratica che gia scrisse a V. Ex. ; e credo intenda farlo per mezo del conte Anibale suo cognato, e, secundo ha dicto, andara a Trahona o Morbegno.

In questa sera ricercando io Messer M. Langh de molte cosse, me disse la Cesarea Maestà haveva havuto lettere dal consilio de la lega fatto a Ulma, essere concluso che de presente subito, havendo in campo undeci milia persone a pede se li acrescha fin al numero de venti milia e cavalli due milia ; e cossi le cose erano per passare benissimo ; e che non restava pero, anche tutto lo giorno, de giongere gente de l'imperio, ma che andavano a quello altro exercito verso Constantia. Ma disse non esser scritto alcuna cosa circa la praticha de intrare in dicta lega.

De novo altro non c'è. La Cesarea Maestà è gionta qua in questa sera con l'exercito ; alcuni fanti sono restati de dreto, pur seguitano. La Sua Maestà se porta con alcuni de soy cortisani ed officiali a li prati con li paviglioni, e credo gli sia qui circa ottomila fanti de li inimici. Non se intende cosa alcuna che se vogliono presentare alla deffesa ; credo, per quello ho inteso da diverse persone et anche per le provisione vedo fare a questi paviglioni, che la predicta Maestà stara qua otto zorni, benche essa anche habia dicto se non de tri zorni. E credo non se levara finche habia dato dinari a questi fanti, perche con grandissima fatica ed arte li retene che non se ne vadino ; e son certo che se la se levasse de qua senza darli denari, che molti se partirano ; non so mo che modo habia per havere denari ; che certo dubito li habia male el modo ; pur li soi dicono che Sua Maestà aspeta denari. Ne altro accade.

Alla bona gratia di V. E., etc.

Ex Pfontz, 17 junii 1499.

Illustrissime et excellentissime Dominationis Vestre humilis servus.

Augustus SOMENTIUS.

Suscription. — Illustrissimo principi et excellentissimo Domino Domino meo unico Domino duci Mediolani. Citò citò citò.

(Pfontz, 22 juin 1499)

... Apresso significai alla predicta Maestà quello se contene neli summari de Savoia, de M. Jo. Jacomo Trivultio e de Fiorenza.

Ad quelli de Savoia la Sua Maestà disse havere grandissimo piacere chel predicto signore duca restasse in bona dispositione verso Sua Maestà, sacro imperio e V. E. ; ed esser vero che ancora a Sua Maestà haveva dato bone parole ; ma che dubitava per li continui stimuli, insidie, promesse ed arti de Franzosi, per la vicinità ha con loro, fosse per fare qualche accordo, non havendo rispecto che al fine fusse a sua perpetua perditione. Era ben vero, quando el predicto signore duca con bona circumspectione examinasse el caso suo, mediante li boni consilii, non lo faria : anzi se teneria al imperio e a Sua Maestà, ch'è suo vero e drito protectore, quale mai non li mancharia, benche alla fiata il potria venire qualche disturbo per le occorentie sono oggidi, ma che havendo bona intelligentia ad sua Maestà e V. E., che era ancora ley membro del predicto imperio, che senza dubio l'uno per l'altro col aiuto de Sua Maestà se aiutariano e deffenderiano da ognuno li volesse nocire. Hebe ancora grandissimo piacere del signor bastardo, che simelmente sia affectionato a Sua Maestà; dicendo che era de li soi, e che li era stato bono e fidel servitore, e se in qualche cosa lo poteva reconoscere, lo fara molto volontiera; et essendo in questo parlamento, ricordandoli io a mandare lo oratore suo apresso el predicto signore duca, e presto, peroche importava la celerità, la Sua Maestà commisse a M. Langh che facesse fare la expeditione per M. Joanne Reynier, preposito de Brixen, e spero che in tri zorni sara expedito e partira.

A li summari continenti la bona voluntà de M. Jo. Jacomo Trivultio S. M. disse che non potria intendere tanta iniquita de lui contra Sua Maestà et V. E., che ancora non credesse più; e che qualche fiata ha voluto dimonstrare secretamente essere bon amico de V. E., ma che Sua Maestà sempre conosceva chel la agabava, anzi chel era [.....] secreto e credeva firmamente che sel potesse o sapesse trovare modo de ruynare Sua Maestà e Vostra Excellentia, lo faria senza alcuno respecto, ma che Dio non li ha dato tanta gracia; e quanto a le minatie, che l'E. V. attendesse a vivere alegramente senza alcuna dubitatione, e maxime del canto de li Grisani e Suiceri, tanto quanto la Sua Maestà li fusse, perche lei faria talmente che la assecuraria, e faria che non li poteriano nocire, o per guerra o per pace; che l'E. V. attendesse pure a salvarsi de la, como la credeva dovesse fare finalmente, perche el Re de Franza non faria l'impresa, e, se pur la faria, non troppo caldamente; ma sua ferma oppinione era che non la dovesse fare, ma aspectare che questa guerra de Suiceri se fornisse per vedere come andasse el fino, che forsi saria tale che haveria piacere de stare in pace.

De M. Roberto disse non esser vero che havesse scontrato ne morto alcune de sue gente, ma era ben vero che era intrato in Remmsi con 1600 cavalli e 1200 fantia pede, ma che mai ne era usito, che molto li dispiaceva perche haveria voluto fusse uscito, affrontarsi perche trovaria bon scontro.

De la praticha de Grisani e li capituli de Pustlamin, per la prossima cavalchata li significaro el tutto, che hora non ho tempo per levarsi la Cesarea Maestà ed andare a Landech, lassando qua una parte del campo. — [....].

Augustinus Somentius.

(Landech, 24 juin 1499)

La Cesarea Maestà m'ha fatto domandare in castello, essendo armata per montare a cavallo circa le 21 hore, per andare a suo castello chi se apella Rispergh, lontano de qua uno miglio tedescho; suso el camin per passare la montagna de Santo Cristoforo, per andare verso Felchirch e per passar la montagna per andar verso Coyra. Giunto là, la sua Maestà volse vedere la lettera patente de V. E. per la promessa facta de darli li 33 milia fiorini, videlicet la meta in otto zorni, et l'altra meta per tutto el mese de giulio chi vene. Quale vista, ha fatto fare lettere patente per la receptione de 16,500 fiorini dal magnifico messer Baldesaro di Pusterla, con obbligatione come si contene nel apunctamento o parlamento facto al magnifico messer Marchesino, cioè che intrando V. E. ne la liga de Suevia dicti 16,500 fiorini li sariano compensati in quella somma de denari li sera taxata per la sua portione. Et *casu quo* non intrasse in dicta liga, che la sua Maestà se obliga dare ad ogni richiesta de V. E. per li dicti 16,500 fiorini doemilia fanti, pagati a spese de sua Maestà per doi mesi; e dicta confessione e obligatione se manda in mano del predicto messer Baldesaro, alquale la predicta Maestà m'ha dicto voglia scrivere, adciò non facia difficolta che, mandando a torli come fa, gli sinno dati non li sia fallo; altramente li saria grandissimo detrimento per haver facto soi dessigni, dove se habino a spendere per bisogno grandissimo de questa guerra, e cossi io scrivo al predicto Messer Baldesaro secondo che sua Maestà m'ha commisso.

Apresso la predicta Maestà me disse se io haveva significato a V. E. quello me commisse in questa matina. Alla quale io rispose che si, ma el messo non erà ancora partito. Me disse apresso queste formale parole: « Noy partimo a questo hora e andiamo contra questi diaboli de nostri inimici, perche volemo più presto tirarseli alle spalle e contra noi che lassarli andare a danni del signor duca, come si dice voleno andare. » Io li respose che la sua Maestà faceva bene a piliare la deffensione di V. E. e stato suo, perche deffendeva le cose proprie de sua Mar tà, e quando quelli paese de Valtolina havesse danno de inimici, la sua Maestà e tutto lo suo exercito ne sentiriano e patiriano, perche se vedeva ogni zorno quanto subsidio ne veneva, e che V. E. haveva posto ogni sua speranza ne la sua Maestà con fede la dovesse deffendere ed aiutare. Laquale disse non era per manchare dogni suo potere. Et dite queste parole montò a cavallo e partite.

Io sono restato qua con M. Lang e la mazor parte de cortesani, perche dove va la predicta Maestà non gli è habitatione altro che lo castello; ma domane la seguiremo tutti.

Havendo io significato alla predicta Maestà quanto quello m'ha scritto circa li deportamenti facti per Prete Luca di Bormio a Venetia, M. Langh m'ha poi resposto la sua Maestà havere dato bon ordine che lo ...... mandara a casa, in modo non seia più adoperato in queste cose di corte. Altro non c'è de novo. Alla bona gratia de V. E. humilmente me raccomando.

Ex Landech, 24 junii 1499
Illustrissimae et Excellentissimae Dominationis Vestrae humilis servus
Paulus Aug. SOMENTIUS.

(Lindau, 5 juillet 1499)[1]

..... Apresso io significai alla predicta Maestà de la expeditione haveva inteso che faceva el Re di Franza al duca di Lorena, per mandarlo contra V. E., pregandola ad voler fare pensamento e preparatione de aiutarla, e de non lassare opprimere ne vexare quello stato quale era de Sua Maestà, come ogni zorno la ne vedeva l'effecto, e che se in li principii el Re de Franza vedera che la sua Maestà ne piglia qualche protectione, andara tanto più retenuto in fare l'impresa che per el contrario, quando vedesse che la sua Maestà non ne pigliasse l'impresa e se ne passasse cossi legiermente, pigliaria più animo e faria l'impresa più galiardamente. La sua Maestà respose, benche se facesse rumore assai de questa expeditione del duca de Lorena, tum al effecto sariamente stando suso al suo primo proposito, chel predicto Re non debia fare quella guerra contra V. Ex. finche non sia finita questa de Suyceri, e se più presto el duca sara expedicto per venire a dicta impresa, che non crede, se rendera certa havesse a durare poco, e poteva essere caro a V. Ex. chel predicto duca più presti venghi a dicta impresa che alcuno altro, perche la natura e cervello suo è tanto furioso e superbo che subito veniria in dissensione ne potriano havere durata inseme.

[.....] Circa la venuta de li oratori francesi, ne parlai alongho con la predicta Maestà, laquale disse sapeva volevano dare e praticare poco de bono per Sua Maestà e V. Ex. Io la pregai in tutte le actione ad havere per raccomandata V. Ex. laquale disse che la faria per essa come per le cose sue proprie.

[.....] Io ho voluto intendere da M. Langh, quale è capitanio del impero, o el duca Alberto di Baviera, o questo marchese de Brandinborgho. Quale me ha dicto non essere ne l'uno ne l'altro; che prima fu ben fatto capitanio el predicto duca de Baviera, ma la predicta Maestà non ha poi voluto capitanei, per voler ley in persona essere alla guerra.

[1] Milan. Ibid. Original; fragments.

(avec Angelo de Fiorenza)

(14 juillet)[1]

Illustrissime princeps et excellentissime domine, domine noster observandissime,

Ritrovandosi essere andata la Cesarea Maestà ad uno castello qua sul lago da li cavaleri Alemani, dove dete audientia a li oratori francesi, gli andassimo heri matina per tempo, credendo ritrovare la predicta Maestà et exeguire quanto se contene ne la commissione ed instructione de M. Angelo. Ma giunti al dicto loco, ritrovassemo quella essere partita la sera in barcha, senza cena; ne al uno de soy sapeva dove la fusse andata, lassato qua el lecto e tutte le altre cose sue: aspetassimo fin passato mezo zorno, ma non vene; ne anche fu possibile intendere quello ne fusse, salvo se chella era andato a vedere alcune terre in passi de inimici; e cossi ne ritornassemo. In questo matino gli siamo ritornati; dove havemo trovato la sua Maestà a messa; laquale fornita, Angelo me gli sono presentato, e facto la debita reverentia e recommandatione in nome de vostra Excellentia; a laquale è stata molto grata et accepta; e monstrò vedermi tanto volontiera quanto dir se possa per amor di V. E., dimandandomi molto intrinsecamente de la bona valitudine sua et altre occurentie.

Apresso me fece condure in camera sua per M. Lang, e proposto alcuna cosa a soi consilieri, vene in dicta camera, dove con gratissima audientia intese *de verbo ad verbum* quanto se contene in la dicta instructione de me Angelo; laquale intesa, disse essere parechiata da dire tutto quello gli era possibile a V. E. e che per effecto la serviria de tutto quello la rechiedeva; ma se fece alquanto difficile de poterla servire de tanto numero de fanti alemani per la occurentia de questa guerra, ma disse troveria altro partito de servirla.

E primo, quanti a li fanti, disse gli pareva che la E. V. doverebbe tore doi milia fanti boemi a pede e mille fanti a cavallo; e vederia del resto farli havere de Alemani boni e experti, e che similmente li provederia de li capitanei, homeni tractabili e da bene.

Fu dicto e rasonato de la sorte e condictione de Boemi e de Alemani, de la valitudine lor, de lo stipendio, et etiam del tempo che potevano essere in quelle parte.

[1] Milan. *Ibid.* Original.

La sua Maestà disse che, per durare gran faticha, fare e disfare repari et altre cose necessarie in campo, et intertenersi a deffendere una impresa d'una forteza o altro loco, Boemi valevano più de Todeschi, più obedienti, e se tenevano con manco victualia; e quelli altri boemi a cavallo dismontavano quando se affrontavano con li inimici e sono de li megliori saldati del mondo: homeni da bene, de grande animo, experientia e ben armati: quali omnino consigliaria la E. V. a tore sopra de lei, perche la se ne troveria benissimo contenta. E per lo stipendio suo, dessi Boemi a pede sperava se haveriano per tre fiorini da Reno el mese, l'altri a cavallo bisognava darli fiorini sei· Replicando più fiate che omnio consigliava V. E. a fare la spesa de questi mille a cavallo per essere homini de gran factione.

Da li Todeschi disse ne faria havere, fin al supp. to de la rechiesta, ma che essi erano mali homeni da governare e da contentare, ed in sue bataglie erano meliori che Boemi, ma in difesa de una forteza essi Boemi erano meliori.

De li capitanei disse daria de li meliori e più valenti chel havessi.

Circa li duecenti overo trecenti hominidarme Bergognoni, similmente disse che la li provideria et satisfaria secondo la sua rechiesta, e più, bisognando.

Prima, disse de dare M. Roberto de Melone con 200 lancie e lo resto de le gente d'arme sono in Anomia; poi disse voler dare uno suo valente capitano ha in Bergogna, el quale havea una bela e bona compagnia de Bergognoni, bene in ordine e parechiati per cavalcare de subito, e che epso capitaneo era el più sviscerato inimico de Francesi che sia al mondo, e Francesi l'hanno tanto exposo che, se lo potesseno havere ne la mano, per alcuno modo subito lo fariano impiccare.

Noi respondessimo a Sua Maestà che questo capitaneo saria al proposito de la Excellentia Vostra. Essa disse lo daria molto volentiera e fu rasonato e discusso del camino potevano fare dicte gentedarme per venire de la, e fu concluso essere per el meglio passare per Savoia, perche fariano molti boni effecti; primo dariano gran suspecto al Re de Francia et a Suiceri, ed al signor duca de Savoia dariano animo de stare constante per la Sua Maesta e Vostra Excellentia; anche si assecuraria de quella gente francese sono nel Delfinato, adcio che, quando accadesse la Sua Maestà havessi qualche conflicto con Suiceri, non parlussino contra essa.

Ma rasonato a longo suso questa particularita, la Sua Maesta stete alquanto pensiva, e poi disse dubitava li soi consilieri non voriano consentire che la desse a V. Ex. el predicto capitano e gente bergognone et maxime essendo le cose nel termine sono; ma disse in fine del parlare chel vederia de poterlo dare, ma con questa conditione cha, accadendo la disgratia cha la perdesse qualche bataglia grossa con li Suiceri, pur che teneva esso capitaneo e gentedarme per suo soccorso in caso de bisogno: resolvendosi che omnino la voleva compiacere la E. V. Gli respondessimo che quando altro accadesse, che non solamente del dicto capitaneo e gentedarme, ma etiam de la persona e stato di V. E., la Maestà Sua se potria valere del tuto; perche la V. E. ha deliberato havere sua commune fortuna con la Maestà Sua per sempre, ma che meglio li faria discussione da quale gente la gli potria dare senza carico suo, et che fosseno più al proposito de V. E. e cha dal tuto ne faria intendere la resolutione.

De li homeni per manezare le artigliarie, disse non poterla servire, perche lei medesima ne havea difficolta ne era fornita a sufficientia; ma, pensato alquanto, disse havere trovato el modo de servirla: che faria scrivere al ill. mo sig. archiduca, suo figliolo, che li mandasse li soi qua per essere facta la treuga de Geldria, monstrando de volersene servire in questa sua guerra, e che, gionti qua, geli mandera li a servire V. E., e che erano molto perfecti.

Similmente faria scrivere a Mgr. de Verghi, in quella meglior forma che nui volessimo, secundo che quella richieda.

La conclusione facessimo fu che la sua Maestà scriveria a li capi de quelli Boemi se metessino in ordine a fare le compagnie, adcio cha havuto l'aviso de V. E., siano pronti per venire. Laqual fece computo che potriano venire da casa loro in Trento in zorni quatordexe.

Da le gente d'arme sariano in ordine ad ogni rechiesta de V. E.; laquale pensasse e deliberasse quello voleva, perche del tuto saria servita; con molte offerte, bone et amorevole parole, de non esser per abandonarla in alcuno modo; e fara cognoscere ad ognuno che la non è per mancarli, anzi per aiutarla ad ogni suo potere.

Essendo in rasonamento del transito de le gente d'arme per Savoia, fu dito da le particularita del predicto illustrissimo signor duca da tirarlo al stipendio de V. E., quando la potesse; ed el parere de la predicta Maestà fu, che, volendo el predicto Signor duca stare forte in servirla con le gente e stato suo alla deffensione contra Francesi, che la E. V. gli prometta duecento milia ducati da pagarli in venti anni, cioè decimila ducati d'oro ogni anno, per extinguere la promessa li fa el Re de Franza de darli decimila ducati d'oro d'intrata; e che li pare la E. V. non debia guardare a spese per condurlo, perche hora li pareva el tempo; comettendone che in nome de Sua Maestà gli significassimo quanto era el suo pensiere. Circa la parte de li denari, non accade scrivere altro per che la sua Maestà resta benissimo contenta de satisfarla de quanto era facto.

De la praticha del Re de Inghilterra, la predicta Maestà se risolse netamente: non gli ora fermeza alcuna, ne chel predicto Re più fiate gli haveva promesso e dato bone parole e tenuto in praticha; ma may non ha voluto venire ad effecto alcuno, ma cerca de fare li fati suoi con Franza per questi mezi; e però era meglio lassarlo stare, ateso cha non se ne poteria cavare alcuno bon constructo.

La predicta Maestà se ritrova in continue agitationi col corpo e col animo per le occurrentie de questa guerra. Non possimo havere cossi la sua Maestà per cavare el constructo de quello sia el suo ultimo volere; ma piglieremo la opportunità e faremo l'ultima conclusione e stabilimento. Quale facto e significato a E. V., io Angelo veniro da ley. Alla quale humilmente se raccomandiamo.

Ex Ueberlingh, 14 Julii 1499.
Illustrissime et Excellentissime Dominationis vestre servitores.
Angelus de FLORENTIA et Augustinus SOMENTIUS

(21 juillet) [1]

Illustrissimo et excellentissimo signor nostro observandissimo, In executione de commissione et instructione de vostra Excellentia, havemo significato alla Cesarea Maestà li progressi del Re de Franza, che sono omnino di volere passare contra V. E., ricercandola a volere soccorrere di gente e saltem de presente de cinque cento fanti; dando ordine adcio che similmente se ne possa havere de li altri fin al numero richiesto de cinque overe seimila a pede e circa trecento lance borgognone; al che Sua Maestà s'è risolta, come vedera qua apresso.

Che de presente la Sua Maestà dara 500 fanti de quelli de Fereto e Bergogna, quali sono pronti, e seranno in Ivrea in vinti di, ed essa li fara venire fin la; ma gionti bisogna che l'E. V. gli facia fare la mostra e dare la pagha a computo de fiorini quattro el mese; del nome de lo capitaneo e dele paghe dopie la Sua Maestà li dara, ed io Augustino per la prima cavalcata li significaro a Vostra Excellentia.

Scrivera in Carintia e li fara havere mille fanti con doi boni capitanei quali fara ordinare ad Tregeste, e l'E. V. mandara a farli la monstra e darli une pagha e fiorini quattro per fante, quale facta e pagata veneranno da Tregeste li in octo giorni e serviranno sei settimane; quale passate li dara ancora un altra pagha e serviranno altre

[1] Copie et déchiffrement: *Extractus Zifre Dⁿⁱ Angeli de Florentia et Augustini Somencie ad illustrissim^m D^{num} Ducem Mediolani.*

sei settimane e poi successive de mese in mese haverano le sue paghe.

De Boemia li fara havere mille fanti, alli quali andara tempo uno mese a mettersi in ordine e venire fin li ; alli quali similiter bisognara mandare una pagha fin in Patavia chi e sul Danubio e de questi se ne havera meliore conditione che de quatro florini al mese.

Dara ancora mille arceri de Picardia e mille fanti Allamani quali erano cum Sua Maestà alla guerra de Geldre et che de presente sono in camino per venire in qua; alli quali similiter bisognara mandare una pagha, cum io Augustino li significaro per la prima cavalcata.

Appresso dara ducenti homini d'arme, videlicet cento de Anoni a che averano cavalli quatro per ciascuno, e bisogna darli floreni sei di Rheno al mese per cavallo e che venerano in Losana, ali quali sara capitaneo M. Roberto de Malone e mons de Vilerno.

De li homini per tirare l'artileria dara de quelli erano in Geldria, quali similiter sono in camino per venire in qua; ali quali taxara lo sallario a uno capo o doi che li governara, como io Augustino similiter li significaro.

Io Angelo partiro in questa sera o domatina, per venire verso V. Ex. più presto potero. Del mag.co M. Vesconte non scrivemo altro perche da esso V. ra Ex. tia sara del tutto avisata.

Questa presente lettera s'è solo scripta per la celerità del partire del p.to M Vesconte, ma io Augustino li expediro una altra cavalcata dove li respondero a quanto V. Ex. mi ha scripto per la cavalcata de 8, recevuta a di 19 del presente.

Qua si ha gran.me bisogno de cavallari e dinari. A V. Ex. humiliter ce racomandano. Ex Constantia 21 julii 1499.

(fin juillet 1499) [1]

Illustrissimo et excellentissimo signor mio unico.

Per altre mie l'Excellentia Vestra havera inteso de la partita de la Cesarea Maestà de Landerch; hora per questa mia intendera come La gionse heri qua a disnare, passato la montagna de Santo-Christoforo. In camino io me accostai a Sua Maestà in diverse fiate, e li parlai de alcune cose, come intendera qua apresso.

....

Io propose alla Maestà Cesarea che la principal cosa a voler provve-

(1) Milan. *Ibid. Original. Non daté.*

dere ale cose de Italia, chel re di Franza non li havesse tanta speranza ne tanta inclinatione, era ad fare qualche provisione contra el papa; el quale, come la sapeva, non tendeva ne procurava altro che promovere el predicto Re alla guerra contra V. E., et mettere tutta Italia sottosopra; ma che, facendoli Sua Maestà qualche provisione come lo poteva et come già era dicto, porse chel se guardaria ben avanti et andaria alquanto più retenuto in queste sue pratiche chel non ha facto finora; e per comenzamento che, al manco al presente, vole se fare questo effecto de remandare indreto el legato con tali termini et etiam darli tale resposta chel predicto pontefice potesse conoscere la Sua Maestà havere cognitione de tutte le sue male operatione, et havere animo de farli qualche provisione e dirli che molto ben conosceva e sapeva che questa opera faceva sotto umbra de charità de voler tractare la concordia de questa presente guerra con Suyceri esser ad instantia del re di Franza, per condure poi li soi disegni a posto col mezo e aiuto delli Suyceri et la Maestà sua havere gia molti di havuto copia de le lettere li haveva scritto el predicto Re, acciò facesse questa opera che l'oratore fa per mezo depso legato; ma che lassando epso legato ad Inspruch dove l'haveva mandato, ogni zorni daria aviso de tutte le occorentie de qua e delle difficultà ha la Sua Maestà che sono più assai e lo pontefice non desist ria da le sue sollite pratiche. Alche la Sua Maestà me rispose dicendo che conosceva assai la male dispositioni e pessima operatione del predicto pontefice e che non voleva remandare indreto el predicto legato e che pensaria qualche bon modo e mezo per rimandarlo. Sopra questa expeditione parlai con M. Langh discorrendo molti partiti; qual dopo parlò longamente con la predicta Maestà con laquale prese questa conclusione.

Che la predicta Maestà vole scrivere al predicto legato como, per risposta de le rechieste li ha facto et altre occorrentie, voleva mandare uno oratore al predicto pontefice, qual saria el Reverendo proposito de Brixino, informato e ben instructo in tutto del animo e volere de Sua Maestà, e per obviare chel predicto legato non trovasse qualche excusa, ordinaria che dicto proposito benissimo instructo se partiria et andaria insieme con lettere credentiale directive al predicto pontefice, e gionti a Verona dira con qualche excusatione al predicto legato havere havuto altra commissione dalla predicta Maestà de andare in altra parte e cosi lo lassara; e con la sua instructione et lettere necessarie, se ne andara alla sua legatione de Monferrato et Savoia dove Sua Maestà l'ha destinato, et lo predicto legato se ne andara dove li parira, senza altra resolutione ne exclusione; e a questo modo el predicto pontefice potra conoscere che la Sua Maestà tene poco conto de lui. Io non mancaro de sollicitudine per fare che questa praticha se conduca a posto, cossi per fare partire el predicto legato come per fare andare el predicto preposito alla dicta legatione.

De li oratori del Re de Franza, el ce nove qua che sono gionti ad Argentina e se dovevano trovare a Philiborgo, venendo verso la Cesarea Maestà. Non mancaro de sollicitudine per intendere tutti li loro andamenti e pratiche e de quello accadera, subito la E. V. ne havera de me aviso.

Ang SOMENZIO.

(Pfontz, 5 août 1499) (1)

Illustrissimo ed excellentissimo signor mio unico,

Per le lettere del magnifico Monsignore Vesconte, la E. V. intenderà de la resolutione fatta per la Cesarea Maestà in adiuto e deffesa sua contra el re de Franza e Veneziani, cossi de gente come de altre provisione, e maxime de la conclusione ultimamente fatta per li signori prencipi e consilieri del imperio se ritroviano apresso Sua Maestà, che furno il signor marchese de Brandinborgo, il marchese de Bada, l'oratore del archiepiscopo maguntino, lo episcopo de Worms, lo episcopo de Constantia, et altri consilieri de la predicta Maestà. Laquale conclusione fù che havendoli proposto la predicta Maestà le presente occorrentie circa la specialità de V. E., recercandoli a dirli el parere suo, essi constreteno chiaramente e [.....] tra loro, con longo discorso, la evidente ingiuria e lo eminente et grandissimo periculo incurreva el sacro imperio e tutta Germania, lassando prosperare e seguire l'impresa al re de Franza contra V. E., ch'era principe e membro del predicto imperio e che quando el predicto Re acquistasse quello stato, se poteva tenere per certo che la predicta Cesarea Maestà non conseguiria mai la corona del Imperio, neanche Alemania mai più teniria la sedia imperiale, ma per forza ritornaria in Franza, con molti altri boni discorsi; concludendo che *omnino* la predicta Maestà e sacro imperio dovessino aiutare V. E. e fare ogni opportuna provisione per fare retirare indreto el predicto Re, lassando più presto da canto questa guerra de Suyceri, et attendere alla difesa de quella, che assai più importava. E per procedere giuridicamente come se conviene al predicto sacro imperio, fu consultato chel se mandasse una honorevole ambassata al predicto Re, quale a nome desso imperio li demostrasse l'errore commisso in rumpere guerra a V. E. in quello stato, principe e membro desso imperio, senza farne

(1) Milan. *Ibid*. Dépêche originale.

alcuna querela; che pareva volesse usurpare le rasone del predicto imperio, de sua propria auctorità, et come superiore desso, facendoli instantia a retirarsi e levare tutte le offese ha posto contra V. E.; e sel se pretende havere alcuna rasone in dicto stato, produca giuridicamente le sue rasone davanti la predicta Cesarea Maestà e sacro imperio, perche non li saria manchato de justicia, e quando non lo facia e si pertinasse in proseguire la guerra, se gli facia le proteste a nome del predicto imperio de pigliare l'impresa galiardamente per la difesa di V. E. come se convene.

E per venire al effecto de questa conclusione, fù ordinato chel se significasse el tutto a li signori ellectori, adcio dessino el loro consenso e facessino le lettere opportune, deputando lo episcopo de Wormes per andare a dicta legatione in Franza.

Dopo fatta dicta conclusione, el predicto messer Vesconte et io parlassemo alla predicta Maestà per far fare la medesma provisione contra Venetiani, adcio andassino retenuti de non rumpere. Laquale fu contenta e disse che la faria ellectione d'una persona apta e sufficiente a dicta legatione.

El predicto Messer Vesconte partite heri matina per andare a Siafusa per exeguire quanto gli è commisso circa el tracto de la pace con Suyceri, con ordine che de li expediria uno cavallaro a V. E., con significarli diffusamente quanto è agitato, ma per non mancare ancora io del debito mio, ho voluto brevemente farli questo poco discorso.

Heri in camino io significai alla predicta Maestà quanto l'E. V. me scrive per la cavalchata de 24 del passato, instandola a fare opportuna provisione adcioche venendo el Re de Franza in persona alla impresa come se scrive, che la gli posse obstare e deffendere V. E. avanti che le cosse vadino più avanti; laquale respose che la non era per mancare d'ogni suo potere, ordinò con M. Langh che de presente voglia expedire una lettera al predicto Re de Franza, quale vole se mandi subito per uno araldo, fin a tanto chel predicto episcopo de Wormes sara in ordine; che spera sara fra quindeci giorni, laquale lettera el predicto messer Galeazo ed io havemo visto avanti la sua partita.

Similmente ha commisso facia lettera simile a Venetiani con sua instructione a M. Georgio Ellacher, quale vole che subito vadi con dicte lettere e instructione a Venetia, con protestarli de la guerra a nome del sacro imperio, tuttavolta che rumpino guerra a V. E.; e cossi il predicto messer Langh fa dicta expeditiva e non se manchara de mandarla ad effecto fra dui zorni. De laquale mandaro copia del tutto, adcio possa intendere più chiaramente quanto sara agitato.

La predicta Maestà heri, havanti partesse da Celle, me fece grandissima instantia a voler rechatare cento fiorini de Reno per dare al suo capitaneo nominato Georgio Fogel, al quale essa haveva dato altri trecento fiorini per levare tre cento fanti, quali debeno venire fin a Tirano; e cossi io li tolse imprestito dal conte Filippo de Nanso. Li predicto capitano e fanti debeno venire fin a Tirano, dove gionti debeno fare la mostra a quello sara deputato per V. E.; quale fatta li debia dare una paga, mandandoli dove gli parira. El suo servitio incomenzara a quello zorno faranno la mostra, e secundo el computo e discorso fatto, debeno essere in Tirano in 16 overo 18 giorni.

Li dicti cento fiorini dati a predicto capitano, io li ho tolto imprestito dal conte de Nanso con promessa per uno scritto mio de renderli fra quindeci giorni, e io prego V. E. me li voglia subito mandare per questo presente cavallaro de la predicta Maestà, adcio li possa restituire al predicto conte e servare la fede per valersi in altri bisogni; altramente io saria in grandissima vergogna, ne saperia che fare; avisandola chel predicto conte, per mezzo del predicto messer Galeaz, è facto uno de li più galiardi e boni amici de V. E. che sia in questa corte con gran sollicitudine e dilligentia, come intendera dal predicto messer Galeazo; e pero sara ben fatto ascrivergli una bona lettera, ed anche farli qualche provisione, perche po fare de boni officii, secondo che per avanti ne faceva de mali. Giuncta che sara la predicta Maestà qua apresso, dove fa congregatione de gente, mha detto fara expedire mille fanti, e le faria dare el modo che verriano fin li a Milano, e le faria passare per la via de Savoia, secundo ha dicto.

Per una altra mia, io ho significato a l'E. V. chel saria ben fatto che la mandasse qua uno con mille o doi milia fiorini per dare a qualche capitano, che potria andare alla giornata ad expedirsi, per darli uno fiorino per ciascuno fanto per venire fin li; de novo [.......] farli ricordo accio la manda, perche cossi è ancora el parere de M. Langh.

De la risolutione fatta per la Cesarea Maestà de fare contra Venetiani, verso le loro confine cossi de qua verso Trento come verso Croatia, l'E. V. intendera tutto dal preuicto messer Vesconte; ..... io non mancharo de sollicitudine adcio se facia l'effecto.

De li fanti Boemi e de la partita proposta dal duca de Brunswich, l'E. V. voglia fare la resolutione, e avisarme de quello ho a fare perche io tengho le cose cossi in sospeso finche intenda il volere suo.

Similmente mandando la predicta Maestà gente de la, come le dice voler fare, si l'E. V. vole avere cavalli o quello se ha a fare con li capitanei pregola ad avisarmi.

De li duemilia fiorini, per resto de li 16,500 se dovevano mandare in Inspruch, la predicta Maestà ha havuto molesto che non siano mandati perche li haveva assignati ad alcuni fanti, di quali dice volerne mandare 500 a V. E., imponendomi Sua Maestà voglia con ogni instantia pregarla ad mandarli subito, adcio possa valerse come li ha dessignati.

Cerca la pratica de la liga de la Suevia fin qua non è fatta altra resolutione ma se fara in breve per quanto dice la predicta Maestà: quale fatto io significaro il tutto.

Io non mancaro de sollicitudine per fare expedire le lettere al Re di Franza et ad Venetiani, e fare l'altra provisione necessaria e del tutto ne avisaro l'E. V., per uno de li cavallari ...... e li mandaro le copie desse lettere e instructione insieme con la copia de li capituli ha ordinato la predicta Maestà per la liga de Suevia, quale hora non li posso mandare per la celere partita de questo presente cavallaro. Similmente li rispondero a tutte le parte m'ha scritto per dicte cavalchate. De novo qua altro non accade.

Domane la predicta Maestà se debe trovare insieme con la Maestà de la serenissima regina ad una terra chè lontana de qua tre leghe verso Friburgo e li debe andare con pocha gente. Io andaro con S. M. e non mancaro de fare che la serenissima regina facia li boni officii necessarii con la predicta Maesta a beneficio de V. E, come son certo che la faria de bon core; a quella humilmente con devotione sempre raccomandandomi.

Ex Plungf, 5 augusti 1499.
Illustrissime et excellentissime Dominationis Vestræ servus.

Augustinus SOMENTIUS.

(Lettre de Giovanni Colla, 12 juin)

Già qualchi giorni non havemo qui nova alcuna: salvo hogi che cè aviso como le gente Cesaree erano intrate in Agnelina di sopra, e sono ritornate per non havere havuto modo da vivere; e questi consilieri me affirmano che ne sono morti de fame XX homini, havendo pero brusato tuta Agnelina di sopra, et che se havessino havuto vitualie senza dubio pigliavano Coyra; et infine poy se trovato forse quaranta carri de pane guasto tuto, per negligentia de li officiali. La E. V. puo cognoscere che non è quello ordine che bisognaria. In bona gratia humilmente me ricomando.

Hispruch, XII junii 1499.

36

Ludovic Sforza à Agostino Somenza

(Milan, juin à août 1499)

(7 juin)

Augustino, el desiderio nostro de veder la Maestà Cesarea, siccome è grandissimo, cossi l'effecto non porria se non piacere; ma essendo le cose presente in li suspecti che se vedono, maxime de Francesi, el partir nostro da qui saria fora de proposito, e pero, rispondendo a quello ne scrive essere per te dicto alla Cesarea Maestà circa lo abbocamento nostro, te diremo che non essendotene altramente parlato da la Maestà sua, tu anchora te ne debii passare senza farne parole.

(Milan 19 juin 1499²)

Augustino, dal cancellero di Lorenzo Mozanica (quale se trova de presente in Ast per la praticha chel ha manezato del accordo de Astesani cum Genoesi), havemo havuto lettere continente li capituli vederai per l'incluso exemplo : ce lo mandamo acio lo monstri alla Cesarea Maestà, perche possi melio cognoscere l'animo de Messer Jo. Jacomo, quanto el sii iniquo e perverso. Ma speramo in Dio et in la Cesarea Maestà Sua, che questi designi che se hano facto cossi alti e depincto a suo modo, presto debiano cognoscersi senza quello fundamento che si jacta... In epso exemplo vederai etiam quello è dicto per non havere voluto concedere el transito per il dominio nostro alle victualie voleva mandare M. Jo. Ja. Triultio a Grisani, como non havemo anche permesso ad altri che gli ne volevano condure, e ne sono state tolte ad alcuni gli ne conducevano senza permissione.

Haverai insiema summario de lettere del cancellario nostro mandato al duca di Savoia, quale similmente participarai alla Cesarea Maestà, perche la veda chel predicto duca non porria demonstrare mazor reverentia et affectione verso lei e constantia con tante offerte del re di Franza per tirarlo alla volta sua, e pero essere tanto più a proposito che la Maesta sua li mandi uno per tenerlo ben fermo in questo, como la sollicitarai ad fare.

---

[1] Milan. *Ibid*. *Id*. Minute Orig. : « Augustino Somenzio ».
[2] Milan. *Ibid*. Minute originale (au même).

(Milan 24 juin 1499[1])

... Quanto al duca di Savoia, epso ha mandato duy oratori a nuy a farne intendere che dal Re de Franza l'è stato ricercato de passo e victualie per le sue gente per lo dominio suo, e chel voglia tuore da lui pensione e conducta, perche lo tractara bene; e che quando el recusasse, se passaria cum la forza; e che a questo è parso respondere ch'el sara contento de acceptare la pensione e conducta cum Sua Maesta cum da li passi e victualie; salvando pero l'honore e debito suo, per el quale se non vole inferire, che dependendo dal imperio, el non sia ancora per mancare a quello che dal serenissimo Re li fosse commandato.

Riferiscono esser per la Cesarea Maestà parlato a li oratori suoi favorevolmente de nuy et de le cose nostre, quale non intende abandonare; laquale cosa mha portato piacere, e de questo haray ringratiare la predicta Maestà.

M. Ludovico Bruno m'ha, sotto una lettera credentiale, parlato in nome de la Cesarea Maestà raccomandando le cose de D. Gaspare di Sanseverino. Volemo per questo che tu preghi la predicta Maesta ad esser contenta de non farne più parlare de luy, perche li deportamenti soi cum nuy ricercano che più non se impazamo de facti soi, non havendo mai voluto cognoscere el bon grado haveva con nuy, anzi volendo convertire a maleficio contra nui se non li havessimo provisto.

(3 juillet[2])

Desyderamo che, quanto più presto sii possibile, se mandi el prevosto de Brissina, como è dissignato, al duca de Savoya et in Monferrato, e però, quando non fusse expedito, solliciteray chel sia presto expedito.

Essendo avvisati che quelli, quali la Cesarea Maestà ha mandato a levar li dinari de M. Baldassar, non hanno levato se non 13500 fioreni et hano lassato el resto per non essere la valuta como loro volevano, dicendo che li ducati se perderia troppo, e lo portare inante sia troppo incommodo; tu farai intendere alla Cesarea Maestà che questo resto sara mandato a Ispruch in mani de Jo. Colla; dal quale loco la Maestà sua lo potera mandare a tore con più sicurezza chel non se poteria dal canto di qua.

Nuy siamo pur da loco (sic) certificati chel Re di Franza è omnino disposto fare de presente la impresa contra nuy, ed, oltra le gentedarme

[1] Milan. *Ibid*. Minute originale, fragment.
[2] Milan. *Ibid*. Minutes originales, fragments.

quale manda de qua, expedira ancora molti fanti ; el che harai fare
intendere a la Cesarea Maestà. Siamo ancora avvisati chel duca de
Lorena è partito mal contento da la corte di Franza, ed essere andato
a casa ; laquale cosa poria servire a qualche proposito de la Cesarea
Maestà e nostro, cercando de havere qualche intelligentia cum epso ;
e però glilo ricordamo, acio le possa fare qualche bon pensiero.

(8 juillet)

Havemo ricevuto le lettere tue de 27, 28, et 29 et, inteso tutto quello
ne scrivi, comendamo nel tutto l'officio tuo e respondendo alle parte
necessarie, te dicemo che : quanto alle victualie che sono in Valtellina,
non se movera cosa altra, ma se segua l'ordine de Sua Maestà ; quanto
a le cose de Firentini, epsi ce hano sempre facto pregare che essendoli
periculoso el declararsi de presente, vogliamo essere contenti de soprasedere, finche habino Pisa, e stare alla fede loro ; e per questo se è parso
de consentirli e dimonstrare de rimanere de lor ben contenti, perche
cossi ricercano le occorrentie presente. Circa el particulare del pontefice,
ne piacera che la Cesarea Maestà eseguisce quanto ha dicto de fare
per licentiare el legato, ma vorassimo chel proposito de Brissina designato a venire in Monferrato et in Savoia venisse più presto fosse possibile, perche cosi ricercano li presenti bisogni, e pero tu solicitarai
l'effecto.

A Angelo de Florenza et Agostino Somensa

(Milan 25 juillet) [1]

Cum gran piacere havemo inteso la grata recolienza che la Cesarea
Maestà ha facto a vuy M. Angelo, e la liberale resposta quale ha facto
alla expositione de la commissione vestra ; laquale, se ben non è stata
aliena da la expectatione nostra, ne porta però tanto mazore conforto
quanto chel bisogno se appressa, havendone Francesi rotto la guerra,
como havrete inteso per altre nostre ; e per questo, toccando el particulare de li fanti, non vedemo che li Boemi possino essere a tempo del
bisogno nostro, quale è presente. Pero pregareti la predicta Maestà a
volere trovare modo de farne havere fin a quattro mila Todeschi, perche, oltra che siino valenti nel ministero de le arme, a noi importa
molto el nome de li Todeschi contra Francesi ; e quando non possa man-

---

[1] Milan. *Ibid.* Minute originale. Les mots en italique sont des additions interlinéaires, d'une main différente et hâtive.

darne quattro mila ne manda tante quante po, e de qual sorte se volia, purche siino Todeschi, *importando ancora a nuy e dandone reputatione che se intenda che la Maestà sua ne manda fanti.*

De li homini darme burgognoni, attenderemo la resolutione che l'havera facto sopra quello che l'ha nominato, e che la daghi ordine che o de luy o de altri se possiamo valere, ne se habii a tardare ad inviarsi *de qua, perche da nuy se accepta quello ha nominato o altro, pur he se facia mettere presto a viaggio.*

Quanto alli bombarderi, desideramo e pregamo che anche s'usi presteza in far venire quelli de lo illustrissimo archiduca suo fiolo como ha dicto de fare *o qualcuni altri.*

A Agostino Somenza [1]

(Milan 31 juillet 1499)

Dux Mediolani. — Augustino, se ha da M. Galeaz Vesconte como Suiceri sono benissimo dispositi alla pace cum la Cesarea Maestà ne sono per discostarse de le cose honeste e che in la dieta facta a Zurico hanno facto libera resolutione, *nemine contradicente,* de venire a questa pace. E questo, per quello ne scrivesti li di passati de la doglianza che la fece in concilio de non essere aiutata. Quello che ad noy occorre seria che quando la Maestà sua se vedesse si munita e galiarda de gente che la potesse in tuto debelare li soi inimici, che la seguisse l'impresa; ma quando la cognoscesse anchora che li fosse difficile, per non havere da quello canto tutti quelli adiuti seriano necessarii, como noy dubitano, a noi andaria per animo chel fosse bene che epsa Maestà applicasse l'animo alla pace *aut saltem* ad una honorevole tregua al manco de uno anno, ne la quale noi fossimo inclusi, e che la Maestà Sua tolesse depsi Todeschi e Suiceri per fare l'impresa contra Venetiani; e noy anchora ne havessimo per usarli contra Francesi; e cosi epsa Maesta se voltasse contra Venetiani, li quali se vedeno che, per satisfare al Re di Franza e per la insatiabile cupidità loro, ne moveno guerra; et a fare guerra contra Venetiani, credemo la Maestà sua havera li soi più disposti che non ha a questa guerra; e noy acciò possa intrarli honorevolmente, saremo contenti donarli venticinque milia ducati; e cosi facendo, se trovara a loco de reportare più honore ed utile, e dara ad noy in tanta oppressione grandissimo sublevamento e se conservara questo stato, del quale sa che in mane nostra ne po disponere como li piace.

[1] Milan. *Ibid. Carteg. Generale.* Minute originale. En marge, cette indication de la chancellerie milanaise : *Zifra tutta.*

E perchè la Maestà Cesarea porria pensare che in questo ne movesse più ol particulare nostro cha quello de Sua Maestà, tu li harà a dire che, como servitore che li siamo, ne proponemo sopra ogni altra cosa lhonore suo. e che quando la se trovasse in quella impresa in termine de potere reportare victoria de li inimici suy, la confortaressimo a seguire la impresa; et a questo noy li meteressimo ogni nostro potere, ma quando la sii in termine che la non veda potere fare quelli effecti che la desidera, ma sii necessitato starsene in difesa cum fare poco fructo, in questo caso judicamo sii più honorevole a Sua Maestà el fare la pace o tregua honorevole, cum questo obgecto de voltarsi alla impresa contra Venetiani; perche parira che como prudente che la è, lhabia saputo honorevolmente cavarsi da quella guerra per voltarsi ad una altra, dove venera la castigatione de chi adversa continuamente a Sua Maestà, ed ultra l'honore, gli ne reuscira ancora grandissima utilitate.

Appresso accadendo che la Cesarea Maestà venga o ad pace o ad tregua cum Svizzeri ne la quale anchora non siamo inclusi, crederiamo chel non fosse in proposito el concludere de presente la lega che si è praticata. Però tu dirai che in caso se facesse tregua, seria bene facto se tenesse sospesa dicta pratica, perche stando ne li termini che stiamo, non saria a proposito nostro se scoprissemo, e che essendo Sviceri bene disposti verso noy, se le provocassimo contra. E perche la Maestà sua non se credesse che in questo ne movessimo per non pagare li trentatre mila fiorini, essendo noi contenti donarli li venticinque mila ducati per fare guerra a Venetiani, pò da questo cognoscere che non lo facemo per questo; e poy quando in altro tempo li pare che questa liga sia a proposito nostro e se facia, sempre la obediremo, tutavolta siamo fora de Francesi; che adesso trovandone in mezo de Francesi e Venetiani, e se tirassimo anchora Sviceri contra noy, non credemo fosse a proposito nostro.

Te scripsemo per altre nostre del venire per mare del Reverendissimo ed Illustrissimo Monsignore vicecancellaro nostro fratello; hogi havemo havuto lettere como è dismontato a salvamento alla Speza cum tuti li soi.

Mediolani, die ultimo Julii 1499.

(Milan 17 août)[1]

Anchora che da M. Vesconte habiamo havuto prima tutto quello che ne hai significato per la tua de 5 del presente, nondimeno ne è stato

[1] Milan. *Ibid.* Minute originale.

gratissimo che anchora tu ne habii avvisato del tuto, e poi più oltra la expedicione de le lettere al re di Franza et instrumento per Venetiani; el tutto ne ha portato grandissimo conforto, et in tempo che ne troviamo molto afflicti et travaliati per la perdita de la Rocha de Arazo, et hora de Anono, como vederay per l'extracto de le lettere de Messer Galeazzo. E però, ringraciando la Cesarea Maestà de la bona resolucione facta, l'officio tuo sara de demonstrarli el grandissimo periculo nel quale ne troviamo, e la necessita che havemo de esser soccorso cum presti effecti; e cossi la sollicitarai ad mandare de le gente de pede e de cavallo più che la po; che nuy, perche lhabia modo per potere inviare de li fanti, atteso el ricordo che tu ne fasesti de mandare mille sin in due milia fiorini, havemo expedito Paulo Bilia, quale vene in diligentia e porta quella summa; ed a Tirano se dara or line de potere dare la paga a quelli trecento, quali ne scrive che se mandeno per la predicta Maestà per liquali hai impinudato li cento fiorini dal conte Philippo; li quali cento fiorini mandamo per questo cavallaro per potergli restituire et ad epso conte scrivemo una bona lettera juxta el ricordo tuo, quale te mandamo a parte accioche prima la vedi.

Quanto alli mille fanti, quali la presente Maestà ha dicto volere expedire e mandare per la via de Savoia, el che ne è de grandissimo conforto, tu li ricorderai chel è necessario che, volendoli mandare per Savoya, epsa sia quella che ricerchi el transito sicuro al dicto duca, perche a nuy non saria più prestato audientia per esserse in tutto facto Francese e col stato et colla persona.

De li fanti Boemi e del duca de Bro.wich, il caso nostro è in termine chel ricerca de li adiuti presentanei e non che vadino alla lunga como sariano questi; e po poy intendere quello che sia l'officio tuo de fare.

Et ne dole e rincresce più a noy che ad altri che li due mila fiorini, quali restino de li 6.500, non sieno pagati, perche non è cosa al mundo che faciamo più volunteri cha quelli dove se concerne el beneficio e piacere de la Cesarea Maestà; ma la grande premura che ne è sopragiunta de essere guerezato da due cossi gran potencie ne ha posto in une abisso de spesa chel ne convene impegnare quanto habiamo e da gran tempo causato che non si sono possuti pagare cosi presto, ma non se mancara però de trovarli modo e de pagarli più presto che sara possibile.

Ne sara grato che faci opera che la serenissima regina ne ricomanda alla predicta Maestà, perche hora è tempo di recognoscere l'amore che la me porta.

Del cavallaro regio preso da Venetiani ne havemo anchora nuy havuto noticia como haverai inteso per altra nostra; ne de questo se ha molto a meravigliare, ma se ha bene a presupponere che sieno per fare tutto quello male che poterano contra Sua Maestà e contra noi.

Da M. Vesconte havemo havuto como lè poi stato li ed esser in bona speranza de la pace, laquale concludendo ce da opinione che saremo aiutati de la Cesarea Maestà de la guardia de Burgogna e de altri aditui li quali tu haverai a sollicitare.

La lettera scripta al re de Franza con la instructione per Venetiani a nuy sono piaciute; è vero che haveremo desiderato che dove se li ricerca risposta fusse dicto che non cessando loro da le offese nostre, Sua Maestà cum sacro imperio faria contra loro; e questo poteria resse causa de farli andare più ritenuti; però quando accadesse replicare non se vole omettere quella parte e monezarli a la predicta de fare tale effecto, perche el ricevere risposta non è altro che darli materia de respondere parole e fra tanto fare el facto loro contra nuy; pero el bisogno nostra sia se li replicasse o mandasse Ambr.o como è dicto.

(28 août)

Milano, 28 augusti 1499. — *Augustino Somencio.* — Augustino, Nuy credemo facilissimamente che la Cesarea Maestà senta affano grande de la perdita de li lochi nostri, ma magiore lo sentiria se La vedesse cum l'ochio lo periculo grandissimo nel quale hora siamo, essendo dopo la perdita d'Annona seguita la perdita de Valenza e poi de Tortona e de tuti li lochi del Tortonese fino a Voghera, che è ancora ley perduta, per modo che l'exercito nostro se trova serrato in Alexandria, essendoli Francesi adosso a campo.

[Che si la disgracia nostra volesse che Alexandria si perdesse cum quella nostra gente, poriano Francesi venire de longo fin qui a Milano, como po la sua Maestà andare per Alamania, in modo che le cose nostre siano a mal loco, ne sia più reparo a la totale ruina nostra][1].

Et havendo Venitiani rotto e già occupato Aliojamon (?) et alcuni altri lochi, per non poterli tenere alcuno contrasto per attendere cum la gente haveriamo al opportuno loco,[2] ....
.... per modo che si po dire che tutta Geradadda habia in tracto de otto di pervenire in mani de Venetiani, e però si po cognoscere il malo stato nel quale siamo e como a la salute nostra niuna cosa sia più necessaria che la celerita de la venuta de S. M. cum la gente; tu adunche te trovarai tosto cum epsa, e cum lo discorso predicto li dirai che nuy siamo firmi a li primi capitoli; e per la instantia facta de pagare li 16.500 fiorini e cosi le due milia havere nteso che tosto li facessino pagare, e Dio volesse che li fanti fus-

---

[1] Le paragraphe entre crochets est effacé sur la minute originale, et remplacé par le dernier paragraphe de la dépêche, *Ponatur*, etc.
[2] Quelques mots barrés et illisibles.

sino cosi presto, como nuy havemo pagato li dinari; perche el rompere adosso in Franza non sia el bisogno nostro, al quale non vedemo altro rimedio che la venuta de S. M. como è dicto. E cosi la pregarai e supplicarai cum ogni instantia che la voglia venire, senza metterli più tempo, perchè de quello ha ricercato per li primi capitoli, non se li ha mancato d'uno iota, e non solo se li dara Bormio e Tirano como ricerca per pegno, ma tuta Valtellina e Como 'n le mane; ne (*illisible*) de havere a quello ne ad alcuna altra cosa contradicione, pur che la venga cum el numero de la gente che ha dicto de venire, e che nel venire usa celerita, perche soli non possemo resistere a la forza de Francesi e de Venetiani. Se la observantia e devotione nostra verso lei non basta a moverla, lo mova lo interesse suo de non lassare andare in man de Francesi uno tanto stato che tuto ordiria a diminutione e forse ruina de la dignità imperiale, che tanto ne doleria per la jactura di S. M. et de l'imperio como per la nostra.

E perche questa benedetta pace cum Sviceri non habia tardare la venuta sua, la pregarai possendo concludere sia contenta la se concluda presto; quando ancora non si possa o vero si havesse ancora andare a qualche giorni a concludersi, voglia lassare qualche capitolo a l'opposito loro e non mancare ley de venire cum celerita et presto presto, tanto che ce resta ancora qualche lume, perche, per quanto saremo adiutati, non dubitamo che non se reduranno ancora presto in bono termino e cum grande contenteza e gloria de Sua Maestà.

L'andata sua ad Argentina, se la sara stata per beneficio nostro, come ogni rasone vole che pensiamo, ben sara, ma lo dilongarsi da nuy non si porta gia favore, alongandosi ancora pur lo venire. Pero l'haverai a pregare ad adattarse presto e voltare la persona sua in qua, perche si como la fama del venir suo ce portara favor grande, molto più pare lo portara lo effecto; far fare qualche mossa da quelli di Carinthia e Carniola verso Venetiani, che hora hanno rotto como è dicto, sia a gran proposito, e cosi desideramo facia; ponatur pero che per cosa ch'epsa facesse fare da quello canto, non se implicasse e tardasse lo venire, perche el principale è che lei venga. [....].

Haverai ringratiare la serenissima regina de la bona opera fa cum la Maestà Cesarea acio siamo adiutati. Tu li farai intendere che hora è tempo la ne demonstra l'amore ne porta, e che La ne ricomanda a la predicta Maestà; altramente questo stato se perdera e andara fora de la casa nostra, che dovera cosi dolere a lei como a nuy.

[*Ponatur hoc intus ubi sig* θ]: Che fa che non se possiamo adiutare de quello exercito, se ben non siamo mancati de levare il conte de Caiacio dal opposito da Venetiani per dare faldo a M. Galeaz, ma per non potersi conjungere senza periculo de fare facto d'armi che hora sia periculoso, non sia cosi se Sua Maestà venera, perche a la gente sue se conjungerano le nostre, e se potra molto bene farsi incontro ali inimici e liberare Messer Galeazzo; e poi uniti tuti se poteriano molte bene cazare per tuto ne li sara loco dove possino expectare, per la galiardeza ne la quale sera la Maestà sua cum le gente sue e nostre; che hauto el poter necessario, che epsa venga presto, perche quando non venessi o tardasse tropo, poterano revoltarsi verso nui, e perche li nostri stati de la non si poteressino defendere.

37

Ludovic Sforza à l'empereur Maximilien

(Milan, 19 juillet 1499)[1]

Dilatum est in hodiernum diem, ab astronomo meo electum ut auspicato res fieret, Maximiliano filio meo Majestatis Vestræ litteras et principatus Paviæ privilegium reddere, et quamquam ipse ei per litteras gratias agat, et ego, reverso proximis diebus ad me Marchesino, Majestati Vestræ scripserim, et ab Augustino Somencio significari jusserim quæ intellexisse ipsam arbitror ad testandum quantopere me devinxisset, nihilominus quod hodie perlectis Majestatis Vestræ litteris et privilegio coram omnibus apud me agentibus et aulae meae primatibus, R. D. Petrum Bonohomum rogavi Majestati Vestræ scriberet, denuo ei, quum tanta benignitate quottidie sua in nos immortalia beneficia magis augeat, gratias ago, non quas debeo, sed quas possum, e cum jamdiù ego cum liberis et fortunis omnibus Majestati Vestræ deditus sim quod amplius ei spondere possim non video, nisi me nihil magis optare quam pro Majestatis Vestræ amplitudine et gloria grati animi officium præstare posse, nullum unquam status nec mei ipsius discrimen recusaturum, sicuti et Maximilianum et reliquos liberos meos, patris vestigia et mandata sequentes, facturos confido. Commendo mea ac eos Majestati Vestræ.

38

Maximilien à Louis de Rippol, résident napolitain à Gênes[2]

(27 juillet 1499)

Maximilianus divina favente clementia Romanorum rex semper Augustus. Dilecte, scripsimus alias ad te ut illa quatuor millia ducatorum

---

[1] Milan. *Ibid*. Minute orig.: « D. regi Romanorum. »

[2] Milan. *Ibid*. Original, suscription : « Dilecto Aloysio Rapole ser^{mi} re_gis Siciliæ oratori Genue. »

quæ serenissimus Federicus Siciliæ Rex, frater noster, carissimus, Genuæ pro redimendis argenteis nostris in manibus tuis deposuit nostro et imperii sacri fideli dilecto Marchesino Stangæ, illustris Mediolani ducis secretario, respondere velles; quod etsi non dubitemus te secundum scripta et commissionem nostram plene fecisse, nichilominus te et denuo hortamur seriose requirentes, ut si ipsa quatuor millia ducatorum nondum ipsi Marchesino per te exhibita essent de continenti exhibeantur. Quoniam vero nuper intelleximus ipsum Siciliæ regem alia sex milia ducatorum Genuam ad manus tuas misisse propter supradictam causam, ex te cupimus magnopere ut illa sex millia et aliam omnem pecuniam quam ipse Rex ad te nobis exhibendam transmiserit prefato Marchesino respondeas, vel cuicumque quem pro ea miserit cum quitantiis nostris. Misimus enim ad ipsum Marchisinum omnes quitantias et commissionem nostram quid de predicta pecunia facturus sit : facies in illo nobis rem gratam, erga te gratia et benevolentia nostra recognoscendam. Datum in oppido nostro imperiali die 27 Julii anno Domini 1499, Regni nostri Romani quarto decimo.

Ad mandatum domini regis.

39

Ludovic Sforza à Baldassare Pusteria
Commissaire général de l'armée Milanaise [1]

(Milan, 30 juillet 1499)

M. Baldesar, quello che cum boni effecti de continuo ce havete demonstrato in le imprese quale ve havemo date, ne ha inducto ad elegervi de presente commissario generale nostro del felicissimo exercito nostro, quale preparamo ad l'opposito de Franzesi; essendo certi che per la fede e devotione portate ad noi e stato nostro, le cose che ve occorrerano le exeguiroti cum tale sincerita e fede che non ce lassareti loco alcuno de desiderio, como de continuo havete facto in l'altre imprese quale ve havemo date.

E perche la impresa, ultra che la sia de importantia, è ancora laboriosa e grande, adcio più expeditamente possiate dare expeditione a le cose ve accaderano, in compagnia vestra havemo deputato D. Petro Martiro Stampa quale ve havera ad adiutare, e de l'opera sua ve havereti ad valere in le occurrentie de l'impresa.

[1] Milan. *Ibid.* Minute originale.

Ed ultra le cose che ve accaderano pertinente allo stato, haverete ancora ad havere principale cura ad provedere che victualie non manchino in campo ; e per essere l'impresa grave e grande, adcio che più expeditamente la possiate exeguire, havemo facto electione delle infrascripte persone, quale de continuo haverano ad assistere presso voi et obedirne in tutto quello per voi gli sara imposto ; e gli havemo a tutti facto scrivere se retrovano da voy a l'impresa; siche voi li deputarete separatamente ciaschuno de loro ad quello servitio e proposito de l'impresa che ve parira ; cun tenerli poy a la giornata solicitati, adcio non manchino del effecto ad el quale li havereti deputati.

Perche potria accadere qualche piogie quale sariano de qualita che li mercadanti se renderiano difficili ad condure le victualie in campo, accio non occorresse qualche desordine, ve havemo facto provvedere de denari da li deputati nostri. Quali denari havereti ad usare ad questo bisogno quando accadesse, cum provedere che essi denari non vadino in sinistro. Ma havereti ad fare limitare el pretio de le victualie, tanto più quanto sara la spexa de la conducta che li sara sopragionta, e dicti denari farli retrare, in modo che noy non ne habiamo ad portare senon el scorto et aspecto del tempo dessi denari.

E perche è necessario stabillire qualchi fornari, quali de continuo faciano lavorare li forni per el bisogno de una bona parte de le gente se retroverano a l'impresa, ad questo havereti ad usare la solita diligentia e prudentia vostra in firmarne e stabilirne qualchuno , adcio non se habia a stare in tutto a ventura e descriptione (sic) de mercadanti superadventii, e bisognandoli scorto ne de grano ne de altro, el tutto praticarete; e secondo el besogno ne darete aviso alli deputati nostri, adciò che li possiamo far consideratione e dare modo al tutto. Ma questo non lo potrete considerare e praticare finche non siate sopra el loco e che habiate notitia de la qualita e numero de le persone sarano in campo e condictione de li paesi ; perho gionti sareti ad l'impresa, sollicitareti de havere noticia del tutto e ben considerato che haverete la cosa, ne dareti del tutto aviso cum el parere vestro alli deputati *ut supra*.

Per omne caso che potesse occorrere, ne pareria che con effecto operassero che in li loci e terre più accommodate ad l'impresa, se li tenesse per quelle persone che ve paresseno juxta la descriptione de le victualie che haverano doa mille moza de frumenti e quattro millia somme de biade da cavalli ; facendo commandare ad li sollari piu grossi che sotto pena de la confiscatione de li loro beni non moveno le victualie che li ordinarete senza vostra licentia ; facendo questa ordinatione e provisione ed in Alexandria e Lumellina ed in Novarese cum farno tenere conoconto del tutto, adcio accadendo el bisogno ve ne possiate valere.

Ultra la impresa de le victualie, volemo ancora asistate de continuo ad le expedictione pertinente al stato predicto che per el sopradicto Messer Galeazio saruno ordinate. Facendole exeguire per le infrascripte persone, lequale havemo ordinato stiano de continuo ad la obedientia vestra per fare questi effecti, et ad tutti se li fara dare li denari de la cavalcata :

 Thomasino Torniello.
 Paulo da Lode.
 Jo. Baptista Gusperto.
 Bartholomeo da la Croce.
 Conradino de Vimercato.
 Baldesar da Caserate.
 Filippo Guascono.
 Francisco da Cremona.
 Danesio Crivello.
 Benedicto de Gallarate ⎫
 Paulo Imperiale   ⎬ cancellieri al officio de le biade.
 Francesco da Regio ⎭

E perche la impresa ha in se cellerità, volemo che ve mettiate ad ordine, ita che mercoldi proximo ve possiate partire per andare ad l'impresa ; e cosi havemo advertito tutte le predicte persone, quale hanno asistere de continuo ad l'obedientia vestra, farano el medesmo.

Havemo ancora advertito tutte quelle persone, quale sono mandate per fare le descriptione delli vini e biade da cavalli, che se expediscano presto e mandano le note del tutto in mane vostre ; adcio, inteso havereti el tutto, possiate provedere e dare modo de farne condure dove cognoscerete sia el bisogno.

E perchè non potemo ancora sapere dove el predicto felicissimo campo nostro se habii ad firmare, e decernere el loco dove se habii ad stabilire la fabrica de la monitione del pane, volemo che faciate provedere che li forni de Abbiate e Viglevano, quali solevano lavorare ad altri tempi, maxime al tempo del exercito de Novaria, che siano missi ad ordine, in modo che bisognando se possano operare ; e per non essere forni commodi ad simili besogni in la cita nostra de Novaria, volemo che subito faciate provedere che siano fabbricate quattro boche de forni in el loco più accommodato de quella cita ad l'impresa ; ita che occorrendo el bisogno se possino fare lavorare et ad questo non li perderete tempo alcuno per farne l'effecto.

Havereti ancora ad provedere che in le terre e loci dove sono facti redure li frumenti e che sono fortificati per conservarsi al bisogno de le occurrentie del stato nostro, sia macinato tanto gran che sia abastanza per el vivere de li habitanti per sei mesi, et *ulterius* per omne sollaro grosso che se ritrovera in cadauna terra, ultra el bisogno del vivere de le persone habitante. Ne farete ancora macinare quella quantita che ad voy parira ricercare el bisogno, quale ordinarete se conservi et se tenghi in monitione per omne bisogno che occorrera per providere al campo de victualie, cum fare fare le descriptione delli frumenti in cadauna terra e loci predicti, e providere non ne sia cavato fora alcuna quantita senza licentia vostra, facendo punire ognuno che contrafacia secondo che ad voy parira.

E perche ad dovere tenire il campo abondante de victualie la principale cosa è ad intendere quanto numero de gente li serano, cossi da pede como da cavallo; ad questo haverete ad usare la debita diligentia, cum fare limitare il pretio de le biade e victualie, havendo respecto e consideratione che li conductori gli ne possino condure voluntieri e li soldati se ne habiano anche loro ad contentare, ne possano dolersi che le siano vendute troppo caro.

40

Giovani Colla à Ludovic Sforza [1]

(Du 3 au 13 août 1499)

(3 août 1499)

Illustrissimo et excellentissimo Signor mio observandissimo, M. Anz Kungsegh è giunto hogi in questa terra; al quale havendo domandato de le rove, mi ha affirmato che pace o tregua si fara cum Sviceri col mezo de M. Vesconte, e che la Maestà Cesarea se li inclina per potere aiutare la Excellentia Vostra, e che li oratori francesi si sono partiti da Constantia senza licentia ne saputa de la Maestà Cesarea, e sono andati a Lindo, el che è stato molestissimo alla Maestà Cesarea, e se pensa siano andati per interrompere la praticha de la pace : questo medesimo m'hanno dicto questi regenti.

Esso Messer Anz m'a dato la alligata de la quale expectara la risposta quale desidera che la E. V. mandi in mani mie, e me ha parlato assai del desiderio de venire a servire la E. V. e spera scrivendo quello alla Maestà Cesarea ed a luy di proponere a Sua Maestà tali partiti per fantarie che lo lassara venire. In bona gratia de la E. V. humilmente mi ricomando. Ispruch, 3 augusti 1499.

Fidelissimus servitor, Joannes COLLA.

[1] Milan. *Ibid.* Dépêches originales, fragments.

(Inspruch, 7 août 1499)

L'ambassatore spagnolo, quale vene de la Maestà Cesarea licentiato per ritornare a li Catolici Re soi, è giunto qui hogi, ed havendolo visitato, medesimamente me ha affirmato la speranza se ha de la pace ch'abbia succedere col mezo de la Excellentia Vostra, e che la dispositione de la Maestà Cesarea verso la E. V. non porria esser meliore, e che per poterla adiutare fara la pace cum Suiceri, e che la Maestà Sua non lo voleva licentiarlo *(sic)*, desiderando retenerlo questa invernata; ma havuto haviso de la roptura de Francesi in Alexandria, mandi per lui e li dissi che adesso era necessario per beneficio de la E. V. che l'andasse, e cosi l'ha expedito; e partira da qui lunedi ed andara prima a Venetia, dove demonstra esser per parlare galiardo a Venetiani; dopoi venera a la E. V. ed expectara qui alcune instructioni de la Maestà Cesarea de quello havera a far cum la E. V. Me dice ancora la Maestà Cesarea propria haverli dicto che rompendo Venetiani contra la E. V. ha deliberato farli rompere a loro dal canto de Austria, e per questo manda uno suo capitano ch'è venuto in compagnia sua in Austria per condure duemila fanti Boemi e cinquecento cavalli legeri. Ma M. Ans me dice che questo capitano doveva venire in Italia per servire la E. V. se chiama M. Enrigo Weispach, ch'è venuto novamente ambasciatore de Hungaria; cum il quale parlando me questa sera insiema cum l'oratore spagnolo, dove erano ancora alcuni altri capitanei o consiliarii vecchii e de auctorita, feceno uno discorso che la Maestà Cesarea e la E. V. habiano al presente più comodita che mai havessino de fare contra Venetiani, essendosi securo, como loro affirmano, de' Turchi ed Unghari e promettendosi havere cum loro Suiceri; che mettino per certo, succedendo pace cum Suiceri e M. Anz, che la E. V. scia la praticha ha cum Suiceri, dice che sarano cum Sua Maestà e la E. V. havendo exhosi Francesi. Questi regenti, cum li quali particularmente nho parlato, concorrano in medesima sententia, e me pare comprehendere in loro gran desiderio de pace cum Suiceri e rompere cum Venetiani; e se ne rasona assai qui, cum modo che pare dir la cosa si habia mettere al presente, e volendomi [............] tal impresa, facile dicono che haverano contra Venetiani le fanterie senza pagamento perche anderano spontaneamente sperando a guadagnare el che [.............] che olim siano feroci, non hanno che perdere se non la lance, e gia dicono qui che voleno andare a Venetia a mensurare quelli drapi de seda cum le lance. In bona gratia de la E. V. humilmente mi ricomando. Ispruch, 7 augusti 1499.

Fidelissimus servitor, Joannes COLLA [1].

[1] *Suscription*: Illmo principi et ex.mo D.no meo oss.mo Domino D. Mediolani.

(10 août 1499)

Essendosi stato sei giorni in continua expectatione de l'aviso che la tregua fosse conclusa, ch'era grandemente desiderata da questi regenti, hogi hanno havuto aviso, non da la Maestà Cesarea, ma da altri, come in tuto la praticha è dissolta, e che la Maestà Cesarea non vole più ce ne parla, deliberando continuare la guerra. La quale deve essere partita da Constantia per andare al loco dove fo morto el conte de Furstembergha. De laquale nova se ne sta qui di mala voglia, et expectino M. Polo Liettestanaro et M. Mancoaldo, da chi intendarano quanto se havera a fare e le difficultate che haveriano impedita la tregua; li quali andarono poi a Marrano a una dieta, che se ha a fare venere proximo a li 16; ne laquale principalmente se trattara de remandare la gente in campo da questo canto, e l'ordine se havera servare. Nondimeno da alcuni di questi primi consiglieri m'è dicto che non sono ancora senza speranza di pace o di tregua, che se tracta secretamente, e per qual mezo non posso intendere.

Li oratori del papa, hispano e napolitano, sono ancora qui; quello del papa per ordine de la Maestà Cesarea, che l'ha rimesso ad expectare qui ; Napoli, per non havere modo di dinari da levarse. Lo Hispano expecta le instructione e cinquanta marchi d'argento in dono che li debe dare li Fochari *(sic)* ; havuto questo argento se partira.

In bona gratia, &c. Ispruch, 10 augusti 1499.

(12 août 1499)

Questa nocte è venuto el spazo al oratore Hispano de le scripture expectava da la Maestà Cesarea, e qui li sono stati dati li cinquanta marchi d'argento. Domane se inviara per venire al drito a la Excellentia Vostra, havendo mutato proposito del camino de Venetia per andare più presto a li Catholici Re soi, dove demonstri essere per operare ad gran profito de la E. V., como da lui a bocha intendera ; a laquale ho più volte dicto chel è affectionato servitore ; e cosi al presente gli ne facio ricordo, acio la possi accarezarlo che certo lo merita. Prega la E. V. ad fare scrivere a Genoa per provederli de qualche bono passazo, et essendone alcuno preparato, potendosi, farlo soprasedere fin a la venuta sua quale accelerara.

In bona gratia, &c. Ispruch, 12 augusti 1499.

(13 août 1499)

Doi di questi consiglieri sono andati alla dieta di Marrano dove sara ancora el conte Joanne Suniber, capitano del campo, e M. Marcoaldo. Io era per andarli, ma essendo giunto qui M. Raimondo de Inghilterra questa matina, che andava per il camino de Marrano, ho preso ordine cum lui chel satisfara, perche la dieta, como intendo, non durara se non uno giorno.

El capitano che andava in Austria per condure li cavalli e fanti Boemi è revocato da la Maestà Cesarea, dicendo non esser più bisogno : el che da alcuno se tole per segno di speranza di pace o tregua.

In bona gratia, ec. Ispruch, 13 augusti 1499.

(13 août 1499)

La Cesarea Maestà ha scripto a questi regenti vadino al Legato e li dicano da parte de Sua Maestà, che, per quanto lui li parlò li giorni passati de la pace cum Suyceri a nome del Papa, l'ha deliberata mandare soi ambassatori al Papa per risponderli, e però che lui fra questo mezo se voglia transferire a Roma et andare in compagnia cum l'oratore Hispano in Italia ; e cosi li sono andato hogi a farli l'ambassata ; la quale l'ha bevuta amaramente e ha risposto che obedira, excusandosi non potere partire cum l'oratore Hispano, ch'è partito hogi, per havere le robe sue a Olma, quale mandara a tore ; poi se inviara in Italia, e non poria esser più male visto da costoro, che dicono che è spiono del Papa, del quale non potriano havere pegiore opinione.

In bona gratia, etc. Ispruch, 13 augusti 1499.

41

Ludovic Sforza à Giovanni Colla [1]

(Vigevano, 5 août 1499)

Con le lettere tue de 26 et 27 havemo ricevuto quelle di Augustino et essendo arrivato il cavallaro in lo termino datoli, se satisfara de quello li hai promisso.

El spazamento facto al proposito de Brixina ce è piaciuto laudando che tu lo soliciti al accelerare, e se fusse stato più presto, come tante volte havemo instato, saria stato più al proposito.

[Se de la deliberatione facta de li populi di Austria de succorrer la Cesarea Maestà de 1.000 cavalli sara poi havuto altra certeza, ce ne avisarai, e cosi sel thesoro sara stato conducto ad ley] [2].

[1] Milan. *Ibid.* Minute originale. La date a été modifiée : d'abord *Mediolani* ?, puis *Vigevani* 5 *Augusti*.

[2] Les § entre [ ] sont en chiffre dans l'original.

A M. Andrea Lietestanar dirai che in l'amorevole offerta facta ricognesemo quello che sempre ha dimonstrato, una grande affectione verso noi, e che non solo acceptamo l'offerta, ma ne sera summamente grato quando vengi e ne conducha 2.000 boni fanti Per facilitare questo affecto scrivemo ad Augustino Somenzo che operi con la Maestà Cesarea chel concedi licentia de posserli levare e condurli, e te mandamo una lettera qui alligata simile a quella havemo mandata noy per cavalleri ad epso Augustino. Gli la darai acio possi sollicitare questo affecto cum la Cesarea Maestà.

De quello intervenuto alle gente Cosarea verso Basylea ne havemo havuto prima aviso, et in el male ne piace chel sii stato pocho.

Havemo commisso alli deputati che per ogni modo provedano al bisogno tuo con effecto.

Ringratiarai quelli signori regenti de quello hano scripto alla Maestà Cesarea in ricomendatione nostra [e li pregarai ad volere continuare et in particularità acio la Maestà sua ne proveda de fanti per li nostri dinari come havemo ricerchati].

De le nove di quà non havemo altro che possemo significare se non che Francesi attendano ad ingrossare de gente d'armi da cavalo e da pe. Perfin qui non è facto altro. Noi etiam attendemo continuamente a provvedersi al meglio che possemo.

El signor vicecancellaro nostro fratello è gionto a Borgo Santo Donnino e credemo intrara zobia proximo in Milano.

DOCUMENTS RELATIFS AU RÈGNE DE LOUIS XII
ET A SA POLITIQUE EN ITALIE

A la fin de ce volume de documents, qu'il me soit permis de réunir quelques pièces et notes éparpillées depuis vingt ans dans diverses revues françaises ou étrangères, toutes relatives à cette période de la domination de Louis XII en Italie, et qui sont propres, je crois, à en faire mieux connaître certains détails ou certains personnages. Plusieurs font allusion à des événements qui me restent obscurs : je serai charmé si elles provoquent des recherches plus habiles et plus heureuses de mes confrères ou de mes étudiants.

I

LA GARDE DU CORPS DE LUDOVIC SFORZA (1)

Le duc de Milan, Ludovic Sforza, a toute sa vie montré une très grande prudence et un instinct de sa conservation vraiment extraordinaire. Preuve en soit l'instruction suivante, relative à la constitution de sa garde, et dont le texte est conservé à Milan (*Archivio di Stato, Sovrani, vicende personali*). Non sans quelque naïveté, Ludovic Sforza donne pour motif de cet acte insolite que « la conservation de sa personne est une des principales choses auxquelles il ait à penser », et il dicte des précautions minutieuses à son ancien page et favori Badino di Pavia, qu'il crée capitaine de ce corps d'élite. Les fonctions qu'il lui confiait n'étaient pas une sinécure, et la responsabilité de ce chef était de tous les instants, qu'on en juge : être constamment avec vingt-cinq hommes de pied, prélevés par huitième sur un corps de deux cents, à l'endroit où se trouvera le duc; escorter le duc à toutes ses sorties à pied ou à cheval; interdire à tous d'approcher de lui pendant ses audiences, sauf à ses serviteurs connus pour tels ou aux gens inscrits sur une

(1) *La Correspondance historique et archéologique*, VI, pp. 142-143.

tiste spéciale; le soir, interdire l'entrée du château à quiconque; vérifier la clôture des issues et des portes; faire observer les édits prohibitifs du port d'armes, et livrer les délinquants au châtelain Bernardino da Corte; faire des rondes de nuit pour s'assurer de la tranquillité de Milan; hors de Milan, l'escorter avec le corps de deux cents hommes tout entier; en voyage, partager avec le châtelain ou capitaine en fonctions la garde du château où couche le duc; garder la clef du château.

L'instruction n'est pas datée; mais il faut selon toute apparence la placer à l'année 1498, époque où Ludovic Sforza, craignant les menaces de guerre de Louis XII et redoutant que des tentatives toujours possibles d'assassinat ou de révolte ne suivissent une défaite, multipliait les précautions, sans prendre toujours les plus utiles et les plus décisives.

Dux Mediolani. Instructio Badini de Papia praefecti custodiae nostrae

Badino, essendo la conservatione de la persona nostra una de le principale cose alequale habiamo ad pensare, e sapendo noi quale sii continuamente stata la fede tua verso noi e cose nostre, e de quale virtù, integrita e sufficientia sei, e che se poteriamo promettere essere bene e fidelmente serviti in ogni gran impresa che te dasessimo, si per la longa experientia che ne habiamo visto in molte cose, si per esserte stato nostro allevo, pero havendo noi deliberato deputare una persona accorta et ad noi fidele alla guardia nostra cum la compagnia de ducento fanti quale in omne hora non ce habia abandonare in ogni loco dove saremo, o dove ne accadera cavalcare o andare : havemo facto electione de la persona tua, sapendo che corresponderai a questa bona opinione quale havemo de te, et ad quello che hai facto fin al presente e perche possi melio satisfare ad questo nostro desiderio, te dasemo questa instructione, quale volemo che observi como qui de sotto intenderai :

Primo, volemo che ogni zorno deputi 25 fanti de li sopradicti 200, quali insiema con ti non se partino mai dal loco dove noi saremo ; e tum volemo che possi intrare in ogni loco dove noi saremo.

Secundo, volemo che ogni volta che ne accadera andare fora de camera e de castello, cosi a cavallo como a pede, e dare audientia in qualsevoglia loco, staghi continuamente apresso alla persona nostra cum li dicti 25 fanti e non lassi che persona alcuna sii, per quale causa se voglia, se accosti a noi ne ce parla, che prima tu non ce ne daghi notitia ; non intendendo pero in questo ordine quelli de casa e quelli che te sarano dati in nota da noi.

Tertio, volemo che la sera quando saremo reducti in camera overo in qualche altro loco de lo castello o de casa, dove fossimo allogiati, sii cura tua de providere che persona alcuna non possi intrare, excepto quelli che sarano deputati per noi, licentiando ogni altra persona, revedendo li uschii e porte de lo allogiamento, poiche lo camertengo o li seschalchi li haverano licentiati aloro o commesso se facesse.

Quarto, volemo che omne volta che ce accada ad cavalcare fora de Milano, che ne sequiti cum dicti fanti 200, facendo in qualunche loco lo offitio tuo, como ne li precedenti capitoli se contene, e che in tutti li castelli e case dove allogiaremo, tu te intenderai col castello (sic) depsi per la guardia del castello, tolendo ogni sera le chiave in mane tue per consignarle poi ne la camera dove poi saremo, excepto nel castello di Milano.

Quinto, volemo anchora che tu anchora a Milano habii cura chel ordine de la prohibitione de portare le arme sii observato, e capitandoti alcuno contrafaciente, lo farai piliare e darne noticia al speciale M. Bernardino da Corte, nostro consigliere e castellano de Porta Zobia, quale havemo deputato sopra cio, tolendo da nui la nota de li ordini e nome de quelli che pono portare le arme ; mandando anchora in qualche volta fora la nocte li toi fanti, intendendosi cum li altri capitani quali hano tale cura.

Dans un ouvrage précédent, *Louis XII et Ludovic Sforza*, j'ai raconté en détail les précautions diplomatiques et militaires de toutes sortes prises par le duc de Milan (1) pour écarter le péril français ou y résister : alliances militaires avec des princes italiens, recrutement de mercenaires allemands et suisses ; jusqu'aux derniers jours de son règne, il tenta tout, le plus

---

(1) Ainsi, au commencement d'avril, Ludovic Sforza réclamait du roi de Naples une contribution aux frais de la flotte qui se préparait à Gênes ; il exigeait qu'il continuât à entretenir cinq cents hommes d'armes de ses troupes royales, et deux cents hommes d'armes et cent soixante de cavalerie légère de ceux des Colonna, pour le service de la Ligue. Le roi de Naples refusait de donner plus de 2000 ducats pour la flotte de Gênes, alléguant que la dépense totale ne devait pas dépasser deux mille ducats pour les navires et quatorze cents pour les barques.

souvent infructueusement (1). Ainsi aux démarches à l'égard de sa nièce Catherine Sforza, (signalées t. I, 216), on peut ajouter l'envoi à Forli de Gaspar de San Severino pour s'entendre avec elle et avec Guidantonio Vespucci pour le logement des troupes qu'il lui fournissait. Mais déjà il était retenu par la crainte de mécontenter contre lui-même la Seigneurie. Aussi, bientôt après, apprenant que Venise n'augmentait pas sa garnison de Ravenne, par laquelle elle menaçait Forli, et estimant que, par suite, la comtesse n'avait pas besoin de troupes supplémentaires, rappela-t-il Gaspar de San Severino et son contingent. Sur toute cette affaire diplomatique, je renvoie aujourd'hui au livre monumental de Pasolini, *Catarina Sforza* (dont il vient de paraitre un résumé ou adaptation français) (2).

Les cantons suisses fournirent des soldats à Ludovic Sforza (v. Pélissier, *op. laud.*, I, 440). Voici d'autres exemples de ces traités de Crivelli avec les capitaines suisses et de la façon dont certains furent tenus. Le capitaine Amennurt, qui lui avait annoncé une belle compagnie, ne lui amena qu'une cinquantaine d'hommes, affirmant que les autres suivaient. Après lui avoir payé trente-quatre paies simples, quatorze doubles et cinq pour lui même, Crivelli l'expédia à Novare. Le capitaine exigea la promesse que, malgré l'état de ses troupes, son contrat serait confirmé et maintenu, qu'il continuerait à être payé autant et dans les mêmes conditions qu'à Domodossola ; il voulait se réserver le droit de quitter le service ducal en cas de rappel par l'évêque de Sion (Milan, *Archivio di Stato, Potenze Estere, Svizzera*, Crivelli à Ludovic Sforza, 4 et 5 août 1499). D'autres capitaines offraient leurs services, mais dans des conditions analogues, et Crivelli, voyant qu'ils ne respectaient ni

---

(1) Il fit preuve personnellement d'une grande activité. Donato de Pretis, ambassadeur de Mantoue à Milan raconte le 18 avril 1498 (Mantoue, *Archivio di Stato*) que Lud. Sforza a décidé un voyage à Crémone, à Marignan, à Trezzo, à Pizzighetone et dans la Ghiara d'Adda, pour vérifier l'état des esprits et des lieux. Ce trait est d'autant plus frappant qu'en ce moment il avait deux préoccupations sérieuses : la guerre pisano-florentine et les projets de mariage napolitain de César Borgia. Nous le voyons s'inquiéter aussi des *avvisi* reçus de France et d'Allemagne et consulter à leur sujet le comte de Caiazzo.

(2) Marc Hélys. *Pier Desiderio Pasolini*. Une héroïne de la Renaissance italienne : Catherine Sforza, 1463-1509. Paris, Perrin.

promesses ni traités, était fort embarrassé. Cependant il avait accepté Antonio Clausen et une quarantaine de gens d'Ornavaz qui savaient manœuvrer l'escopette, mais qui n'étaient pas armés et leur avait donné un à-compte de deux florins par tête.

Jusqu'aux derniers jours, la domination de Lud. Sforza dans la région septentrionale (1) du duché fut troublée, malgré l'activité de ses agents dans les cantons, par les querelles des communautés des vallées alpestres, ses sujettes, avec leurs voisins Suisses et Grisons (v. ibid., I, 440). Le 12 août 1499, la guerre française ayant déjà commencé, Giovanni Angelo Baldo lui écrivait une longue lettre toute remplie de détails minuscules et précis, utile à citer comme document sur cet inquiétant état de choses (2) : (Milan, A. di S. Potenze Estere. Svizzera.)

Ill[ustrissi]mo et ex[cellentissi]mo sig[no]re mio observand[issi]mo.

A li 10 del presente, ho havuto le lettere de la Signoria vestra date a Galiate a di 2 ; le quale intese, non mancharo de fare redure a Tirano le arme, formento e biada da cavali, del dono, quale sono qui, cum quella più presteza pottero, per ritrovarme a Milano como la Signoria Vestra me comanda, e cum lassare a Thomaso Brascha in instructione tuto quello sara bisogno e como io haveva in commissione.

Havendo io più volte instato lo capitaneo de Tirolo per la restitutione del presono Agnedino tolto nel territorio de Bormio, e le bestie de Bormini, tolte nel territorio de Bormio, da li fioli del castellano de Redont : epso capitaneo ha facto remandare lo presono, quale io ho facto consegnare a li soi, cum demonstrarli che io e questa communità non siamo manchati di cosa alcuna in questo effecto.

---

(1) L'est du duché n'était guère plus tranquille. D'après une pièce du 17 mars 1499 relative à Parme (Milan, Archivio di Stato, Vicende Communi), il était obligé d'y envoyer Francesco Sforza pour contenir et réprimer les « disordini ed inconvenienti quali intendemo omne di commetterse in la cita nostra de Parma, multo più licentiosamente del passato, dopo che habiamo facto venire ad noi M. Oldrado Lampugnano ».

(2) MM. Motta et Tagliabue ont imprimé dans leur intéressant ouvrage La battaglia di Calven et Mas (Roveredo, Bravo, 1899, in-8°) une importante série de lettres de G.-A. Baldo, qui finit au 1ᵉʳ août 1499.

E circa le bestie de Bormini, dicto capitano scrive che andando quelli de questi homini de chi sono a cercarle dove sono e trovandole, che gli li fara restituire ; la quale cosa non pare sii ad satisfaction, però che più saria lo disconcio, perdimento di tempo e spesa, che non valeno le bestie : e forse poteriano essere talmente translatate che non se trovariano. L'officio suo era a fare chel castellano de Redont le restituisse, e, non, sotto colore de volere farle restituire, dare disconcio, perdimento di tempo e spesa a questi poveri homeni. E con gli nho scripto.

De li 300 capi di bestie robate da Agnedini a li Cesarei et conducte in Valle Camonicha, pare chel se restituischa a li Cesarei quelle se trovano, e l'altre, vendute et trabalsate, se gli paghino da li homini depsa valle, et ali Agnedini che le haveano robate li homini de Valle camonica per farli quieti li paghino fiorini 200 di Rheno.

Li di passati, li capitanei de le Lighe de Grisani scripseno a questa communita, in recomendatione de li soi homini, acceptati et allogiati qui, cum le sue famiglie, cum offerte de vicinare bene e pacificamente, et essendome facto vedere dicta lettera, gli ho facto respondere da dicta communità che in lo passato, como a loro era noto, questi soi homini sono stati tractati qui amorevolmente e bene, e similmente se intendeva fare in lo advenire a quelli che desideravano vivere honestamente et pacifici, e como dal canto de questa communità se intendeva continuare pacificamente la vicinità, como anche loro affirmavano. Ma che, essendo alcuni da li soi insolenti e de mala sorte, quali andavano latrocinando, rompendo le strate in le confine, cum amazare e robare li mercadanti e viandanti e poi li vicini, e fare transito per lo territorio Bormino, il che apreso li Cesarei e li vicini dava igeminia a questa terra e la metteria in periculo de vexatione ; che simili insolenti non se volevano tollerare ne receptare nel Bormino e chel non se credeva, per non tollerarli ne darli recapito, che a loro se facesse molestia, ma piacere ; estimando chel non fuosse de mente sua, che per simili insolenti questa communità havesse a supportare damno e gravezza, e mandato uno messo proprio da epsi capitanei sin ultra Coyra ad una bastita chiamata Steber, dove stavano a la guardia con circa 3000 homini, hano remandato per resposta una bonissima lettera cum ringratiare questa communità, offerendose de novo vicinare pacificamente, et, a la parte de li insolenti, non procedere de voluntà sua e non vollere siano tollerati : poi hano scripto a li soi quali sono acceptati qui, cum farli una bona admonitione, acio usino tali deportamenti, che questa communita non habia a supportare per loro damno et igominia.

Venerono poi heri in Bormio circa 36 Agnedini ritornati de Valle camonica, de quali havevano conducti li 300 capi de bestie, aliquali non facendone io alcuna demonstratione, ho operato che questa communità ha facto intendere che, volendo loro continuare nel suo male fare, che non se tollerariano più, ma quando deliberassono vivere quieti cum farne cautione che sariano tollerati et acceptati, e dopo molta disputatione, epsi hanno ringratiato la communità del bono tractamento hano havuto per lo passato; significando che l'animo loro era, non possendo stare a casa sua de andare a guadagnare da viverse e cerchare de vendicarse contra li Cesarei dal damno receputo da loro, e cosi se ne sono partiti per andare fora del Bormino ; ed intendendo io la voluntà loro per deniarli del malfare e liberare queste confine da questi latroni, gli ho facto offerire se volevano venire al soldo de V. S., che li faria dare bon recapito e lo modo de vivere, e cosi non haveriano a fare ingiuria a li vicini ne dare infamia a questa communità. Epsi, como homini dedicti al mal fare, non hano voluto acceptare lo partito, e se ne sono andati cum animo de latrocinare secondo lo loro consueto.

Dopo questa nocte, sono venuti circa 60 homini de li Cesarei, sentendo essere in questo paese alcuni de li Agnedini di mala conditione, recerchandome se io permetteria che li pigliasseno. A li quali ho resposto quando lo stato de la E. V. fosse pacificho, che li permetteria quello volesseno ; ma havendo quella guerra cum Franciosi da uno canto, e cum Venetiani da l'altro, che l non me pareva al presente permettere simile cosa peroche questo poteria causare novo rumore nel stato de la S. V. che ne li tempi presenti, non saria al bisogno de quella e volendo loro havere questi insolenti ne le forcie sue, che io mettaria le spie dove dimorasseno ne le confine fora del territorio Bormino, cum dargline avviso, accio li potessino pigliare e cosi sariano satisfacti, e a la Ex. V. non veneria graveza alcuna. Il che hano acceptato, e, cum questo termino, sono restati de fare altra novita del dominio de la S. V., biada da cavallo et some 8 de farina del formento del dono quale me hano richiesto.

Francisco da Sacho, mandato li di passati per la E. V. ne le parte de Allamania per condure a quella fanti, havendo facto capo a Costanzia a M. Veschonte, como per lettere del d° M. Veschonte portate per lui sono avvisato, e conducendo bono numero de fanti robati meglio ha possuto, pare che nel ritornare de qua, el capitaneo de Tirolo lo habia destenuto e sequestrato li fanti a li passi, quali li venivano dreto, e cum scarpare alcune lettere quale luy

havea de li cancelleri Cesarei, et essendo poi rellaxato, epso se ne ritorna solo da la S. V. ; in bona gratia de laquale
me ricomando.

     Burmii XII Augusti 1499.

 Excellentissimae Illustrissimae Dominationis vestrae fidelissimus servitor Joannes Angelus de
Baldo.

 Suscription : Illustrissimo principi et ex[cellentis-
si]mo D[omi]no Domino duci Mediolani domino
suo observandissimo Mediolani. cito, cito, cito.

2

Trivulce pendu par les pieds

 Pour surcroit de malheur, Ludovic Sforsa, à la veille de sa
ruine voyait grandir la fortune de son ennemi acharné, Trivulce. Le marquis de Saluces essayait de marier sa fille au fils
du grand condottière, Nicolo, comte de Misocco [v. Pélissier,
op. laud., I, 183]. La négociation alla assez loin, puisque Misocco
quitta Asti vers le milieu d'avril 1499 avec une petite escorte
pour aller conclure ce mariage à Carmagnola ; mais elle n'a-
boutit pas, *Dieu en ayant décidé autrement*. Le marquis de
Saluces, sans perdre de temps en vains regrets, essaya de subs-
tituer au fils de Trivulce le fils d'un autre allié de la France
(allié au moins tacite), le duc de Ferrare, Alphonse d'Este,
avec lequel il ne fut pas plus heureux : cet Alphonse était réservé par les décrets de la Providence pour épouser en troi-
sièmes noces la fille du pape Alexandre VI, Lucrèce Borgia
(Marino Sanuto, II, 627. Dolce à Venise, 17 avril 1499. Modène
Archivio di Stato, B. 14, Costabili au duc de Ferrare, Milan,
7 juin 1499).

 D'où venait la haine réciproque de Ludovic Sforsa et de
Trivulce, ce n'est pas ici le lieu de le rechercher et de l'expliquer. Rosmini l'a fait avec abondance, sinon d'une manière
explicite et définitive, dans sa *Storia di G. G. Trivulzio*. Peut-
être Lud. Sforsa fut-il plus agressif et plus injurieux dans
ses procédés contre ce grand homme de guerre, qui lui manqua
tant en 1499. Exemple en est la célèbre pendaison des por-
traits de Trivulce la tête en bas.

 Ludovic Sforza (1), furieux de l'engagement de Trivulce au

---

(1) *Bolettino Subalpino di Storia Patria* (di Ferd. Gabotto).

service du roi de France Charles VIII, fit représenter son portrait en peinture, pendu par les pieds, sur divers endroits des murs de Milan; ses confrères les chevaliers de l'Ordre de Saint-Michel, s'émurent de cet injurieux traitement, et ils obtinrent de Charles VIII l'envoi d'un héraut d'armes à Ludovic Sforza pour obtenir de lui quelques explications et la suppression des peintures incriminées et en fait odieuses; mais le duc de Milan ne voulut rien entendre et ce fut seulement deux ans plus tard, à une nouvelle tentative de réconciliation avec le condottière (cfr. PÉLISSIER, *La politique de Trivulce*, p. 40), qu'il les fit détruire. Rosmini a publié (*Storia di G.-G. Trivulzio*, II, 244) une lettre de Ludovic Sforza à son conseiller le jurisconsulte Battista Sfondrato, ambassadeur à Venise, datée du 11 mai 1497, qui raconte toute l'histoire de cet incident et de l'ambassade du héraut Normandie; mais l'historien ne dit rien de précis sur la réponse faite par le duc de Milan à l'envoyé du roi de France et avoue expressément (*ibid.*, I, 299) son ignorance : *Non sappiam dire qual fosse la sua risposta su cio*. Il ne pouvait ignorer cependant que cette réponse avait été écrite et communiquée aux puissances alliées de Ludovic Sforza : c'est le duc lui-même qui le dit dans cette lettre du 11 mai à Sfondrato, en lui envoyant une copie de cette réponse : « Li havemo resposto in scripto nel modo tenuto nel exemplo incluso, quale vi mandamo, perchè lo communicati a quella illustrissima Signoria ». Il est très étrange que Rosmini n'ait pas retrouvé la copie *inclusa* dans la lettre, alors que cette copie existe aux Archives de Milan avec la minute originale de la lettre ducale à Sfondrato. La réponse de Ludovic Sforza au héraut d'armes qu'il appela *messer Normandil*, fut en fait très raide et très hautaine. Il répondit assez sèchement qu'il « voyait volontiers » la personne du héraut, envoyé du roi de France et son représentant, mais qu'il accueillait moins volontiers l'objet de la demande : il ne faisait envers Trivulce que ce que de temps immémorial les rois et les seigneurs, par exemple le roi Louis XI, faisaient envers leurs sujets et vassaux rebelles; et le roi, dans sa sagesse, se figurerait aisément qu'il ne le traitait pas en rebelle sans un sérieux motif.

Cette réponse est conservée à Milan. (*Arch. di Stato, Condottieri*, Trivulzio). En voici le texte : « *Responsum illustrissimi domini ducis Mediolani ad heraldum christianissimi Francorum regis.* M. Normandil, havemo inteso l'ambasata quale ne havete facto in nome del Christianissimo re vostro, domandando la causa per la quale havemo facto pingere messer. Jo. Jacomo Trivultio. Allaquale ambassata vi rispondemo, che la persona vostra essendo segno del predicto Christianissimo re e mandato da Sua Maestà, è da noi veduta voluntiera ; et quanto specta alla domanda, dicemo che quello che habiamo facto verso messer Jo. Jacomo è stato quello che a tempi soleno fare li signori alli sudditi et vassalli suoi ribelli, como sa el Christianissimo Re, per esemplo del Christianissimo signor Re Aluysio suo padre ; et essendo la Maestà sua sapientissima, po ben pensare, anzi essere certa, che non lo habiamo facto senza causa (1).

3

Nouveaux documents sur Robert Guibé, évêque de Tréguier (2)

L'évêque de Tréguier, Robert Guibé, fut employé par Anne de Bretagne et Louis XII à diverses missions diplomatiques à Rome. C'est à ces épisodes que se rapportent les deux documents ci-dessous publiés.

En 1498, il fut l'un des ambassadeurs que la veuve de Charles VIII, Anne, envoya à Alexandre VI en tant que duchesse de Bretagne. On sait que cette mission suscita diverses difficultés de cérémonial et que Louis XII, devenu entre temps mari d'Anne, eut à intervenir en faveur des envoyés de « sa Bretonne » (3).

Les archives de Sienne (4) conservent un souvenir de cette ambassade, une lettre adressée par Anne « A nos très-chiers et bons amis [les premiers gouverneurs [capitaine du peuple] et official de la baillie [de la ville et cité de Sène », pour leur recommander le voyageur.

---

(1) La haine de Ludovic finit par s'étendre à tout ce qui portait le nom de Trivulce. Une *grida* du 29 juillet 1499, conservée dans le *Gridario generale*, invite par exemple les frères Scaramuccia et Hieronymo Trivulzio, petits cousins du condottière, à quitter le duché dans les quatre jours, à peine de confiscation de leurs biens et des biens de leurs frères rebelles.
(2) *Correspondance historique et archéologique*, VI, p. 166.
(3) Voir à ce sujet *Louis XII et les privilèges de la Bretagne en cour de Rome*, dans *Annales de Bretagne*, 1892.
(4) Sienne, *Archivio di Stato, Museo Paleografico*.

Anne, par la grace de Dieu reine de France, duchesse de Bretaigne. Très chiers et bons amys, nous envoyons présentement devers notre Saint Père, pour certains nos affaires, nostre bien aimé et féal conseiller, orateur et ambaxadeur l'évesque de Tréguier, present porteur. Auquel nous avons aussi donné charge vous parler d'aucunes choses. Si vous prions le croire et adjouter foi à ce qu'il vous dira de notre part comme à nous-mesmes.

Très chiers et bons amys, Notre Seigneur vous ayt en sa saincte garde. Donné en notre ville de Nantes, le xxv° jour de novembre.

Anne, et plus bas, Normant.

Plus tard, en 1500, l'évêque de Tréguier était de nouveau employé à Rome par Louis XII, et il reste à l'*Archivio di Stato* de Milan une lettre de ce roi au cardinal de Saint-Denis, laquelle atteste les bons sentiments qu'il portait à son ambassadeur. Nous ne saurions affirmer si la lettre que Louis XII dit qu'il va écrire au Saint Père fut réellement écrite. Mais, directe ou indirecte, la recommandation ne tarda pas à être suivie d'effet, car en 1502, Robert Guibé fut tranféré de Tréguier à Rennes et devint ensuite cardinal. Voici le texte de la lettre de Louis XII à Jean de Villiers de La Grollaye (1):

4 Giugno.

Monsieur le cardinal, j'escriptz présentement à notre sainct père le pape que le plaisir de Sa Saincteté soit réserver à l'évesque de Tréguier, mon conseiller, sur les bénéfices qui vacqueront cy-après, en mon royaume, pays et duchié de Bretaigne, jusques à la somme de quatre mille francs pour le récompenser de l'abbaye de Savigny, laquelle notre dict sainct Père luy avoit réservée et dont j'ai cy devant escript à Sa Saincteté pour l'évesque d'Avranches. Et pour ce que désire et ay très à cueur le bien et avancement du dit évesque de Tréguier pour considération principallement des louables vertus et mérites qui sont en sa personne, et aussi en faveur de plusieurs grans et recommandables services que luy et aucuns des siens, serviteurs et officiers de moy et de la reyne, nous ont fait et font continuellement en maintes manières; à cette cause, Monseigneur le cardinal, je vous prie, le plus affectueusement que faire puis, que vous employez et tenez la main

(1) Milan. *Archivio di Stato. Potenze estere, Francia, Lettere reali.*

envers notre dict saint père à ce que le plaisir de Sa dicte Saincteté soit concedder et accorder ladite réservacion au dit évesque de Tréguier, et tant faictes et intercédez envers elle qu'elle luy en octroye ses bulles et provisions nécessaires ; ce que je cuide qu'elle fera voullentiers, car notre dit sainct père a bonne congnoissance d'icelluy évesque de Tréguier ; et vous me ferez ung très-grand et agréable plaisir. Et à Dieu, Mgr le Cardinal, que vous ait en sa garde. Escript à Puiseaulx le IIII° jour de juing.

Loys.   Robertet.

Suscription : *A Monsieur le cardinal de Saint Denis* (1).

4

Documents sur Lucio Malvezzi, commissaire a Alexandrie pour Ludovic Sforza (2)

Les deux lettres suivantes, conservées à l'*Archivio di Stato* de Milan, dans la série *Comuni, Alessandria*, sont intéressantes à divers égards : elles nous font connaître la situation compliquée des affaires municipales d'Alexandrie dans les dernières années du quinzième siècle et du règne de Ludovic Sforza ; elles fournissent des renseignements sur les causes de la faiblesse intérieure, morale et administrative, du gouvernement ducal à la veille de l'invasion française ; mais surtout elles donnent quelques détails inconnus et importants sur Lucio Malvezzi, qui était commissaire ducal de la province de l'« Oltra Po » et gouverneur d'Alexandrie, qui organisa la défense d'Alexandrie contre l'armée de Trivulce, essaya vainement de remonter le courage abattu ou incertain de Galéas San Severino, et resta un des partisans les plus fidèles et les plus persistants de l'infortuné duc de Milan. Je renvoie pour l'histoire des aventures de ce *fuoruscito* bolonais, grand ennemi des Bentivoglio et devenu fonctionnaire milanais, à mon livre sur *Louis XII et Ludovic Sforza*. C'est sur la partie administrative de sa carrière, que nous renseignent ces deux lettres des « Anziani del popolo del Comune d'Alessandria » à Ludovic

---

(1) Je dois copie et collation de cette pièce à l'amitié de feu M. Ghinzoni, archiviste milanais.

(2) *Bollettino Subalpino di Storia patria*.

Sforza. Il en appert que Malvezzi ne fut pas moins remarquable comme administrateur que comme homme de guerre : il avait mis en ordre et dressé la compilation du registre des statuts municipaux d'Alexandrie, travail vainement entrepris depuis plusieurs années par d'autres juristes; il avait réglé un grand nombre d'affaires contentieuses, notamment au sujet des frontières du Milanais et du Montferrat. Il avait rendu tant de services à ses administrés (1) et se proposait de leur en rendre tant d'autres, que les Anciens demandèrent à Ludovic Sforza de le leur laisser comme administrateur pour deux ans encore, ou du moins pour un délai suffisant à la liquidation des affaires en suspens ; et en même temps ils comblaient leur gouverneur d'attestations de reconnaissance et d'éloges justement mérités. Ces nombreux et nouveaux détails me paraissent de nature à justifier la publication de ces deux lettres :

Suscription : Ill[mo] et ex[mo] principi et D[mo]
D[no] Ludovico M[ari]e Sfortie
Anglo, Duci Mediolani, ec.,
D[omino] metuendissimo.

Illustrissimo signor mio metuen[dissi]mo,

Sono già passati molti anni che questa povera communità supporta una grande ed iniqua graveza de pagare per alchuni citadini, quali, contra ogni honesta, se per-

(1) Les gens d'Alexandrie demandaient qu'une taille nouvelle destinée au paiement des fortifications et établie sur un « extimo novo » fût payée par tous, sans exemption ni du clergé ni des soldats, et que la perception d'icelle fût confiée à Malvezzi : « V. Ex.tia se degna scrivere al dicto commissario suo in dicta cita che! faza pagare la dicta taglia sopra lo extimo novo, adzio che ogniuno pagha per quello che l'ha et el povero non pagha per il ricco ».

L'activité personnelle de Malvezzi était d'autant plus louable que comme *locumtenens Ultrapadum*, il avait une fonction laborieuse à remplir au point de vue militaire, si l'on s'en rapporte à une instruction du 4 janvier 1498, où il est dit :

Visitareti anchora alle volte el Castellazzo, el Bosco, Anrono e la Roca d'Arazo, e quelli altri loci dove per noi se fa qualche riparazione, sollicitando si compiscano le opere; non scordandovi admonire li potesta a face integramente el debito loro; e visitareti li alti lochi e forteze per vedere como stanno ben proviste et cognoscendo mancargli cosa alcuna per la sicureza et conservatione loro allequale voi non habiate modo de supplire, ce ne avisareti noi.

severano exempti da li carighi imposti in comune, così per la Camera de Vostra Excellentia como per altre cose occurrente, e perche noi, che siamo a questo governo, non possendo più tolerare che poveri pupilli, orfani e vedue, paghano per tali exempti, che sono richi et potenti, a la querella facessimo questi giorni a la E. V., quella comiste che'l R.do e magnifico Senato Secreto vedesse queste tale exemptione allegate, se erano valide e meritavano essere observate o non, havemo mandato l'altro giorno el speciale doctore M. Lazaro Inviciato et el M. Sebastiano Mantello per nostri oratori, si in questo, si etiam per ogni altra cosa achadesse disputare inante V. Ex. e dicto senato ; hora, perche intendemo questi tali exempti haver facto grande practiche, e far grandi apparati, per volere pur sostenere tal lor alligata exemptione, ne è parso debito nostro a fare anche a noy riparo de mandare altri dui citadini al opposito, che sono li D. Gabriele Guasco e Jo. Antonio Ollaro, informati del tuto circa questo e circha le altre cose, intendemo sono per moverse contra el bene et utile de questa cita. Nel che licet siamo certi che V. Excellentia non sia per mancharne de quello giusto et honesto favore che ha facto sempre per sua bona gratia e per amarne de cuore, como con bona experientia et varii exempli havemo de continuo veduto, nondimancho n'è parso agiongere queste poche parole de pregare de novo la Excellentia Vostra che se voglia dignare de intendere li meriti de tal causa, e si de essi exempli, como circa el facto de questa declaratione et ultimatione del nostro registro, reducto a quelli termini per el magnifico messer Lucio, a quali in anni VII ha may potuto redure persona che se ne sii impazata, essendo certi che se bene mancharemo de quelle recomendatione che forse haverano li adversarii nostri, non ne è pur manchare la E. V. de la sua solita e bona justicia, dove cognoscera habiamo rasone e che honestade militi dal canto nostro, volendo che quella sii certa che mai la communita nostra hebbe cause tuto a un tracto de tanta importantia quanto sono queste, che se agitano al presente, et a ley devotamente se recomendimo.

   Alexandrie, die XXV Januarii 1499.
     Excellentissime Dominationis Vestre fidelissimi servitores et subditi anziani populi civitatis Alexandrie.

(1) Illustrissimo et excellentissimo signor nostro singularissimo.

---

(1) Même suscription.

A la retornata de li oratori nostri, mandati da la Excellentia Vostra per la causa cum li exempti e per haver la confirmatione del registro, havemo inteso con quanta benignita la Excellentia Vostra, de suo solito verso noi costume, si è dignata stabilire la cognitione dessa causa al suo reverendissimo e magnifico senato secreto e lore protectione de confirmare tanto giusta e laudabile opera del magnifico messer Lucio, nostro governatore ; che ne ha reducto essa compilatione con non pocha sua faticha, destreza, amor et inzegno, a quello più justo et eguale termine che se fusse al mondo potuto desciderare (sic) : che altra persona non credemo havessemo potuto havere de più integrita nè driteza a redure una tanta machina quanto questa e de tanta dureza, per l'antichità de tanto tempo cho che non erano sta reducti ; lassando da canto con quanti bon modi e dextri habii saputo metere a sesto a quello che da octo anni in qua principiato circha dicta compilatione may havea potuto piglar forma. De le quale cose regratiando la Excellentia Vostra, à la qual cognoscemo hormay haver quelle più obligationi che sia possibile a qualunche vero affectionato e fidelissimo populo havere al suo signore, havemo anchora a rendere gratie immortali al supremo creatore nostro metesse in animo a la Excellentia Vostra deputarne tanto e così giusto e benigno governatore, sotto il quale trovamo non solo haver bon governo, ma tutto quello sapemo era expectatione de l'Excellentia Vostra a la vera dilectione sua verso de nuy. Onde che, illustrissimo signor nostro, volendo noy seguitare l'impresa de andare appresso a mettere forma a tutti li altri desordeni ne li quali se ritrovamo, sì de le confine como de altre cose che saria troppo longo a scriverle, e concludendo non essere possibile poter havere a questo governo persona de più satisfactione a le cose nostre et anche de la Excellentia Vostra al judicio nostro, siamo per publica ordinatione e deliberatione del consiglio nostro, necessitati de speciale gratia e dono richedere la confirmatione del predicto messer Lucio anchora per dui anni proximi vel saltem fin a tanto tempo se posseno expedire le preparate expeditione. Il che è parso a tuta questa cita rechedere a bonhora sperando per il bon conto che sempre per sua bona gratia ha tenuto de noy la Excellentia Vostra ne debia de tanto dono consolare et a ley de continuo se recomandamo.

Alexandrie XV febr[uar]ii 1449 (1).

(1) Même signature.

5

CÉSAR BORGIA ET LES ÉTUDIANTS DE PARIS (1)

Je trouve, dans une lettre inédite de l'ambassadeur milanais Cesare Guaschi, qui fut le dernier représentant de Ludovic Sforza à la cour de France, d'avril à septembre 1499, un détail piquant et que je crois inconnu sur le séjour du néo-duc de Valentinois à la cour de France :

« De questo suo matrimonio novamente contracto, se ne faceva uno cantare ed uno ludibrio per tutta la Franza... havendo mandato la maestà del Re de Franza a Paris el gran cancellero e monsignor de Ligni per reprendere e castigare quelli scollari, liquali sopra il subgecto de questo matrimonio havevano li di passati facto una *farsa*, ovvero representatione, laquale cedeva ad grande ignominia del pontefice, como debbe havere inteso la Excellentia Vostra. Pare che più de sei milia de quelli scolari parisienses (*sic*) se levassero in arme per amazarli, in modo che per sedare et componere questo tumulto, la maestà del Re de présente è stata constretta andare a Paris. »

Cette *farce* ou représentation satirique, faite par les étudiants parisiens contre César Borgia, ne paraît pas avoir laissé d'autres traces dans les innombrables *feuilles* et *avis* qui s'expédiaient alors de France en Italie. Cesare Guaschi tenait le susdit renseignement du cardinal de Gurck, Raymond Péraud, qui était revenu de France à Rome en février 1499. On peut donc le croire authentique. Il serait assez intéressant de retrouver des indications plus détaillées sur cette *farce* et sur cette émeute d'étudiants, dont César Borgia fut l'occasion, ou le prétexte. Ce texte ne permet que de les signaler.

Cette indiscrétion du cardinal Péraud en faveur de Guaschi n'est pas surprenante. Il était, quoique de nationalité française, dévoué à l'Empire et au duc de Milan, dans les grandes et dans les petites choses. Sa nombreuse correspondance avec Ludovic Sforza et ses diplomates en est une preuve indiscutable. Je citerai ici cette lettre, probablement inédite et fort impor-

(1) *Bulletin de la Société d'histoire de Paris*, XXI (1894). p. 122.

tante pour la biographie de l'évêque de Trieste, P. Bonomi, l'histoire de ses relations avec R. Péraud et la biographie de celui-ci. Elle est conservée à Milan (1).

Ill[ustrissi]me ac ex[cellentissi]me Domine, Domine Dux. R.C.

Binas superioribus diebus humanissimas accepimus litteras ab Excellentia Vestra, cui non modicas habemus gratias ob celerem expeditionem litterarum ipsius in favorem nostrum ad Cesaream Majestatem ; apud quam tamen parum profuturas commendationes asserit, nisi et nos pariter Cesareis votis satisfecerimus, et potissimum in expeditione coadjutorie in ecclesia nostra Gurcensi pro D. Petro Bonomo, tergestino, ejusdem secretario : quem mirum in modum etiam Ex.tia Vestra nobis per litteras suas commendat. Ill.me Domine dux, volumus Ex. tiam vestram pro comperto habere nihil tam arduum esse tamque difficile quin ob honores ac plurima beneficia per eam nobis munificentissime prestita, facillimum videri nobis non posset : ubi cum dignitate nostra liceret nobis ejusdem desideria adimplere ; neque enim excepto Cesare quisquam principum est quem magis faciamus quam Ex.tiaV.ra : cui plurimum nos pariter debere fatemur, dolemusque Petrum Bonomum talem se erga nos exhibuisse ut honestum Ex.tie V.re commendationibus locum non reliquerit : cujus nunc ingratitudinem, qua nihil detestabilius esse potest, intelliget Ex.tia V.ra, nobis homo iste plus debet quam cuicumque hominum : quandoquidem cum apud utrunque Cesarem defunctum et viventem de nihilo primum ereximus : ut quicquid honoris ac dignitatis assecutus est nostris favoribus ac patrocinio ascribendum procul dubio ipsum deffiteri non censeamus : nec in aliquo defuimus unquam pro ejus augenda conditione et statu. Verum ipse, dolis suis ac fraudibus violata fide ac jurejurando super conventionibus inter nos factis, veluti ex litterarum copia quas ei scripsimus his inclusa, (quam tamen inviti mittimus ad Ex. V., sed ut percipiat nos non absque causa sententiam mutasse,) effecit ut ipsius quem praecipuo quodam amore prosequebamur, audito nomine non possimus non in bilem commoveri, nec dubitamus Ex.tiam V.ram, cujus ingenium, prudentiam ac sapientiam experti sumus, visis rationibus nostris, nostrum mutati propositi consilium laudaturam, quod fortassis male prius informata

(1) Milan, *Pot. Est. Roma.* Original; signature seule autographe Suscription : Ill.mo principi ac excell.mo Dno Dno duci Mediolani.

condemnabat ; quovis enim supplicio ingratitudinem dignam esse non ignorat : cum itaque fidefragus iste ac ingratissimus per fraudes ac dolos a proposito nos dimoverit, jam nobis stabilis firmaque sententia est ecclesiam nostram nulla posthac ratione dimittere : quod si forte etiam facere temptaremus, cum talia dignitati cardinalatus non parum detrahunt, Sanctissimus Dominus Noster ac sacrum collegium se fortassis opponerent, cum non simus adeo senio confecti aut debilitati ut coadjutore indigeamus : fuimus alias ob causam Ex.tie V. non ignotam non difficiles ad dimittendum, si quidem ob factionem Gallicam cui adherere arbitrabamur res nostrae in tuto satis portu non erant constitute. Alia tempora alios mores poscunt : Romae sumus, ubi, ut cum dignitate vivere valeamus, perquirendum est et adipiscendi potiusquam dimittendi salubrius consilium est ; unde magis expedire cognoscimus rogatam potius facere. Ex.tiam V. ut ex sua in nos benignitate ac clementia dignetur Sanctissimo Domino nostro scribere, ut ad aliquam summam non magnam quidem, sed tenuitati nostrae condecentem, secundum Excellentiae Vestrae arbitrium in eius dominiis reservationem (1)... ut ad subventionem nostram aliquid etiam contribuat ipsa Ex.tia V.ra, pro quo nos ingratos non erit habitura.

Non desinat etiam Ex.tia V.ra sepenumero per litteras suas Ces. M.ti nos commendare, quam non diffidimus, ubi et ipsa jus nostrum audierit, non minorem rerum nostrarum quam ipsius D. Petri rationem habituram ; cum et eius factura simus et divi genitoris sui, nec quicquam magis cupiamus quam proprium etiam sanguinem quoties expediret pro ejus celsitudine intrepide effundere ; scimus pariter quantum eadem nobis afficiatur, licet apud illam non desint emuli : quos nobis adversari intelligimus : quorum tamen tandem rumpentur ilia invidia, et pluris erit minima Ex.tiae V. commendatio quam omnium illorum conatus inanes. Et felicissime valeat Ex.tia V., cui nos summopere commendamus.

Rome xiiii Junii m.cccc.lxxxxviiii.

Eximiae Excellentiae Vestrae,

Ill.me D. Dux, Scriptis jam litteris, venit ad nos magnificus orator Ex.tie V. qui nonnulla capitula confutationum Dni Petri Bonomi super his de quibus juste de ipsius per-

(1) Un mot illisible.

fidia conquerimur nobis ostendit ; quorum singulis ne respondeamus, neque enim tedio super his afficere volumus Ex.tiam V.ram : fatemur cum in multis veritate inniti ut in pluribus falsitatem velet et mendacia : nec nisi quae in rem suam faciunt, adducit. Possemus nos adducere testes super mendaciis et illum redarguere : si quidem hic R.mus D. Cardinalis S.ti Georgii qui se expeditioni opposuit locupletissimum in multis posset reddere testimonium et in Germania pariter instrumento et testibus hominem de falso convinceremus : quod plane prefato m.co oratori, dum nobis capitula legeret, aperuimus : fuerat nobis mens sigillatim singula refellere, nisi id supervacaneum nobis visum esset : quando consilii ac propositi nostri firmam stabilemque sententiam per has ipsas significamus Ex.tiae V.rae, cui iterum iterumque ad summum nos commenda

Tribus jam-diebus nova aliqua bona huc allata sunt prosperioris fortune Cesaris ac Germanorum contra ignobiles illos Suitenses : gratissimum nobis erit si Ex.tia V.ra litteris suis de successibus hujusmodi certiores nos efficere dignabitur : fertur namque eam ad colloquium cum Cesare in Voltolina propediem congressuram, cuius M.ti... perbo nos poterit commendare, quam tanti facimus quanto alias faciendam persuadebamus Ex.tiae V.rae : cujus postremis litteris, quibus ad id nunc cohortandos nos existimat, mox respondebimus.

Deditissimus amicus et frater Car[dina]lis Gurcen[sis].

6

Le négociant Rostan Blancard et la Seigneurie de Florence (1)

Deux lettres écrites le 17 juin et le 30 septembre 1499 par la commune de Marseille à la république de Florence et conservées aujourd'hui à Florence. *Lettere esterne alla Signoria*, registre XI, fol 251 et XII, fol 385, signalent un petit conflit qui s'éleva à ce moment entre les deux puissantes villes au sujet de certaines marchandises appartenant à Rostan Blancard et indûment taxées, d'après lui, par la commune de Florence. Voici le texte de ces deux lettres:

(1) *Correspondance historique*, VI, p. 280.

I

Magnifici et præstantissimi domini amicique carissimi, post affectuosas commendationes.

Hiis retrolapsis mensibus, binas jam ad vos dedimus litteras, ut illos centumtriginta ducatos a vestris gabellotis, occasione certe balle pannorum de cadiis ex pecuniis nobilis viri Rostanhi Blancardi, civis hujus civitatis Massilie, indebite exactos, eidem restitui facere dignaremini ; verum, etsi primis eisdem vestris litteris nobis per vos responsum extiterit id vobis maximum in modum cordi esse, et eidem ac nobis, nedum in hoc, sed et cunctis in aliis, gratifficari velle, attamen hucusque nullum vos geminate preces nostre locum neque promissiones vestrae effectum obtinuisse videntur, quanquam beneficiorum quae a nobis vos recepisse eaedem vestrae litterae testantur, immemores aut oblitos non arbitramur ; quare idem nob[ilis] Rostanhus dietim nostras pulsat ad aures un eius indempnitati providere velimus ; quod etsi ratio persuadere videatur, attenta jam restitutionis hujusmodi longa procellatione frequentique numero nuntiorum ac litterarum nostrarum hac de causa ad vos destinatorum, quod que nedum quod vestris eisdem responsionum litteris adimplere estis polliciti, verum etiam nostris litteris ad vos ultimo datis omnino nihil respondere curatiis attamen ob reverentiam vestrarum magnificentiarum adhuc facere id distulimus ; quousque iterato vos ad dictam restitutionem faciendam his nostris moveremus. Ut si nos petitam provisionem quam ultra honeste negare non possumus, eidem civi nostro, contra vestrates et eorum bona qua (sic) quod ut premittur eidem injuste ablatum est dampnaque expensas et interesse consequatur, laxare contingat, id vestri culpa fore magis ac magis appareat. Fuerit igitur vestrarum integritatum hac in causa ita providere ut ulterioris querellae vel mutuae antiquaeque benevolentiae turbationis locus non existat. Quod ut fiat easdem magnificentias exoramus, nam ea in re debito benevolentiequae mutuae satis eritis facturi, idquoque nos etiam muneris et gratiae loco erimus recepturi ; super quo vestrae deliberationis intentum per hunc portitorem significare non tedeat ; si vero secus fieret, quod vix nobis persuaderi posset, certo sciatis nos eidem nobili Rostanho Blancardi provisuros, jam sic dilatando expense si ultra principale crescerent. Bene valete

Ex Massilia, sole Junii jam trahente decimam septimam 1499.

Vicarius regius, consules, et consilium civitatis Massilie, amici vestri optimi.

Au revers : Magnificis et præstantissimis viris dominis Prioribus libertatis et vexillifero justiciae inclitae civitatis Florentiae, amicis nostris carissimis.

II

La seconde lettre est presque identique à la première, sauf quelques variantes et un passage additionnel relatif à l'intervention du roi. Je me borne à en donner ceci :

Lig. 1. Diebus jam trinas.
— 3. Vulgariter nuncupatorum cadiis.
— 4. Blancardi, alterius ex consulibus hujus civitatis Massilie.
— 8-9. Nobis et eidem Blancardi in hoc gratificare velle.
— 10. Apud vos triplicate vel littere vel preces nostre.
— 11. Hujusmodi promissiones vestre.
— 13. Arbitrari non possumus.
— 16. Attenta jam temporis diuturnitate.
— 20. (Addition). Moveremus ut si majestatem regiam vobiscum federe amicitia junctam, cuius etiam ipse Rostanhus civis noster subditus et admodum dilectus extitit, aut nos provisionem eidem Blancardi civi nostro contra vestrates et eorum bona qua dampnorum suorum reparationem consequatur. [reprend à la ligne 29]
— 30. Vestrarum magnificentiarum munus ita.
— 32. Ulterioris querelle vel dissentionis.
— 33. Quod ut fiat iterum atque iterum.
— 37. Significare non tedeat. Sin minus, quod vix nobis persuaderi posset, certo sciatis majestatem ipsam regiam cum primum exactionem indebitam pretactam resciverit, et cui ipsi civis noster, hac de re si non aliter quam propriis provideritis, graves intendit aperire querelas et provisionem implorare. Nosque etiam virili pro parte, eidem Blancardi provisuros : nam sic dilatando expensae supra principale longe satis crescerent. Bene valete. Ex Massilia sole septembris trahente ultimam. MCCCCLXXXXVIIII.

Je n'ai pas su retrouver aux archives de Florence la réponse à la seconde au moins de ces lettres, puisque, d'après la plainte même des Marseillais, la première ne paraît pas en avoir reçu. Il m'est par suite impossible de dire quelle fut la solution de ce conflit commercial, survenu à une époque où Florence avait bien d'autres soucis en tête, et une lutte diplomatique autrement grave à soutenir contre Venise à la cour de France; de préciser l'identité de ce négociant marseillais, Rostan Blancard, qui, digne prédécesseur de Roux de Corse, était assez puissant pour tenir tête à Florence et se faire aider par sa ville natale dans ce conflit; enfin de dire si sa famille est éteinte, ou sous quel nom, dans le cas contraire, elle subsiste.

7

Variantes au texte d'un instrument diplomatique franco-florentin (1)

Dans ses *Documenti di Storia Italiana*, I, 32, Molini a publié, d'après le manuscrit B. Nat. F. Fr 8486, fol. 5, le texte de la convention conclue le 12 octobre 1499 entre Louis XII et les Florentins. Le document (original avec les signatures autographes) est en mauvais état, et Molini a dû constater des lacunes, assez peu importantes du reste. Il existe de cette convention d'autres textes dans le ms. français 3087, aux fol. 70 et 74, qui permettent non seulement de compléter les lacunes regrettées par Molini, mais aussi de suivre les variantes des avant-projets de cette convention; les négociateurs ont longuement hésité et modifié le texte des articles avant d'arriver à la rédaction définitive.

Un premier projet comprend huit pages de texte, du fol. 70 au fol 73. Il donne p. 70ᵃ un titre et un préambule que Molini n'a pas connus et qui ont été supprimés dans la rédaction définitive; ce préambule est suivi p. 70ᵇ de quelques articles généraux et clauses de style également supprimés et qui sont remplacées dans le texte de Molini par les six premiers paragraphes. L'identité des deux textes commence vol. 71 au § *Quand il plaira au Roi faire l'emprise du royaume de Naples;* ce § et les trois suivants sont identiques. Mais notre texte permet de combler les lacunes suivantes du texte de Molini [p. 33,

(1) *Correspondance archéologique et historique*, VI, 41-45.

lig. 26], l'employer *au paiement de* cinq mille Souysses ; lig. 27, la dicte conqueste *et emprise;* lig. 37 et p. 34, les premières lignes, 2 à 5, presque entièrement pointées par Molini, «comme il est accordé cy-dessus en ce cas, ilz ne seront tenus aider ledit seigneur desd. IIII⁕ hommes d'armes et III⁕ hommes de pié, po'ur la deffense et tuition de ladite duchié et estat de Milan ou autre Seigneurie que le Roy ait ou puisse avoir en Italye, mais en faisant l'une desdites aides, l'autre cessera. Au fol 71ᵇ commence le texte de la convention publiée, avec le même titre : « Ce qui a esté pourparlé entre messeigneurs le cardin.il, n.areschaux, et ambassadeurs de Fleurance ». Les six premiers §§ du texte de Molini se suivent ici identiques et dans le même ordre. On peut corriger lig. 8, *préservera et gardera* en l'état ; et lig. 11, les privillèges *à eux octroyés par les roys.* Le § 6 est suivi immédiatement, fol. 72ᵃ des §§ *que l'argent qui fut presté auxdits Fleurentins* (Molini, p. 35) *et Et pour toujours avoir et prendre avecques les seigneurs de Florence* (id. ibid.). Enfin vient le § Item et est accordé que sy dedans huict jours ces présens articles [ne sont] ratifiés par ladicte seigneurie de Fleurence entièrement et selon leur forme et teneur, sans aucune restriction y faire, le tout sera et demourera nul et de nul effect et valeur », dont Molini n'avait pu combler les lacunes. Ce § est ici une addition d'une écriture postérieure. Le fol. 72ᵇ est blanc. Le fol. 73 contient deux articles disparus de la rédaction imprimée. Le fol. 73ᵇ est blanc.

Au fol. 74 commence une nouvelle copie du même texte : « Ce qui a esté pourparlé entre messeigneurs les cardinal, mareschaux et ambassadeurs de Florence ». Les huit premiers §§ sont conformes à l'imprimé et suppléent à ses lacunes comme la copie du fol. 70. Entre les §§ 8 et 9 et 9 et 10, sont intercalés deux articles qui ont été barrés, d'ailleurs, sur cette copie même : ce sont les §§ *En faisant laquelle ledit Seigneur* et *Item promettront lesdits fleurentins.* Ensuite fol. 75ᵃ sont les §§ *Que l'argent qui fut presté* et *Et pour toujours avoir et prendre.* La copie finit la fin de ce §.

Les trois articles relatifs à Pise (Molini, pp. 34-35) ont été introduits sans doute sous leur forme actuelle dans la dernière période des négociations, car ils ne figurent sur aucune de ces deux copies

Voici les portions de ces textes que ne donne pas sous la même forme la version suivie par l'éditeur italien :

B. Nat. F. Fr. 3087 n° 40 fol. 70 *Traicté, articles et*

convenances entre très chrestien Roy de France, Loys douzeiesme de ce nom et la chose publique des Florentins, vallables et establis à tousjours, traictez par Révérend Père en Dieu messire Françoys de Soderines, évesque de Wolterre et magnifficque messire Luc Anthoine de Albicis, citoiens et ambassadeurs de la dicte chose publicque.

La très chrestienne royalle majesté de France Loys, etc., par les présaus articles, traicte paix et amytié avecques la chose publicque des Florentins, à perpétuité vallables ; laquelle chose publicque dès maintenant rejete, quelzconcques traittez, convenances et alliances faittes et traictées au contraire avec quelconque prince ou chose publicque ; et lad. majesté royalle de nouvel reçoit en sa bonne grâce la cité et seigneurie de Florence, leur présent estat, liberté, subgetz, lieux, terres et biens, seullement estans au dedans des fins et limites qu'ilz possèdent de présent, et en foy de Roy promect iceulx, ensemble tous leurs estat, seigneurie et droiz qu'ils possèdent de présent, préserver, garder et défendre contre ceulx qui vouldront entre leurs dicts estat et biens molester ou inquiéter directement ou indirectement, promettant venir en armes et à tous remèdes convenables pour telle défense ; à laquelle défense en armes et à ses despens ladite Majesté n'entend point estre oblygée, oultre troys ans prochains ensuivans, commençans au jour de ce présent traicté et finissans respectivement comme dessus, et aussi lesdites troys années passées, lesdites amytiez et bienveillances seront esgalles et réciproques.

Item, ont voulu lesdites parties que les amys et ennemys tant de ladicte majesté que de ladicte seigneurie, seullement en tant que touche la deffense, pour le temps dessusdit soient entendus amys et ennemys communs, et dès maintenant pour telz sont déclairez et appelez tout ainsi que s'ilz estoient nomméement exprimez.

Item, que pour toutes choses esquelles autreffoys ladite seigneurie seroit tenue envers ladicte majesté pour raison de quelzconcques chappitres et traictez, semblablement des présens, et de quelconque autre cause que ce qui est cy dessus déclairé au premier article : de toutes lesquelles choses dès maintenant ilz sont absols et deschargez, ladite seigneurie promect payer à ladicte majesté six vingt mille escuz, sera faitte à Lyon à la foire d'aoust prochaine troys ans prochains, commençans aujourdhuy en la manière et temps qui s'ensuit : c'est assavoir en chascune année quarante mille escuz, tellement que le premier payement de la quarte partie desdits XL.^{m} escuz, qui seront dix mille escuz, sera faitte à Lyon à la foire d'aoust prochaine ensuyvant, la seconde quarte partie à la foyre de Toussaint, la tierce quarte partie à la foyre de l'Apparicion et la quarte partie à la foyre de la Résurrection Nostre Seigneur, et ainsi successivement ès années ensuyvans pour la portion et temps dessusdits durant lesdites troys années jusque à plain et entier payement ; lequel payement sera fait en la ville de Lyon.

Item, que ou cas que ladite majesté ne defendist durant ledit temps ladite seigneurie, et aucune armée d'ennemys la voulsist envahir ou molester, en ce cas et à ce droyt, icelle seigneurie soit deschargée de toutes promesses et obligations susdites en ce qui resterait, tout dol et fraude cessans.

Item, que par les présens chappitres soit entendu être délaissé et renoncé à tous chappitres et traictéz convenuz entre ladite majesté ou ses ambassadeurs et ladite seigneurie et cité ou ses ambassadeurs, en tant qu'ils ne concorderoient avecques ces présens articles, exceptez toutevoyes les prévillèges octroyez à ladicte cité et aux citoyens d'icelle, tant par les prédécesseurs Roys d'icelle royalle majesté que autrement, tellement que chacune des deux parties en soit à ce droit deschargée et absolüe.

Item, les ambassadeurs de ladite seigneurie cy présens par vertu de leur povoir et mandement, cy attaché et en la fin inséré, sur les choses dessusdictes de par la seigneurie, à la conservacion et entretenement de tous et chacuns les articles dessusdits, obligent tous et chascuns les biens de l'université et communité des Florentins et tous les particuliers citoyens de Florence et leurs subgetz ; et consentent que en deffaulte des choses dessusdites, ils puissent justement les termes passés ainsi que dessus est dict à quelconque solucion et payement et en quelconque lieu être contrainctes.

Item, promest icelle royalle majesté jamaiz ne traitter ou paciffier avec quelconque ennemy de ladite cité ou détenteur des biens, droiz, terres ou châteaulz à icelle seigneurie appartenans au préjudice de ces présens articles ou droiz d'icelle cité, à laquelle sera toujours loysible et en libéral arbitre de les poursuyr en armés ou autrement, ainsi qu'elle verra luy estre convenable.

En faisant laquelle ledit seigneur sera tenu faire restituer auxdits Fleurentins Pise avecques toutes ses appartenances en la manière et forme qu'ilz la tenaient avant le passage du feu roy Charles et toutes les autres places et chasteaulz qu'ilz ont perdus au temps dudit passage dudit Roy jusques à présent, excepté celles qui tiennent la seigneurie de Gennes ; et jusques au commencement de ladite emprise qui sera pour le recouvrement dudit Pise.

lesdits Fleurentins ne seront tenus fournir lesdits V^c hommes d'armes et payer lesdits L^m escuz.

Item promettront lesdits Fleurentins pardonner, remettre, quitter et abolyr aux Pisans la rébellion et désobéissance par eulx faitte, sans ce que présentement ne cy après ou temps advenir aucune chose, par justice ne autrement, leur en soit ou puisse estre demandée, ne que aucune poursuite en puisse estre faitte contre eulx en général ne en particulier. Maiz les auront et tiendront doresnavant tout ainsi que si ladite rébellion ou désobéissance n'avoient par eulx esté faitte et les traicteront en toute amour et dilection, sans leur faire aucunes extortions, forces ne violences en quelque manière que ce soit ; duquel cas, si lesdits Pisans viennent à plaincte ou doléance au Roy, ledit seigneur y pourra pourveoir ainsi qu'il verra être à faire par raison.

8

BARTOLOMEO CALCO, SECRÉTAIRE DUCAL MILANAIS
UNE DONATION DE LOUIS XII EN SA FAVEUR (1)

L'éditeur de la chronique d'Ambrosio Da Paullo (publiée à Turin dans la *Miscellanea di Storia Patria*, XIII) a joint à ce texte important plusieurs pièces d'intérêt divers, entre autres un édit d'amnistie rendu en faveur de Bartolomeo Calco le 5 mai 1500. B. Calco, secrétaire des affaires étrangères du gouvernement de Ludovic Sforza, déchu le 2 septembre 1499, avait, après s'être rallié à la domination française, fait, au retour de son ancien maître, une autre volte-face et s'était de nouveau mis à son service. Cette trahison était d'autant plus coupable qu'il avait prêté serment de fidélité et d'hommage à Louis XII, et que celui-ci, à son arrivée dans le duché de Milan, n'avait pas hésité à lui confirmer en échange la possession de ses divers biens et privilèges. Une copie contemporaine des lettres royaux accordées par Louis XII à B. Calco est conservée à Milan, Bibl. Ambrosienne, cod. E 74 *inferiore*. C'est d'après cette copie que j'en publie ici le texte:

Ludovicus, Dei gratia, Francorum, Hierusalem et Sicilie rex ac dux Mediolani, magistris nostris intratarum, potes-

(1) *Archives historiques et littéraires*, II, 542-44.

tatibus, vicariis, baylivis aliisque officiariis nostris ubi libet constitutis salutem.

Pro parte Bartholomeii Chalci, militis, secretarii nostri, nobis fuit expositum qualiter ipse tenuit et tenet a ducatu Mediolani nostro terras, loca et villam Pozzoli, diocesis Mediolani, et Rossate, episcopatus Laude, cum villis et pertinentiis suis ac cum prediis, bonis, et atiis panis, vini et carnium, intratis, proventibus, imbotaturis et honorantiis ipsi feudo spectantibus in feudum nobile gentile et paternum, supplicans humillime ut de digno feudo dignemur eum recognoscere et in quantum expediat denuo investire et ad debitum fidelitatis, homagii et obedientie recipere juramentum et sibi super his providere opportune. Quocirca, premissis attentis, juraque nobilium et vassallorum nostrorum potissime de nobis bene meritorum, ut est ipse Bartholomeus, illosque cupientes conservari, hiis aliisque considerationibus legitimis, predictum Bartholomaeum coram nobis genibus flexis existentem de dictorum locorum et terrarum et villarum dominio et jurisdictione, cum territorio, juribus, datiis, prediis, bonis et pertinentiis superius declaratis tanquam de feudo gentili et franco, paterno et avito per traditionem unius ensis evaginati, recognovimus et recognoscimus, et de novo investivimus et investimus per presentes, pro se ac filiis et descendentibus suis naturalibus, legitimis, masculis, et sub aliis clausulis, condicionibus et modis in prioribus suis investituris comprehensis vel specificatis et declaratis, quas in presentibus volumus pro repetitis haberi et salvo jure superioritatis nostre et in omnibus jure quolibet alieno, et his peractis prefatus Bartholomeus, genibus flexis prout supra, tactis corporaliter Evangeliis, nobis juravit quod, a modo in antea et usque ad ultimum vite sue, erit nobis liberisque et heredibus nostris fidelis rectus et obediens contra et adversus omnem hominem, et nullum alium cujuscumque status, conditionis, gradus vel dignitatis fuerit, in dominum suum naturalem et immediatum recognoscet, nec unquam erit in consilio, auxilio, vel in facto, per quod nos in corpore vel in bonis aliquam patiamur injuriam, jacturam vel contumeliam, verum incolumitatem, tuitionem, honorem, status nostri conservationem et utilitatem nostram possetenus procurabit et contraria facere volentes impediet et, si nequierit impedire, nobis vel locumtenenti nostro seu officiariis nostris nunciarit et nobis et mandatis nostris obediet et omnia et quaecumque alia capitula in antiqua et nova fidelitatis forma comprehensa erga nos tanquam ducem Mediolani fideliter adimplebit, ceteraque omnia aliaque probus et fidelis vasallus debet domino et principi, suo fideliter ademplebit realiter et cum effectu.

Mandamus igitur vobis et vestrum cuilibet quoad ipsum attinet, quatenus, visis per vos magistros intratarum ejus investituris et presentibus legitime registratis ipsum Bartholomeum et suos filios et *ut supra*, dicto feudo cum ejus pertinentiis, datiis, intratis, proventibus et reliquis predictis uti et gaudere faciatis, et nomine nostro jubeatis et cum effectu provideatis seu permittatis sub condicionibus et medio in investituris ejusmodi declaratis et comprehensis, absque ratione dicti homagii non facti et juramenti fidelitatis non prestiti et aliquod impedimentum non faciendo ; imo si factum fuerit, habebitis tollere et removere, mandando communibus, hominibus et singularibus personis habitantibus et habitaturis in predictis locis, terris et villis, ac earum territorio et pertinentiis, quatenus ipsum Bartholomeum suosque filios et descendentes naturales et legitimos masculos in dominos recognoscant, habeant et teneant eidemque Bartholomeo et suis ut supra ac eorum officialibus obediant et debitum fidelitatis et homagii juramentum prestent et sibi de intratis, datiis et proventibus ac honoribus, dignitatibus et preheminentiis integre respondeant et respondere faciant. Quoniam sic fieri volumus et efficaciter mandamus.

Datum in arce nostra Porte Jovis Mediolani, die xxvta octobris, anno 1499 regni nostri secundo.

Per regem, ducem Mediolani : *Joannes Petit.*

9

QUELQUES ARRÊTÉS DE LA POLICE MILANAISE SOUS LOUIS XII SUR LES BARBES, LES MELONS, LES ÉTUDIANTS ET LES FILLES DE MAUVAISE VIE (1).

I. — *Arrêté du capitaine de justice sur le port de la barbe*

(Milan, samedi 25 avril 1500.)

Pro barbis. Per parte del magnifico e generoso cavalere ac exhimio doctore M. Johanne Antonio, ex comitibus de Ponzano, generale capitaneo de justitia nel dominio de Milano, de comissione speciale del illustre et excelso signore M. Johanne Jacobo Triultio, de la mayesta regia di Francia e duca di Milano generale gubernatore e loco-

---

(1) *Archives historiques, littéraires et artistiques*, II, p. 23-25.

tenente in questo felicissimo stato : se fa publica crida e comanda si ad ogni persona, sia che si voglia, che se porta barba piloxa, che per tuto lunedi proximo debia farla toxare et radere ; e questo sotto pena de essere facti prexoni e di pagare la taglia le sarra facta senza alcuna remissione. *Johannes Antonius.*

Publicatum super platea Arenghi et in Brolletto comunis Mediolani per Jacobum de Bonfiliis, preconem comunis Mediolani, die Sabati xxv aprilis 1500. Sono tube premisso.

(Milan, *Archivio di Stato, Gridario Generale*, II, 1500.)

II. — *Arrêté du conseil d'hygiène sur la vente des melons*

(Milan, mardi 4 août 1500.)

Regii commissarii super sanitate Mediolani.

Perche, per conservatione de la sanitate de questa inclyta cita de Milano, è solito ad kalendas de agosto bannire li meloni, ovvero, prima si vendono, li melonari siano obbligati taliarli ; nuy, per non manchare dal debito de l'officio nostro, per tenore de la presente, comandamo ad qualunche melonaro et altra persona non ardischa de mo inanti venedere melono alcuno che prima non lo taglia, non tolendo premio alcuno desso talio, sotto pena de dieci fiorini per cadauna volta se contrafara al presente bando e comandamento, e questo se fa perche solamente li boni siano venduti.

Datum Mediolani, ex officio nostro sanitatis, IIII augusti 1500. *Angelus Antiquus.*

Publicatum ad scallas pallatii Mediolani et super platea Arenghi, per Bolinum de Pessina, preconem communis Mediolani, die martis quarto augusti, sono tubae premisso.

(Milan. A. d. S. *ibidem.*)

III. — *Lettre de Louis XII au vicaire de provision de Milan sur l'Université de Pavie.*

(Milan, lundi 5 octobre 1500.)

Pro studio Papie. Ludovicus, Dei gratia Francorum, Sicilie et Hierusalem rex ac Mediolani dux, dilecto nostro vicario Provisionum Mediolani salutem.

Quia nihil omnino pretermittimus quod ad sustinendum et amplificandum Ticinense gymnasium pertineat, jamque de doctoribus et magistris legentibus qui in utroque jure et artibus excellent, aliisque omnibus providimus quae ipsum gymnasium celebre reddant, et, nisi illic scolares proficiant nusquam alibi eos emergere sperandum est ; proinde publico preconio in locis consuetis declarari faciatis volumus ut nemo ex subditis nostris ad alia gymnasia se ad studendum conferat, sub pena sibi et suis in decretis et ordinibus nostris indicta.

Datum Mediolani die quinto octobris 1500 et regni nostri tertio.

Rescribendo postmodum nobis, et has in manus Julii secretarii nostri remittendo, retento penes vos exemplo. Datum ut supra.

Per regem, ducem Mediolani, ad rellationem consilii. *Julius.*

A tergo. Domino vicario Provisionum Mediolani. Cridatum et publicatum ad schalas pallatii ma ni Brolleti Mediolani, die merchurii septimi octobris 1500, in mane, per Andream Pisonum, publicum preconem comunis Mediolani, sono tube premisso more solito.

Franciscus de Homate, provisionatus Mediolani notarius.

(Milan, *ibid.* II, 1500.)

IV. — *Arrêté du capitaine de justice sur les rapports des soldats et des filles.*

(Milan, 29 décembre 1507.)

Per parte del illustrissimo monsignore lo gran maestro di Franza, de qua li monti generale locotenente.

Se fa publica crida e comandamento a tuti Guaschoni et altri che sono al soldo de la regia mayesta (*sic*), etiam ad ogni altra persona sia, de che conditione si voglia, che ardisca ne presuma per strata rapire nec altramente per via veruna tore femina alcuna, sia meretrice o de qualunche altra sorte, nec etiam in loco alchuno, cosi publico como privato, robarla et altroe condurla per forza. E questo sotto pena de la forcha, in laquale pena subito siano incorsi se contrafaramno alla presente crida. *De Pardines.*

Publicatum in burgo Portae Vercellensis ad Sanctam Mariam de Gratiis et in burgo Portae Cumanae ad Sanctum Simplicianum per Stephanum Oldanum, publicum preconem comunis Mediolani, die 29 decembris 1507, sono tubarum premisso.

(Milan, *ibid,* III, 1501 1510.)

10

Sur une lettre de M. d'Egmont datée de 1500 (1)

Les lettres privées antérieures au XVI⁰ siècle, quoique relativement nombreuses, sont dignes cependant d'être recueillies quand elles illustrent l'histoire des mœurs et des institutions. C'est à ce double titre que le document ci-dessous publié me parait intéressant. C'est une lettre originale, autographe et signée, écrite de Milan le 14 avril 1500, par un des capitaines de l'armée française, M. d'Egmont. Elle est conservée à l'Archivio Gonzaga de Mantoue, sous la cote E. XV. 2 [Francia. *Lettere di diversi*, 1379-1559]. En voici le texte :

Monseigneur, je me recommande fort à vostre bonne grâce.

Monseigneur, je vous mercye grandement le beau présent des deux bracques que m'avez faict, et les aymoys bien, tant pour amour de vous, Monseigneur, que pour ce qu'ils sont beaux. La bracque a fait des jeunes, mais le bracq, lequel je tenois à ma chambre, s'en est cejourd'hui allé ne sçay où, et l'ay fait crier à son de trompette et chercher par toute cette ville, et ne se puelt trouver ; dont suis fort déplaisant.

A cette cause, Mgr, je renvoye devers vous, vous priant, Mgr, me vouloir envoyer un autre bracq qui soit tout tannier, tout noir, ou sinon tout blancq ; tout tanné l'aimerois-je mieux, et vous me ferez bien grand plaisir aussi en me mandant chose en quoi vous peusse servir.

A tant, Mgr, je prie le créateur vous donner bonne vie et longue.

Escript à Mylan ce quatorziesme d'apuril. De celui qui est prest à vous faire servis.

Egmont.

Suscription. A Monseigneur, Monseigneur le marquis de Mantua, à Mantua.

De nombreux témoignages attestent le goût prononcé du marquis de Mantoue pour les bêtes rares et les animaux de luxe, et la célébrité de ses collections en ce genre. On connait aussi

(1) *Bulletin de la Société nationale des Antiquaires de France*, 1892, pp. 179-182.

son habitude d'offrir aux princes ou aux grands personnages dont il voulait se concilier l'amitié, des chevaux de prix ou d'autres bêtes.

Cette lettre de M. d'Egmont permet d'ajouter à la liste des animaux entretenus dans les parcs de Mantoue, les chiens braques, et aussi de les mettre au nombre de ceux que les capitaines français lui demandèrent avec cette insistance sans délicatesse qui fut un trait caractéristique des soldats français en Lombardie.

Cette lettre fournit en outre un nouvel exemple de l'application d'un édit de police en vigueur à Milan et relatif aux objets perdus et aux animaux égarés. Les précieux registres Panigarola fournissent un très petit nombre de documents sur cette matière; il en résulte que l'objet ou l'animal égaré était crié publiquement sur la place du *Broletto* et aux principaux carrefours de Milan, par un des trompettes municipaux assermentés; un délai assez court (une semaine, trois jours, un seul jour même quelquefois) était donné à ceux qui pouvaient l'avoir trouvé pour le rapporter ou le signaler; l'objet ou l'animal devait être dénoncé ou rapporté, soit au capitaine de justice, soit au propriétaire; une récompense était parfois promise à l'individu qui le rapportait ou le signalait, et des peines sévères, parfois la pendaison, étaient édictées contre les détenteurs illégaux. On trouvera dans mon recueil de *Documents pour l'histoire de la domination française dans le Milanais* (1499-1513), p. 245, un édit rendu pour la recherche d'un cheval perdu de Trivulce, en 1519, qui est publié d'après le registre Panigarola GG. 612 v° Dans le même registre GG., fol. 815 v° et 829, j'ai relevé deux édits analogues du 12 février et du 1ᵉʳ mars 1512; le second est relatif à un autre cheval, le premier à une bourse pleine d'or:

Grida che chiunque avesse trovato una sacchetta con tri sacchetti insieme, continenti certo quantitativo di ducati d'oro, fiorini del Reno e grossoni stati perduti da Luigi da Porta Romana, la deve notificare fra otto giorni al Rev. frate Ludovico de' Primi, predicatore del Duomo et de' Frati della Pace; chegli saranno donati dici ducati d'oro. » (G. G., fol. 815 v°).

Grida che chiunque avesse trovato o tenesse presso di se un cavallo con certi determinativi segni di proprietà di Francesco di Liscate milanese, è tenuto notificarlo entro la giornata al capitano di giustizia (GG., fol. 829 v.).

Dans le registre FF, fol. 326, un autre édit est publié au sujet d'un manteau perdu « Grida per il ricupero d'una cappa di panno stata smarrita da Gabriele de Vimale nel Broletto (13 juin 1507) ».

Le plus ancien édit de ce genre que les registres Panigarola aient conservé pour l'époque de la domination française est du 31 juillet 1501 : « Grida per certe perle smarrite, onde chi le avesse trovate abbia a consegnarle entro tre giorni a Francisco Villanova (Reg. EE, fol. 694 v.).

La lettre de M. d'Egmont permet encore de constater que, malgré le bouleversement général du duché de Milan en avril 1500, le 14 de ce même mois, quelques jours à peine après la bataille de Novare et la capture de Ludovic Sforza, les règlements de police avaient recommencé à être minutieusement observés à Milan, si même ils avaient jamais cessé de l'être.

Il est moins facile d'expliquer comment la *grida* dont cette lettre fait mention ne s'est pas conservée. Peut-être a-t-elle été insérée dans le registre M, comme la plupart des actes de cette même année 1500. Ce registre est aujourd'hui en *déficit* aux archives de Milan. Mais peut-être la chancellerie municipale milanaise est-elle seule responsable de la perte de cette grida. C'est en raison même de sa nature, parmi les actes d'intérêt privé ou relatifs à des questions purement municipales qu'elle a dû être en effet insérée : c'est dans la catégorie spéciale des registres aujourd'hui cotés par des lettres doubles, FF, GG, etc., qu'elle devrait se retrouver. Il est donc possible que les bureaux du *Broletto* de Milan aient été un peu effarés au mois d'avril 1500 et qu'on ait purement et simplement omis l'insertion de cette *grida*. Le manque de l'acte augmente l'intérêt de la lettre qui en a conservé la mention.

11

Rentrée de l'ambassadeur Casata dans son domaine de Longobuco

Francesco Casata, ancien ambassadeur du duc de Milan à Naples, reprit possession, après la défaite définitive de Ludovic Sforza, de son domaine de Longobucco, dans le royaume de Naples, avec le consentement du roi Frédéric de Naples. Ce document, intéressant pour la biographie peu connue de ce diplomate, est conservé à Naples, *Archivio di Stato, Cancelleria Aragonese, Collaterali communs*, reg. XVI, fol. 168.

Rex Siciliæ. Magnifice vicecancellarie,

Perche lo magnifico messer Francesco Casata manda Joanne de Franco, homo suo, per repigliar la possessione de Longobucco, e poteria essere che per quella università li fosse facta resistencia, essendo la omnimoda volunta nostra che dicto M. Francisco continua in la possessione di quella terra, secundo lo tenore e forma delli privilegii della concessione facti dal sig. duca de Milano, e ve decimo et ordinamo che, essendo bisogno, debeate providere per modo che dicto Joanne de Fran o, omnino in nome de esso messer Francisco, ne habea la possessione de quella terra, con omne altra cosa ad quella spectante ; cosi como li è stato concessa per lo predicto signor duca, e per noi confirmata, perche questa è nostra volunta e cosi ancora ve decimo et ordinamo che quando ve occorrera servirve del piombo de quelle sue menere, sempre el debeate fare pagar secundo è solito venderese per lo factore de esso messer Francesco, acteso la volunta nostra che quelle intrate non solamente siano ad esso messer Francesco preservate per lo amore li portamo, ma etiam augumentate, et non fare altramente per cosa alcuna.

Datum Neapoli II maii MCCCCC⁰. R. Federicus.

12

Note sur un tournoi combattu a Lyon en 1500 (1)

Jean d'Auton parle, au chapitre XLII de sa *Chronique* (2), d'un tournoi, combattu à Ainay, près de Lyon, le 22 mai 1500, entre sept gentilhommes tenants de la reine et sept gentilhommes tenants du roi, tournoi où « plusieurs lances furent rompues et maints coups d'espées donnés, et qui fut suivi de joutes et de combats pendant plus de quinze jours ». Sa description est minutieuse, mais assez froide. On peut compléter son témoignage et se rendre mieux compte de l'impression produite sur les Lyonnais et les témoins de ces combats chevaleresques en rapprochant du texte du chroniqueur une lettre écrite vers

---

(1) *Bulletin de la Société des Antiquaires de France*, 1892, p. 125-127.

(2) Ed. de Maulde, I, p. 284, sqq.

la fin de ces fêtes, le 4 juin 1500, par un gentilhomme espagnol, don Carlo Ruffo Centelles, (probablement parent de cet Adriano Centelles qui avait jadis fait partie de l'ambassade d'Alexandre VI à Louis XII) et adressée à Enea Gonzaga, cousin et capitaine du marquis de Mantoue, auquel le roi venait précisément de pardonner sa demi-trahison de février 1500. Ruffo Centelles paraît avoir été vivement frappé par le luxe déployé par les seigneurs français dans ce tournoi. Il dit en effet :

Magnifico segnor et honorando fratello, li torniamenti che questi segnori francesi fanno per amor de lor dame, ylson tanti faustusi chenverità non saperia scriverle, e perzio le remecto a la vista nostra, quale spero sera prestissimo.
Io fazo fare un pennacchio al possibile bello per servirne la Signoria Vostra, a laquale quanto posso me recomando, e la supplico me ricommandi a tucto lo mondo. De Leone IIII junii 1500.
De'l che se recomanda a la S. V.

    Don Carlo Ruffo Centelles.

Suscription : Mag.co segnor|honorando|.Hlo M. Enea...
...nsagha, capi|... de lo ill. s!.....hse di Mantoa.

Ce texte est curieux par le mélange de français (*ylson, faustusi*), et d'italien également corrompus qu'écrit l'auteur. C'est un spécimen du jargon que parlaient tous les *fuorusciti* et aventuriers, italiens pour la plupart, qui affluèrent à la cour de France sous Charles VIII et Louis XII. Le fait indiqué par le second article de la lettre, — la fabrication du plumail commandé à Lyon — est une indication intéressante pour l'histoire de l'industrie lyonnaise et de la vogue dont jouissaient, dès lors, les produits de ses plumassiers.

Le principal intérêt de cette courte lettre est toutefois de permettre de contrôler l'affirmation d'un chroniqueur dont l'exactitude est moins sûre qu'il n'est de mode de le dire, et dont le témoignage est souvent infirmé par les dires de témoins plus voisins que lui des événements et plus minutieusement renseignés.

13

Un Avignonais créancier de la Seigneurie de Florence (1)

Cette pièce se trouve à Florence, *Archivio di Stato, Lettere Esterne alla Signoria*, reg. XIII, fol. 281. La suscription manque en partie. Elle est adressée à « ... et très honorés seigneurs... de Florence et gonfelonnier... justice ». Il est très probable, à en juger par la date des lettres conservées dans le même registre et qui entourent celle-ci, qu'elle a été écrite en 1500. Le signataire m'est complètement inconnu.

Mes très honorés Seigneurs,

Je me recommande à vos bonnes grâces, tant humblement que faire puis.

La présente est pour vous advertir comme j'ai envoié jà devers Vos Seigneuries, dès le mois de may dernier passé, ung mien serviteur, nommé Guigo, pour recevoir et prendre ma pension que me devez chascun an au dixième jour de febvrier, dont lui baillastes la scritture et lui promistes que seroit paié la moitié le premier jour de juillet dernier passé, et l'autre moitié le premier jour de novembre lors ensuyvant, aussi passé, ou que la bailleriez à Sandre et François Manelli, mes procureurs. Ce que n'avez pas fait, dont suis bien esbay ; et à ceste cause, j'envoie ce présent porteur devers vos Seigneuries, attendu que ne m'avez voulu paier madite pension, pour protester contre vosdites Seigneuries et communité de Florence. Car vous sçavez que m'estes tenus et obligez que si vous ne me paiez madicte pension, deux mois après faicte ladicte demande et protestacion, que je vous puis demander mon principal avecque tous les despens et intérests ; de quoi me desplaist, mais force m'est de ainsi le faire, car je dois d'argent (*sic*) et on me presse de le paier, et je ne me puis ayder sylnon du myen. Si vous supplie, tant humblement que faire puis, que vueillez despescher les

---

(1) Une déchirure a emporté la première, les deux et les quatre premières lettres des quatre dernières lignes de la suscription qu'il est aisé de reconstituer. Cette lettre est conservée à l'*Archivio di Stato* de Mantoue (*Arch. Gonzaga*), dans la liasse E.-XV-3. Elle est en original et autographe.

pourteurs le plus tost que vous pourrez, car je vous asseure que la despense me couste beaucoup et ne vous est point de proffit. Mes très honorés Seigneurs, plaise vous me mander s'il est chose par deça que faire puisse pour vos dictes Seigneuries, et je l'accompliray de très bon cueur.

Au plaisir de notre Seigneur, qui vous doint l'accomplissement de ce que vos nobles cueurs désirent.

Escript en Avignon le III° jour de décembre.

Le tout votre humble serviteur,

  Jehan Cadard, alias Demorny, seigneur du Thor (1).

De ce seigneur du Thor, créancier de Florence, il faut rapprocher un docteur d'Avignon, J. Panisse, auquel la Seigneurie servait les arrérages d'une rente annuelle. Plus habile, celui-ci se faisait recommander à Florence par le tout-puissant cardinal d'Amboise, dont voici la lettre :

Magnifici domini, commendatione premissa. Notissimum vobis est quemadmodum D. Joannes Panissia, doctor Avinionensis, filius et heres quondam Dominici Panissiae, habiturus est certam peccuniae summam a dominio Florentiae, occasione cuiusdam annuae pentionis per dictum Dominium, quondam patri, nunc sibi debitae : quam quidem pentionem prefatus d. Jo. Panissia asserit per aliquot jam annos, nec quondam patri, nec sibi fuisse persolutam a vobis. Habet propterea hic affines quosdam et amicos apud Majestatem regiam, qui in dies favorem regium instantissime procurant quo per vos dictae pentioni et peccuniae debitae satisfiat. Et quoniam M^{tti} regiae gratissimum esset ut prefato D. Joanni integre peccunia sua per vos debite persolvatur : eam obrem vobit (sic) nunc scribit Majestas sua et pariter ex° D^{mo} vexillifero in favorem dicti dni Jo. Panissiae ut intercessione sua integre quod dicto Panissiae debitum est persolvatis. Ego etiam, qui eundem in equitate et licitis protegere teneor, ex eo quod subditus est S^{mo} D. N. et Avinione oriundus, ubi ego legatus sum vos quanto ardentius possum oro ut dictae regiae intercessioni et mei velitis prefato D^{mo} Jo. Panissiae satisfacere : efficietis enim et eidem regiae Majestati et mihi, ultra equitatis et justitiae debitum, rem ad-

(1) *Revue Historique de Provence* (dir. Du Roure). I. 355.

modum gratissimam, parabitisque deinceps me vobis ad quaecumque vota vostra propicium.

Totus vr (sic) Signum car^{er} Rotho (sic) (1).

14

Accurse Maynier
et une victime de César Borgia (2)

César Borgia, pendant sa campagne des Romagnes de l'hiver 1500-1501, ne se contenta pas d'abuser des droits de la victoire aux dépens de Madonna Catarina Sforza. Il mésusa aussi de ceux de l'alliance aux dépens du capitaine de l'infanterie vénitienne, Zuan Baptista Carazolo, dont il enleva la femme. De savoir si la femme, « honestissima moglie », regretta ou non cette excessive attention dont l'avait honorée Messer Valentino, ce n'est pas ici le lieu. Mais le pauvre mari en fut très désolé, et, les représentations de la Seigneurie à son redoutable allié n'ayant produit aucun résultat, il supplia ses patrons de faire intervenir le roi de France. La Seigneurie adressa ses plaintes et ses réclamations à Francesco Foscari, son ambassadeur en France, pour les transmettre à Louis XII, par une lettre du 17 février 1501. Entre temps, le résident français à Venise, Accurse Maynier, faisait toutes les démarches occurrentes en l'espèce et multipliait les preuves de son zèle et de son dévouement ordinaires. Ni son activité diplomatique, ni les démarches de Foscari, ni les avis de Louis XII n'eurent de succès. César garda la femme quelque temps du moins. Et de toute cette négociation il ne reste que la lettre de la Seigneurie que je copie dans le registre Secreti Senato XXXVIII, fol. 113 v-11.

Francisco Foscari, equiti, oratori nostro in Francia.

Per lo incluso exemplo de lettere che scrivemo al orator nostro in corte, intenderete el molestissimo et dis-

---

(1) La signature seule est autographe. La lettre est adressée à Mag^{ci}^s D^{nis} vexillifero primatibusque dominio et communitati Florentiae amicis charissimis. Elle est conservée à Florence Archivio di Stato. Lettere esterne, reg. 27, fol. 19.

(2) Correspondance historique et archéologique, VI, 229-230.

plicentissimo caso occorso del rapto fato per el duca Valentino de la honestissima moglie del m^o D. Zuanbaptista Caraçolo, capetanio nostro de le fantarie, a nuy tanto charo e grato per la fede e benemeriti soi che più esser non potria ; el qual caso occorso, cum quella efficacia qual rechiede la importantia soa comunicherete cum la Christianissima Maestà et R^mo Rhoano, cum subiungerli chel m^o D^n Accursio, cum el qual al continuo communicamotutte le occurrentie, immediate havuta tal notitia, cognoscendo quanto da nuy e da tutto el stato nostro è meritamente existimato questo caso, se offerse personalmente conferirse al duca Valentino, per la liberation de dicta dona, et cusi se ne è andato. Per il qual cusi amorevol e benivolentissimo offitio volemo che in nome nostro ne rendiate immortal gratie a la Chr^ma M^ta certificandola chel dicto mag. D. Accursio è per ritornar prestissimo. Ne avanti ditto suo ritorno siamo per alcun modo per expedire li oratori nostri destinati al S^mo Re de Romani.

Datum die 17 februarii 1500 (*st. vénitien*).

15
DÉFENSE D'ISCHIA PAR L'ARMÉE ET LA FLOTTE FRANÇAISES

Sur ce brillant épisode de la guerre franco-espagnole dans le royaume de Naples, la collection Dupuy, de la Bibliothèque Nationale (Paris), contient deux intéressantes lettres, écrites à peu de jours d'intervalle qui donnent des renseignements précis sur les détails du siège. La première, du 18 juin, est adressée par le marquis François de Saluces à Louis XII. La seconde, du 21 juin, par le capitaine Prégent de Bidoulx au cardinal d'Amboise. L'une et l'autre sont au tome 261 du fonds Dupuy, la première au fol. 119, la seconde au fol. 13.

Sire, le XVIIe jour de juing, me suis party d'Iscle avec voz gallères pour aller porter de l'artillerie et autres menucions à vostre chasteau de l'euf à Napples (1) et ay trouvé le cappitayne bien délibéré de bien garder ladicte place (2).

(1) Dans la lettre suivante, Prégent dit en effet que Yscle est dégarnie, que « la bonne artillerie qui y était, M. le marquis l'apporta à Naples ».
(2) Raymonnet Pons, dont on opposa la belle défense à la lâcheté de Guérin de Tallerant, seigneur de Sallèles-près-Narbonne, qui rendit Castello Nuovo.

Sire, en faisant ledict voyage, vis certes voylles et leurs donnay la chasse ; tellement que je les prins et trouvé que c'estoyent les Espaignolz, qui amenoyent des gens de Mons' d'Aubigny (1) en nombre de 150 ; dont il y a 25 hommes d'armes, lesquelz ay amené avec moy à Iscle, mais ilz s'en veullent aller à Gayete (2).

Sire, vostre bon plaisir a esté moy rescripre que je me misse bien en ordre pour faire à vous quelque bon service, qui est le plus grant service que j'aye en ce monde.

Sire, Comflans (3) m'a dict que Pretehan (4) apportoyt de l'argent et des victuailles pour moy payer et fournir, mais de tout n'ay riens eu ; et avec se ne suis p[ay]é (5) de Messieurs de voz finances, jusques ad ce que le mo[y]s est escheu, et encores me payent la plus grant part en victouailles à grant cherté, qui m'est ung grand interrestz ; car ilz me vendent le quintal de byssecuit 30 carlins, et je le trouve pour 20 carlins partout là où je veulx.

Sire, vous savez que les gaiges que me donnés sont bien petitz pour entretenir la charge que j'ay. Vostre bon plaisir sera y avoir regard et de mander à mesditz seigneurs de voz finances qu'ils m'avancent deux ou troys moys avant la main, affin que je puisse fournir et advictouailler vos gallères, et de me mectre en estat que vous puisse faire quelque bon service ; et, sans ce, n'y puis plus fornir.

Sire, y vous plaira me mander et commander voz bons plaisirs pour iceulx acomplir à l'aide de N. S., auquel je prie par sa sainte grâce, qui vous doint très-bonne vie et longue.

Escript devant Yscle, ce 18e jour de juing.

Votre très humble et très obéissant subject et serviteur.

Françoys de Saluces (6).

(1) Béraut Stuart d'Aubigny, fait prisonnier à la Rocca d'Angitolo en Calabre, et détenu au Castello Nuovo.

(2) C'est aussi à Gaëta que se retirèrent les Français qui, obligés d'évacuer Vallefreda, puis d'abandonner le Garigliano, purent échapper aux Espagnols.

(3) Antoine de Conflans, capitaine de mer. Cette lettre rectifie l'assertion de Jean d'Auton, III, 195 (éd. de Maulde).

(4) Sic. pour Prégent, ou, selon son orthographe personnelle, Préjan. Il s'agit de Prégent de Bidoux. Cf. sur lui B. de la Roncière, *Histoire de la marine française.*

(5) Il y a ici un trou qui ne laisse que deux lettres visibles p et é. On peut suppléer p[ay]é.

(6) « Le marquis François de Salluces, lequel estoit tr-s bon françoys, loyal serviteur et bon amy du Roy » (J. d'Auton, II, 243). « Que le roy avait envoyé là par mer » (*ibid.*, III, 193).

Monseigneur, depuis que suis arrivé par deçà, j'ay envoyé le secours deux foiz au cappitaine du chasteau de l'Oeuf. Dimenche au soir, Mgr le visroy me manda que le cappitaine dudit chasteau avoit eu parlement avec les ennemys du Roy. Je montay incontinant sur un brigantin et prins trois gallères, qui m'acompaignèrent jusques au près dudit chasteau, et entray dedans environ mydi, et monstray les lettres au cappitaine dudit chasteau que Mgr le visroy m'avoit escriptes. Ledit cappitaine en fut mout esbay et dolent, et me dist que telle chose jamais n'avoit esté, et que Dieu ne le laissa jamais tant vivre que d'avoir parlamenté avec les ennemys dudit Seigneur, et qu'il avoit deffendu que homme des siens ne fust si hardy de parler ausditz ennemys sur peine d'estre pendu, et que qui entroit dedans ledit chasteau, il y entroit pardessus son ventre et luy coustroit la vie, et que plus tost vouldroit mourir.

Monseigneur, lesdits ennemys du Roy battent bien ledit chasteau de l'Oeuf. Touteffoiz pour ce qui y est n'y a point de danger, mais ledit cappitaine m'a dist que lesditz ennemys serchent de luy mettre en une petite pointe, qui est près de la chaussée d'icelluy chasteau, l'artillerie, de là où lesdits ennemys du Roy luy pourroient faire beaucoup de dommaige, plus qu'ilz n'ont fait auparavant. Touteffoiz il se mettera en peine de résister en façon qu'ilz ne luy pourront nuyre ne préjudicier selon son advis.

Mgr, je vous escrivy l'autre jour commant nous tenons l'armée de mer, ass[avoir] des ennemys du Roy, assiégée à Iscle. Nous y sommes encore et l'avons restrainte en manière qu'il ne sorte barque, brigantin ne esquif, et ont fait lesditz ennemys deux chesnes en mer devant leurdite armée, l'une de gumenas, bois et chesnes de fer, et ont mis en travers quatre naulx pour remparer et résister contre nous. Monseigneur de Lalonde et moy avons fait préparer trois navires pour les brûler dedans le port, et le premier bon temps que nous aurons, ferons nostre effort de les bruller.

Monseigneur, dedans la ville d'Iscle, n'y a point d'eau ne de victuailles, et la bonne artillerie qui y estoit, le marquis l'apporta à Naples, incontinant que Gonssalle Ferrande y fut arrivé, et pour ce, si nous povons, brullerons ladite armée de mer. Ladite ville d'Iscle ou partie d'icelle est en danger d'être brullée et perdue, et ne fust que pour ce qu'ilz n'ont point d'eau et aussi pour ce que nous ne povons bruller icelle armée que ladite ville ne s'en sente ; car ladite armée est joignant la muraille d'icelle ville, et pour ce nous ferons ce que nous pourrons par deçà.

Néantmoins, affin que nostre intention peult sortir son effect, vous plaise, Mgr, faire ordonner de haster les quatre mille Gascons qui s'embarquent à Languedoc, et les mander venir descendre icy et, avec l'ayde de N. S., je croy, sans nulle doubte, que dedans six jours après qu'ilz seront arrivés avec nous, l'armée desditz ennemys du Roy sera prinse ou bruslée. Pour ce Mgr, j'en escrips au Roy et à vostre Seigneurie vous plaise nous en mander vostre bon plaisir. Mons. de La Londe et moi, sommes délibérez de ne partir d'icy que nous n'ayons responce dudit Seigneur ou de vous. Au regard dudit chasteau de l'OEuf, nous y envoyerons si souvent qu'il luy souffira.

Mgr, je prie le benoist de (sic) Dieu que, par sa saincte grâce, vous doint très-bonne vie et longue, vous suppliant très humblement qu'il vous plaise tousjours me commander voz bons plaisirs.

Escript en *Lomeline* devant Iscle le XXI° jour de juing.
Vostre très humble et très obéissant serviteur.
Suscription : Monseigneur, Monseigneur le Légat.

PRÉJAN.

16

Claire de Gonzague et la fortune des Montpensier (1)

La mort de Gilbert de Montpensier au siège de Naples, le 5 octobre 1496, fut suivie de grands désordres financiers dans sa maison, dus soit aux prodigalités de sa veuve, la brillante et légère Claire de Gonzague, que M. de Maulde ne craint pas d'appeler « une folle dépensière, désespoir de la famille de Bourbon », soit aux dépenses excessives de son fils Louis, devenu Louis II, comte de Montpensier, et à ses brouilleries avec elle, soit aux obligations antérieurement contractées et qui pesaient lourdement sur cette famille nombreuse et divisée. Les charges en vinrent au point qu'il fallut, en avril 1501, procéder à un partage des biens de la famille de Montpensier et prendre des arrangements sévères pour en régler la gestion et prévenir sa ruine totale. Le duc et la duchesse de Bourbon, pris pour arbitres de cette question de famille, décidèrent que la fortune patrimoniale serait divisée en trois parts: la première, abandonnée en pleine propriété, libre de toutes charges,

(1) *Correspondance historique et archéologique*, VI, 138.

à Claire de Gonzague elle-même ; la seconde, laissée indivise entre les enfants de la comtesse ; la troisième, mise en régie entre les mains d'un tiers, *terzo incommodo* s'il en fut jamais, pour servir à l'amortissement des dettes de la maison, dettes contractées par les derniers comtes, par Gilbert pour « l'entreprise de Naples », pour la constitution des dots d'un grand nombre de filles issues de la maison de Montpensier. Cet arrangement satisfit pleinement la comtesse Claire, qui y vit une preuve de la bienveillance toute particulière que le Roi avait pour elle. De l'arrangement lui-même et de ses conditions, et des impressions de Claire de Gonzague à son sujet, il existe un tableau fort intéressant et vraisemblablement exact dans une longue lettre qu'elle écrivit, peu de temps après la conclusion de l'affaire, à un mantouan de ses amis, Girisano Girizani, jadis ambassadeur de son frère Francesco Maria à la cour de France, et auquel elle avait rendu divers services. Cette lettre n'était d'ailleurs pas absolument désintéressée : elle voulait obtenir par Girisani, de ses frères, le marquis de Mantoue et le protonotaire de Gonzague, qu'on montrât à son fils aîné Louis, qui devait bientôt, croyait-elle, passer à Mantoue, les preuves que sa dot lui avait été complètement versée : preuves qui devaient ensuite lui donner la pleine et entière disposition de ses biens de France et même le droit de déshériter ses fils, « s'ils n'étaient pas avec elle ce qu'ils devraient être ». Cette lettre montre, sous l'apparente légèreté de Claire, une très réelle entente de ses intérêts. Elle a son importance pour l'histoire de la famille de Montpensier, à laquelle le second fils de Claire, le connétable de Bourbon, allait donner une si mélancolique renommée.

Quoique non datée, la lettre de Claire est de l'année 1501 : son fils aîné était le seul en âge d'avoir des discussions d'intérêt avec elle, et il mourut le 14 août 1501, à Naples comme son père. L'allusion à son passage à Mantoue, en allant rejoindre l'expédition de Naples, est une preuve de plus de la certitude de cette date.

L'original de cette pièce est à Mantoue, à l'Archivio Gonsaga :

Suscription : Nobili amico charissimo Girizano de Girizani.

Nobilis amice charissime,
Mandando il presente latore dal signor marchese per notificargli il successo del differente che era originato

tra mio filiolo e mi, come sapete, e come tutto il mondo sa, per diabolico consilio et a persuasione de soi non servitori, ma malignissimi sateliti, quali non havendo riguardo ne a suo proficuo ne honore, ne havendo conscientia alchuna, non si vergognavano cum enormissime bugie e infernal inventione, come ogni vulpinoso e versuto inzegno et arte, de cerchar de impoverirme per far che più restasse al mio fiolo, non per bene suo, ma per posserlo come zovene che non intende troppo bene il fatto suo, più ingordamente e grossamente robare, mè parso, come a un mio grande amico che vi tengo, de notificarvi anchora a voi il tutto, perche son certa che per la bona servitù et affectione che me portati, che de ogni mio bene ne haveti gaudio e consolatione e de ogni mio male ne haveresti dispiacere e tristeza. Sapiati adonche come doppo la partita vostra, instando mi gaiardamente per vigore e possanza del mandamento obtenuto del Re sopra la reintegratione, finalmente ditto mio filiolo e tutti soi sateliti, come la bissa a lo incanto, se submiseno al juditio de Mons' lo ducha e duchessa di Burbone, insieme come tutti li altri amici e parenti de la casa ; e nel mese de aprile, essendo adunati insieme, vedendo le gran resone e gran dritti che havea, e non aparendoge pur che in tutto dovesse destruere miei figlioli, volseno che me contentasse de questa conclusione che piliorono : cioè che fenno de tutti li beni e signorie de la casa de Mompensero tre parte eguale, e una me ne detteno a mi immune da ogni charga (sic) e libera et asenta da ogni impazamento e debiti ; l'altra detteno a tutti miei filioli ; l'altra poseno in mano terza per satisfare a li gran debiti de la casa, fatti non solo per mio avo e per la bona memoria de lo ill^{mo} mio marito per la impresa de Napoli, ma etiam fatti per maritare molte femine, che a lo antiquo sonno ensute de la casa de Mompensero fin a l'hora presente, li dotti de lequale fino a quest'hora non sono anchora pagati ; et azoche et honorevolmente e condecemente se marita mee filiole che gia sono da maritare. Oltra de questo me hanno dato de le tapezarie, vaselli d'argento e arzentaria et altri mobili asai condecentemente ; per il che me ritrovo star molto melio che di prima, et in magior tranquilita e quiete, et in termine de posser acumular più denari che non haveria fatto, perche per il grande amore portava a mei filioli, stando insieme tanto bono, era che meteva il mio a proficuo loro, e spero a laude di Dio che dinzorno in zorno, a dispetto de miei inimici, me ne reitrovaro meglio ; se non fusse mai per altro, se non perche ho compreso che lo signor Re a dispetto loro me ha in protectione et consimilmente il ducha e duchessa di Burbone, quali ne le mie tribulatione et adversità me hanno receputo come sapete ne la masone et appresso di se, tractandome come se gie fusse propria fiola ; e spero che li vulpinosi inzegni et maligne versutie di deti miei inimici, che sono come sapete piú che persone malignissime, cum loro grande confusione radicalmente andaranno per terra, como za Rigalt ha e suo nepote et alchuni altri hanno comenzato a fare, secondo che piú a pieno dal presente latore, se vorete, porete intendere. Uno solo dispiacere ben grande ho in questo mondo, che se mio fiolo se havesse voluto regolare per consilio di quelloro che lama indubiamente, per el giudicio de ognuno che ha cervello, seria stato de li primi homeni di Franza et haveria possuto non solo far bene e proficuo a se medesimo et a mi et a soi fratelli e sorelle, ma etiam al signor marchese et a tutti li altri amici e parenti italiani, non solo in cose mediocre, ma ben grande e di bon peso. Vi prego vogliate cerchar per ogni modo mandarmi li instrumenti de le solution: e pagamenti del dote mio, quali a mio juditio sonno apresso de Cristoforo de Goris, che sta su la fera, e de soi heredi, secondo ne fece dare per memoria nel vostro partimento, et vi prego che li cerchati o faciati cerchare per queloro che a voi pare che debiano sapere ed intendere tal cosa ; facendo etiam cerchare uno instrumento portato de Franza a la bona memoria de ill.mo signor mio patre per messer Beltramino Cusatro o per messer Bartholomio, nostro medico, nel quale se parlava de la retificazione de tutto quello era stato fatto in Italia cercha lo mio maritaggio, e come dopo che fu in Franza ditto maritagio me fu assignato sul contato de Mompensiero, parlando in che modo e manera fusse fatta tale assignatione, parlando etiam come fu fatto zurare ne le mie mani fidelta a li officiali et a li nobeli et subjecti de ditto contato, perche tali instrumenti, per quello che me dise li miei consiglieri, oltra lo apontamento fatto a tempo e loco, me potrebbono grandemente zovare ; e pero se voi pensasti mai farme chosa sopramodo grata e proficua, vi prego che, la rigesta per me fatta per ogni modo la mandate a exequtione, per che cosa più gratissima e presente non me poreste fare ; imperoche son consiliata che de le signorie che me sonno sta datte, non dico per la contradotte ne per la donatione, ma per lo proprio dotte benchè lo habia a usufructuare per tutto il tempo de la mia vita, nientedimeno pare che non possa vendere la proprietà ni contracambiare ne alienare, se non provo la solutione e pagamento de esso dotte: benche senza havere provato la solutione de esso, li arbitri hanno voluto nel dicto aponctamento che ne possa disponere del quarto ; il che quando havesse provato del tutto, secondo la costuma d'Alvergna, ne porra disponere alto a basso, e in venzeda e in contracambio e secondo il mio parere ; talmente che non solo in vita, ma etiam in morte, haveria possuto privare li propri fioli, quando non me volesseno esser quelli deveriano esser verso di me. E pero vi prego, quanto so e posso, che la rigiesta mia non ve la vogliati dimenticare ; e quando mio filiolo venesse a Mantoa, come alchuni dice chel ge vene, benchè nol credo, vi prego dil melior core che posso, che cum ogni diligentia e fervore vogliati far tanto cum il sʳ marchese et cum monsʳ protonotario e cum li altri amici e parenti, che gie siano mostrati li detti pagamenti del dotte ; facendo tanto cum li signori mei fratelli e cum ditto mio filio che lui condescenda che possa contracambiare in tanti territorii e signorie in Italia quanto ha per il ditto dotte, cum Monsʳ lo cardinal de Ambasia o altri, perche tutto il mio desiderio seria di venire a star apresso del signor marchese e li altri mei fratelli, e son certo che se voi in questa cosa chaldamente et efficaciamente me volete servire, instando cum ogni inzegno e diligentia, senza un dubio al mondo, che farete che lo obtegnaro venendo ditto mio fiolo a Mantova ; et obtenendolo vi prometto, in fede de principessa, che non haveresti poco da me, e me ne tegnaria tanto obligata che non è cosa al mondo che per voi non fesse. Si che li venendo ditto mio fiolo, vogliatenelo ferventemente aricordare, ma, o venendo o non, fate per ogni modo che habia ditti instrumenti per le cause de sopra alegate. Desidero de intendere il ben stare vostro, il ben stare e bone novelle del signor marchese, de madona marchesana, del suo dolce fiolino e de Monsʳ prothonotaro e de tutti li altri, e a tutti insieme vi prego me recomandati.

Ex castro nostre Usel 29 junii.

Clara de Gonzaga de Burbonio, arciducissa Suesse, Monpenseriique comitissa.

Ghirizano mio caro, pregove voiate consiliare el signor marchese, perche il tempo ne, e sil ne se governa bene, me dubito che lui con tuta la casa pianzerano sempre e non ne dubito, ma ne son zerta ; pregove ascoltate il presente portatore di quelo ve dirà et metilo in esecutione et a la mia et vostra cara Zovana me aricomando.

La vostra patrona che desidera il vostro bene.

Clara de Gonzaga (1).

(1) Je dois copie et collation de cette lettre à l'amitié de M. Davari, archiviste de l'*Archivio Gonzaga*, de Mantoue.

17

Accord entre la Seigneurie de Venise et la communauté des marchands de Milan

Après la conquête de la Lombardie par Louis XII, le changement du régime des douanes sur la frontière vénitienne troubla et inquiéta profondément le commerce milanais. En mai 1503, le consul de la communauté des marchands milanais, de concert avec l'ambassadeur de France, Accurse Maynier, et sous sa protection, alla présenter ses réclamations à la Seigneurie de Venise. La Seigneurie les discuta avec bienveillance et donna satisfaction aux griefs les plus criants des Milanais, tout en maintenant les innovations les plus lucratives pour elle-même. Les *Capitula mercatorum mediolanensium*, votés le 22 mai à une énorme majorité, donnèrent la réponse de l'opinion vénitienne aux plaintes de Milan. Cet important document est inséré dans le registre *Senato Terra* XIII, fol. 154 v. (Venise, Arch. di Stato.)

Capitula mercatorum Mediolanensium. Die XXII maii.
Sapientes Consilii.
Sapientes terre firme.

Le comparso gia molti mexi al conspecto de la Signoria nostra, per nome de la Università di mercadanti Mediolanensi, el consulo suo qui agente, et presente el mr° D. Accursio, orator de la Christianissima Maestà, se ha gravemente condoluto che, contra le bone consuetudine, sopra el dominio nostro vien da loro scossi novi et indebiti datii et messe insolite graveze, come per li capituli inferius descripti appare ; suplicando che, si in satisfacion de la giustitia come per observantia de la consuetudine, proveder se dignamo. E perche, ben considerati li dicti capituli, è conveniente per evitar ogni scandolo, et obviar a qualunque innnovatione facta contra la consuetudine, demum per el pacifico viver et commodità de li dicti mercadanti, proveder et risponder a cadauno de dicti capituli ; landera parte che la risposta sia in questa forma :

Primo. Secundo la forma de essi pacti et conventione, se soleva pagar per Millanexi, per merce et mercadantie sue al intrar de Venetia, a conto de tre e meço per cadauno centenaro del valor di quelle ; al insida a conto de do per cadauno centenaro del dicto pretio ; et soto nome de massetaria a conto de grossi cinque per ciascun cento ducati del valor de quelle cose che sono sottoposte a la messetaria in Venetia, et a li dicti tre capituli de lintrada, insida et messetaria, esta superaconto el terço de più che non se doveria far contra Millanexi, cussi disponendo expressamente li conventioni e pacti, et etiam perche nel ducal dominio de Millan per li tempi passati siano sta facte addition a li datii publici, come è inquintamenti over altro contra Millanexi et altri, tamen contra Venetiani dicte additione mai sono sta scosse nel ducal dominio millanexe, ma essi venetiani sono stra tractati e se tractano in quel ducal dominio secondo le leçe e tenor de li pacti et conventione predicte et cussi non se ferisse par a par che è alieno da ogni equita, vero è che per rispecto de la messetaria, per publico decreto de Venetiani, Millanexi possono retenir tanto del pretio convenuto de le mercantie e cosse che comprano a Venetia quanto e quel tertio de più che esta zonto per rispecto de la messetaria *ut supra*, ma questo non basta per che in effecto quel terço de più redunda in damno de Millanexi ; perche chi vole vender a Millanexi se guardano, acresando el pretio de le cosse se ha a vender a Millanexi, et cusi per indirecto tal graveça de messettaria adjuncto grava et preme le sole nostre spalle.

Ad primum, respondeatur che dicto terço è sta posto e scosso debita — et legitimamente, quale liniendo questo zugno proximo, non accade dir altro circa cio.

Secundo. Quando Millanexi cavano da Venetia mercantie et sue cosse per condurle a le fiere, pagavano solamente do per cento del valor de esse merce, cavandole fora et conducendole ut supra. Et adesso secondo la diversita de le flere sono constrecti dicti Millanexi a pagar quello che pagano i suo (sic) subdicti, che è indebito et contra la bona consuetudine. Et a questo modo dove Millanexi erano soliti de pagar *do*, sono constructi qualche volta *diece*, qualche volta *undeci*, e questa novità è sta introducta da anni quatro proxime passiti vel circa in qua.

Respondeatur che tuti quelli meterano merçe da Millano in questa cità et trarano de questa cità per Millano, debino pagar secondo la consuetudine *videlicet*, et andando a le flere, siano astricti a pagar li datii, come tuti li altri per non esser absoluti da datio de le bollete, siano de le mercadantie, per traçer de Venetia per qualunque loco, salvo tragendole per Millano. Dechiarando che li citadini siano tractati da citadini, si nel intrar come nel ussir ; se veramente non serano cittadini, siano tractati da forestieri.

Terço. Solevano i corrieri di mercadanti Millanexi cum le sue tasche et sacheti liberamente passar da ogni parte del dominio de Venetiani, sença che li fusse aperto la sue tasche et bolçe, ne lequal qualche volte se asconde lettere et danari de mercadanti, e da certo tempo in qua se li apreno etiam ne li boschi et loci deserti, e pero sono impaçadi et retardati essi corrieri, che è molto desonesto e pericoloso, e se doveria proveder che niuno ardisca aprir essi sacheti et bolçe, acio che forsi per questo non siano insidiadi essi corrieri, quando portano danari de qua et la, per el veder in dicte bolçe, come occorse ne li passati zorni, quando quel corrier de mercadanti millanexi cum certi miara ducati io spoliato nel dominio de Venetiani.

Respondeatur che li corrieri vadino a li proveditori del comun, e siano bollati li suoi sacheti, et quelli sarano cum el sigillo de San Marco non possino esser cerchati ; et questo se habi a servar per quanto specta de qui a Millan ; et quanto specta de la in qua, siano obbligati bollar li suoi sacheti over bolçe al primo rector nostro che introverano ; dechiarando che quelli se bollerano in questa terra sian bollati secretamente fra el cassier et scrivan, dove se façi uno inventario, e quello sia mandato sotto bolla del offitio nostro predicto al ultimo nostro rector dove hara a capitar el coriero, acio che aperto el sachetо sive bolça el se scontri cum l'inventario ; el medesimo se habi a servar per el primo rector nostro, dove nel vegnir in qua capiterano dicti corrieri et ita se intendino circha cio insieme i dicti rectori et offitio di proveditori de comun.

Quarto. Dove a Verona non se die pagar se non octo marcheto per cadauna conducta de quante balle o some se sia, de diverse persone et bollete, nientedemancho i daciari de li constrenceno a pagar soldi sei da Millan per cadauna bolleta, indebitamente ; distribuendo sopra el numero de le bollete quello che solamente se de distribuir sopra el numero de le conducte, perche in una conducta spesse volte accade esser molte bollete.

Respondeatur : quod nostra intentio est che niuna cossa sia innovata, ma servata la antiqua consuetudine, et in questa sententia sia scripto a li rectori nostri de Verona.

Quinto se soleva far lettere per lo ill.mo duce de Venetia a li conductori de le merce et cosse de mercadanti millanexi, patente et dreçate a tutti offitiali et datiari venetiani, acio essi conductori, pagando per cadauna conducta, per honorantia del datio et bolleta soldi octo venetiani in cadauna cita del suo dominio, per condurle de qua da Adda, quelli liberamente lassasseno passar. Hora è sta introducta certa coruptella che a Venetia hanno principiato a pichar bollete a le balle de le merçe e cosse de Millanesi, lequal bollete in viaço molte volte se rompeno et cadeno o se imbratano ; laqual cossa accadendo tunc li datiarii di Bressa et di Bergamo pretendeno esse merce esser incorse in contrabandõ, che è pessima cavillatione, e per questo millanesi sono molestadi et pastiscono gravo damno.

Respondeatur che in loco de le bollete se habino a metter bolle de piombo, per lequal non debino pagar alcuna cossa più de quello pagavano inanti, et siano poste esse bolle ne la canevaça ; si che non possi seguir alcuno inconveniente per el chaçer de quelle.

Sexto. A Cremona, dove per transito del Po cadauna soma de drapi todeschi solamente era obligata a soldi quindexe, soto nome de indebito et dishonesto intertiamento, et ingiustamento è sta accresuta a soldi vintiocto et soldi quaranta.

Respondeatur che cum sit che tal acrescimento sia sta facto per el signor Lodovico, qual era sta deputato per satisfactione de quelli che li haveano impresta danari, che servar se debi quello che se servava al tempo del dicto signor Lodovico.

Septimo. In dicto loco cadauna soma de libri stampati soleva pagar solamente soldi quaranta, benche libri stampati non havesseno alcuna taxation per el dado del datio, e dapoi li soldi XLta sone sta acresiuti a soldi 60, da poi a 120, etiam computate le fasce et lignami over casse in some ne lequal se include essi libri.

Respondeatur che attento che sopradicto datio se scodeva etiam al tempo del signor Lodovico ; quod nihil innovetur.

Octavo. In dicto loco se scuode lo interciamento et inquintamento per Cremonesi contra Millanexi e franchi, sotto color de satisfar a'Cremonesi creditori del signor Lodovico Maria Sforza.

Respondeatur chel non se habi ad innovar cossa alcuna, attento che questa imposition fusse messa per el signor Ludovico.

Nono. Nel loco de Caravazo, overo in Giara de Adda indebitamente se scuode sotto nome de datio millanexe over de Caravazo, indebito et inusitato datio contra Millanexi sopra li suoi beni che passano di la.

Respondeatur che scriveremo al podesta nostro de Caravaço che circa questo datio non lassi far alcuna innovation, oltra quello che se observava al tempo del signor Lodovico.

Decimo. Indebitamente e contra el solito se scuodeno varie et indebite graveze nei luoghi de Palaçuol et Pontoio over in Giara de Adda, soto nome de datio cremonexe, over de l'aqua de Po, sopra le merçe et cosse che non fanno transito per el territorio ne per districto cremonexe, benche per el districto cremonexe non si conducano ne tochino quello, et in ogni caso de raxon non doveriano pagar cossa alcuna sopra tal merçe et cosse soto nome de datio cremonexe ne de aqua de Po.

Respondeatur che non se innova cossa alcuna, perche quel datio se scuode a Palaçuol et Pontoio, se scuodeva a Cassan et a Trevi.

XI et ultimo chel sia levato el cotimo da damasco novamente messo.

Respondeatur che per satisfar a la petition loro, siamo contenti liberarli dal cotimo de damasco, videlicet de luno per cento, andando le mercantie a Millano over altro loco ; salvo andando da mar in colpho, pagar dicto cotimo siano obligati.

De parte 116. De non 17. Non syncere 1.

18

Proclamation dans le duché de Milan de la paix conclue en 1505 entre Louis XII et Maximilien Ier.

La paix conclue à Haguenau, le 4 avril 1505, entre le roi de France, le roi des Romains et son fils le roi de Castille, fut publiée dans les diverses villes de Lombardie onse jours après seulement, le 15 avril, par ordre du lieutenant général Charles d'Amboise, qui la fit *crier* solennellement. Le Sénat de Milan communiqua le même jour cette proclamation au Vicaire de Provision de Milan et aux gouverneurs des places importantes du Milanais et ordonna des réjouissances publiques.

Une copie de la lettre du Sénat, écrite au nom de Louis XII, au Vicaire de Provision, se trouve à Milan, Archivio di Stato, regist. Panigarola, N, fol. 28. Une copie de la lettre du Sénat au gouverneur de Parme est conservée à Mantoue, Archivio Gonsaga, Esterni XLIX, 2 (1500-1620), n° 1616. Le texte de l'arrêté du lieutenant général est joint à chacune de ces lettres.

Les mêmes cérémonies accompagnèrent, quelques mois plus

tard, la conclusion de la paix intervenue entre Louis XII et le roi d'Espagne. L'Archivio Gonzaga a conservé (*ibid*, même cote) une lettre du Sénat de Milan au Vicaire de Provision de Milan, du 5 novembre 1505, ordonnant la même proclamation.

Proclamation du lieutenant général

A nome e laude del omnipotente Dio.

Per parte del illustrissimo monsignore gran maestro e marescallo de Franza, locumtenente generale del christianissimo Re di Franza, duca e signor nostro de Milano di qua li monti.

Si fa publica crida e noticia como al quarto giorno del presente mese, nel loco de Agueno, el serenissimo Re de Romani e lo invictissimo Re de Castilia, figliolo de sua Cesarea Maesta, hanno ratificato e approvato e di novo stabilita la pace e concordia perpetua quale li giorni passati fu facta per ambassatori di S. M. col predicto christianissimo Re di Franza *etiam cum juramento* ; dopoy al sexto giorno del [dicto] presente mese, nel medemo loco, predicto ser^{mo} Re de Romani ha investito del stato e dominio de Milano el reverendissimo et illustrissimo Mgr cardinale de Amboyse, legato in Franza, e da sua reverendissima signoria, a nome del predicto christianissimo Re di Franza, per se e soi successori, ha receputo lo homagio e juramento de fidelita con li instrumenti e tute le solemnitate requisite. *Julius.*

1505, die martis XV mensis aprilis, hora inter XXI^{ma} (*sic*) et secundam horam.

Cridata fuit suprascripta crida per Andream Pisonum. regalem tubicenem, super platea arenghi et in Brolletto novo, in magna congregatione personarum, sono tubarum premisso.

Lettre du Sénat de Milan

Ludovicus, Dei gratia Francorum, Neapolis et Hierusalem rex ac Mediolani dux, vicario provixionis Mediolani seu ejus locumtenenti salutem.

Ut omnibus innotescat ratificatio pacis quam serenissimus Rex Romanorum et invictissimus Rex Castilie ejus filius nobiscum fecerunt, vobis mandamus ut proclamationes quas carissimus consanguineus noster Carolus de Ambasia, magnus magister et mareschallus Francie, locumtenens noster generalis citra montes, ordinari fecit, publice proclamare in locis consuetis et registrari faciatis, et per accensas faces et campanarum sonitus letitiam indicari, ac publicas supplicationes per triduum fieri.

Datum Mediolani die XV aprilis 1505 et regni nostri octavo. Per regem ducem Mediolani ad rellationem senatus. *Julius.*

A tergo : Jo. Stephanus, H. Moronus advocatus sic petit. Et sigillata sigillo rubeo in cera rubea, ut moris est (1).

19

BULLE D'ALEXANDRE VI SUR L'ADMINISTRATION ECCLÉSIASTIQUE DU DUCHÉ DE MILAN (2)

Alexander, episcopus, servus servorum Dei. Dilecto filio Georgio, tituli Sancti Sixti presbitero Cardinali, salutem et apostolicam benedictionem. Exigit officii nostri debitum ut ad ea libenter intendamus per quae commissiones per vos pro tempore factae debitum consequantur effectum. Nuper tibi contra prelatos et alias ecclesiasticas personas seculares et diversorum ordinum regulares, etiam in dignitatibus constitutas, quae carissimo in Christo filio nostro Ludovico Francorum regi Christianissimo in ducatu Mediolanensi rebelles fuerant, contra proprium juramentum sibi prestitum, venientes ad privationem procedendi debitosque processus formandi et nonnulla tunc expressa gerendi, faciendi et exequendi plenam et liberam concessimus facultatem, prout in aliis nostris desuper confectis litteris ; quarum tenores ac si de verbo ad verbum presentibus insererentur haberi volumus pro sufficienter expressis plenius continetur. Cum autem sicut accepimus, pro eo quod facultas predicta tibi soli data fuit, non possit illa debite executioni demandari, cum non possis per te ipsum in premissis omnibus procedere, nos volentes desuper debite providere, tibi etiam alios in dignitate ecclesiastica constitutos viros quidem probos et circumspectos ac bone et timorate conscientie loco tui deputandi et subdelegandi qui in premissis et circa ea alias in omnibus et per omnia juxta litterarum predictarum continentiam et tenorem procedere possint et debeant plenam et liberam auctoritate apostolica tenore presentium concedimus potestatem,

(1) *Archives historiques, littéraires et artistiques*, II, pp. 363-5.
(2) Paris, *Archives nationales*, J. 506, n° 11. La pièce porte une bulle de plomb avec au droit Alex|xander | Papa VI ; au revers, les têtes des apôtres SS. Pierre et Paul.

non obstantibus constitutionibus et ordinationibus apostolicis nec non omnibus illis que in litteris predictis volumus non obstare ceterisque contrariis quibuscumque.

Datum Rome apud Sanctum Petrum anno Inc. Dom. 1506 K[alendas] Octobr[is], Pontificatus nostri anno nono. *Et plus bas* Jo. Mutinen[sis]. *Sur le repli* A. Draco.

20

Engagements pris par de grands officiers envers Louis XII (1506 et 1512)

Les deux engagements ci-dessous sont signés, l'un par Galéas de Saint-Séverin, ex-gendre de Ludovic Sforza, devenu grand écuyer de France, l'autre par le célèbre La Palisse. Ils montrent quelles mesures de restriction et de précaution prenait Louis XII à l'égard de ses donataires et fonctionnaires dans le duché.

Lettres du grand Escuier touchant Cusague (1)

Nous Galéas de Sainct Sevrin, chevalier de l'ordre, chambellan du Roy et grant escuyer de France, confessons que, combien qu'il ayt pleu audit Seigneur nous donner la terre et Seigneurie de Cusague en son duché de Millan, pour en joyr pour nous, noz hoirs, successeurs et ayans cause perpétuellement ; que ce néantmoins icelluy seigneur n'a jamaiz entendu ne entend nous faire don de la dite terre que pour nous seullement ; parquoy ne povons ne pourrons cy après vendre, transporter, eschanger ne aliéner ne aussi délaisser à noz héritiers en aucune manière, icelle terre et seigneurie de Cusague, maiz et consentons que, après nostre trespas, elle soit remise, réduicte et incorporée au dommaine et chambre ducale dudit Millan, ainsi qu'elle estoit auparavant ledit don à nous fait par ledit seigneur, comme dit est, qui n'a esté que pour la conservacion de notre honneur et réputacion. En tesmoing de ce, nous avons signé ces présentes de nostre main et fait sceller du scel de noz armes. A Bloys le xiiiie jour de décembre l'an mil cinq cens et six. Signé : Galyas de Saint-Seurin.

(1) Paris, *Archives nationales*, J. 507, n° 28.

Nous (1) Jaques de Chabannes, chevalier de l'ordre, seigneur de la Palisse et grant maistre de France, promectons au Roy nostre souverain Seigneur que Anthoine de Montdragon, homme d'armes des ordonnances dudit Seigneur soubz nostre charge, gardera bien et loyaument pour le dit Seigneur les place, chasteau et ville de Lugan, assis en la duché de Millan, et que icelles ne rendra ou baillera à personne, du moinds sans licence et exprès commandement dudit Seigneur ; et que en ce que dit est ne luy fera aucune faulte, et ce soubs l'obligacion de tous noz biens présens et advenir ; lesquelz confiscons audit seigneur en advénement du contraire ; en tesmoing de ce, nous avons signé ces présentes et fait sceller du scel de noz armes. Fait à Millan, le xvme jour de may l'an mil cinq cens et douze. Signé : Chabannes.

21

Prêt et perte de manuscrits de la Bibliothèque de Louis XII

Une lettre de l'ambassadeur ferrarais Manfredo Manfredi au duc Hercule de Ferrare, datée de Blois du 16 décembre 1501 (2), nous apprend que le prêt des manuscrits de la Librairie royale était sinon organisé, du moins autorisé, à ce moment, au profit de personnages de marque; elle nous fait aussi constater que le prêt des manuscrits hors de la librairie avait déjà ses inconvénients. Voici le fragment intéressant de cette lettre :

Ricordo ad quello il volere mandare quel benedecto libro che li lasso Mario Equicola, ch'è de la libraria de questa Maestà, como più volte se gli è scripto, per levar le querelle che tuthora habiamo, M. Galeaz predicto e me, da questo librario del Re. Qual dubito che serano magiore non se ritrovando quel tristo del scriptor a chi haveva dato ad transcrivere quello libro *de Duello* che mi commesse Vostra Signoria Revendissima cum instantia che glielo facesse trascrivere ; havendone già più del megio scripto presso ad me e pagato sopra più dicto scriptore de quello che l'havea scripto ad fine che cum diligen-

(1) Paris, *Archives nationales*, J. 507, n° 29.
(2) *Revue des Bibliothèques*, III, 361-2.

tia et omni presteza el finisse l'opera e finaliter sino ad questo di, non si è ritrovato lui ne mancho el libro ; del che ne sto de malavoglia per il caricho e graveza chio ne havero non si trovando ; benche non se manchi de omne exacta diligentia per ritrovar dicto, o saltim el libro, sicche Vostra Signoria Revendissima non si meraviglii si la non havera lo antedicto libro a queste feste di Natale como a questi di li fece intendere per mgio de Pandolfo.

Manfredus de Manfredis, Blesis XVI decembris MDV.

Deux manuscrits sont ainsi indiqués :

1° Un manuscrit prêté à une date indéterminée à Mario Equicola, probablement à la recommandation de Galéas de San-Severino et de Manfredi, laissé par lui au duc de Ferrare, et qui, étant encore aux mains de celui-ci à la fin de 1505, est réclamé avec insistance par le bibliothécaire du roi.

2° Un manuscrit *De Duello*, prêté par le bibliothécaire à Manfedi pour qu'il en fût fait une copie pour le duc de Ferrare, que Manfredi autorise le copiste à emporter à son domicile, en lui faisant des avances sur le paiement de son travail, et qui disparait avec le copiste lui-même.

Les dépêches postérieures de Manfredi, autant que j'ai pu m'en assurer, ne contiennent plus aucune nouvelle de ces deux manuscrits ni aucun détail permettant de les identifier. On peut supposer sans témérité que ces deux manuscrits, qui intéressaient le duc Ercole, étaient italiens et provenaient de la Libreria Sforzesca, et l'on peut même inférer de cette provenance, si on l'admet, que le premier manuscrit mentionné avait été prêté au duc de Ferrare avant le transfert de la bibliothèque du duc Ludovic en France.

22

Documents relatifs a l'évêque de Glandève Christophe de Latuada (1)

Après la conquête du Milanais par Louis XII, Latuada, qui avait été l'un des principaux conseillers de Ludovic Sforza, fut pendant quelque temps exilé et astreint à la résidence en Provence. L'histoire le perd alors de vue. Les documents suivants

(1) *Revue historique de Provence*, p. 231 et suiv.

relatifs à la succession de son frère prouvent qu'il put rentrer en Milanais et qu'il réussit à obtenir la faveur de Louis XII, ou plus précisément du Sénat de Milan. Ces actes montrent qu'il était aussi bon oncle que maladroit diplomate.

Ces quatre actes sont conservés à Milan, *Archivio di Stato*, Panigarola, N, f⁰ˢ 124-124 v., K, f° 167 v°, 168. Je les reproduis textuellement :

Requête de Christophe de Latuada 1507 et lettres royaux du 18 mai 1507.

In favorem Johannis Baptiste de La Tuada, minoris.

Ludovicus, D. gr., etc., Universis et singulis presentes inspecturis salutem. Cum animadvertendum sit ne bona minorum alienentur sine causa legitima, lecta supplicatione dilecti nostri episcopi Glandatensi his nostris alligata, serie presentium concedimus et dispensamus quod ipse episcopus, una cum nominato ejus nepote minore, possit bona de quibus agitur relaxare nominate Francisce, dicti minoris matri, ubi ex pacto per quondam dicti minoris patrem facto ipse minor bona ipsa relaxare teneatur prout exponitur ; quae omnia postquam facta erunt, perinde valeant et effectum suum sortiantur ac si per ipsum minorem in aetate perfecta existentem facta essent, his de quibus in supplicatione fit mentio ceterisque in oppositum facientibus non obstantibus ; quibus omnibus in hac parte tantum derogamus.

Datum Mediolani die 18 maii 1507 et regni nostri decimo. Per regem ducem Mediolani, ad relationem consilii.

Mayna. Cum sigillo regio in cera rubea. *In calce.* Falco (1).

Tenor supplicationis sequitur.

Serenissime Rex Franchorum et dux Mediolani. Anno 1500, die 24 julii, nunc quondam Gaspar de Caymis dedit in dotem extimatam nunc quondam Francisco de Latuada, tunc marito domine Francisce, ipsius Gasparis tunc filie, quaedam bona immobilia extimata esse valoris librarum XII m. imperialium pro dote ipsius mulieris et in eodem instrumento dictus Franciscus investivit ad libellum dictum Gasparem de eisdem bonis pro ficto libellario librarum sexcentum imperialium in anno, cum pacto pos-

(1) Milan, *Archivio di Stato*, Panigarola N, fol. 24.

sendi se et bona ipsa liberare pro ipsis libris XII m. ; ipse que maritus in eodem instrumento promisit, adveniente casu jurium dotalium ipsius mulieris petendorum reddere ipsi domine dirrectum dominium et civilem possessionem ipsorum bonorum, et jus ipsius ficti libellarii aut dictam eorum extimationem in electione ipsius mariti vel ejus heredum ut latius continetur in eo instrumento superinde confecto. Qui maritus decessit jam pluribus annis, relicto Johanne Baptista, eorum jugalium unico filio, legiptimo infante et patris herede, ac relicto domino Jo. Antonio, ipsius quondam Francisci patre, nunc aetatis annorum 84 et ultra ac etiam relicta ipsa Francisca conjuge vidua, quae nunc petit sibi relaxari immobilia bona *ut supra* aut dictam extimationem secundum promissionem *ut supra*, cum sit quod evenit casus jurium dotalium ipsius mulieris petendorum ; ipse que Gaspar decessit, relictis Bartholomeo et fratribus, ejus filiis legiptimis et heredibus, quorum aliqui sunt minores ; dictus autem Dominus Johannes Antonius, propter ejus aetatem decrepitam, amplius se non intromittit de administratione bonorum suorum nec dicti ejus ablatici, sed totum onus relinquit Reverendo in Christo patri domino episcopo Glandatensi, ejus filio unico, qui totis viribus conatur utilia ipsius nepotis sui gerere ac ipsum tenet penes se in domo propria sue habitationis ; et propterea praelibatus dominus episcopus, considerans quod ipse infans hæres patris non habet in pecunia numerata ipsas libras 12 m quæ solvi possint dicte matri sue pro extimatione *ut supra*, et magis expedire ipsi infanti relaxare ipsi matri sue dirrectum dominium et civilem possessionem ipsorum bonorum, cujus ipsius ficti libellarii, quam recuperare ipsas libras 12 m. pro eas dando matri et retinendo bona, praesertim quia ipsi emphiteote habent facultatem redimendi *ut supra* : et aliis rationibus animum suum moventibus, vellet potius quod fiat ipsa relaxatio bonorum quam recuperare libras ipsas XII m pro dando *ut supra*, quod esset sibi multum difficile, et attento quod non esset conveniens ipse minor haberet avunculos suos pro emphiteotis.

Quare, prelibatus dominus episcopus, nomine dicti ejus nepotis, supplicat majestatem vestram ut illa dignetur edicere, concedere et dispensare quod ipse dominus episcopus simul cum dicto minore possit et valeat adhire (sic) hereditatem patris dicti minoris, et nomine ipsius minoris et simul cum eo, etiam sine decreto judicis et sine interventu et parabola dicti Domini Johannis Antonii decrepiti, relaxare, dare et tradere et assignare dicte vidue dirrectum dominium et civilem possessionem dictorum bonorum et jus dicti ficti libellarii cum translatione dominii et possessionis et cum onere dicti pacti liberandi quod habent emphiteote, cum permissione defendendi pro dato et facto, et hoc insolutum et pro observatione dicte promissionis de qua et ad affectum, ut ipse minor de La Tuada remaneat liberatus a dicta promissione paterna, et per easdem litteras declarant predicta, postquam facta fuerint, non minus valere et tenere ac si facta fuissent per ipsum Jo. Baptistam in ætate legiptima, ac perinde ac si predicta fecisset cum parabola, consensu et licentia dicti avi sui et haec omnia et singula, quibuscumque in contrarium facientibus vel aliam formam dantibus, etiam si talia forent de quibus in ipsis litteris esset habenda specialis mentio non attentis ; quibus omnibus et singulis majestas vestra in hac parte, ex certa scientia et de potestatis plenitudine etiam absolute derogare dignetur (1).

Autre requête de Chr. de La Tuada et lettres royaux du 27 juillet 1507

In favorem R. D. Christofori de La Tuada, episcopi Glandatensi, et domine Francisce de Caymis.

Ludovicus, Dei gr. etc. Universis et singulis has nostras inspecturis salutem. Examinavimus diligenter ea quae per annexam supplicationem nobis exposuerunt dilectus magister Christophorus de La Tuada, episcopus glandatensis, et Francisca de Caymis. Quo circa, cum iis quæ de partium consensu procedunt ac subditorum nostrorum commodum concernunt libenter annuere soleamus, per has nostras decernimus et declaramus creditum ficti libellarii in supplicatione memorati temporis predicti a festo sancti Martini anni 1505 in antea comprehensum fuisse et comprehendi deberi in reflaxatione, cujus annexa meminit supplicatio et quod ipsa Francisca illud pro dicto tempore preterito petere et consequi possit quemadmodum etiam pro futuro poterit, et in circa, quibuscumque in contrarium facientibus non attentis, quibus in hac tantum parte derogamus.

Datum Mediolani XXVII julii 1507 et regni nostri decimo. Per regem ducem Mediolani ad relationem consilii. B. Chalcus cum sigillo regio in cera rubea more solito *In calce* : Jo. Antonius.

Panig, K 167 v°.

(1) Milan, *Archivio di Stato*, Panigarola N, f. 24 v.

Tenor supplicationis sequitur

Serenissime rex Francorum et dux Mediolani.
Anno 1500 nunc quoudam D. Gaspar de Caymis, etc... et ipse maritus decessit anno 1502, relicto Jo. Baptista infante, ejus unico filio masculo et herede. Transacto autem anno dicte mortis mariti, ipsa vidua volebat se absentare a filio et dotem suam consequi, sed Reverendus DD. Christoforus de La Tuada, episcopus Glandatensis, frater dicti quondam Francisci et sic patruus dicti infantis, hortatus fuit dictam viduam ut, attento quod Dominus Jo. Antonius, pater dicti quondam Francisci, erat decrepitus et non aptus ad gubernationem bonorum dicti infantis, et ipsa vidua erat diligens et sufficiens ad gubernationem filii et bonorum suorum, vellet habitare cum filio et domum gubernare, promittendo prout promisit ipse episcopus dicte cugnate sue quod volebat quod dicta cugnata sua a festo sancti Martini 1505 in antea, haberet intratam dicti ficti libellarii, et sic, sub hujusmodi promissione, ipsa vidua ibidem stetit et domum nedum ipsius filii, sed etiam ipsius domini episcopi et familie sue gubernavit et gubernat, taliter quod ipse dominus episcopus de dicta cugnata sua valde contentatur et cum beneficio litterarum majestatis vestre, simul cum dicti ejus nepote, relaxavit dicte vidue dirrectum dominium et civilem possessionem dictorum bonorum et jus dicti ficti libellarii, publico instrumento rogato per D. Antonium de Zunigo, notarium Mediolani, die XVI julii 1507 ; de credito autem ipsius ficti libellarii temporis cursi a dicto festo sancti Martini 1505 citra, nichil dictum fuit in hujus modi relaxatione, quia facultas non erat atributa in ipsis literis.

Quare profatus dominus episcopus et dicta ejus cugnata vidua humiliter supplicant majestatem vestram ut praemissis attentis et ut ipsa vidua ferventius perseverare possit in gubernatione domus filii ; etiam attenta promissione ipsius domini episcopi, dignetur per patentes litteras declarare dictum creditum dicti ficti libellarii dicti temporis predicti ut supra comprehensum fuisse et comprehendere debere in relaxatione predicta, et quod ipsa vidua illud petere possit et consequi pro dicto tempore preterito quemadmodum poterit profuturo et haec omnia quibuscumque in contrarium facientibus non attentis ; quibus majestas vestra ex certa scientia derogare dignetur (1).

(1) Panig. K., fol. 168.

23

DOCUMENT SUR LA DÉFENSE DE NICE PAR LA FRANCE EN 1512 (1)

Cette lettre de Marco da Martinengo à Florimond Robertet est conservée à Paris, Bibliothèque Nationale, fonds Dupuy, t. 261, fol. 120. Elle est intéressante parce qu'elle nous révèle un épisode peu connu de la dernière période des guerres de Louis XII en Italie et qu'elle apporte des renseignements nouveaux sur un des plus vaillants et habiles hommes de guerre de ce temps, Marco da Martinengo, dont la famille joua un rôle si considérable à Crémone et dans la Ghiara d'Adda, pendant l'invasion vénitienne de 1499. Cette lettre nous montre, de plus, que Martinengo s'était loyalement rallié au parti français. La lettre, datée de Nice 14 juillet 1512, est adressée à « Mons' Mons' Robertet, monsignor mio hono[randissi]mo.

Monsignor mio honorandissimo,

A la bona gratia di Vostra Signoria di bon core mi racomando, Monsignor, perche scio lo christianissimo Re nostro Signore essere impedito di molte occorrentie. Non scrivo altro a sua mestà, ma mi è parso dare adviso a Vostra Signoria de le cose di qua. Monsignor, intendendo io che Genua era per fare qualche novitate, mi parti del campo e ne veni a Vintimilia per far lo debito e mantenerla insieme cum lo castello per la maestate del Re, fin che mi fusse possibile ; il che ho facto fin qua, et anchor che Genua cum tutte le rivere siano rebellate, ho tenuto e tengo e la terra e lo castello ; vero è che venendo gente, io non sono per guardar la citate e lo castello ; mi sforciaro di fare quanto a me sera possibile e fin qua gli ho facto una bona spesa de la bursa mia, si de monitione como da mandargli dentro gento. Ho domandato in questi di a Monsignor di Chiandinier e Monsignor de Crussol aiuto per poter guardare detto castello. Mi hanno risposto non haver denari. Ben è vero che Monsignor de Crusol mi ha dicto che fra octo di sera qua cum le galee per bisognar anchor, portare qualche provisione a la Lan-

(1) *Revue historique du Provence*, dir. du Roure I, p. 356-7.

terna, e che mi dara aviso. Ho anchor domandato aiuto ad uno de questi Signori di Parlamento di Provenza qual è de Nicia et è qua a questi confini cum auctoritate de far provisione per servicio de la maestà del Re. Mi ha dicto de voler dar gente per mettergli dentro et io gli ho domandato denari per fare li homini a mio modo, perchè, Monsignor, qua sono molti vicini che tendeno a quello loco de Ventimilia e non vorria che accadendo altro, sforciassero lo mio castellano e si facessero patroni de quello loco, perche intendo renderne bon conto a la maestà del Re che me lha datto. Se mi aiutarano come parera a me sia a lo proposito per lo Re al nome de Dio ; se non faro da me finche potro, talmente che Sua Majestate e Vostra Signoria cognoscera che havero servito fidelmente e non meglio per modo alchuno pigliar homini che mi siano dati da altri, per che non voglio esser sforciato accadendo, e scio bene quello che dico e cognosco alla fine che si movino. Prego Dio, Monsignor, presti bona e longa vita a lo Reverendo nostro Signore ed a Vostra Signoria.

Datum Nicee, XIIII julii 1512 Di Vostra Signoria servitor.

Marco da Martinengo.

24

Lettre de Louis XII a un cardinal, non nommé, après la mort de Jules II (1513 (1)

Mons' le Cardinal (2), j'ay été présentement adverty de la griefve malladie du Pape (3), de laquelle est à doubter que la mort s'en ensuyve ; et pour ce que je désire de tout mon cueur la paix et unyon de l'église, j'escriptz présentement à Messieurs les cardinaulx du Sainct Collège en général, comme verrez, et à Mons' le cardinal de Nantes pour leur faire et à vous particulièrement aucunes re-

---

(1) Paris, Bibl. Nat. F. Fr., 2928, f. 7, et Port. Fontanieu 154-5, fol. 155.

(2) La lettre n'a point de suscription. Je ne sais quel en est le destinataire.

(3) Il s'agit, d'après la coïncidence des dates, de la dernière malladie de Jules II. Les nouvelles du Roi étaient d'ailleurs arriérées. A cette date du 25 février 1513 le pape était déjà mort.

monstrances pour le bien de ladite église et éviter et abollir tout scisme et division qui y pourroit advenir, dont j'ay bien voulu aussi vous escripre, vous priant que comme cellui que je sçay, qui a singulier zèle et affection à ladite paix et unyon de l'Eglise, vous y vueillez avoir regard et croyre ledit cardinal de Nantes de ce qu'il vous en dira de ma part comme vous feriez ma personne propre ; et à Dieu, Mons' le cardinal, qui vous ait en sa garde.

Escript à Bloys le xxe jour de febvrier. (*Signé*) : Loys, (*et plus bas*), Robertet.

TABLE DES MATIÈRES

	Pages
Avertissement	1
Jac. Gohorii Paris. De rebus gestis Francorum liber XIII tius. Lodoicus XII rex LVI	1
Lettres ducales de Louis XII	85
Nouvelles et lettres politiques de 1498-1499	116
1. Avis reçus d'Asti	ibid.
2. Avis reçus à Chieri	ibid.
3. Lettre sans nom d'auteur adressée à « Jacobo Andrea »	117
4. Résumé d'une lettre de Maffeo Pirovani	121
5. Résumé d'une lettre d'un agent milanais anonyme	ibid.
6. Extrait d'une lettre de la cour de France	123
7. Copie d'une lettre de Venise	124
8. Résumé d'une lettre de Lucio Malvezzi	125
9. Nouvelles de bonne source	126
Projet de traité entre Lous XII et l'archiduc Philippe (21 juillet 1428)	129
Documents sur les relations de l'empereur Maximilien et de Ludovic Sforza en l'année 1499	131
1. L'impératrice Bianca Maria à Ludovico Sforza	132
2. Pier Bonomi de Trieste, conseiller de Maximilien, au même	133
3. Enea Crivelli au même	135
4. L'impératrice Bianca Maria au même	136
5. L'empereur Maximilien au même	137
6. Le même à P. Bonomi	138
7. L'impératrice Bianca Maria à Ludovico Sforza	ibid.
8. Francesco delli Monti, ambassadeur napolitain en Allemagne, au même	139
9. L'empereur Maximilien au même	140
10. L'ambassadeur Ag. Somenza au même	ibid.
11. Marchesino Stanga au même	158

	Pages
12. Lud. Sforza à Giovanni Colla, ambassadeur milanais en Allemagne	159
13. L'impératrice Bianca Maria à Ludovico Sforza.	160
14. Ludovico Sforza à Maximilien	161
15. Le même à l'impératrice Bianca Maria	ibid.
16. Le même à Marchesino Stanga	163
17. Marchesino Stanga à Lud. Sforza	164
18. Giorgio Soprasasso au même	174
19. Les lieutenants et conseillers impériaux d'Inspruch au même	175
20. L'ambassadeur milanais Jo. Colla à Lud. Sforza	176
21. Ludovic Sforza à Maximilien	177
22. L'impératrice Bianca Maria à Lud. Sforza	178
23. Ludovic Sforza à Marchesino Stanga	179
24. Le même à Maximilien	180
25. Le même au cardinal Ascanio Sforza	181
26. Maximilien à B. Pusterla et à Lud. Sforza	182
27. Lud. Sforza à Galeazzo Visconti, son conseiller et ambassadeur en Allemagne	183
28. G. Visconti à Ludovic Sforza	186
29. Gio Colla au même	190
30. Le cardinal A. Sforza au même	ibid.
31. Gio. Colla au même	191
32. Ludovic Sforza à un correspondant inconnu	196
33. Marchesino Stanga à Lud. Sforza	ibid.
34. Le même à Maximilien	207
35. Agostino Somenza à Lud. Sforza	208
36. Lud. Sforza à Agostino Somenza	228
37. Le même à l'empereur Maximilien	236
38. Maximilien à Luis de Rippol, résident napolitain à Gênes	ibid.
39. Lud. Sforza à Baldassare Pusterla	237
40. Gio. Colla à Lud. Sforza	240
41. Lud. Sforza à Gio. Colla	243
Documents relatifs au règne de Louis XII et à sa politique en Italie	
1. La garde du corps de Ludovic Sforza	245
2. Trivulce pendu par les pieds	252
3. Nouveaux documents sur Robert Guibé, évêque de Tréguier	254
4. Lucio Malvessi, commissaire à Alexandrie	256
5. César Borgia et les étudiants de Paris	260

TABLE DES MATIÈRES.

		Pages
6.	Le négociant Rostan Blancard et la Seigneurie de Florence	263
7.	Un instrument diplomatique franco-florentin	266
8.	B. Calco, secrétaire ducal milanais	270
9.	Quelques arrêtés de police milanaise sous Louis XII	272
10.	Une lettre de M. d'Egmont datée de 1500	275
11.	Rentrée de l'ambassadeur Casata dans son domaine	277
12.	Un tournoi à Lyon en 1500	278
13.	Un Avignonais créancier de la Seigneurie de Florence	280
14.	Accurse Maynier et une victime de César Borgia	282
15.	Défense d'Ischia par l'armée et la flotte françaises	283
16.	Claire de Gonzague et la fortune des Montpensier	286
17.	Accord entre la Seigneurie de Venise et la communauté des marchands de Milan	291
18.	Proclamation à Milan de la paix conclue en 1505 entre Louis XII et Maximilan	295
19.	Bulle d'Alexandre VI sur l'administration ecclésiastique du duché de Milan	297
20.	Engagements pris par de grands officiers envers Louis XII	298
21.	Prêt et perte de manuscrits de la Bibliothèque de Louis XII	299
22.	Documents relatifs à l'évêque de Glandève, C. de Latuada	300
23.	Défense de Nice par la France en 1512	305
24.	Lettre de Louis XII à un cardinal après la mort de Jules II	306
	Table des matières	309

MONTPELLIER. — IMPRIMERIE GÉNÉRALE DU MIDI

BIBLIOTHÈQUE NATIONALE

**CHÂTEAU
de
SABLÉ
1989**

www.ingramcontent.com/pod-product-compliance
Lightning Source LLC
Chambersburg PA
CBHW071316150426
43191CB00007B/643